学业评价

多种评价工具的设计及应用

XUEYEPINGJIA
DUOZHONGPINGJIAGONGJU
DESHEJIJIYINGYONG

李坤崇◎著

华东师范大学出版社

·上海·

图书在版编目(CIP)数据

学业评价/李坤崇著. —上海:华东师范大学出版
社,2016.
ISBN 978 - 7 - 5675 - 5920 - 2

Ⅰ.①学…　Ⅱ.①李…　Ⅲ.①教育评估
Ⅳ.①G40 - 058.1

中国版本图书馆 CIP 数据核字(2016)第 291907 号

学业评价
多种评价工具的设计及应用

著　　者　李坤崇
项目编辑　蒋　将
审读编辑　蒋　将
责任校对　张多多
装帧设计　俞　越

出版发行　华东师范大学出版社
社　　址　上海市中山北路 3663 号　邮编 200062
网　　址　www.ecnupress.com.cn
电　　话　021 - 60821666　行政传真 021 - 62572105
客服电话　021 - 62865537　门市(邮购)电话 021 - 62869887
地　　址　上海市中山北路 3663 号华东师范大学校内先锋路口
网　　店　http://hdsdcbs.tmall.com

印 刷 者　浙江临安曙光印务有限公司
开　　本　787 毫米×1092 毫米　1/16
印　　张　22.25
字　　数　534 千字
版　　次　2016 年 11 月第 1 版
印　　次　2025 年 11 月第 6 次
书　　号　ISBN 978 - 7 - 5675 - 5920 - 2/G·9965
定　　价　40.00 元

出 版 人　王　焰

序

    学业评价是当前课程教学研究领域的热点话题，也是我国新课程推进过程中的重大难题。学业评价的核心理念旨在改进与促进，而不再只是鉴定或选拔；旨在让学生学会自我评价，而不再只是充当"受评人"；旨在提供改进或促进的依据，而不再只是分出三六九等；旨在描述与交流评价结果，而不再只是告知对错或订正；旨在评价本身的不断完善，而不再只是习惯与重复运用原有的工具……经过十多年新课程的传播，大部分老师们可能都知道了这些理念，但苦于不知道符合上述这些评价理念的工具与技术是什么样的。

    本书就是这样的一本书。它清晰地阐述评估学生的学习成果的理念，说明如何精准掌握教学目标，并详细介绍多种评价工具及其应用实例，包括纸笔测验、表现性评价、档案袋评价、口语评价、系列表现性评价等。另外，本书也提供了教师安排学期学业评价的实例、学业评价结果通知的方式等，提供了日本、澳大利亚、美国、英国等不同学业评价通知单的范例，以供读者在形成本土化的评价计划时作参考。

    该书的作者是李坤崇教授。他是台湾地区中小学九年一贯新课程的推手，也是台湾高中新课程的擘手，更是目前如火如荼地进行的大学课程改进的教育专家。李教授堪称台湾新课程革新的活字典、学业评价的实践者，他是秉持丰厚的学术涵养与参与台湾教育革新的丰硕经历来撰写本书的。

    由于机缘，本人与李教授交往多年，得以有幸提前阅读本书，深感此书涉及评价领域的前沿，论点条理分明，辅以各种不同的实例，体现实务与理论的一致性。而且，本人在阅读过程中，经常会产生"似曾相识"的感觉。因此，本书是本人最喜欢阅读的评价类图书之一，本人愿意在此与各位读者分享阅读体会并竭力推荐。

崔允漷

自 序

教育改革虽为课程、教材、教学、评价的整体工程,然而就走访与观察两岸四地教育改革的经验,深感其顺序应系先教学、再评价、再次课程、最后教材,即从与班级教学最直接相关的创新教学着手,再改善学业评价,再扩及学校课程计划,最后自编或改编教材。近十年来观察两岸四地中小学教育现场,发现教学、课程、教材的进展远大于评价。

为提升教师学业评价素养,于1999年出版《多元化教学评量》一书后,感谢各界的关怀与支持,获得出乎意料的回响。为回馈各界的支持,乃持续收集国内外文献与发展实例,并于台湾中小学推广学业评价的理念,与带领主任、教师进行纸笔测验与多元评价实作,于2006年出版《教学评量》一书。

2008年后走访大陆、香港及澳门,得以与两岸四地的中小学教师进行学术交流,分享研究成果。在交流分享过程中有深深体会:两岸四地学生的学业评价仍有待加强。

在与两岸四地中小学校长、主任、教师进行实际互动的过程中,发现教师仍普遍缺乏编制纸笔测验、表现性评价、档案袋评价、口语评价、轶事记录的基本素养,尤其是编制段考的纸笔测验多剪贴自出版社光盘片,或直接引自出版社提供的试卷,未绘制双向细目表,使得纸笔测验未必呼应教学目标、未能评价学生的真正学习成果。

教育改革强调"多元评价",却让中小学教师误以为多元评价就是废除纸笔测验,误以为多元评价就仅仅是工作表现评价或档案袋评价,误以为多元才对、一元不对,误以为多元评价是主观的评价,误以为多元评价可以解决所有教学与评价的问题。为厘清误解,特提出"多元化"、"人性化"、"精确化"、"统整化"评价的趋势。"多元化"学业评价强调专业多元、内涵多元、过程多元、时机多元、情境多元、方式多元、人员多元、计分多元及结果呈现多元;"人性化"学业评价着重于评价中心学生化、学业评价计划化、评价内涵同理化、结果呈现增强化及结果解释正向化;"精确化"学业评价强调编制历程标准化、题目编拟通则化、题目分析质量化及结果解释定锚化;"统整化"学业评价则重视课程与评价计划化与统整化、教学与评价统合化与适性化及学期评价计划化与精致化。

笔者有感于两岸四地中小学教师对学业评价基本理念仍存误解,学业评价专业素养仍待增进,及多元评价实作能力仍待加强,乃着手重新整理数年的研究经验与实作成果,厘清学业评价新理念,并纳入两岸四地试卷实例,再度汇整成书。在华东师范大学崔允漷所长的引荐下,2011年于华东师范大学出版社出版《教学评估:多种评价工具的设计及应用》。

感谢两岸四地中小学教师、主任、校长的支持,《教学评估:多种评价工具的设计及应用》一书已售罄。为让书名更容易被两岸四地教育界伙伴了解，并纳入近几年实践的案例，特更名为《学业评价：多种评价工具的设计及应用》。再度感谢两岸四地中小学教师、主任、校长持续提供宝贵的教学与评价经验，得以让理论与实务更为契合；感谢教育行政机关继续提供学习成长的机会，得以让笔者跟着实际推动的伙伴共同学习与成长；更感谢华东师范大学课程与教学研究所崔允漷所长、华东师范大学出版社协助出版本书。笔者期待能持续激起更多两岸四地专家学者与中小学、教师、主任、校长的回响，进而改善学业评价，落实教育改革。若有任何指教，请以 Email(dr. lkclkc@gmail. com)联系。

李坤崇　谨识

于 2013 年 4 月　台湾嘉义

目　录

第一章　学业评价理念

米勒等（Miller，Linn & Gronlund，2009）认为，评价（assessment）是指经由观察、表现与专题评定或纸笔测验获得学生学习信息，并对学生学习进展予以价值判断；评价要回答的问题是"这个人表现得有多好？"，兼顾量化描述（测量）与质化描述（非测量）。测量（measurement）是获得量化的过程，用以描述个人拥有特殊特征的程度；测量要回答的问题是"这个人表现了多少？"，重点在量化描述。测验（test）是指运用一种特定的工具或系统化程序（通常包括一组试题），在固定时间与合理可比较的情境下对所有学生进行测验；测验要回答的问题是"无论是与个人或他人的表现比较，这个人表现得有多好？"，重点在个人与他人的表现的比较。

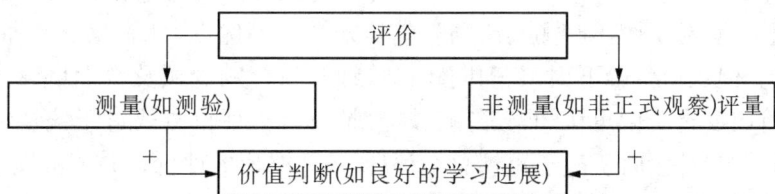

图 1-1　评价过程

（数据来源：M. D. Miller，R. L. Linn & N. E. Gronlund. *Measurement and Assessment in Teaching*（10th ed.）. Upper Saddle River，NJ：Merrill，2009，p. 29.）

学业评价（academic evaluation）乃评估学生学业的学习成果，以检核教师教学目标的达成程度。本书原本用词为教学评估（assessment in teaching），因易与"学业评价"混淆，更易被误认为以教师教学为主的评价，即英文的 teaching evaluation，经与华东师范大学课程与教学研究所崔允漷所长及华东师范大学出版社讨论后，决定改为"学业评价"。

威金斯（Grant P. Wiggins，1998）认为，评价（assessment）不应只是用于了解学生的表现，更应用于教育与改善学生的表现。林与米勒等（Linn & Miller，2005；Miller，Linn & Gronlund，2009）均强调评价能提供学生目前的成就状态与进展及与教育质量相关的信息；学业评价必须确认学生需要学习什么（内容标准），并决定何时应达成何种程度的标准（表现标准），方能落实绩效责任的标准本位评价。艾瑞逊（Peter W. Airasian，1989）指出教师依据学业评价结果，来实施行政、教学、综合决策："行政决策"是指打分数、分组、评价进度、解释考试结果、与家长会谈、评断需要特别安置或奖励的学生；"教学决策"是指教师思考教什么、如何教、何时教、用何教材、课程如何进展以及活动设计如何依学生反应而变化；"综合决策"是指了解学生学术、社交与行为特征，增强班级教学、沟通与合作及建立与维持有效的班级气氛。

观之两岸四地学业评价现况，未来宜朝"多元化学业评价"、"人性化学业评价"、"精确化学业评价"、"统整化学业评价"等四个向度全力以赴。

第一节　多元化学业评价

纸笔测验虽然能测量认知领域的学习结果,但在技能、情意领域则有其先天限制,如文章、图画、实验报告、自然科学展览设计、演讲、握笔、打字、问题的形成、想法的组织、创意和小组合作学习能力等,均难以运用纸笔测验评价(Wolf, Bixby, Glen & Gardner, 1991；Linn & Miller, 2005；Miller, Linn & Gronlund, 2009)。教师教学必须兼顾认知、技能、情意之学习结果,评价不仅应分析"应该怎样表现(知识)"与"真正表现行为(实作)"之间的差异,亦应兼顾"过程或程序效能"与"作业表现作品效能",方能检讨教学成效与实施补救教学,故宜善用"多元评价"方能适切评价学生真正的各项学习表现。

一、多元化学业评价的意义

李坤崇(1999,2001a,2001b,2002a,2006)认为,传统的以纸笔测验为主的学业评价,具有计分客观、批阅迅速、易于团体施测及激励学生认知学习等优点,且能充分发挥公平、客观、省时、省钱的功能。但也衍生出下列 12 项问题:(1)评价目标较少顾及教学目标,导致教学与评价脱节;(2)评价内涵过于偏重认知,较忽略技能、情意;(3)评价方式过于偏重纸笔测验,较忽视其他评价方式;(4)评价时机过于重视总结评价,较忽略形成评价;(5)评价规划不是周延的,未能营造公平、良好的施测情境;(6)评价结果解释过于强调缺失,较少鼓励、激发学生;(7)评价结果解释过于依赖量化测量,忽略质化描述;(8)评价认知过于强调记忆层次,忽略高层次认知层次;(9)命题观念与技术延续仍有待加强;(10)测验试题编排以教师为中心,未以学生为中心;(11)评分缺乏客观标准与自省思维,流于主观;(12)家长分数至上观念难以消除,升学主义持续挂帅。可见,传统的学业评价与人性化、多元化的学业评价相去甚远。

米勒等(Linn & Miller, 2005；Miller, Linn & Gronlund, 2009)均强调评价过程包含各式各样的程序,依据其采用的参考架构,可将程序分类成许多不同的方式。有关班级评价程序的描述,详见表 1-1。

拉齐尔(Lazear D., 1999)认为,教师实施多元教学的意愿高于多元评价,其因有二:一为教师较缺乏多元评价经验与知能,实施时较不易获得家长与同学的支持;二为家长不习惯看自己与他人孩子的分数,更不习惯去分析与鉴定孩子的各项学习与关键能力。然而,身为教师应当为所当为,而非取决于个人意愿。教师当务之急在于提升评价专业素养,而非回避多元评价。

张稚美(2000)提出通过纸笔测验、教师观察(如真实或实作评价)、多元智慧成长档案的三角检核法,来评价学生成长历程与学业发展,且此三项各占学年成绩的三分之一。纸笔测验用来评价学生认知层面的学习结果;教师观察指教师先系统建立评价知能与评价指标,再对学生实施有目的的"观察"与"记录",此方式颇能评价学生技能、情意层面的学习结果;成长档案评价可完整呈现学生整个学习历程,提供学生自我评价与习惯性省思的机会,若再将家庭纳入评价学生学习与成长历程之中,更能为学生搭起学校与家庭的桥梁。张稚美(2000)虽然发展出系列的评价方式与具体策略,颇能兼顾纸笔测验、教师观察、成长档案三种评价方式,然而评价方式与评价人员仍可更多元,且评价内涵不一定局限于多元智慧。

加德纳(Gardner H., 1993)从不同的思考向度去看学生的学习成长,强调未来评价将具

表 1-1 班级评价程序的描述

分类基础	评价类型	评价功能	工具举例
测验本质	最大表现（maximum performance）	决定个人"能做（can do）"的最佳表现，即个人全力以赴时，能做到的最佳表现。	性向测验、成就测验
	典型表现（typical performance）	决定个人在自然状态下"会做（will do）"的表现，即强调个人具有代表性的表现而非最佳表现。	态度、兴趣、人格量表、观察技术、同学评价
测验形式	固定选项测验（fixed-choice test）	知识、技能的有效测量，乃间接指标，即学生从既有的选项中选择问题的答案。如选择题、是非题或配对题，学生短时间能回答大量问题，具有计分客观、信度高与成本效益高等优点。	标准化选择题测验
	复杂表现评价（complex performance assessment）	测量学生在情境脉络的表现和学生自身正确评价问题的表现，即让学生建构延展性反应或响应复杂作业。旨在改善固定选项测验过于强调事实知识与低层次技能之失，强调分析学生的复杂表现。	实验室实作、专题计划、论文式测验、口头报告
用之班级教学	安置评价（placement assessment）	决定先备技能、课程目标的精熟度及最佳学习状况，即用于决定教学开始时的学生表现。	准备度测验、性向测验、课程前测、自陈量表、观察技术
	形成评价（formative assessment）	决定学习进展，提供回馈以促进学习和更正学习错误，即用于在教学期间监控学习进度。	教师自编测验、已发布的测验、观察技术
	诊断评价（diagnostic assessment）	决定持续性学习困难的原因（心智、生理、情绪、环境），即用于在教学期间诊断学习的困难。	已出版的诊断测验、教师自编诊断测验、观察技术
	总结评价（summative assessment）	分派等第以决定课程结束时的成就或认证目标达成的精熟度，即用于评价教学课程（或单元）结束时的成就。	教师自编调查测验、表现评分量表、产品量表
结果解释方法	标准参照测验（criterion referenced test）	以清晰定义学习任务的明确范畴来描述学生表现（例如个位数加法）。其解释依据清晰的定义或明确的成就的范畴（标准表现），强调能不能达成学习任务。	教师自编测验、已发布的测验、观察技术
	常模参照测验（norm referenced test）	以学生在所处团体中的相对水平来描述学生表现。解释依据清晰界定的团体（常模表现），强调个体间的差异。	标准化性向测验和成就测验、教师自编调查测验、兴趣量表、适应量表

修改自：M. D. Miller, R. L. Linn & N. E. Gronlund, *Measurement and Assessment in Teaching* (10th ed.). Upper Saddle River, NJ: Merrill, 2009, p. 43.

有下列特色：（1）评价（assessment）重于测验（testing）。通常测验为几个目的而实施，无法准确真实反映出外在环境实际的需求，而测量更可获得个人技能或潜能，提供个人有效的回馈及外在环境有效的信息。（2）评价乃教学历程中简单、自然发生的措施。评价乃教学历程中的一部分，应与简单、自然的学习情境高度结合，而非外加。（3）评价应具生态效度（ecological validity）。评价宜在"真实工作情境"的相似状态下进行，方能对个人的最终表现作出最佳的预测。（4）评价工具应具"智能公平"原则。大部分测验工具着重语文及逻辑—数学两种智能，然此两种智能较强者评价结果通常亦较佳，所以工具应顾及各种智能的人群。（5）评价应利用多元测量（multiple measures）工具。评价宜采取多元的测量工具，以测出不同能力的各种面向。（6）评价应顾及个别差异、发展阶段及各种不同的专业知识：评价时宜考虑个体的个别差异、不同发展阶段以及不同专业知识所产生的评价结果的差异。（7）评价素材趣味化：评价应利用一些有趣及能引起动机的素材，让学生乐于进行。（8）以学生利益为前提：评价旨在帮助学生了解其学习优缺点，教师应将评价信息回馈给学生。

田耐青（1999）提出，符合多元智能理念的评价应具备下列五项原则：（1）评价长期化。长期评价可使教师对学生的作品或表现进行连续性的观察，并可让学生对学习作持续性的反省；（2）评价多元化。评价内涵包含内容和技巧的评价，评价人员包括教师、家长与学生；（3）评价回馈化。评价结果应该能为教学提供信息，回馈学生、教师及家长；（4）评价兼顾非正式评价。应兼顾学生在班级互动的参与度与日常表现以及反映的学习态度；（5）评价激励学生进行主动的自我评价。学生应有能力评价自己学习的优缺点，能清楚说出自己学到的知识或概念，更能确认自己应如何运用适当的思考掌控学习历程。

在此综合田耐青（1999）、李坤崇（1999，2001a，2001b，2002a）、张稚美（2000）、Airasian（2000）、Gardner（1993）、Lazear（1999）、Wolf，Bixby，Glen 与 Gardner（1991）、Linn 与 Miller（2005）及 Miller，Linn 与 Gronlund（2009）的观点，阐述多元评价的意义：多元评价是指以教师教学与评价专业为基础，依据教学目标研拟适切的评价方式、评价内涵、评价人员及评价时机与过程，并呈现多元的学习结果，以提供更适性化的教学来促进学生成长。

二、多元评价的迷思

从李坤崇（2002b）1996 年参与台湾地区高雄市开放教育改革，1998 年参与台南市教育改革，2000 年起参与台湾地区九年一贯课程改革，以及四度走访 25 个县市的中小学研讨教育与课程改革等的经验，可发现中小学教师或行政人员对多元评价存在很多误区，遂提出下列解读。

（一）多元评价并非废除纸笔测验

有极少数教师认为，实施多元评价，即废除纸笔测验。此种思维乃极端思维、谬误思维。实施多元评价乃因以往传统纸笔测验定于一尊，纸笔测验几乎掩盖所有评价方式。然而，实施多元评价乃基于适性化、目标化的理念，不仅让每位学生的各种能力都获得充分发挥，而不局限于纸笔书写能力，更让各项教学目标均能以最适当的评价方式，来检验学生达成目标的程度。

（二）多元评价并非一种评价

有不少教师误将档案评价、实作评价或系列实作评价（游戏化评价）等单一的评价方式视为多元评价，此乃谬误思维。多元评价顾名思义乃评价学生的学习表现，使用两种或两种以上的评价方式，方能称之为多元评价。

（三）多元评价不能为多元而多元

有些教师误以为没有实施多元评价就不叫课程改革，出现颇多为了多元评价而多元评价的现象。实施多元评价必须呼应评价目标，依据评价目标选取最适合的评价方式。陷入纸笔测验或多元评价的窠臼，均非理想。多元评价应考虑学生、家长与教师的负担，若过于复杂、耗时过多,将使教师、学生在评价时花费更多时间,而干扰到教学,产生过分重视评价而轻视教学的乱象。实施多元评价亦不应造成家长困扰,应顾及家庭背景、时间,避免对家长造成不必要的负担。因此,教师设计多元评价应以简易可行为原则。

(四)多元评价并非目的

有极少数教师将多元评价视为目的,一味地盲从附和,而忽略了多元评价的实质是了解学生学习成效的工具,是手段而非目的。教师应秉持专业素养,考虑教学目标,善用最适合的评价方式来衡量学生的学习成果。

(五)多元评价并非学习终点

两岸四地有些教师或家长将评价视为学习的终点,仅作为奖惩的依据,而未深究其学习得失,更未提出补救或增强措施。教师实施学业评价并非是学习的终点,而是另一个更高阶段学习的起点。教师在实施多元评价、觉察学生在各种学习上的成果后,应提出适性的教学策略,激发学生潜能并补救学生的学习缺失。

(六)多元评价并非主观评价

多元评价常用纸笔测验、实作评价、轶事记录、口语评价、档案评价、系列实作评价(游戏评价)、动态评价等多种评价方式。除纸笔测验较少受质疑外,颇多人误以为其他评价方式也是主观的评价。其实严谨的实作评价、轶事记录、口语评价、档案评价、系列实作评价(游戏评价)及动态评价,通常会拟定评分标准作为计分依据,尽量减少人为的主观干扰。因此,多元评价并非主观评价,一份详列评分标准的非纸笔评价,评分仍相当客观。

(七)多元评价并非"万灵丹"

多元评价虽可避免单一纸笔测验之失,但多元评价并非万灵丹,仍有其先天的限制,如增加工作负担、经费负担。除了应不断充实与提升自己的评价专业素养,持续研发各种符合教学目标的多元评价方式外,教师亦应获得学校行政、家长、社会大众的支持,不断尝试与修正,共同面对挫折并度过调适期,这样方能落实多元评价理念。

三、多元化学业评价的特质

参考上述多元化学业评价的意义与解读,多元化学业评价必须具备下列特质。

(一)专业多元

多元评价的专业素养,不仅包括学科专业素养与掌握教学目标,更应包括教学专业素养、评价专业素养。李坤崇(1999,2001b)认为,为达到评价专业化、目标化水平,学业评价宜加强下列八项重点:(1)掌握教学目标:清晰明确地掌握欲评价科目单元的教学目标;(2)专业判断知能:有些教师质疑一般出版社提供的"习作"或"学业评价单"不完全适合班级学生,因无一套评价工具适用于所有学生,而补救之道在于教师能否以评价专业素养来分析目前普遍运用的各项评价工具的优劣以及其是否适用于班级学生,了解现成评价工具是否需稍作修改以适合班级学生;(3)兼顾技能与情意的评价:评价不应限于低层次的认知,而应顾及技能与情意的评价、高层次的认知;(4)剖析教材内容:逐一剖析教材单元的重心,了解学生可能的学习问题;(5)设计细目表:依据教学目标、教材内容设计完善的双向细目表;(6)规划评价方式或慎选题目类型:采取适当的评价方式,如行为检核表、态度评价表、观察报告等;若采取纸笔测验,宜依据认知领域教学目标的层次慎选题目类型;(7)善用命题技术:命题时必须符合命题原则,充分善用命题技术来适切呈现学生的学习结果;(8)适当解释评价结果:有些教师解释评价结果时,对学生实施不必要的分类或贴标签,使学生遭受挫折,产生负向自我观念、悲观的处事心态。因此,教师必须适当解释评价结果,让学生能从失败中成长,能从挫折中重生。

(二)内涵多元

教师实施学业评价时,评价内涵至少包括认知、情意、技能等领域内涵(Linn & Miller, 2005;Miller, Linn & Gronlund, 2009),展现评价内涵的生活化、多样化。以往学生考试只要抱着教科书死背,当个"贝多芬"(背多分)就可得高分,乃是因为传统学业评价内容多以教科书中认知层面的记忆、理解能力为主,较少顾及技能与情意、认知层面之高层次思考能力,或生活化的题材。李坤崇(1998)认为,推动教育改革除考虑认知、技能、情意外,尚需兼顾学生的学习历程、生活世界与社会行为。"学习过程"包括学生的学习方法、习惯,求知历程或解决问题的能力。学生以往限于书本记忆而疏于应用,且家长的过度保护剥夺了学生的成长机会,使得学生自我解决问题的能力欠佳,故学习历程应被纳入评价之中。"生活世界"乃学生日常行为、待人处事的能力,或许有人会说现今教育培养了一群躲在象牙塔里的书呆子,缺乏走入人群的待人处事能力,若纳入评价,则可引导学生注重此方面的学习。"社会行为"乃学生人际关系的社会行为或社交技巧,时下学生常拙于情感表达或社交技巧,导致此类犯罪事件层出不穷。可见,教师宜透过评价来强化学生的社会行为(李坤崇,1999)。

九年一贯课程基本理念在于养成学生"终身学习"的能力,而传统通知单的制作停留于抄写、认知阶段,若未能突破将难以达成九年一贯课程基本理念。为激发学生自主学习和终身学习的能力,教师在设计通知单时宜特别着重学习过程的导引。设计通知单时应掌握四大重点:(1)告知学习目标;(2)引导学习过程;(3)告知评价重点;(4)记录评价结果。另外,实施九年一贯课程之多元评价内涵,宜将各阶段能力指标进行细项分析(概念分析结果),再分析能力指标细项与认知、技能、情意的关系程度,最后决定评价内涵。分析能力指标细项与认知、技能、情意的关系程度时,认知层次着重"知识理解"、"思考批判",技能层次着重"技能表现",态度层次着重"意愿态度"。然而实际学习活动中的评价内涵,仍随各能力指标细项内涵的不同而不同(李坤崇,2001c)。

评价内涵亦可纳入加德纳的"多元智能理论"(multiple intelligence theory)。加德纳(1999)将智能(intelligence)定义为"个体处理信息的生理、心理潜能,此潜能可用以解决问题或创作某种文化环境的重要作品"。这里强调个体的主动性及文化价值。他对"智能"抱持的基本理念为:第一,智能并非与生俱来就是固定或静态的;第二,智能可教、可学、可提升;第三,智能乃多向度的现象,展现于大脑、心灵、身体等系统的多种层次。

加德纳(1999)强调人类智能至少包含下列八项半智能[*]:言语—语言智能(verbal-linguistic intelligence)、逻辑—数学智能(logical-mathematical intelligence)、肢体—动觉智能(bodily-kinesthetic intelligence)、音乐—节奏智能(musical-rhythmic intelligence)、视觉—空间智能(visual-spatial intelligence)、自然观察者智能(naturalist intelligence)、人际智能(interpersonal

---

[*] 在加德纳的多元智能理论中,普遍的观点是八项智能,之后也有学者提出补充"存在智能"这一项。本书作者李坤崇吸纳了各方观点后,认为增设的这项智能是以原先八项智能之一的"内省智能"析出名,故在此提出了此为半项智能一说。特此说明。——编者注

intelligence)、内省智能(intrapersonal intelligence),以及半项智能——存在智能(existential intelligence)。上述八项半智能的具体含义如下:

(1)言语—语言智能指能有效利用口头语言(如:讲故事者、演说家、政治家)或书写文字(如:作家、诗人、记者、编剧等)的能力,即对语言文字之意义(语意能力)、规则(语法能力),以及声音、节奏、音调、诗韵(音韵学能力)、不同功能(语言的实用能力)有敏感性。

(2)逻辑—数学智能指能有效运用数字和推理能力,包括对逻辑或数字形态的认知能力和高灵敏度;具有处理复杂前因后果的推理能力,以及巧妙地处理事情的抽象分析能力。

(3)肢体—动觉智能指运用身体表达想法与感觉以及运用双手生产或改造事物的能力,其核心成分包括巧妙地处理物体(包括粗略与精致的身体动作)的能力,巧妙地使用不同的身体动作来进行表达的能力。

(4)音乐—节奏智能指察觉、辨别、改变和表达音乐的能力,以及创作并欣赏旋律、音节和音质的能力,即人对声音的意义加以创造、沟通与理解的能力,主要包括对节奏、音调或旋律、音色的敏感性。

(5)视觉—空间智能指对视觉性或空间性的信息的知觉能力,以及把所知觉到的东西加以表现的能力,包括对色彩、线条、形状、形式、空间及彼此间关系的敏感性,其中还包括将视觉和空间的想法在脑海中立体化及在一个空间矩阵中能很快找出方向的能力。

(6)自然观察者智能指观察自然界各种形态,辨认并分类物体,洞悉自然或人造系统,以及链接生命组织的能力。其核心为经由五官观察来觉察、感受与省思的能力。

(7)人际智能指辨识与了解他人的感觉、信念与意向的能力,其核心成分包括注意并区辨他人的心情、性情、动机与意向,并作出适当反应的能力。人际智能还包括对脸部的表情、声音和动作的敏感度,辨别不同人际关系的暗示并对暗示作出适当反应的能力,以及拥有同理心的能力。

(8)内省智能指对自我进行省察、区辨自我的感觉,并产生适当行动的能力,以及在复杂的情绪中区辨喜怒哀乐和自我定位、自律、自知及自尊的能力,此种智能也扮演着"智慧中枢的角色",使个体能知道自己的能力,并了解如何有效发挥这些能力。其核心成分为发展可靠的自我运作模式,以了解自己的欲求、目标、焦虑与优缺点,并借以引导自己行为的能力。

(9)存在智能指"对生命议题的终极关怀",包含下列两项核心能力:一是在浩瀚宇宙中定位自己的能力;二是处理与存在相关的问题的能力,如寻找生命的重要性、认识死亡的意义、觉察身心世界发展脉络的能力。

加德纳的"多元智能理论"渐受国际重视,且广泛用于课程、教学与评价,教师实施评价时可适当运用此理论。

(三)过程多元

米勒等(Linn & Miller, 2005;Miller, Linn & Gronlund, 2009)强调,评价过程应顾及安置评价、形成评价、诊断评价和总结评价。评价不仅是预测学生未来发展、评定学习成果,更要协助学生在教学历程中获得最好的学习。有些教师应调整仅重视在教学后实施总结评价的做法,宜逐渐采取形成评价,将评价纳入教学,并以评价结果作为改善教学的依据。虽然形成评价渐受教师重视,但我们并非否定安置评价、诊断评价、总结评价的价值,因为一个完整的评价历程包括安置评价、形成评价、诊断评价与总结评价(李坤崇,1998)。

（四）时机多元

评价时机包括定期评价、平时评价。小学阶段一学期通常实施二至三次的定期评价。中学大多采用考试科目集中考试的方式,小学则约有半数学校采用随堂考试的方式。利弊得失难以论断,决定方式时应充分考虑学校愿景、教师素养、学生特质、家长需求等因素。倘若教育行政机关并未规定平时评价的次数,则次数应依各学习领域性质不同而异,通常由授课教师依其专业判断、学校沿革、家长要求、学生特质等来决定。

（五）情境多元

评价情境包括教室、教室外情境。以往评价情境仅限于教室,纸笔测验一般均在教室实施。随着评价方式的多元化,实作评价、轶事记录、口语评价、档案评价、游戏评价以及动态评价等评价方式,常跳脱教室情境,在教室外实施。决定评价情境时应依据评价目标、评价内涵以及评价方式等因素来权衡,不宜为教室外而教室外,亦不宜仅限于教室内。若在教室外实施,通常学生遭遇安全问题较教室内为多,教师宜审慎规划评价过程,以免发生意外。

（六）方式多元

多元化学业评价的多种特质中,以"方式多元"最重要。我国台湾地区的做法与经验是,评价时应视学生身心发展及个别差异,依各学习领域内容及活动性质,采取笔试、口试、表演、实作、作业、报告、数据搜集整理、鉴赏、晤谈、实践等适当的多元评价方式。米勒等(Linn & Miller, 2005；Miller, Linn & Gronlund, 2009)认为,测验形式包括固定选项测验和复杂表现评价。

评价不应限于单一的客观纸笔测验,评价方式应至少包括纸笔测验(笔试)、实作评价(表演、实作、作业、鉴赏、实践)、系列实作评价(游戏化评价)、档案评价(资料搜集整理、书面报告)、口语评价(口试、口头报告、晤谈)、轶事记录、动态评价等七项,显现评价方式的多元化和弹性化。

（七）人员多元

我国台湾地区的《中小学学生成绩评价准则》中规定:"中小学学生的成绩评价……得视实际需要参酌学生自评、互评办理。"此规定较有前瞻意识地纳入了自评、同学间的互相评价,但可惜未纳入家长。评定学生学习成果的评价人员,应可包括教师、同学、学生自己、家长等。

李坤崇(1998,1999)强调参与学业评价人员除多元化外,更需互动化,因为只有经由教师、家长、学生、同学的充分沟通与讨论后,才能更清楚地了解学生的学习历程与结果,挖掘学生学习的问题并及时施予补救教学。尤其是现阶段的教育"强化亲子互动、鼓励家长参与"是当务之急,推动教育改革若无家长参与,系列实作评价(游戏化评价)、档案评价或其他多元评价将因教师负担沉重而难以实施。

（八）计分多元

评价的计分方式包括"直接给单一学习总分"、"经由基本分数与加权分数合计而得单一学习总分"。一般教师较常采用"直接给单一学习总分",这里不再赘述。"基本分数与加权分数合计而得单一学习总分",是指在个别学习时,教师为鼓励学生参与学习过程,先给予基本分数,再视其学习过程与结果给予加权分数,二者之和为个别学习的分数;在小组合作学习时,基本分数常为小组的分数,而加权分数则为组内个人的表现分数或组内人员互评所得的分数。

九年义务教育阶段强调培养学生"尊重他人、关怀社会、增进团队合作"的基本能力,高中阶段课程着重培养学生"团队合作与民主法治的精神及责任心"。总之,在中小学阶段,小组合作学习被广泛运用。以下分成小组基本分数、组员加权分数两项进行说明。

1. 小组基本分数

小组合作学习的小组基本分数可由老师直接评定,亦可由老师和各组学生代表共同针对各小组的表现和作品,来评定各组基本分数。为避免秩序紊乱与计分困难,不宜由全班学生当评审。若由老师和各组学生代表共同评分,则先将所有评分者评定的分数加总,再依照各组总分的高低排出各组名次,最后由老师依照各组的排名前后及其他因素,决定各小组的基本分数。

2. 组员加权分数

小组合作学习的组员加权分数,可由老师直接评定,也可由学生自评、互评的结果来推算。若使用组内自评、互评的结果来推算加权分数,则先将组内全体组员的评定分数加总,再依照每位组员所得总分的高低排定组内组员名次,最后老师依照组内每位组员的排名并考虑其他因素,决定组内组员的加权分数。

(九)结果呈现多元化

米勒等(Linn & Miller, 2005;Miller, Linn & Gronlund, 2009)认为,评价结果的解释方法有标准参照评价、常模参照评价,此两种评价可视为一连续体的两端,而非截然划分,可兼采用两种解释方法。除标准参照评价、常模参照评价外,亦可纳入自我参照评价。教师呈现评价结果宜多元化、适时化、全人化。多数教师呈现评价结果时,仅呈现团体相对位置的常模参照分数或呈现及格与否的标准参照分数,而忽略自我比较的努力分数,或者仅呈现学业成绩而未提供人格成长情况,亦未适时提供学习进步或恶化状况,致使学生频遭挫折或丧失立即补救的时机。因此,学业评价结果需呈现宜多元化、全人化、适时化,同时兼采能力、努力的结果双轨制,改善学习通知单。

两岸四地学业能力较低的学生常须面对永无休止的挫折,因其再怎么努力仍是班上学业成绩的后段。教师呈现评价结果时应兼采自我比较、常模参照或标准参照的方式,比如批阅学生作业时可打"甲60或丁95","甲"、"丁"指全班作业的高低位置,"60"、"95"指学生的努力分数。李坤崇(1999)提出"能力、努力兼顾之各项符号与评语"(详见表1-2),这种方法兼顾能力、努力的结果,可供教师参考。

表1-2 能力、努力兼顾之各项符号与评语

符号	评语	代表意思
答案的正确或内容的完整		
○(A)	很好	答案完全正确,或完全符合老师的要求,而且比其他同学有创意或做得更好。
✓(B)	不错	答案完全正确,或完全符合老师的要求。
△(C)	加油	答案部分正确,或有一部分没有符合老师的要求。
?(D)	改进	答案内容完全错误,或完全不符合老师的要求。
✕(E)	补做(交)	未作答或未交。
努力的程度		
＋	进步	代表你比以前用心或进步。 ("＋"号越多代表越用心、越进步)
—	退步	代表你比以前不用心或退步。 ("—"号越多代表越不用心、越退步)

第二节　人性化学业评价

学业评价不应只是着重于评价学生的学习表现,更应在评价过程与结果中充分展现人性化理念,这样方能让学生获得激励、尊重与支持。

一、人性化学业评价的意义

人性化学业评价的意义在于以学生为中心的评价观,即教师设身处地地站在学生角度思考研拟各项评价措施,重视学生应有权益,不因学生扮演"被评价"角色而剥夺其权益。

人性化学业评价宜掌握"尊重"、"个别差异"、"适性发展"三理念。"尊重"乃将学生视为应被尊重的"人",尊重其存在,更尊重其想法。"个别差异"乃允许、重视并适切处理学生间的个别差异,不宜以统一的标准、统一的规定来要求所有学生。"适性发展"乃确认学生是发展中的个体、有其发展阶段与任务,教师评价不仅应尊重其发展阶段与任务,更应接纳发展的危机与挫折。

二、人性化学业评价的特质

欲激励学生正向思考,提升正向自我概念,人性化学业评价就应具有下列特质。

(一)评价中心学生化

教师从研拟评价目标、拟定评价计划、实施学业评价、呈现评价结果到进行评价解释,思维都由传统的以教师为中心的转换到以学生为中心,教师设身处地地站在学生角度来思考评价问题。研拟评价目标时宜从学生角度来叙述,如将"学生能描述自己及相关人事物"改为"能描述自己及相关人事物"。拟定评价计划时宜让学生了解整学期评价的全貌,让学生知道如何做将可能获得怎样的评价结果,不宜模糊评价的过程与结果。实施学业评价宜善用各种适切的评价方式来衡量学生的学习表现,不宜为纸笔测验而纸笔测验,亦不宜为多元评价而多元评价。呈现评价结果时宜着重真实、多元呈现学生表现,不宜误判、片段呈现。解释评价结果时宜着重鼓励、支持学生,不宜指责、诋毁学生。

(二)学业评价计划化

有些教师实施学业评价时不按计划实施,随兴为之。缺乏评价计划不仅让教师学业评价缺乏整体性、多元性与阶段性,更让学生面对评价无所适从,如不知整学期考试几次、何时考试、比重如何。除了纸笔测验外,出席率的比重,其他评价方式的内涵、时机与比重,学生均应有知情的权利。因此,从人性化角度考虑,教师应拟定周密的学期评价计划,告知学生,并按计划实施学业评价。

(三)评价内涵同理化

教师编拟评价工具时应从同理心的角度出发,以"己所不欲,勿施于人"的理念来编拟。教师自编测验时,试题指导语应明确化,试题编排应由易而难,题目内涵也应明确化,计分标准应公开化,这都是人性化的基本要求。如有一教师命题为:"香蕉是什么颜色?"教师以课本呈现的颜色"黄色"作为标准答案,但有些学生回答绿色、棕色或黑色亦应给分,因香蕉成熟度不同颜色亦不同。

（四）结果呈现增强化

分数是学生信心的来源，教师在评分时应着重于培养学生信心，而非予以摧残。教师应打各式各样的一百分，如扫地一百分、服务同学一百分、上课专心一百分，不让一百分窄化于语数外理化等学科评价。教师在评分时应顾及个别差异，优等生默写出 30 个英文生词给一百分，而程度较差者默写出 10 个就可给一百分。学生的资质不同，为何用一致的标准要求？教师呈现学生成绩时，应充分顾及学生的个别差异、努力情形、进步状况，给予学生鼓励、提升学习的信心。

（五）结果解释正向化

有些教师解释评价结果时，偏向悲观化、负向化、责备化，使学生遭受更多挫折。教师应多鼓励、多支持学生，方能增进学生正向自我概念，强化其自信心。结果解释涉及看问题的角度，有些人习惯从一百分往下看，有些人则从零分往上看，前者只看未满的部分，当然悲观负向，后者看到努力的部分，当然积极正向。教师若能从零分往上看学生表现，必然充满着欣喜，衷心赞美学生；若从一百分往下看，必然充满着失望，时时指责学生。因此，对评价结果的解释只在教师一念之间。

解释学习结果不应局限于认知，应兼顾技能与情意的阐述。有些学生可能认知较差，但其技能、情意颇佳，因此，教师可尽量挖掘学生优点予以强化。

人性化的结果解释除了兼顾常模参照或标准参照外，更强调自我参照，以引导学生自我比较、自我进步、自我实现。

第三节　精确化学业评价

随着学业评价的多元化、人性化，有人开始质疑评价的主观化、笼统化，可见，欲提升学业评价的信度与效度，学业评价宜迈向精确化。

一、精确化学业评价的意义

精确化学业评价旨在强调测验编制历程、题目编拟、题目分析与结果解释呈现标准化、通则化、质量化与定锚化，提升评价结果的信度与效度。若学业评价能兼顾多元化、人性化更兼具精确化，则评价结果将更具有说服力。

由于计算机与网络技术的快速发展，题目分析与测验结果的取得更为快速，庞大数据的处理时间大幅缩短，建立题库更为容易，教师个人资料的流通也更为便捷，这使得学业评价日益精确化。

二、精确化学业评价的特质

欲提升学业评价的信度与效度，精确化学业评价宜具备下列特质。

（一）编制过程标准化

学业评价常用的各类评价方式，如纸笔测验、实作评价、档案评价，均有其严谨、标准化的编制过程。教师自编纸笔成就测验通常包括决定测验目的、设计双向细目表、决定试题类型与题数、编拟测验试题、审查与修改测验试题及编辑测验试题六步，教师若能遵循，当可提高信度与效度。

（二）题目编拟原则化

教师编拟学业评价的题目时,应遵循各类评价方式的题目编拟原则。适用于各类评价方式的题目编拟原则有八项:(1)试题分布依据双向细目表,且题目内容依据有代表性;(2)避免使用暧昧不明和易使人混淆的言词或语句;(3)叙述扼要、直接切入重点;(4)使用的词汇适合受试者;(5)试题答案必须是公认的正确答案,避免争议性;(6)表达清楚,让学生易于了解其任务或工作;(7)每个试题必须独立存在,内容不宜相互重叠;(8)不要提供正确答案的线索。

（三）题目分析质量化

题目的优劣不能全由主观认定,宜兼顾质的分析与量的分析。"质的分析"重点为分析双向细目表,分析题目内涵与所属细目表细格的一致性,分析题目质量是否合乎命题原则,分析编制过程的严谨性。"量的分析"分传统题目分析(含常模参照测验题目分析、标准参照测验题目分析)与试题反应理论(IRT)题目分析。以常模参照测验题目分析而言,主要分为难度分析和鉴别度分析,其中难度有三种算法:(1)计算全体受试通过或答对某题的百分比;(2)计算高分组与低分组在某一试题上的通过的百分比;(3)计算 Δ(delta)难度指数。鉴别度可从内部一致性、外在效度分析。可见,学业评价的题目分析已逐渐迈向质量化。

（四）结果解释定锚化

学业评价的方式逐渐多元化之后,有些被批评为过于主观的评价方式,已逐渐发展出定锚评分(anchor score)或定锚评定的策略。台湾地区教育主管部门于 2006 年在当地中学学生基本学力的测验中加试写作测验,其评分方式采用级分制,将学生写作能力由劣至优共区分为一至六等级,其评分标准如表 1-3;另针对离题、重抄题目及缺考等考生,因无法判断其写作能力,给予其 0 级。可见,加考的写作测验宜采用定锚评定的方式。

表1-3 中学生写作测验评分标准一览表

等级	评分标准
六级	六级的文章十分优秀,此种文章明显具有下列特点: ● 立意取材:能依据题目及主旨选取适当材料,并能进一步阐述说明,以凸显文章的主旨。 ● 结构组织:文章结构完整,段落分明,内容前后连贯,并能运用适当的连接词联贯全文。 ● 遣词造句:能精确使用词语,并有效运用各种句型,使文句流畅。 ● 错别字、格式及标点符号:几乎没有错别字及格式、标点符号运用上的错误。
五级	五级的文章在一般水平之上,此种文章明显具有下列特点: ● 立意取材:能依据题目及主旨选取相关材料,并能阐述说明主旨。 ● 结构组织:文章结构大致完整,但偶有转折不流畅之处。 ● 遣词造句:能正确使用词语,并运用各种句型,使文句通顺。 ● 错别字、格式及标点符号:少有错别字及格式、标点符号运用上的错误,不影响文意表达。
四级	四级的文章已达一般水平,此种文章明显具有下列特点: ● 立意取材:能依据题目及主旨选取材料,但不能有效地阐述说明主旨。 ● 结构组织:文章结构稍嫌松散,或偶有不连贯、转折不清之处。 ● 遣词造句:能正确使用词语,文意表达尚为清楚,但有时会出现冗词赘句,句型较无变化。 ● 错别字、格式及标点符号:有一些错别字及格式、标点符号运用上的错误,但不至于造成理解上的太大困难。

等级	评分标准
三级	三级的文章,其内容是不充分的,此种文章明显具有下列缺点: ● 立意取材:尝试依据题目及主旨选取材料,但选取的材料不够适切或不够充分。 ● 结构组织:文章结构松散,且前后不连贯。 ● 遣词造句:用字遣词不够精确,或出现错误,或冗词赘句过多。 ● 错别字、格式及标点符号:有一些错别字及格式、标点符号运用上的错误,以至于造成理解上的困难。
二级	二级的文章在各方面表现得都不够好,在表达上呈现严重问题,除了有三级文章的缺点,并有下列缺点: ● 立意取材:虽尝试依据题目及主旨选取材料,但所选取的材料不足或未能加以发展。 ● 结构组织:结构本身不连贯,或仅有单一段落但可区分出结构。 ● 遣词造句:用字、遣词、构句常有错误。 ● 错别字、格式及标点符号:不太能掌握格式,不太会使用标点符号,且错别字较多。
一级	一级的文章显现出严重缺点,虽提及文章主题,但无法选择相关材料组织内容,并且不能运用语法、字词及标点符号。此种文章具有下列缺点: ● 立意取材:仅解释主题,或虽提及文章主题,但无法选取相关材料加以发展。 ● 结构组织:没有明显的文章结构,或仅有单一段落,且不能辨认出结构。 ● 遣词造句:用字遣词有很多错误甚至完全不恰当,且语句支离破碎。 ● 错别字、格式及标点符号:完全不能掌握格式,不会运用标点符号,且错别字极多。
0级	离题、重抄题目或缺考。
数据来源:李坤崇,2006年台湾地区中学学生写作测验试办实施方案,2005。		

第四节　统整化学业评价

以往学业评价只局限于评价,未能与课程、教材、教学相结合,未来的发展趋势便是这四者的充分统整。

一、统整化学业评价的意义

统整化学业评价是指教师实施学业评价时,统整课程、教材与教学,让四者环环相扣。课程引领整体的计划、目标、教材与教学,教材是教学的工具,教学是引导学生学习的艺术,评价是为检核学生达成预期目标的程度,进而引领学生成长。若四者能紧密统整,则教师教学与学生学习成效将可相互促进。

二、统整化学业评价的特质

随着基础教育课程改革的进一步深入,统整理念逐渐萌芽,中小学教育现场已逐渐重视课程、教材、教学与评价的统整,具体的特质如下。

(一)课程与评价计划化、统整化

台湾地区教育主管部门从2001年起实行的《中小学九年一贯课程纲要》规定:学校课程计

划应包含各领域课程计划和弹性学习节数课程计划,内容包含"学年/学期学习目标、能力指标、对应能力指标的单元名称、节数、评价方式、备注"等相关项目。可见,"九年一贯课程"已将评价纳入学校课程计划,这不仅是课程的突破,更显示了课程与教学统整的意义。

(二)教学与评价统合化、适性化

教师为落实多元化、适性化的教育理念,应使教学与评价统合化、适性化。评价不仅要预测学生未来发展、评定学习成果,更要协助学生在教学过程中获得最好的学习,教学与评价的统合乃未来评价的发展趋势(李坤崇,1998,2001a,2002a;简茂发、李琪明、陈碧祥,1995;Kubiszyn & Borich,1987;Linn & Gronlund,1995;Linn & Miller,2005;Miller,Linn & Gronlund,2009)。

米勒等(Linn & Miller,2005;Miller,Linn & Gronlund,2009)以简化教学模式(如图1-2)来摘述教学过程的基本步骤,并说明教学、学习与评价三者的相互关系。

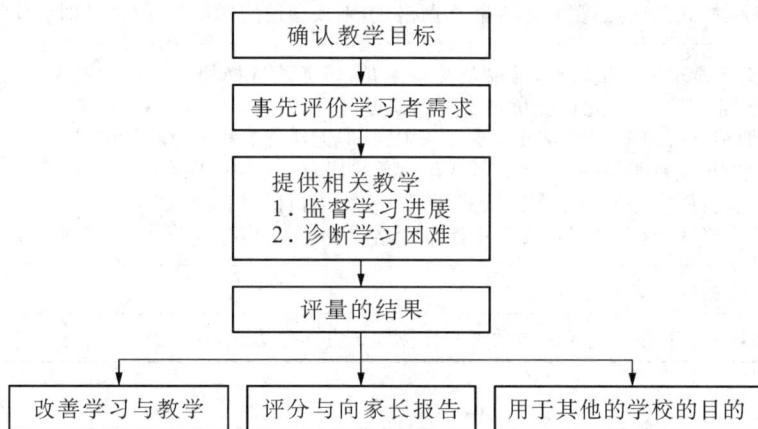

图1-2 简化的教学模式

(数据来源:M. D. Miller, R. L. Linn & N. E. Gronlund. *Measurement and Assessment in Teaching* (10th ed.). Upper Saddle River, NJ:Merrill, 2009, p. 35.)

(三)学期评价计划化、精致化

有些教师在评价学生学期成绩时,往往提不出一套严谨的评价计划,使学生不断质疑教师评价的公平性与客观性。整个学期评价的统整思维,宜包括评价计划目标、评价目标、教学目标类别与层次、评价范围、评价方式与计分(含平时评价、阶段总结评价)、各类评价方式、内容所占比例、评价运用方法、补救教学、补充说明及学业评价通知单。学期评价趋于计划化、全貌化、精致化,将评价与课程、教学目标呼应,并将评价内涵详细而精致地呈现,不仅能提升评价信效度,更可获得家长与学生的信赖。

第五节 改善学业评价的实施建议

笔者总结十年来钻研学业评价的心得,访谈各县市中小学教师、主任与校长,搜集推动课程改革的经验后,提出下列中小学实施学业评价的原则、条件与行政准备等实施建议。

一、实施学业评价应掌握的原则

中小学实施学业评价时,除兼顾专业多元、内涵多元、过程多元、时机多元、情境多元、方式多元、人员多元、计分多元、结果多元等九项多元理念外,更应掌握下列六项重要原则。

(一)掌握活化教学与学业评价的趋势

教学或学习活动设计应充分结合活化教学,创造教学与多元化、人性化、精确化、统整化的学业评价趋势。学业评价应视学生身心发展及个别差异,以奖励辅导为原则,依领域内容及活动性质,采取口试、表演、实作、作业、报告、数据搜集整理、笔试、鉴赏、晤谈、实践等适当的方式。

(二)兼顾认知、技能与情意

学业评价内涵应依据能力指标或主题轴、学生努力程度、进步情形,兼顾认知、技能与情意等目标,引导学生全方位发展,不再仅局限于认知层次的学习。

(三)纳入小组长评价、同学间互评或自评

实施学业评价时,除教师评价外,应尽量纳入小组长评价、同学间互评或自评。

(四)兼顾平时评价与定期评价

中小学经常重视定期评价,却较轻忽平时评价。平时评价的次数由任课老师依其课程需要自行制订。定期评价的次数与时间可由学校各领域或各科课程小组制订。台湾地区的《中小学学生成绩评价准则》第四条规定:中小学学生成绩评价应本着适性化、多元化的原则,兼顾形成评价、总结评价,必要时应实施诊断评价及安置评价。可见,中小学实施学业评价时应兼顾平时评价与定期评价。

(五)适当结合学习档案与学习成果记录

以往学业评价通知单只是供学生抄抄写写,学生做完交给教师评阅后随手丢弃或备而不用。各学习领域或各科不一定每项活动均必须运用通知单。但是,若将通知单与学习档案和学习成果记录相结合,那么它对教师而言系教学档案,对学生而言系学习档案与学习成果记录。学生参与学习过程的同时,也在累积其学习档案与记录学习成效。考虑到过多的学习档案将造成师生的沉重负担,教师应衡量师生负担,适当结合学习档案与学习成果记录。

(六)充分考虑学生的能力与努力,兼顾质化与量化记录

以前教师评阅通知单时通常以打"√"或打"×"来评定学生学习结果,此种方式不仅过于笼统,且过于消极。为突破传统评价记录之失,结合学习档案与学习成果记录的通知单应兼顾质化与量化记录,评价内涵应兼顾认知、技能、情意。教师应针对评价内涵给予学生量化记录,评定时采用等级制,而非百分制。等级制兼顾能力、努力向度,"能力"以符号"○、√、△、?、×"表示"很好、不错、加油、改进、补做(交)","努力"以符号"＋、－"表示"进步、退步"。

二、实施学业评价应具备的条件

中小学实施学业评价前,若能了解应具备的条件,作为规划与落实的评价依据,将可事半功倍。

(一)教师

教师是多元化、人性化、精确化与统整化学业评价的推动者、评价者,教师的专业素养、负

担与意愿将是关键的评价实施条件。

1. 教师专业素养

实施学业评价最基本、最重要的条件是教师的专业素养,若教师无学业评价专业素养,则遑论实施学业评价。因此,推动学业评价的第一要务为提升教师评价专业素养。

2. 教师负担与意愿

教师推动多元化学业评价时的工作负担必然会较纸笔测验沉重,心理负担亦因家长的质疑而加重。教师意愿的推动取决于教育理想与工作、心理负担的"拔河",若教师坚持教育理想,则会克服工作、心理负担而致力于推动学业评价。如果教师难以承受负担,则会向现实妥协,放弃教育理想。

(二)行政

行政政策的精神支持、经费支持、场地或时间配合都是实施多元化、人性化、精确化与统整化学业评价应具备的充分条件。

1. 精神支持

教师实施学业评价的意愿与校长、主任的精神支持息息相关,若校长、主任能秉持教育理念,力抗家长的质疑,则教师累一点、辛苦一点都值得。若只是教师一头热,校长与主任在旁观望,则教师在遭遇阻力后通常会裹足不前或干脆放弃。

2. 经费支持

实施学业评价必然较纸笔测验耗钱耗力,教师为理想耗力心甘情愿,但如果经费仍需由教师自行筹措,教师通常会回归纸笔测验。因此,实施学业评价时,校长、主任应积极主动地协助教师解决经费负担。

3. 场地或时间配合

纸笔测验只要在教室即可实施,不限时间。但是实施系列实作评价(如过关评价)必须有适当的场地配合,评价时间亦必须审慎安排,才不会造成评价失真。

(三)家长

很多教师反映,推动多元化、人性化学业评价的最大阻力在家长,尤其是社会弥漫升学主义、重学历的气氛,家长分数至上、分分计较的心态使得实施学业评价困难重重。

1. 家长观念与心态

家长能否扬弃升学主义与文凭主义的观念,能否抛弃分数至上与分分计较的心态,将是落实学业评价的基本条件。因此,扭转家长观念与心态将是中小学校长、主任与教师努力的重点,亦为各地教育行政机构的奋斗目标,更是教育主管部门推动教育改革的重点。

2. 家长支持与配合

中小学有些领域比较不强调认知,而较重视技能与情意,如综合活动学习领域强调实践、体验,艺术与人文学习领域强调听觉艺术、视觉艺术与表演艺术,必然大量运用学业评价。实施学业评价有赖家长的支持与配合,如何获得家长的支持与寻求家长的配合,是学校必须深思的课题。

三、实施学业评价的准备工作

由上述条件,可知中小学实施多元化、人性化、精确化与统整化学业评价前应准备的工作颇多,兹阐述以供参考,力求减少中小学摸索时间与提高行政效率,并避免彷徨失措。

(一)倡导、沟通建立共识

本人在参与九年一贯课程与高中课程改革时发现:观念倡导与共识建立是推动改革的基础,观念不改、没有共识将是缘木求鱼,使推动遥遥无期。

实施学业评价必须"强化与家长的观念沟通、消弭疑虑"。评价变革必然衍生家长的疑惑、质疑,但家长或许因不了解学业评价内涵,或许因过分追求分数、重学历的心理作祟,或许因要求过高,或许对学校不信任,而抱持观望、批判态度。唯有面对问题,方能解决问题;唯有消除疑虑,方能引发共鸣;唯有凝聚共识,方能发挥动力。因此,教育行政部门与学校行政人员、教师均宜循序渐进、分层负责来强化家长沟通,以凝聚共识,切实执行。家长疑惑属全年级共同问题的,由学年主任出面协调沟通;属全校共同问题的,由主任或校长解答疑惑;属全地区共同问题的,由当地教育主管部门沟通,化解疑惑。

家长共识的凝聚需经历一段时间,教育行政人员与教师必须以耐心包容家长观念的转变,若期待家长立即配合学校步调调整,将因急躁而适得其反。实施学业评价时,可由校长、主任每个月或每两个月召开家长座谈会,解决家长疑惑、澄清问题。学校可在每个学期通过学校刊物告知课程与评价变革的内涵与精髓,在学校网站设置学业评价讨论区,公布最新信息并解答问题;相关工作人员可出席小区或居委大会解说课程变革;教师可善用家庭联络簿,夹带学业评价信息给家长。

(二)开展专业研习

为推动多元化、人性化、精确化与统整化学业评价,各地方教育行政部门或学校应积极办理种子团队教师产出型研习,让种子教师人数逐渐多于非种子教师,以营造专业成长校园的气氛。研习重点在做不在听,在想不在说,在于善用计算机与网络信息而非抄写汇编。种子教师在于团队合作产出作品而非各自作战,在于与学校共同推动而非孤军奋斗,在于与学校共同抗压而非独自承压。

学校在教师循序渐进的成长历程中亦应"激励教师成长而非引发恶性竞争",若学校只借学业评价之名,以五光十色的资料来争取大量资源,未顾及教师的身心负担、未启动良性成长、未避免恶性竞争,将使得学业评价在激情之后,衍生家庭沟通、身体适应或同学关系的问题。校长应激励教师成长,拟定阶段性目标,引导教师逐步稳健、踏实地成长,留意教师的身心负担,提供适时的必要协助,这样方能切实激励教师逐渐成长。若实施评鉴,应以"鼓励、沟通、建议"取代"批评、指责、惩处",以鼓励起点化与事实化,沟通多元化与深入化,建议具体化与积极化,避免评鉴只为批评、只为指责、只为惩处的传统弊端。

(三)体验由生疏到熟练的过程

教师由精熟、惯用纸笔测验到愿意运用、正确使用多元化、人性化、精确化与统整化学业评价,并非一朝一夕可达,必须经历由生疏到熟练的过程。教师实施学业评价必须秉持循序渐进原则,而循序渐进的方面包括自主化、积极化、活泼化、合作化等,兹说明于下。(1)教师学习循序渐进自主化:实施学业评价时,教师应逐渐增进自主学习、逐步提升专业自主,逐渐体验终身学习的重要,逐渐化被动为主动,强化自主学习能力,这样方能摆脱以往的不当心态。(2)教师心态循序渐进积极化:教师心态由被动到主动,由消极到积极,由抗拒到接纳,由接纳到参与,由参与到主导,乃一循序渐进的自然过程,推动教育改革不能违反人性,不能不了解教师处境,不能不让教师有时间去调整自己的感受,推动学业评价必须有时间让教师循序渐进地调整心态。(3)教学方法循序渐进活泼化:教师面对教学的重大转变,必须调整教学理念、教学方法、教学策略,然而此调整并非一朝一夕可成。教师或许产生相当大的压力,但只要逐一调整目标,逐渐在尝试错误中省思成长,逐渐在同事观摩中研讨成长,逐渐从学生回馈中修正改善,相信以两岸四地教师顶尖的资质必然可循序渐进地调整。(4)教学策略循序渐进合作化:几十年来两岸四地中小学教师大多强调教好自己的科目,而班级或学科间的教师合作很少。然而,学业评价若无协同教学将有如缘木求鱼,若无教师合作将难竟全功。但教师间合作并非一蹴而就,由单打独斗到协同教学的转折过程,除有"共同目的、沟通、合作意愿"外,尚需高度耐心,克服过程中的沟通困难甚至误解,逐渐培养信任与默契,从而逐步迈向共同拟定的教学目标。

(四)调整与研发评价办法、表格簿册

台湾地区小学自 2001 年、中学自 2002 年开始实施九年一贯课程改革,"九年一贯课程"以三个面向、七大学习领域取代"中学课程标准"的二十二科、"小学课程标准"的十二科,以整合化、生活化的学习取代支离琐碎、叠床架屋的学习,以统整课程取代学科课程,以培养中小学学生基本能力。随着课程改革,学校必须调整、研发学业评价的表格簿册。

中小学贯彻学业评价时必须制定、调整学业评价的办法、表格簿册。李坤崇(1999)提出了改善学业评价通知单、表格簿册的十点构想:(1)兼重学科表现、生活行为表现;(2)将学科或生活行为表现具体化、细分化;(3)兼含等级评定、文字补充说明;(4)呈现阶段性结果;(5)兼顾能力、努力;(6)兼含教师、家长、学生;(7)发展学校教育目标与评价项目;(8)纳入出缺席记录;(9)引导主题探索与自省;(10)着重激发成就、给予鼓励。

四、推动学业评价之策略

笔者经访谈各地中小学教师、主任与校长,获得学业评价研究及推动课程改革的经验启发,提出下列中小学实施"多元化、人性化、精确化与统整化"学业评价的几点策略。

(一)采用阶段省思的"渐进推动"策略

笔者强调现阶段家长与小区人员普遍缺乏学业评价的理念,教师在学业评价专业方面的能力仍有待充实。教师在实施学业评价初期,应从改善纸笔测验着手,搭配评价表或检核表;待教师在学业评价上逐渐成长,家长逐渐接纳学业评价后,再纳入实作评价、档案评价及其他评价方式。实施过程中教师必须设定短、中、长期目标,把握阶段、省思的"渐进推动"策略。

(二)提升专业素养的"学习机制"策略

陈明印(2002)指出,"教师能否充分掌握学业评价精髓"是推动学业评价发展的关键。可见,教师教学与评价专业素养,将是推动学业评价的主要动力,若教师专业素养不足,则任何配套措施将大打折扣。李坤崇(2002b)认为,实施学业评价的学校必须先营造学习型组织与建立学校学习机制,系统规划与教师所需补习强化的方面有关的研习活动、读书会或行动研究,提供各项自我学习的书籍或期刊,以及组织校际观摩、网络经验分享活动或互助成长活动,以提升学校教师与相关人员的评价专业能力,使其以优秀专业素养为基础,落实学业评价理念。

(三)善用共同参与的"民主参与"策略

实施多元化、人性化、精确化与统整化的学业评价,最重要的工作是理念沟通、凝聚共识。实施学业评价的学校须获得教师的支持与家长的认同,凝聚学校、小区所有人员的共识,集思

广益、共同参与、共同研讨,遵循民主决策的机制来进行推动。李坤崇(2002b)强调本应要求全体参与,但全体参与是最终目标,初期构思与研发阶段可请愿意付出、愿意学习成长者先参与,先参与者不断坦然面对问题与解决问题,提出解决问题的可行策略后,再逐渐邀请其他人员参与,即采取由少而多、部分到全体的参与方式。在评价的发展历程中校长、主任与领导人员应有耐心、信心,等待少数变成多数,有忍受批评责骂的雅量,逐步凝聚共识,逐渐增加参与人员。

(四)激励专业对话的"相互成长"策略

两岸四地尚未营造教师间专业对话的情境,教师参与专业对话的意愿较低,形成单打独斗习惯、养成敝帚自珍的心态。实施学业评价的参与人员若能透过专业对话,将自己对学业评价的理念、构想、计划、心得与他人分享,不仅可厘清观念,更可相互激励,促进专业成长。因此,提升教师评价专业素养,取决于能否提升教师专业对话意愿与营造对话情境(李坤崇,2002b)。

(五)改善行为习惯的"提高效率"策略

随着 21 世纪信息科技的发达,教师应改变以传统的工作与教学习惯处理日渐庞杂的工作及落实学业评价理念的做法,而是必须本着"毁灭创造"的理念,省思自己的工作习惯与教学策略,改善自己的行为习惯,并善用信息与网络资源,对知识与信息做系统的管理,如将数据电子化、数据规格化、数据系统化,这样方能提高工作效率与教学质量。

(六)采用无惩罚的"愿者成长"策略

推动多元化与人性化学业评价必然要面对升学主义的高涨、家长分数至上观念的阻力,推动过程必然遭遇甚多疑惑挫折,教育局、学校行政人员与参与研发人员均应抱持"支持鼓励"、"包容尝试错误"原则,相互扶持成长,方能共赴目标。教育局、学校行政人员应积极鼓励与提供专业成长空间给有意愿的教师,让其在专业成长中获得信心与成就感,再逐渐汇集有意愿者的力量,逐渐带动无意愿者。在有意愿者带动无意愿者的过程中,有意愿者逐渐增加且获得成长喜悦,而无意愿者逐渐减少,这自然会给无意愿者带来压力,故不必直接指责无意愿者。另外,教育局、学校行政人员对无意愿者不宜过于保护,若处处为无意愿者设想,一心一意想协助其成长,保留研习与成长机会给无意愿者,将相对减少有意愿者的成长机会。因此,过度保护无意愿者将阻碍学校发展。教育局、学校行政人员应预先规划各项学业评价的进修与成长的活动,预先告知并逐一执行,不强迫不勉强,让有意愿者逐渐参加,待此系列活动结束,再规划与开展其他主题的活动(李坤崇,2002b)。

五、结语

笔者数年来走访台湾地区 25 个县市与数十所中小学,发现中小学不仅渐能掌握学校本位课程、创新教学理念,更发展出颇具参考价值之实务成功经验。但因学业评价受限于家长升学主义观念,且教师专业培育历程较少涉及学业评价,中小学教师对学业评价仍深感力有不逮,遑论迈向多元化、人性化、精确化、统整化的学业评价。

多元化、人性化、精确化、统整化学业评价理念必须由良好的教育制度做支撑,必须由优秀的专业教师去推动,必须有学生家长的投入,亦必须有社会大众的支持。可见,多元化、人性化、精确化、统整化学业评价是集体创作的共同成果,而非教师一人之事,更非学校一校之事。笔者希望借此书抛砖引玉,激起大家共同实现学业评价的理念。

第二章　教育目标、教学目标及能力指标

因时代环境急遽变迁,国际人才竞争日益激烈,教育改革浪潮日益殷切,台湾地区教育主管部门于 1998 年 9 月 30 日公布《九年一贯课程总纲纲要》,此后又于 2000 年 9 月公布《中小学九年一贯课程暂行纲要》,于 2003 年 1 月公布《中小学九年一贯课程纲要》,于 2008 年 5 月修订并公布《中小学九年一贯课程纲要》。

"九年一贯课程"强调培养学生带得走的能力,而非纯粹的知识记忆,教学重心以展现学生能力的教学与课程设计为主;强调基础教育阶段的课程设计应以学生为主体,以生活经验为重心,培养现代公民所需的基本能力。

"九年一贯课程"以十大基本能力为课程目标的主轴,以三或四个学习阶段的能力指标贯穿九年,不分年级呈现能力指标而分学习阶段,乃是考虑到学生学习能力的不同及学习的非线性、可循环来回的特性,更给予学校本位课程发展的空间。十项基本能力包括:了解自我与发展潜能,欣赏、表现与创新,生涯规划与终身学习,表达、沟通与分享,尊重、关怀与合作,文化学习与国际了解,规划、组织与实践,运用科技与信息,主动探索与研究,以及独立思考与解决问题。为培养学生的以上基本能力,设置语文、健康与体育、社会、艺术与人文、数学、自然与生活科技及综合活动等七大学习领域,并将性别平等、环境、信息、家政、生涯发展、海洋等六大教育议题融入各领域课程教学之中。

为落实学生十项基本能力,需将其转化为各学习领域的能力指标。所以,能力指标是评估学校办学绩效、课程设计及学生学习成效的依据。教师再将能力指标转化为教学目标,引导学生学习,并依据教学目标实施学业评价。总而言之,教师实施学业评价前应先厘清教育目标、教学目标及能力指标,方能适切开展学业评价。

第一节　教育目标

米勒等(Miller, Linn & Gronlund, 2009)强调教育目标分成认知、情意、技能三个主要领域,认知领域乃知识认知、心智能力与技能,情意领域乃态度、兴趣、鉴赏和适应的形式,技能领域乃知觉和运动技能。

一、认知教育目标

布鲁姆(Bloom, Englhart, Furst, Hill & Krathwohl, 1956)将教育目标领域分成认知领域、情意领域、动作技能领域。其中,认知领域教育目标由最简单到最复杂的六个层次,依序为知识(knowledge)、理解(comprehension)、应用(application)、分析(analysis)、综合(synthesis)和评鉴(evaluation)。

(一)布鲁姆认知教育目标分类原架构与修订架构的比较

安德森等(Anderson, Krathwohl, Airasian, Cruikshank, Mayer, Pintrich, Raths &

Wittrock，2001)主编的《学习教学与评价的分类：布鲁姆教育目标分类的修订》一书，修订了布鲁姆的认知教育目标分类架构。修订前后的认知教育目标分类比较，详见图 2－1 之"原架构与修订架构的结构比较"。由图可见，布鲁姆依据认知层次的高低，由低而高依序修改了安德森的分类图。

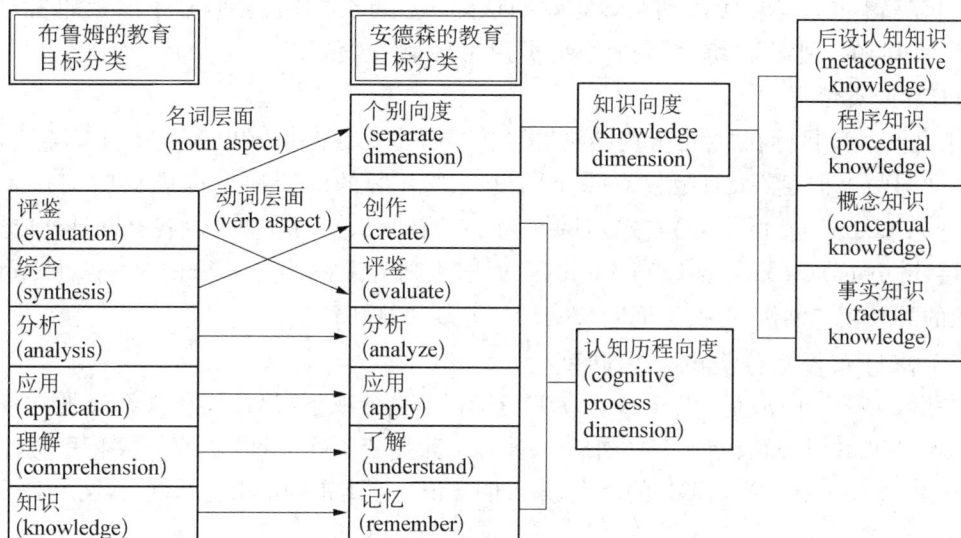

图 2－1　原架构与修订架构的结构比较

（修改自：L. W. Anderson，D. R. Krathwohl，P. W. Airasian，K. A. Cruikshank，R. E. Mayer，P. R. Pintrich，J. Raths & M. C. Wittrock. *Summary of the Changes from the Original Framework*. New York：Addison Wesley Longman，Inc，2001，p. 268.）

安德森等（2001）强调新旧认知教育目标的差异有三个层面，且每个层面均有四个项目，共计十二项。三个层面分别为重点强调、使用术语、目标分类结构，其中各自包括的四个项目分述如下：

1. 重点强调

新旧认知教育目标在"重点强调"上的差异，主要有以下四点：（1）新版把双向细目表（如表 2－1）置入课程设计、教学活动与学业评价，并强调课程、教学、评价三者的连结；（2）新版适用于不同年级的学生；（3）新版内容增列许多评价范例，使得此目标分类更易于应用；（4）新版更强调次类别的应用，而旧版较注重主类别的应用。

表 2－1　修订后的布鲁姆分类表

知识向度	认知历程向度					
	1. 记忆	2. 了解	3. 应用	4. 分析	5. 评鉴	6. 创作
A. 事实知识						
B. 概念知识						
C. 程序知识						
D. 后设认知知识						

（数据来源：L. W. Anderson & P. W. Krathwohl. *The Revised Taxonomy Structure：The Taxonomy Table*. New York：Addison Wesley Longman，Inc.，2001，p. 28.）

2. 使用术语

新旧认知教育目标在"使用术语"上的差异，主要有四点：(1)新版主类别的名称采用动词语态，以呼应建立目标时形成的动词—名词关系，而旧版主类别的名称则为名词语态；(2)新版知识次类别进行了更名与重组，分成四类知识（事实、概念、程序与后设认知知识），此与旧版的名称及内容都不同；(3)新版以动词语态说明认知历程部分的次类别，异于旧版的名词语态；(4)新版改旧版的"理解"、"综合"两个主要类别为"了解"、"创作"。

3. 目标分类结构

新旧认知教育目标在"目标分类结构"上的差异，主要有四点：(1)新版将目标类别呈现分成名词、动词两个向度，而旧版仅有一个向度；(2)新版的两个向度构成双向细目表（two-dimensional taxonomy table）的方式，旧版则无；(3)新版认知历程向度的各类别排列成渐进复杂性阶层（increasing complexity hierarchy），而旧版则为累积性阶层（cumulative hierarchy）；(4)新版的"评鉴"、"创作"更换了旧版"综合"、"评鉴"的顺序。

（二）修订布鲁姆分类的知识向度

宾特里奇等（Pintrich & Wittrock，2001）将知识向度分成事实知识、概念知识、程序知识、后设认知知识四项，并将四项分成 11 个细项。兹综合弗拉威尔（Flavell，1985）、宾特里奇（Pintrich & Wittrock，2001）、张春兴（1991）的观点，来说明知识向度类别的定义与示例，详见表 2-2。

表 2-2　知识向度类别的定义与示例

主类别/次类别	定　义	示　例
A 事实知识	学生学习科目或解决问题时必须知道的基本元素。	
Aa 术语的知识（knowledge of terminology）	特定的语文或非语文形式的术语或符号知识，即每个学科特定的符号、术语或词句的知识。	字母、注音符号、科学术语、化学元素、绘画词汇、重要的计算术语、图表的标准代表符号、指出正确发音词汇的符号。
Ab 特定细节和元素的知识（knowledge of specific details and elements）	有关事件、位置、人、数据、信息等个别事实的知识，包括精确性、特定性、约略性的信息。	特定文化社会或事件的主要事实；有关健康、公民与其他人类需求的重要特定事实；重要新闻的人、地点与事件；重要人物事迹；国家的主要产品与出口物或重要的自然资源；消费的可靠信息来源；个人和家庭的资源；可靠的数据源。
B 概念知识	凝聚出具功能性且结构较大的基本元素之相互关系，即从较复杂、结构较大的基本元素中抽取共同功能属性，予以分类、归类与整合使之成为某类事物的总体上的知识。	
Ba 分类和类别的知识（knowledge of classification and categories）	用于确定不同事物的类别、等级、划分和排列情形的知识。	文章的文体、商业经营的形态、词性（动词、名词、形容词）、心理问题的种类、地质的不同时期。
Bb 原理和通则的知识（knowledge of principles and generalization）	用于观察现象、总结摘要的知识，可用于描述、预测、解释、决定最适切的行动，即由观察到抽象的普遍知识。	烹饪原则、特殊文化的主要通则、物理基本法则、有关生命过程与健康的化学原理、学习的主要原则、生物遗传的定律。

主类别/次类别	定 义	示 例
Bc 理论、模式或结构的知识（knowledge of theories, models, and structures）	对复杂现象、问题、学科内涵提出清晰、完整、系统性的观点的知识。	色彩理论,组织结构图,解释化学原则的化学理论,立法机关的完整结构,地方政府的基本结构组织,进化论的整体架构,遗传基因模式。
C 程序知识	如何完成某些事的知识,即关乎如何完成某些事、探究方法,以及正确运用技巧、演算、技术和方法标准的知识。	
Ca 特定学科的技能和演算知识（knowledge of subject-specific skills and algorithms）	指有固定的最终结果,或具有固定顺序或步骤的知识。	水彩画的技巧、加减乘除的四则运算、以文法结构分析为基础来阐明的言语意义的技巧、化解二次方程式的各种步骤、跳高的技巧。
Cb 特定学科技术与方法知识（knowledge of subject-specific techniques and methods）	许多问题通常没有固定最终结果,没有事先决定的单一答案或解决策略。但此知识大部分为达成学科意见一致、协议或共同标准后的结果,而非经由直接观察、实验或发现得来的直接结果。	面试技巧、科学方法、社会科学的研究方法、科学家用来解决问题的技术、增进健康观念的科学方法、文学评论的不同方法。
Cc 运用了标准的知识（knowledge of criteria for determining when to use appropriate procedures）	知道"何时"使用程序和过去用来使用该程序的知识,通常为历史记录或百科全书形式。运用了标准的知识具有情境性,关乎在何种情境运用何种程序的知识,即面对几种不同形态的特定学科程序知识时,运用标准来作决定。	使用标准来确定哪些家庭可以购屋置产、用标准来判断是否可以采用特定的方法来估计企业成本、决定论文撰写方式的标准、决定解决代数问题方法的标准、决定搜集特定实验数据与统计程序的标准、决定水彩画创作的标准。
D 后设认知知识	指认知和知觉事物的知识,以及关于对自己的认知的知识。若原来的认知是"知其然",后设认知就是"知其所以然"。	
Da 策略知识（strategic knowledge）	学习、思考、解决问题的策略,会因工作与学科性质而异。策略知识可用于许多不同的任务或学科主题,而非仅用于单一的任务或特别的学科主题。策略知识乃知术(方法)的知识。	信息背诵系维持信息的一种方法、不同记忆的策略、不同详细讨论的策略(如释义、摘要)、不同组织的策略(如标示或图解)、计划的策略(如设定目标阅读)、理解监控的策略(如自我检查、自我质问)。
Db 认知任务知识（knowledge about cognitive tasks）	包括背景脉络与情境的知识,即何时正确地使用和为何使用某知识的策略,与当时的情境、社会、传统和文化规范有关。所有学习策略均无法适用于所有情境,学生必须发展适用于不同的情境和任务的不同策略。认知任务知识乃知事的知识。	认知在不同情境的不同任务要求;从个人记忆系统完成回忆任务(简答题而非选择题);了解较难以理解的史料而非一般教科书或大众书籍;熟记任务而非只是背诵;了解如何、何时及为何将不同策略运用于社会、传统、文化规范。
Dc 自我知识（self-knowledge）	包括自己对自我的认知、动机信念(含自我效能、目标与理由及价值和兴趣等信念)。自我知识乃知人的知识,以认识自我的知识为主,以了解别人的知识为辅。	自己知道所知领域与不知领域;知道完成任务的目标;知道个人兴趣;对工作价值做适切评价,包括自己学习的优缺点、学习动机、价值观、兴趣或其他;评析论文优缺点,以觉察个人知识水平。

(三) 修订布鲁姆分类的认知历程向度

梅尔等(Mayer & Wittrock，2001)将认知历程向度(Cognitive Process Dimension)分成记忆、了解、应用、分析、评鉴、创作六项。认知历程向度类别的内涵与示例，详见表2-3。兹从主类别与次类别之内涵、测验例题与各类别之能力指标进行说明，其中测验例题是由南一书店研发团队在笔者的指导下完成的实例，特此致谢。

表2-3 认知历程向度类别的内涵与示例

主类别/次类别	相关词	定 义	示 例
1.0 记忆 (remember)		从长期记忆中提取相关知识，重视知识的再认(认得)、回忆(记得)。	
1.1 再认 (recognizing)	再认(identifying)	找出长期记忆中和现有事实一致的知识，即认得。	认出美国的国旗；认得图形符号的意义。
1.2 回忆 (recalling)	取回(retrieving)	自长期记忆中，取回有关知识，即记得。	记得重要人物的事迹。
2.0 了解 (understand)		从口述、书写和图表沟通的教学信息中建构意义；了解教材意义、新知识与旧经验的链接。	
2.1 诠释 (interpreting)	厘清(clarifying)、释义(paraphrasing)、陈述(representing)、转释(translating)	由一种呈现信息的方式，转换成另一种方式；在不同知识表征间从事表征转换，即转换。	将文言文翻成白话文；转换数字单位。
2.2 举例 (exemplifying)	举例(illustrating)、举实例(instantiating)	用特定的例子来说明概念或原则，即举例。	举出物理、化学变化的实例。
2.3 分类 (classifying)	分类(categorizing)、归类(subsuming)	将某些事物归属为同一类(如观念或原则)，即分类。	动物、植物的分类或不同认知层次的分类。
2.4 摘要 (summarizing)	摘要(abstracting)、建立通则(generalizing)	摘取一般性主题或要点，即总结、萃取。	总结一篇文章的大意、萃取一个戏剧场景的要义或摘取某人说话的重点。
2.5 推论 (inferring)	推断(extrapolating)、插补(interpolating)、预测(predicting)	从现有信息，提出一个具逻辑性的结论，即逻辑结论、推算、预测。	数系推论；预测事件发展。
2.6 比较 (comparing)	对照(contrasting)、模比(mapping)、配对(matching)	指认两个或多个实体(对象、事件、想法、问题或情境)间的异同，即异同比较。	比较数字大小；比较同时代两个重要人物的差异。
2.7 解释 (explaining)	建构(constructing)、建立模式(models)	建立一个系统的因果模式，即现象因果模式。	说明"少子化"的原因；说明竹山、兰屿的命名缘由。
3.0 应用(apply)		执行或使用某情境的程序。	
3.1 执行 (executing)	进行(carrying out)	将一个程序运用于已熟悉的任务，即固定步骤、解答较明确，较熟悉情境。	整数加、减、乘、除的直式计算；正负数的混合四则运算。

主类别/次类别	相关词	定　义	示　例
3.2实行 (implementing)	运用(using)	将一个程序应用于陌生的任务,即流程图式,解答不固定,较不熟悉情境。	运用习得经验解答一道陌生情境的应用题。
4.0分析 (analyze)		将材料分解成数个部分,指出部分之间以及部分与整体结构或目的之间的关系。	
4.1区辨 (differentiating)	区别(discriminating)、分别(distinguishing)、聚焦(focusing)、挑选(selecting)	自现有材料中区分出相关和不相关或重要和不重要的部分,即元素关联性与重要性。	从阅读文章中区辨与解题有关或无关的信息;从数学应用题中区辨有关或无关的数字。
4.2组织 (organizing)	寻找(finding)、链接(cohering)、结构化(structuring)	决定要素在结构中的适切性和功能,即元素统整与组织。	依据全班体重,绘制次数分配直方图;重组教师未教过的句子。
4.3归因 (attributing)	解构(deconstructing)	决定现有材料中隐含的观点、偏见、价值观或意图,即元素、组织背后的意图、价值与观点。	找出故事隐含的意义(伊索寓言);从政治层面来解析作者论述的隐含意图。
5.0评鉴 (evaluate)		根据规定和标准来判断。	
5.1检查 (checking)	协调(coordinating)、检视(detecting)、监视(monitoring)、施测(testing)	检视某过程或产品的不一致性或错误;确定某过程或产品的内部一致性;检视实行程序的一致性,即内部一致性。	检查实验过程中的问题;检查某实验结果与某定律间的一致性。
5.2批判 (critiquing)	判断(judging)	以外在规定与标准为判断,评论某产品或知识,即外在规定。	从学习绩效的提升来判断学校取消寒暑假的适切性;从经济标准来评论两种解决问题的方法,判断何者为最佳。
6.0创作(create)		集合要素以组成一个具有协调性或功能性的整体,将要素重组为一个新的模型或结构。	
6.1产生 (generating)	提出假设(hypothesizing)	根据许多标准,建立可能的假设,即创作概念。	提出解决问题的有效方法,如对某社会事件提出自己的假设。
6.2计划 (planning)	设计(designing)	设计一个程序以完成某些任务,即创作计划。	提出解决问题的可行计划,如研拟一份家庭节能减碳的计划。
6.3制作 (producing)	建造(constructing)	发明新产品、创作概念,即创作计划。	在设定的条件下,制作出某成品,如运用所学原理并运用器材来制作某个模型。

（参考修改自：Mayer & Wittrock. *The Revised Taxonomy Structure：The Cognitive Process Dimension*. New York, NY：Longman，2001，pp. 67 - 68.）

二、情意教育目标

克拉斯沃、布鲁姆和玛西亚（Krathwohl，Bloom & Masia，1964）将情意领域（affective domain）教育目标分为接受（receiving or attending）、反应（responding）、评价（valuing）、重组（reorganization）、形成品格（characterization by a value complex）五大阶层。此分类是连续的、螺旋形的结构，较低层次中是单纯、具体而特殊的行为，层次愈高愈包含普遍、抽象、一般化的行为。斯坦莉和霍布金斯（Stanley & Hopkins，1972）参考他们的论述将情意领域目标分类的细类层级以图 2-2 来显示。

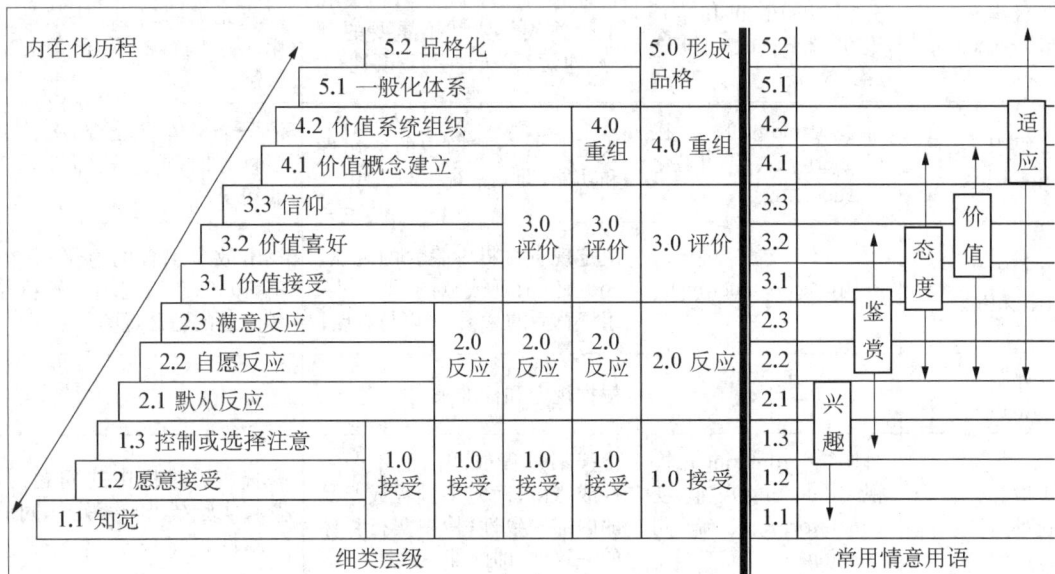

细类层级（内在化历程）		常用情意用语
5.2 品格化	5.0 形成品格	
5.1 一般化体系		适应
4.2 价值系统组织	4.0 重组	
4.1 价值概念建立		价值
3.3 信仰	3.0 评价	态度
3.2 价值喜好		
3.1 价值接受		鉴赏
2.3 满意反应	2.0 反应	
2.2 自愿反应		
2.1 默从反应		兴趣
1.3 控制或选择注意	1.0 接受	
1.2 愿意接受		
1.1 知觉		

图 2-2　情意教育目标分类的细类层级及常用情意用语

整合自：J. C. Stanley & K. D. Hopkins. *Educational and Psychological Measurement and Evaluation*. Englewood Cliffs, N. J.：Prentice-Hall，1972，p. 283.

D. R. Krathwohl, B. S. Bloom & B. B. Masia. *Taxonomy of Educational Objectives*. Handbook Ⅱ：Affective domain. New York：McKay，1964，p. 37.

兹以克拉斯沃、布鲁姆和玛西亚（1964）的论述为基础，参考米勒等（Linn & Miller，2005）、杨荣祥（1992a）的观点，阐述情意教育目标分类。

（一）接受

"1.0 接受"是指学生注意特殊现象或刺激（班级活动、教科书、音乐等）的意愿，即对某些现象和刺激的接触、倾听、知觉、感受、体会和选择性注意的能力。如认真听课、意识到某事的重要性。本层次可再细分为三个小层次，然并非截然划分，三层次有连续的阶层关系。

"1.1 知觉"（awareness）：知觉是指感觉事物的存在。知觉与记忆无关，仅是对现象或刺激产生知觉，感觉到现象或事物的存在而已。如准时出席活动、准时上课。

"1.2 愿意接受"（willing to receive）：愿意接受是指愿意对刺激进行注意，但保持中立或不作判断。如注意聆听；愿意听课；愿意听同学发言；上课时不讲话，不会做其他事；上课时，能将所需的教材放于桌上。

"1.3控制或选择注意"(controlled or selected attention):控制或选择注意乃控制自己的注意,选择自己所喜欢的现象或刺激。它仅为主观的喜好,未涉及判断或评价。如密切注意班级活动;接受种族与文化的差异;注意某些感兴趣的学习活动。

（二）反应

"2.0反应"是指学生主动参与的部分:学生不仅注意特殊现象或刺激,且以某种方式予以回应,即主动地注意、积极地参与活动,有作反应的意愿和在参与活动中获得满足的能力。它强调对特殊活动的追求或享受,可细分三个小层次:

"2.1默从反应"(acquiescence in responding):默从反应是指学生默从的反应,属于被动的反应,此种行为最初含有被动的性质,而且引发此一行为的刺激并不复杂。如完成分派的家庭作业;被动地愿意回答教师所提出的问题;遵守校规;同意某事。

"2.2自愿反应"(willingness to respond):自愿反应是指学生出于主动、自愿和自动合作而作出的反应。如主动参与学习活动;志愿承担特殊任务;能专心听别人发表意见,并记下重要的地方;提出意见及建议;主动参加小组讨论。

"2.3满意反应"(satisfaction in responding):满意反应是指学生反应的满足感,即学生由反应而产生愉快、兴趣的结果,因而增强了其反应。有关兴趣的教育目标,通常属此层次。如对学科感兴趣;喜欢帮助他人;获得学习的喜悦,增强学习意愿;完成教师交付的工作、赢得嘉许后强化工作意愿。

（三）评价

"3.0评价"是指学生喜爱某个特殊对象、现象或行为时的价值判断或评价,即对接触到的事情、现象或行为感到有价值,进而表现出接纳、偏好、承诺和认同等积极的态度和追求其价值的能力。态度与欣赏教学的目标通常属此层次。此层次不含任何外来的指令或规定,是完全由学生个人的价值观念所引领的行为,可细分三个小层次:

"3.1价值接受"(acceptance of a value):价值接受是指接受某一现象、行为或事物和价值,强调"价值接纳"。如欣赏好的文学作品;接纳自己的学习成果;接纳自己与他人外表的差异;认同自己的学习表现;欣赏他人的学习成果;表现出对文学有兴趣。

"3.2价值喜好"(preference for a value):价值喜好是指对某一价值具有兴趣与信心而加以追求,强调"价值喜欢"。如热心协助其他同学学习;积极主动关怀同学;追求自己感到有价值的学习活动;报名参加创作组。

"3.3信仰"(commitment):信仰使人有肯定的态度,希望别人信服,有强烈的行为动机,强调"对价值持续喜欢或肯定,寻求他人接纳"。如刻苦学习外语;积极说服他人服从其意见;努力克服自己学习上的障碍;努力做到自己认为对的事;积极持续地发展自己本身的兴趣或专长。

（四）重组

"4.0重组"是指学生将不同的组织结合在一起,解决不同价值间的冲突,并开始建立一个内在和谐的价值系统,即评价分析有价值的活动内涵,归纳出价值观念,建立起个人的内在价值观并发展个人价值体系,以及维持价值体系一致性和次序性。其重点在是比较、关联与综合。有关生命哲学发展的教育目标,通常属此层次。它可细分为两个小层次:

"4.1价值概念建立"(conceptualization of a value):即以口头或文字概括价值概念,强调

"单一价值建立"。如形成一种与自身能力、兴趣、信仰等协调的生活方式;指出所敬仰的美术作品的特点;经由学习活动提出自己的观念或完整想法;认同自己所属的文化,并提出完整的看法;分享自己针对某种文化所建立的意义与价值。

"4.2价值系统组织"(organization of value system):即将复杂的价值组织调和成一致的系统,强调"个人多元价值、个人新旧价值、个人与团体价值的整合"。如形成与自己的能力、行为、信念一致的人生计划;理解、接受自己的长处与限制;先处理团体的事,然后考虑个人的得失;先完成老师规定的作业,再找小朋友玩游戏。

(五)形成品格

"5.0形成品格"是指学生典型的行为或特征,即个人立身处世的一贯原则,个人依据它内化价值体系并行事,并做到表里一致。学生能完全控制其行为(含信仰、观念、态度),亦能改变自己的行为,以适应自己的价值判断体系。与学生一般适应(个人、社会、情绪)有关的教育目标,通常属此层次。它可细分为两个小层次:

"5.1一般化体系"(generalized set):一般化体系是指个人的行为处事根据其价值系统表现出相当一致的态度和行为,即建立自己的价值体系,并以一贯的态度判断或行动。它强调"短期、短暂的知行合一"。如在独立工作中展现出自力更生的品质;工作一贯勤勤恳恳;会在展演会场遵守秩序;在别人表演时不会到处走动,影响表演者;养成饭后睡前刷牙的好习惯;保持良好的生活习惯。

"5.2品格化"(characterization):品格化是情意教育的最高目标,指人具有内部一致性的态度和信仰,已有自己的理想、和谐的人生哲学、做人处世原则。它强调"长期、持久习惯的知行合一"。如将教育视为终身事业;具备修己善群的情操;展现勤勉与自律;维持良好的健康习惯。

三、动作技能教育目标

动作技能领域教育目标系指身体行为与灵巧性行为,哈罗(Harrow,1972)将动作技能由简单到复杂分成六个层次,依序为反射动作(reflex movements)、基本基础动作(basic-fundamental movements)、知觉能力(perceptual abilities)、身体能力(physical abilities)、技巧动作(skilled movements)和协调沟通(nondiscursive communication)。兹简述于下。(1)反射动作:反射动作非随意动作,亦非出生即具备,而是伴随着成熟发展出的动作,包括环节反射、内环节反射、上环节反射。(2)基本基础动作:此动作系指天生较复杂的动作,包括移转动作、非移转动作、用手操作动作。(3)知觉能力:此能力系指个体接受信息后送入大脑解读,进而影响肌肉动作的能力,包括运动感觉、视觉、听觉、触觉分辨和动作协调。(4)身体能力:此能力系指身体正常发展所产生的流畅、有效的动作,包括耐性、伸缩性、弹性和敏捷性。(5)技巧动作:此动作系指复杂学习的结果,包括简单、混合、复杂适应的技巧。(6)协调沟通:协调沟通系指经由动作达成的沟通形式,如面部表情、姿势、表达性的固定舞步等肢体语言,包括表情动作、解释动作。学校教育非常重视动作技能的实践,如要求学生握笔、开锁、拉拉链、穿戴整齐、培养个人卫生技能或准备食物。

哈罗(1972)的观点并未获得广大回响,有关技能教育目标最常被引用的是辛普森(Simpson,1966)的观点。辛普森(1966)将技能领域(psychomotor domain)教育目标分为感知、准备状态、引导反应、机械化、复杂性的外显反应、适应和独创等七个层次,详见表2-4。

表 2-4 辛普森技能教育目标分类

主阶层	次阶层
7.0 独创(origination)	
6.0 适应(adaption)	
5.0 复杂的外显反应(complex overt response)	5.20 自动表现(automatic performance) 5.10 解决不确定性(resolution of uncertainty)
4.0 机械化(mechanism)	
3.0 引导反应(guided response)	3.20 尝试错误(trial and error) 3.10 模仿(imitation)
2.0 准备状态(set)	2.30 情绪状态(emotional set) 2.20 生理状态(physical set) 2.10 心理状态(mental set)
1.0 感知(perception)	1.30 转换(translation) 1.20 线索选择(cue selection) 1.10 感官刺激(sensory stimulus)

整理自：E. J. Simpson. *The Classification of Educational Objectives*, *Psychomotor Domain*. Urbana, Illinois：University of Illinois，1996，pp. 25—30.

兹以辛普森(1966)的论述为基础,参考 Linn 与 Miller(2005)、杨荣祥(1992b)的观点,阐述动作技能教育目标分类。

（一）感知

"1.0 感知"指运用感官获得运动神经活动的引导线索,即用感觉器官去注意外在现象、刺激来源或关系过程。它可细分为三个小层次：

"1.10 感官刺激"：感官刺激即感知刺激(awareness of a stimulus),包括"1.11 听觉",如能用耳朵辨别声音来源；"1.12 视听",如用眼睛观察星星；"1.13 触觉",如用手去摸海参；"1.14 味觉",如用舌头去尝食物味道；"1.15 嗅觉",如用鼻子去闻香臭；"1.16 肌肉运动的知觉",如肌肉拉伤的感觉。

"1.20 线索选择"：线索选择乃选择与任务有关的线索,即依据提示,选择恰当的感官刺激。如能分别指出显微镜调整光亮版、焦距的部位；能使用触觉选择适用的木柴。

"1.30 转换"：转换是感知的转换,将知觉到的线索与表现的动作相连结,如连结音乐和特殊舞步,连结食物的味道与香料的需求。

（二）准备状态

"2.0 准备状态"是采取某种特别类型的动作的准备度,即对感知的动作或经验在心理、身体和情绪上预作适应的能力。它可细分为三个小层次：

"2.10 心理状态"：心理状态乃心理认知的准备状况,如自己跳水前先听他人的跳水经验、认识粉刷木材的步骤顺序。

"2.20 生理状态"：生理状态乃身体生理的准备状况,如拍球时展现出适当的击球姿势、参加球类比赛前先做预备体能训练。

"2.30情绪状态":情绪状态乃喜怒哀乐等情绪的准备状况。如跳水前先做深呼吸,下决心走上高跳台;显现出提高打字效率的欲望。

(三)引导反应

"3.0引导反应"与学习复杂技巧的早期阶段有关,即在有系统的教导下,开始学习、模仿或尝试错误从而掌握新的动作技能的能力。它可细分为两个小层次:

"3.10模仿":模仿是学生在指导下的仿效反应或操作。如能模仿教师或他人的动作进行学习;阅读简易电器组装手册,逐一操作组装。

"3.20尝试错误":尝试错误是指在他人引导下进行试误练习,直到形成正确的动作。如尝试各种不同工具,找出最适当的操作工具;跳远时用各种不同的脚步试,以找出最佳的起跳方式。

(四)机械化

"4.0机械化"指机械化动作已变成习惯,动作表现出某种信心与熟练度。机械化是学习到的动作技能经过模仿阶段后已达到正确的程度,使人不假思索、机械式地作出反应。如书写流畅且清晰;正确设定实验室设备;正确操作投影机;示范简单的舞步;能正确地切片制作标本;能准确地打字。

(五)复杂性的外在反应

"5.0复杂性的外显反应"涉及复杂的动作组型,是指人在做动作时快速、流畅、正确地表现出熟练度,且只需要花最少的时间精力。复杂性的外在反应表现为人能够作出高难度与复杂的反应,操作已达高效和熟练。它是高度协调的运动神经活动,可细分为两个小层次:

"5.10解决不确定性":解决不确定性乃毫不犹豫的履行,如熟练地操作计算机、示范正确的游泳姿势、迅速排除仪器的故障。

"5.20自动表现":自动表现乃轻易的移动和良好的肌肉控制,如熟练地拉小提琴、精确迅速地完成解剖任务。

(六)适应

"6.0适应"系指个体可修正其动作组型,以适合特殊的需求或符合问题的情境。此时个体已练就的动作技巧具有应变能力,能适应环境条件及要求的变化。如调整网球打法以对抗对手的风格;修正游泳游法以适合水的阻力;能根据已掌握的舞蹈技巧,编制一套现代舞。

(七)独创

"7.0独创"乃创作新的动作组型以适合特殊情境或特定问题,即依据所习得的动作技能,开始创作新动作和处理新技能,包含独特性、变通性、精进性。它强调高度发展技巧的创造性。如创造一个舞步;创作一部音乐作品;创作一款新的衣服款式;能改进实验操作方法、创作新的艺术表演方法。

第二节　教 学 目 标

教学目标乃教学的方针,研讨教学目标时应先了解学校愿景、学生经验背景、学时或课时数、教学设备和资源等实况,再依据认知、技能、情意目标结构的层次选择适合学生程度和需要的教学目标。教学目标分为单元目标和具体目标(又称行为目标),应尽量包括认知、技能与情意。教师若设计主题学习活动,撰写主题教学目标时较常用单元目标的撰写方式,撰写主题内单元教学目标时则较常用行为目标的撰写方式(李坤崇,2004)。

一、单元目标

兹从单元目标的功能与确立步骤,以及单元目标撰写方法两向度进行说明。

(一)单元目标的功能与确立步骤

单元目标具有下列七项功能:(1)作为教师筛选教学方法,设计学习活动的依据;(2)让教师更适切地安排学习历程与资源;(3)让教师更精确地掌握学习内容;(4)让教学评量更客观;(5)补救教学时更具目标导向;(6)教师更易于自我诊断及改进教学缺点,以及了解学生学习的困难;(7)教师能更适切地布置学习情境。(李坤崇,2001a,2004)

确立单元目标的三个步骤为:(1)依据能力指标来剖析新设计的学习活动中的学习的重要内涵。(2)分析学生在学习前会做什么、知道什么,了解所设计的能力指标与其他能力指标的关系,或以安置性评量进行了解。(3)根据前两项的预期能力指标或教学目标、学生现状,掌握各学习领域的精髓与理念,并同时学习原则,以决定认知、技能、情意等目标的层次。

(二)单元目标的撰写方法

单元目标应兼顾认知、技能、情意三方面的教学目标,其写法要点为:(1)能学得什么观念?能增进哪些知识?(2)能展现哪些能力?能体现或熟悉哪些技能?(3)能表现或养成什么态度?能培养什么理想和兴趣?(李坤崇,2001a)

李坤崇(2001a)针对教师撰写单元目标时较易犯的错误,特别提出撰写单元目标应注意如下事项:(1)教师"教"与学生"学"的目标要分开,教学重点在学生"学",不在教师"教"。(2)学习领域目标与单元目标要分开,不应混淆,单元目标必须于单元活动结束时,经由观察、测验或其他评量方式确定达成程度;学习领域目标则较广泛,难以在单元活动结束时立即达成。(3)单元目标叙述应力求简化,过去常写的"辅导学生"可省略。(4)订立单元目标时应明了欲达成的能力指标在综合活动学习领域的位置,判断其是否与指定单元或教育议题相关,并呼应指定单元与教育议题;(5)单元目标与具体目标(或称行为目标)在叙述时使用的动词差异甚大,单元目标叙述时要用概括性较强的动词,如了解、知道、认识、学会、欣赏等含有内隐性的词语(他人较难以直接观察,意义较含糊或多元的词语);具体目标的动词要用具体、可看、可听、可测的词语,如说出、写出、画出、分类、分辨、比较等。

参考李坤崇(2001a,2004)、安德森(2006)、Horner、Zavodska 与 Rushing(2005)、Krathwohl、布鲁姆等(1964)、辛普森(1966)的观点,笔者汇整了在认知、技能、情意方面较常出现的单元目标动词,如表2-5。

二、具体目标

具体目标乃学生学习后,从行为表现观察到的学习行为改变,以具体、明确可听、观察、测量的叙述方式呈现。具体目标(行为目标)必须呼应单元活动目标(单元目标),不宜张冠李戴,如将技能的具体目标置于认知的主题活动目标之下。

确立具体目标的六个步骤为(李坤崇,2001a):(1)分析主题活动目标所衍生的数个单元活动,明确掌握各个单元活动具体的学习行为;(2)评析各个单元活动的具体行为在认知、技能、

表 2-5 认知、技能及情意教育目标常见的单元目标动词

向度	单元目标动词
◎认知教育目标	
1.0 记忆	记忆、记得、认得、再认、确认、界定、描述、复制、重复
2.0 了解	了解、说明、诠释、翻译、释义、厘清、转释、转换、举例、列举、分类、归属、归类、摘要、总结、萃取、摘述、推论、建立通则、推算、插补、预测、比较、对照、配对、解释、阐述
3.0 应用	应用、执行、实行、实践、进行、运用、使用、善用、利用、绘制图表、计算、操作、列表、速写、解决
4.0 分析	分析、解析、区分、区别、区辨、辨别、选择、挑选、聚焦、细分、拆卸、测试、组织、重组、统整、统合、寻找、发掘、连结、归因、探究、深究、解构
5.0 评鉴	检查、检核、检视、监视、协调、批判、判决、判断、评选、评析、评价、评鉴、赏析
6.0 创作	产生、建立、组装、计划、规划、设计、制定、撰写、创作、建造、制作、开发、发明、建构
◎技能教育目标	
1.0 感知	听到、看到、观察、摸到、触摸、尝到、闻到、感觉到、指出、转换、连结
2.0 准备状态	预备、准备、预定、感知
3.0 引导反应	指导、引导、模仿、探索、尝试、试误练习、复习
4.0 机械化	机械化操作、准确地操作、不假思索地正确操作
5.0 复杂的外在反应	纯熟、效率、流畅地操作、熟练、自动表现、善尽
6.0 适应	调适、调整、解决、应变、适应、统合、统整
7.0 独创	创造、创作、设计、建构、制作、独创
◎情意教育目标	
1.0 接受	接触、倾听、觉知、感受、体会、接纳、接受、忍受、选择性注意、密切注意、深究、喜欢
2.0 反应	顺从、服从、默从、自觉、自愿、主动参与、积极参与、关怀、快乐、满意
3.0 评价	价值判断、评价、接受价值、接纳价值、喜好价值、追求价值、寻求价值、欣赏、坚信、确信、承诺、说服、宣扬、推荐
4.0 组织	有关价值的组织、重组、合并、综合、整合、融合、关联、类化、调整、和谐
5.0 形成品格	养成(习惯)、建立(一致信仰、人生观或人生哲学)、秉持(做人处世原则)、建构(理念)、形成(观念)、塑造(人格)、涵养(一致的态度、负责尽责的态度或情操)、展现(一致的行为)、发展(某种信念)

情意三项教学目标中的层次、范围与独立性;(3)分析学习行为分类中可具体观察的实际反应或行动;(4)将主题活动目标依单元教学活动细分成数项具体目标;(5)剖析具体目标(行为目标)的五要素:对象(人)、行为、情境、标准、结果,其中对象(人)通常可省略,情境可视教学目标内涵省略;(6)适切运用适当动词来叙述行为目标。

检核具体目标(行为目标)的四项特质(李坤崇,2001a):(1)细部化:将主题活动目标分析得更精细、更具体,务使每一步都有明确的行为表现;(2)系统化:不仅要精确分析学习活动,且

学习历程与教材结构(观念、事实或过程)应依发生顺序先后排成系统,呼应学习活动的过程与顺序;(3)明确化:叙述行为表现的动词要具体明确、可观察、不模糊,谁看都一样,不致有其他的误解;(4)数量化:应尽量提出可听、可看、可测的量化的行为标准。

剖析具体目标(行为目标)力求具体、明确、可观察,一项完整的行为目标叙述必须包含对象(人)、行为、情境、标准、结果等五个要素,其中"行为、标准、结果"乃每一项行为目标不可缺之要素,具体说明如下。(1)对象(人):即实践预期行为者为何人,通常指学生,故可省略。(2)行为:学生学习后可观察到的行为,通常以"动词"说明,具体动词乃可听、可见(观察)、可测的外显行为的动词,如说出、写出、画出。具体动词的意义只有一项,任何人的解释均相同。(3)结果:学生行为所涉及的结果,通常接在动词后面。结果是行为的"内容"(实际上做了些什么),即行为目标的宾语。(4)情境:学生学习行为的限定条件,如使用的工具、使用的方法、运用的材料、限定的时间、特定或限定的场所。情境可视教学目标内涵或学习领域性质适当省略。(5)标准:行为应达成的要求或合格标准,尽量以"数量"呈现。如正确程度多高、协调程度多准、速度多快、数量多少、价值层次多高。根据具体目标(行为目标)的要素,举出三个范例如下:

范例一:能做出 至少6项 正确动作。(省略人、情境两要素)
　　　　(行为)　(标准)　(结果)
范例二:10项投球的基本动作能做出 至少6项 正确动作。(省略人这一要素)
　　　　　(情境)　　　　(行为)　(标准)　(结果)
范例三:学生能做出 10项投球的基本动作中的至少6项 正确动作。
　　　　(人)　(行为)　　　(情境)　　　　(标准)　(结果)

第三节　能 力 指 标

能力指标是台湾地区实施九年一贯课程纲要中的核心理念之一,用以彰显学生学习成果和强调培养学生"带得走"的能力。但能力指标与学生学习、基本学力测验、基本能力测验的关系如何,这一问题给基层教师带来了相当的困惑。现试着将整个基本能力的演化与学习评价、基本学力测验、基本能力测验的关系,梳理成图2-3。

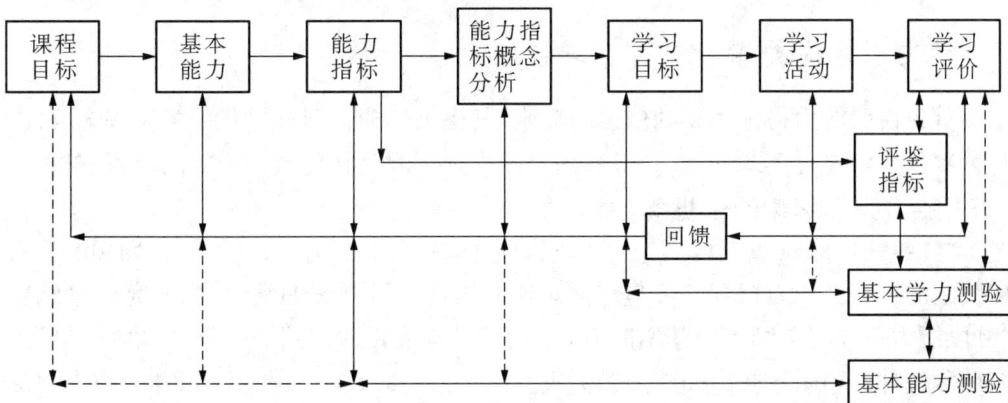

图2-3　能力指标与学习评价、基本学力测验、基本能力测验的关系

(数据来源:李坤崇.综合活动学习领域概论[M].台北:心理出版社,2004.)

一、能力指标的功能、特质

"九年一贯课程"的课程目标衍生出十大基本能力,而七大学习领域与六大议题都是依据十大基本能力演化出其分阶段能力指标的。"能力指标"虽把学生应具备的能力转化为可以观察得到的具体数据,以此实际了解学生的学习表现,但为求精确掌握各学习领域学习目标,教师宜将能力指标概念分析为细项能力指标,再依据细项能力指标来拟定学习目标、设计学习活动及实施学习评价,并依据学习评价结果来反馈学生习得的基本能力与能力指标状况,省思学习目标与学习活动的适切性。教师从分阶段能力指标解读与概念分析到实施学习评价的历程,是教师充分发挥专业自主的历程,但若无可供参考的评价指标衡量教师专业自主的结果,可能造成偏差。笔者认为必须依据能力指标发展出评价指标,以此才能作为教师自我检核与基本学力测验试题编拟的依据(李坤崇,2004)。

(一)能力指标的功能

各学习领域的课程纲要中的分阶段能力指标,是开发教材、设计教学、拟定评价及实施测验的参照,具有下列六项功能(李坤崇、刘文夫、黄顺忠,2001;李坤崇,2002a,2002b):(1)出版社或学校开发教材的依据;(2)教师确立学习目标与运用教学方法的前提;(3)教师实施学习评价的准则;(4)相关评估机构发展评价指标的根据;(5)相关评估机构发展基本学力测验的基准;(6)学校实施基本能力测验的准绳。

(二)能力指标的特质

各学习领域的课程纲要中的分阶段能力指标,乃由十大基本能力配合各学习领域的理念与目标衍生而来。能力指标的特质有以下四点(李坤崇、刘文夫、黄顺忠,2001;李坤崇,2002a,2002b,2002c):(1)低标:能力指标乃课程目标要求的最低要求,亦即全国各地的学生都可达成的基本能力。(2)活化:能力指标的本质是活的,学校可予以增加、补充或分化,但学校应依据学校愿景与特色,基于专业自主来活化。(3)阶段化:能力指标依学生在各学习领域身心发展的状况,被划分为三或四个学习阶段,具有区别身心发展阶段,进行纵贯联系与阶段区隔的功能。(4)连续化:能力指标虽然分成三或四个阶段,但各阶段能力指标具有"循序渐进、连续不断、统整合一"的特质。(5)适性化:学校可依学校情境、家长要求、小区特质与学生需要来研拟适性化的学习目标。落实能力指标时可能会出现目标相同、但各校做法与要求互异的现象。

二、能力指标解读、转化的整合理念

本节首先说明能力指标解读的依据与原则,其次阐述能力指标转化的各家理念,再次介绍能力指标解读转化整合模式的理念,最后探讨能力指标解读转化整合模式的历程解析。

(一)能力指标解读的依据与原则

对于"九年一贯课程"的七大学习领域能力指标的解读,虽有共通模式,但因领域特质差异会造成解读的不同。能力指标解读与转化必须依据各学习领域的纲要内涵,尤其是纲要内提出的"分段能力指标与总纲十大基本能力的关系"更是重要的依据。另外,"九年一贯课程"各学习领域深耕种子团队发展出的能力指标重点内涵,1993、1994 年修正发布的《中小学课程标准》均可用来参考。而李坤崇(2002c)认为,能力指标概念分析若能掌握下列解读原则,将更能得心应手。

1. 掌握核心概念，循序渐进

能力指标概念分析必须经由练习循序渐进地进行。教师间的专业对话也较适合概念分析。

2. 评析左右相同基本能力的横向衔接

李坤崇（2002c）以综合活动学习领域为例，指出在 2003 年版"五、尊重关怀与团队合作"基本能力的横向五项能力指标中，"3-1-2 体会团队合作的重要性，并能关怀团队的成员"、"3-2-3 参与社会服务活动，并分享服务的心得"、"3-3-2 体会参与社会服务的意义"是由左而右逐渐加深加广的能力指标。另外，"1-3-2 尊重与关怀不同的族群"、"3-4-2 关怀世人与照顾弱势团体"亦同，小学高年级的 1-3-2 着重尊重、关怀，中学阶段的 3-4-2 则强调关怀与照顾的行动。

3. 分析上下相同学习阶段的纵向连贯

李坤崇（2002c）以综合活动学习领域为例，认为就 2003 年版"六、文化学习与国际了解"的第四学习阶段的指标中的"1-4-3 描述自己的文化特色，并分享自己对文化所建立的意义与价值"和"1-4-4 应用多元能力，展现自己对国际文化的理解与学习"而言，1-4-3 着重描述与分享，1-4-4 则强调理解，两个能力指标重心不同。另外，"1-4-2 透过各类的活动或方式，展现自己的兴趣与专长"、"3-4-1 体会参与团体活动的意义，并尝试改善或组织团体活动"，前者 1-4-2 着重从参与中展现兴趣专长，而后者 3-4-1 则重视体会意义和尝试改变、组织团体活动，虽有相关但重心互异。

4. 先分析学生达成该能力的过程，再思考教学过程

李坤崇（2002c）强调：能力指标概念分析必须以学生为中心，以学生学习为前提，辅以教师的教学。因此，中小学教师进行能力指标概念分析时，应先分析学生达成该能力的过程，再思考教学过程。笔者曾参与各县市教师能力指标概念分析，发现有些教师先想自己如何教，而非学生如何学，使得分析结果难以满足学生学习需求，且无法使教师落实"给学生带得走的能力"的基本理念。

5. 细分能力指标宜让大多数学生能达成者

李坤崇（2002c）指出能力指标细分之后，必须让大多数学生能达成，而非少数学生达成即可。能力指标细分后应以八成学生达成为目标，方能呼应教育主管部门制定能力指标时的思考。

（二）能力指标解读转化整合模式的理念

笔者分析能力指标转化的各家理念，综合近五年从事能力指标概念分析与钻研多元化学业评价的实务经验，提出兼顾能力指标诠释与教学、评估的转化历程图（详见图 2-4），并以能力指标转化概念表（详见表 2-6）说明转化历程图。

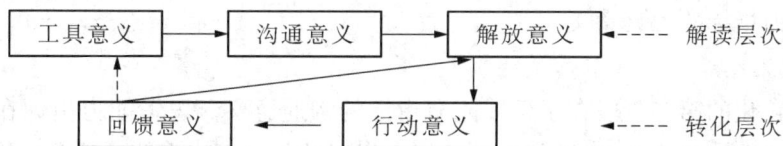

图 2-4 能力指标解读、转化整合历程图

（数据来源：李坤崇.综合活动学习领域概论［M］.台北：心理出版社，2004.）

能力指标解读转化整合模式，以能力指标转化历程图（详见图2-4）来阐述理念，其中工具意义、沟通意义、解放意义乃取自麦泽洛(Mezirow)的转化理论、克兰顿(Cranton)的导向转化学习历程与温明丽的基模互动与知识形成的辩证关系理论。行动意义乃取自约克和马西克(Yorks & Marsick)的行动学习理论。回馈意义指能力指标转化必须有其回馈机制，且教学与评价的统合乃未来评价的发展趋势（李坤崇，1998，1999；简茂发、李琪明、陈碧祥，1995；Kubiszyn & Borich，1987；Linn & Gronlund，1995）。

能力指标转化历程的核心内涵。详见表2-6。依据"能力指标转化历程图"的历程，从工具意义到回馈意义，历经了五个转化顺序。每项意义的核心活动与活动内涵，均予以扼要概述。

表2-6　能力指标解读、转化历程的核心内涵

顺序	核心活动	活动内涵
工具意义	技术性的知识描述。（理解意义）	寻找能力指标核心概念：找出描述能力指标的动词、名词，将其作为核心概念，并予以分类。
沟通意义	实践性的知识延展。（延续意义）	深度剖析能力指标核心概念：剖析动词（学习策略）、剖析名词（学习内容）、辨别重心及厘清领域关系。
解放意义	批判性的领域知识的融入。（批判整合意义） 1. 基础解放：仅深度剖析动词、名词。 2. 进阶解放：从广度上延展认知历程、内涵与情境。	形成剖析图（教学构图），参考各项要素实施批判性反省与暂时细分能力指标（学习与评鉴指标）： 1. 形成剖析架构图，掌握领域精髓，区隔与其他六领域能力指标的关系，研析相关理论，收集学术组织信息，评析以往课程标准内涵。 2. 不限动词，扩展认知历程；不限名词，扩展认知内涵。呼应情境，省思学生、学校与小区需求，整体评析前后呼应，形成概念分析结果。
行动意义	计划性的学习活动。（展现意义）	研拟学习目标与活动：依据能力指标概念分析或细分的结果研拟学习目标、设计学习活动。
回馈意义	检核性的学习评价。（评价意义）	实施学习评价：依据学习目标规划学习评价；教师实施学习评价时直接依据学习目标，间接针对能力指标。

（数据来源：李坤崇.综合活动学习领域概论[M].台北：心理出版社，2004.）

（三）能力指标解读转化整合模式的过程解析

兹将能力指标解读转化整合模式的"工具意义、沟通意义、解放意义、行动意义、回馈意义"五项历程，逐一进行说明（李坤崇，2004）。

1. 工具意义

能力指标转化的第一阶段在于寻求能力指标的工具意义，理解能力指标的技术性的描述知识，重点在于寻找能力指标核心概念并予以适当分类，如找出动词、名词并依此分类，从核心概念来理解能力指标的工具意义。

2. 沟通意义

能力指标转化的第二阶段在于延展能力指标的沟通意义。思考能力指标在教师教学、学生学习实践情境中的具体策略，不仅有助于能力指标转化者更清晰地扩展能力指标内涵，与他人分享所获得的结果，更能协助他人延伸能力指标的内涵。此阶段的重点在于剖析或扩展能

力指标核心概念及辨别能力重心,有下列三项重点。(1)剖析动词:思考达成能力的指标是动词的重要学习策略或教学策略,转化者的教学经验将是扩展动词的关键;另外,亦应评析动词层次,分析与判别动词在"记忆、了解、应用、分析、评鉴、创造"等认知历程上的层次,作为掌握动词层次及往后广度扩展的参考。(2)剖析名词:剖析能力的指标是名词的意义与内涵,转化者的学理基础、教学经验仍是扩展名词的关键。另外,亦宜评析名词类别,分析与判断名词在"事实、概念、程序、后设认知"等知识内涵上的类别,作为掌握名词意义及往后的广度扩展的参考。(3)辨别重心:区别动词、名词阐述能力为先备能力或核心能力,辨别的依据在于领域的基本理念与各领域精神的区别。转化者对领域理念的掌握将是辨别重心的关键。

3. 解放意义

能力指标转化的第三阶段在于批判整合、进而解放能力指标的意义。借由批判性反省与融入领域精神取得知识的解放意义,超越了技术性描述知识的工具意义、实践性延展知识的沟通意义。此阶段着重于批判性知识的思考与诠释,重点在于形成剖析图(教学构图),参考各项要素实施批判性反省,以及暂时细分能力指标。具体从以下四方面进行说明:

(1)形成剖析图(教学构图)

形成剖析图旨在依据沟通意义动词、名词的剖析扩展结果,形成剖析架构图,作为教学完整架构。剖析图可采用交错分析图、脉络分析图或其他方式。高雄市龙华小学老师施红朱(2003)参考交错分析图,发展出脉络分析图,图2-5乃参考"2-4-2规划适合自己的休闲活动,并学习野外生活的能力"的要求总结的核心交错式分析的内涵,是修改而成的脉络分析图。除上述两种方式外,教师可依专业素养与教学需要,发展其他方式的剖析图。

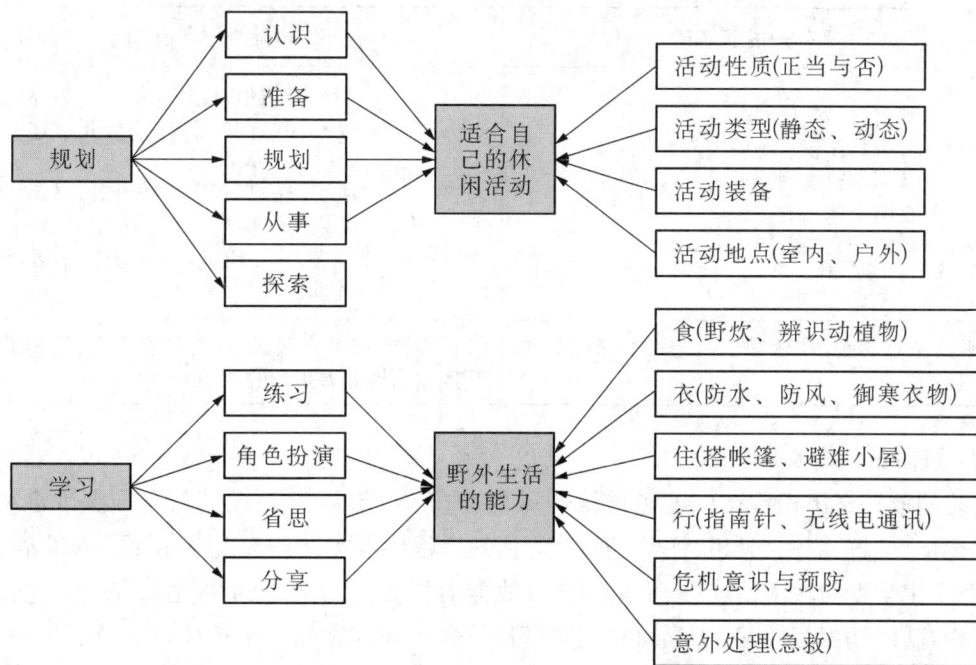

图2-5 综合活动学习领域能力指标2-4-2的脉络分析图

(数据来源:施红朱.综合活动学习领域"能力指标"的再概念化——以第四学习阶段为例[R].高雄市教育论坛,2003.)

（2）基础解放意义历程

基础解放意义历程旨在仅着重深度剖析动词、名词，分析各项解放重要因素，汇整解放历程，利于形成暂行细分。基础解放意义历程，就内涵而言较偏重行为主义的理念，它延续动词、名词剖析结果，探索能力指标的内部元素。笔者带领中小学教师进行能力指标解读时发现，解放意义必须思考下列要素，方能批判性地反省与融入领域精神。①掌握动词、名词的剖析结果：根据工具意义、沟通意义所解析的动词、名词的剖析结果，较能精确掌握能力指标内涵。②掌握领域精髓：各学习领域均有其基本理念，未能掌握必将造成转化偏差，如综合活动学习领域若未能掌握实践、体验与省思理念，甚易与其他领域重叠。③省思并区隔与其他六领域能力指标的关系：为免于与其他领域重叠，除掌握领域精髓外，更应省思、区隔与其他各领域能力指标的关系，进一步双重确认，如综合活动学习领域甚易与其他领域产生"重复认知学习"的关系，宜反复省思与区隔。同一指标不同解读内涵的实例详见表2-7。④研析青少年发展相关理论：各学习领域虽有其学习内涵，但学习仍不应使学生身心发展脱节，能力指标转化更不应背离青少年发展，为呼应身心发展状况，宜研析青少年发展相关理论。⑤台湾地区1993年、1995年中小学课程标准中遗漏的但却是重要的内涵：九年一贯课程虽经审慎研修，但课程改革难以完美无缺，且解放意义时不应假定九年一贯课程为完美课程，应分析以往中小学课程标准的内涵，反省重要却遗漏的内涵，于能力指标转化时将其纳入标准，力求使学生获得更完整的学习。⑥参考相关学会建议的能力指标：教师个人或团队转化能力指标时，若能参考相关学会建议，纳入专家学者与专业组织意见，将更能周到地转化能力指标。

表2-7　综合活动学习领域"2-1-4认识并欣赏周遭环境"的要求的不同内涵解读

某市教师的内涵解读	修正后的内涵解读
2-1-4-1评析自己的房间。 2-1-4-2分析与比较家庭屋内外环境。 2-1-4-3认识学校校园。 2-1-4-4说明小区场所。 2-1-4-5认识并介绍邻居。	2-1-4-1赏析自己的房间或家庭屋内外环境。 2-1-4-2观察、欣赏校园内环境，并描述自己的感受。 2-1-4-3说明或分享利用学校各处、教室或其他设施的经验。 2-1-4-4欣赏小区环境，分享使用小区环境的体验。
评析：解读重点均在于"认知"，且与社会学习领域内涵重叠甚多。	评析：较能掌握实践、体验与省思理念，较能区隔与其他六领域能力指标的关系。

（3）进阶解放意义历程

进阶解放意义历程旨在广度延展认知历程、内涵与情境，突破动词与名词深度剖析的意涵，从"记忆、了解、应用、分析、评鉴、创造"等认知历程、"事实、概念、程序、后设认知"等知识内涵，以及学生学习与教学情境，来更进一步解放能力指标的意义，以形成暂行细分。进阶解放意义历程，就内涵而言较偏重完形心理学的理念，强调部分之和大于整体，以及认知情境的重要性。中小学教师进行能力指标进阶解读时，宜思考下列要素，方能更进一步发挥批判性反省与融入领域精神：

① 不限动词，由深入剖析学习策略，到广度延展。为求广度延展，动词进阶解放应纳入三

项要素:A. 纳入情意、领域精髓或达成程度;B. 采取认知论的历程观,将对事物的注意、辨别、理解、思考等复杂的心理活动历程,纳入解放内涵;C. 依据动词所处层次来延展动词层次,如动词属"了解"层次,则思维向下延展到"记忆",向上延展到"应用、分析、评鉴、创造"的必要性与重要性。

② 不限名词,由深入剖析学习内容,到广度延展。为求广度延展,名词进阶解放应纳入四项要素:A. 呼应认知论的内涵观,探索动词或名词的后设认知(隐含理念、中介变项);B. 依据名词所处类别来延展名词类别,如名词属"程序"知识,思维向下延展到"事实、概念"知识,向上延展到"后设认知"知识的必要性与重要性;C. 运用完形心理学(Gestalt psychology)知识,强调整体大于部分之和的观点,此外场地论(field theory)着重人的行为与周围环境的交互关系,将它纳入思索学生展现能力的"情境",能寻求最佳解释与规划学习情境;D. 呼应场地论、省思学生、学校与小区需求,解放意义时必须顾及学生身心发展状况与需要,学校特色与软硬件资源、小区资源与需求,批判反省不应脱离真实情境。

(4) 将解放意义的结果予以暂行细分

将解放意义的结果予以暂行细分旨在利于沟通。理解解放能力指标意义后,若没有暂行细分结果,将难以有效迅速与他人分享解放结果。细分宜掌握三项原则:一是评析教学或学习时间,掌握重点,而非无限细分。能力指标解读后形成教学构图,教学构图的整体架构相当繁杂,无法于有限的时间全部完成,且若全部完成亦可能造成重复现象,因此,应在有限时间内掌握精简扼要内涵并予以细分。二是选取切合学生、学校、小区需求之重要组合。此重要组合用以暂行细分结果,旨在协助教师初步掌握能力指标重点,并提供能力指标转化历程的详细资料,让有兴趣者能深入详读。三是掌握最佳的教学脉络,但这不等于永久解读结果。暂行细分重点在于协助教师初步了解、扩展教学设计及增进教师专业自主,而非解读结果;教师可能因学生改变、情境调整而重新细分结果。因此,细分乃教师解读与运用时空的当下产物,而非永久性的解读结果。

掌握重点并非如预期的那样简单,有些教师转化能力指标时,会出现动词、名词转化偏差。较常见的偏差为:①动词偏差;②名词偏差;③细分能力指标偏离原能力指标内涵;④细分能力指标与其他能力指标重复;⑤动词叙述太僵化,如用"说出"或"写出",无法让师生自由发挥;⑥细分能力指标过于细分,忽略整体或前后呼应关系。

4. 行动意义

能力指标转化的第四阶段在于研拟学习目标与活动,经由实际教学、学习行动展现能力指标。此阶段重点在于依据能力指标解放意义获得的暂行细分结果,来研拟学习目标、设计学习活动。

李坤崇(2001a)指出确立学习目标的三个步骤为:(1)依据学习目标或能力指标来剖析学生在新设计学习活动中待学习的重要内涵;(2)分析学生在学习前会做什么、知道什么,可了解所设计的能力指标与其他能力指标的关系或以安置性评价进行了解;(3)根据前两项的预期能力指标或学习目标、学生现况,掌握综合活动学习领域"实践、体验、发展、统整"的理念,同时注意同时学习原则,以决定认知、技能、情意等目标的层次。

设计学习活动时,可为一项细项能力指标设计一至多个单元活动,亦可将两个或数个细项能力指标联合,设计一个单元活动。设计能力指标的活动顺序不一定遵循细项能力指标的序号,且应完整设计一个单元活动,而非一节课的活动。

各学习领域学习活动设计均可依其领域属性决定内涵,如综合活动学习领域学习活动设计的内涵,至少宜包括下列 11 项基本项目(李坤崇,2004)。(1)学习领域:学习活动设计内涵必须能明确说明设计以何学习领域为重心,且应于显著位置呈现。(2)主题或单元活动名称:学习活动设计不应以节为单位,宜以"主题活动"、"单元活动"为单位,通常一主题活动包括数个单元活动。(3)能力指标:以主题活动所能达成的综合学习领域能力指标为主,以所能达成的其他六大学习领域能力指标为辅。(4)学习目标:目标分为单元目标和行为目标(又称具体目标),应尽量包括认知、技能、情意三方面。为强化基本能力,应着重行为目标的叙述。(5)学习阶段或年级:指出学习阶段或年级,分为上学期或下学期,必要时可呈现班级或班群。(6)学习节数:指出整个主题活动共多少节,在各单元活动设计中再说明共几分钟,分多少节,必要时再说明每节几分钟。学习时间安排宜及时、从容、完整,让学生于活动后立即回馈,有从容地省思分享时间及获得实践体验与省思的完整历程。(7)教学或学习准备:说明运用的学习单或教具、教学资源、地点选择,配合教学需要使用的补充教材或活用教科书的信息及其他行政准备事宜。(8)学习活动:一般学习活动虽分准备活动、发展活动、整合活动三段,但各项活动项目因各科性质不同而异,故仅呈现三段概念而不直接引用三段的名称。学习活动安排宜采取动静交错流畅、多元创意的原则。(9)学业评价与补救教学:提出学业评价的原则或方式,参与评价人员,以及补救教学的具体做法。(10)评价标准:呈现评价的质量两向度,兼顾能力与努力,给予积极评价。(11)参考数据:说明设计时参考的教材来源与引用的书刊数据。

5. 回馈意义

能力指标转化的第五阶段在于检核学习目标与活动,经由实际教学、学习回馈来评价能力指标的达成程度。此阶段重点在于依据学习目标规划实施学习评价,依据评价结果来省思能力指标达成程度,作为教师改善教学、方法与内涵,对学生实施补救教学的重要参考。

教师实施学习评价时应直接依据学习目标,间接针对能力指标评价。综合活动学习领域学业评价宜采取多元化、人性化的原则,兼顾形成性评价、诊断性评价与总结性评价,不仅着重学习、活动过程的形成性评价,重视剖析学习问题的诊断性评价,亦应注重学习状况与成果的总结性评价。评价方法应采取多元化评价,运用档案评价、游戏化评价(系列实作评价)、评价表或检核表及其他评价方法,但不应举行记忆背诵的纸笔的考试。评价人员不限于教师,可包含同事、自己、家长。呈现评价结果时应对学生学习态度、意愿、思考、表现、知识进行"质的描述",对知识内涵进行适切的量化描述。

第三章　纸笔测验编制与实例

　　纸笔测验是一般教师最常用的评价方式,但中小学教师"命题技术"却常出现下列四项缺失(李坤崇,1999):(1)命题未编制细目表。有些教师以计算机复制、剪下、贴上题目或以传统剪刀、胶水与影印纸进行剪贴式的命题,未顾及教学目标与教材内涵。(2)题目形式不当。教师最常出是非题、选择题、填充题或申论题,甚少尝试其他题目形式,且不少错误世代相传,未能适时更正或更新。(3)忽略命题原则。教师最常犯的命题问题为题干中断、题干叙述不够精简、是非题是非不明、填充题空格过多、配对题同构型欠佳及指导语与作答方法未明确说明。(4)忽略教科书重要内容。有些教师出题时忽略教科书重要概念,而考些枝节问题,如《马关条约》赔偿"多少元",《出师表》出现"几次"先帝,朱自清的《背影》出现"几次"背影等。此外,极少数教师命题时有"考倒学生为荣"的心态,如一所学校数理资优班学生的数学月考平均分数为18分,显示出此类教师心态有待导正。为落实多元化、人性化学业评价理念,中小学教师实施纸笔测验时不仅应避免命题缺失,更应掌握纸笔测验的编制步骤与原则。

第一节　纸笔测验编制步骤

　　教师实施学业评价前,应做好各项准备工作。艾瑞逊(Airasian,2000)认为准备一个单元或一个章节的成就测验,包括以下四个准备事项:(1)决定评价目的。测验要评价什么? 教师应依据课程目标、教学内容、教科书内涵、学生能力与努力程度、家长期待或自己的教学风格来决定评价目的,依据教学目标与实际教学决定评价的资料、反应或技巧。若评价未教过的课程内涵,将会降低评价的有效性,无法真实公平地测出学生真正从教学中学到了什么。(2)决定评价类型。教师应从纸笔测验、观察、口试、计划、作业、实作、示范、成果展示、学生各项纪录、量表、学生自我评价、同事评价或档案袋评价等评价方式中,选取最能达成评价目的的方式。一份评价通常包括数项评价目的,每项评价均有其较佳的评价类型,如实验比纸笔测验佳,实验操作记录方式或许以观察检核表为佳,实验评测或许以成果展示与作品评价的方式为佳。(3)决定评价时间,即要花多长的时间来作评价。若教师利用课堂时间施测,常受限于学校节数时间的规定,教师除依据学生年龄、能力选择适当的评价长度外,尚须依据每一教学或评价目标的重要性,来决定各个目标的时间与评价长度。(4)决定自编与否。由老师自行编制测验还是用教科书或其他现成的测验? 教师实施评价通常必须面对上述抉择,抉择时应思考教科书或其他现有测验能否达成自己的评价目的,若能达成则因其能节省教师时间而加以广泛应用,若未能达成则必须自己编制测验或采用其他评价工具。

　　米勒等人(Linn & Miller,2005;Miller,Linn & Gronlund,2009)均提出编制班级测验与评价的基本步骤(如图3-1),教师于班级实施测验或评价的目标旨在改善学习与教学,为达此目标必须编制信效度颇佳的测验与评价工具,编制的基本步骤依序为"决定测量目的"、"发展细目表"、"选择适当的评价作业"、"准备相关的评价作业"、"编排评价工具"、"实施评

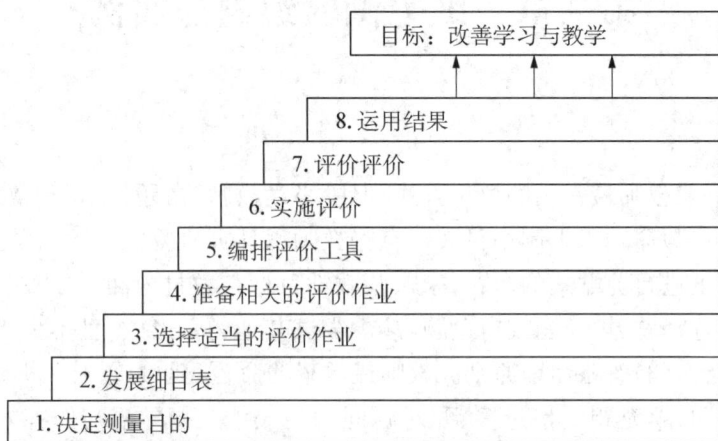

図3-1　编制班级测验与评价的基本步骤

（数据来源：M. D. Miller, R. L. Linn & N. E. Gronlund. *Measurement and assessment in teaching* (10th ed.). Upper Saddle River, NJ: Merrill, 2009, p. 140.）

价"、"评价评价"及"运用结果"等八项步骤。

参考米勒等人的观点,再综合余民宁(1997)、陈英豪与吴裕益(1991)、陈李绸(1997)、郭生玉(1988)、黄安邦(1991)、叶重新(1992)、艾瑞逊(2000)、阿纳斯塔西(Anastasi,1988)、埃布尔(Eble,1991)、格朗伦德(Gronlund,1993)、库必勒等(Kubiszyn & Borich,1987)、林等(Linn & Gronlund,1995)等学者的观点,可知教师自编纸笔成就测验宜包括决定测验目的,设计双向细目表(含试题类型与题数),编拟测验试题,审查与修改测验试题和编辑测验试题这五个步骤。下面分别进行说明。

一、决定测验目的

米勒等人(Linn & Miller,2005);Miller,Linn & Gronlund,2009)均强调教师决定班级测验与评价的目的应顾及教学时程,教学前运用准备度、安置性评价,教学中采用形成性、诊断性评价,教学后采用总结性评价。各时程的测验与评价在测量目标、测量重点、样本性质、试题难度、施测时间、结果运用中均有所差异。下面汇整艾瑞逊等(Airasian & Madaus,1972),林等(Linn & Miller,2005)及米勒等(Miller、Linn & Gronlund,2009)的观点,提出"班级测验与评价的基本类型"(见表3-1)。

库必勒等(Kubiszyn & Borich,1987)主张班级评价包括教学目标、教学活动、测验等三个阶段,且测验题目必须能有效评价教学目标。测验目的必须以教学目标为主要依据,辅以课程目标、实际教学内容、教科书内涵、学生能力与努力程度、家长期待或自己的教学风格等因素。教师必须选择切合教学目标与阶段所需的测验,系属教学前测量起点行为或已达成课程目标程度的安置性测验,属教学中提供教师教学回馈、改进教学或了解学生学习进步情形的形成性测验,属教学中诊断学生学习困难原因的诊断性测验,或属教学后实施以评定学习成就或判断对教材的熟练程度的总结性测验(Gronlund,1993;Linn & Gronlund,1995)。

决定测验目的的前提为依据教学期程与评价目标来确立教学目标,教师若能详细、具体地列举教学目标,将更能提高测验的有效性。布鲁姆等(1956)将教学目标分成认知领域、技能领

表 3‐1　班级测验与评价的基本类型

功能	时　　程				
	教学前		教学中		教学后
	准备度	安置性	形成性	诊断性	总结性
测量目标	是否具备教学所需的先备技能。	学生已达到计划教学目标的程度。	监督教学进展。	侦测学习错误。	提供师生教学与学习回馈。
测量重点	先备的起点技能。	课程或单元目标。	事先界定的教学段落。	大多数共同的学习错误。	课程或单元目标。
样本性质	选出技能的有限样本。	所有目标的广泛样本。	学习作业的有限样本。	明确错误的有限样本。	所有目标的广泛样本。
试题难度	难度通常较低。	难度范围通常较广。	随着教学段落而变化。	难度通常较低。	难度范围通常较广。
施测时间	课程或单元开始时。	课程或单元开始时。	定期于教学中进行。	视需要于教学中进行。	课程或单元结束时。
结果运用	补救起点的不足或分派学习小组。	教学规划与高阶安置。	通过持续性的回馈改善并指导学习。	补救与重要学习困难相关的错误。	分派等第、确认成就或评价教学。

修改汇整自：P. Airasian & G.F. Madaus. Functional Type of Student Evaluation. *Measurement and Evaluation in Guidance*, 1972, pp. 221—233.

域、情意领域，教师应明确了解欲达成何种领域的教育目标，这样方能编制达成此领域教育目标的测验。认知领域、技能领域、情意领域的教育目标内涵与评价，详见本书第二章。

二、设计双向细目表

教师决定测验目的与评析教学目标、教材内容后，应以教学目标为横轴、教材内容为纵轴来设计"双向细目表"。双向细目表的编制通常包括下列四个步骤。

（一）确定测验的教学目标与教材内容

教师应将拟定的教学目标（单元目标、行为目标）依据认知、技能、情意等三个领域归类，再依据教学目标与归类结果，选取适当的评价方式。通常无法依单一评价方式评价所有教学目标，教师必须选取切合各项教学目标的评价方式。因一般纸笔成就测验较适于评价认知领域教学目标，故教师宜选取切合纸笔测验评价的教学目标。安德森等（Anderson)& Krathwohl，2001)的由知识向度、认知历程向度所组成的双向细目表，将认知历程向度分成记忆、了解、应用、分析、评鉴、创作等六个层次（详见第二章），此分类对未熟悉测验与评价的中小学教师常造成了解与分类困扰，经征询中小学教师意见亦可将分析、评鉴、创作合称为批判性思考。因此，认知领域教学目标可分成四类或六类。

教材内容可依据教材单元或章节、教材大纲或主要教学内涵来分类，为求简化，建议依据教材单元或章节来分类。如实例 3‐1"小学自然与生活科技学习领域成就测验之内容架构"

中的双向细目表,横轴之教学目标分成记忆、了解、应用、批判性思考,纵轴之教材内容依据小学自然与生活科技学习领域第四册第三单元"水中生物",分成"活动一:水中生物的生长环境"、"活动二:水中生物怎么生活"、"活动三:水中生物的模样"、"活动四:漂浮的大萍"、"活动五:水族箱换水的学问"、"活动六:滨海寻奇"六项。此自然与生活科技学习领域测验目的在于了解学生的学习成果,以确定学生是否熟练掌握,从而达成教学目标。测验时间为40分钟。

实例3-1 小学自然与生活科技学习领域成就测验的内容架构

台湾地区台南市某小学 2004 学年度四年级第二学期第三次定期考
自然与生活科技学习领域

（一）测验目的

本测验属总结性测验,目的在于了解学生的学习成果,以确定学生是否熟练掌握,从而达成教学预定目标。

（二）教学目标(测验评价的目标)

1. 探讨水中生物的生存条件,并能以生存的环境条件来照顾水中生物。
2. 观察并推论空气能溶入水中,供水中生物呼吸。
3. 观察并推论水中动、植物应具有适合于在水中游动及生活的体形。
4. 测量大萍浮水载物能力时,能控制变因,提出实测数据,以证明它的浮力很强。
5. 能设计并利用虹吸现象与连通器原理,来保持户外水产养殖箱的水位。
6. 观察并推论滨海生物的生存条件。

（三）测验时间:40分钟。

（四）领域范围:自然与生活科技学习领域第四册下第三单元水中生物。

（五）教材内容

1. 活动一:水中生物的生长环境(4)。
2. 活动二:水中生物怎么生活(3)。
3. 活动三:水中生物的模样(3)。
4. 活动四:漂浮的大萍(2)。
5. 活动五:水族箱换水的学问(4)。
6. 活动六:滨海寻奇(4)。

（六）教材比例分配

教材内容		活动一:水中生物的生长环境	活动二:水中生物怎么生活	活动三:水中生物的模样	活动四:漂浮的大萍	活动五:水族箱换水的学问	活动六:滨海寻奇
教学时间		160分	120分	120分	80分	160分	160分
占分比例	理想	20分	15分	15分	10分	20分	20分
	实际	20分	15分	16分	10分	20分	19分

（七）测验的题型与配分

1. 是非题:14%	2. 选择题:6%	3. 填充题:21%
4. 配对题:21%	5. 做做看:26%	6. 简答题:12%

（八）设计双向细目表

教材内容　试题形式　教学目标	记忆	了解	应用	批判性思考	合计（占分）
活动一:水中生物的生长环境＝4节课 —— 是非题	8(4)				8
选择题					0
填充题					0
配对题		12(6)			12
做做看					0
简答题					0
小　计					20
活动二:水中生物怎么生活＝3节课 —— 是非题	4(2)				4
选择题		4(2)			4
填充题	4(2)				4
配对题					0
做做看					0
简答题				3(1)	3
小　计					15
活动三:水中生物的生长模样＝3节课 —— 是非题					0
选择题					0
填充题	5(5)	2(2)			7
配对题	6(6)	3(3)			9
做做看					0
简答题					0
小　计					16
活动四:漂浮的大萍＝2节课 —— 是非题					0
选择题					0
填充题					0
配对题					0
做做看			10(5)		10
简答题					0
小　计					10

教材 内容	试题 形式	教学 目标	记忆	了解	应用	批判性 思考	合计 （占分）
活动五：水族箱换水的学问＝4节课		是非题	2(1)				2
		选择题	2(1)				2
		填充题					0
		配对题					0
		做做看			12(6)	4(1)	16
		简答题					0
		小　计					20
活动六：滨海寻奇＝4节课		是非题					0
		选择题					0
		填充题	10(5)				10
		配对题					0
		做做看					0
		简答题		6(3)		3(1)	9
		小　计					19
合计（占分）＝共20节课		是非题	14				14
		选择题	2	4			6
		填充题	19	2			21
		配对题	6	15			21
		做做看			22	4	26
		简答题		6		6	12
		小　计	41	27	22	10	100

＊（）中的数字为题目数量。

实例3-2　中学语文领域成就测验的内容架构

台湾地区台南市某中学2004学年度一年级第一学期第一次定期考
语文领域

（一）测验目的

　　本测验属总结性测验，目的在于了解学生的学习成果，以确定学生是否熟练掌握，从而达成教学预定目标。

（二）教学目标（测验评价的目标）

    1. 了解新诗、绝句的特色。

    2. 学习"借事说理"、"因物抒情"的写作方法。

    3. 了解常用字词的形、音、义与语法结构。

    4. 能运用各种修辞法。

    5. 能分析文章内涵。

（三）教材内容

    1. 第一单元：雅量。

    2. 第二单元：月光饼。

    3. 第三单元：夏夜。

    4. 第四单元：绝句选。

    5. 第五单元：工具书的使用。

    6. 第六单元：跨单元。

（四）教材比例分配

教材内容		第一单元：雅量	第二单元：月光饼	第三单元：夏夜	第四单元：绝句选	第五单元：工具书的使用	第六单元：跨单元
教学时间		180分钟	180分钟	135分钟	225分钟	90分钟	90分钟
占分比例	理想	20分	20分	15分	25分	10分	10分
	实际	18分	18分	19分	23分	4分	18分

（五）测验的题型与配分

1. 看拼音写汉字：10%	2. 解释：16%	3. 形音义辨析：14%
4. 综合测验：40%	5. 题组：20%	

（六）设计双向细目表

教材内容	试题形式 教学目标	记忆	了解	应用	批判性思考	合计（占分）
第一单元：雅量	看拼音写汉字	4(4)				4(4)
	解释	2(1)				2(1)
	形音义辨析	4(4)				4(4)
	综合测验		4(2)	2(1)	2(1)	8(4)
	题组					
	小计	10	4	2	2	18

教材内容	试题形式　教学目标	记忆	了解	应用	批判性思考	合计（占分）
第二单元：月光饼	看拼音写汉字	3(3)				3(3)
	解释	4(2)				4(2)
	形音义辨析	3(3)				3(3)
	综合测验		2(1)	4(2)	2(1)	8(4)
	题组					
	小　计	10	2	4	2	18
第三单元：夏夜	看拼音写汉字	1(1)				1(1)
	解释	4(2)				4(2)
	形音义辨析	6(6)				6(6)
	综合测验		2(1)	6(3)		8(4)
	题组					
	小　计	11	2	6		19
第四单元：绝句选	看拼音写汉字	2(2)				2(2)
	解释	6(3)				6(3)
	形音义辨析	1(1)				1(1)
	综合测验		4(2)	2(1)	8(4)	14(7)
	题组					
	小　计	9	4	2	8	23
第五单元：工具书的使用	看拼音写汉字					
	解释					
	形音义辨析					
	综合测验			4(2)		4(2)
	题组					
	小　计			4		4
第六单元：跨单元	看拼音写汉字					
	解释					
	形音义辨析					
	综合测验		2(1)		2(1)	4(2)
	题组		8(4)		6(3)	14(7)
	小　计		10		8	18

教材内容	试题形式	教学目标	记忆	了解	应用	批判性思考	合计（占分）
合计（占分）	看拼音写汉字		10(10)				10(10)
	解释		16(8)				16(8)
	形音义辨析		14(14)				14(14)
	综合测验			14(7)	18(9)	20(10)	52(26)
	题组			8(4)			8(4)
	小计		40	22	18	20	100

＊（）中的数字为题目数量。

（二）选取试题类型

教师设计双向细目表时，应依据测量目的、教学目标选取适当的试题类型。不同试题类型各有其独特的功能、编制原则与限制，教师必须评析试题类型与测验目的、教学目标、教材内容的关系，这样方能发挥各试题类型的功能。

纸笔测验的试题类型分类颇多，有分成客观测验（objective test）、论文测验（essay test）两大类者，如余民宁（1997）、陈英豪与吴裕益（1991）、郭生玉（1988）、Airasian（2000）、Gronlund（1993）、Kubiszyn 与 Borich（1987）、Linn 与 Gronlund（1995）等学者。客观测验可细分为选择类型（selection type）、补充类型（supple type）。其中，选择类型包括是非题（true-false items）、配对题（matching items）、选择题（multiple-choice items）等三种，补充类型包括填充题（completion）、简答题（short-answer items）等两种。而论文测验分成申论题（extended response items）、限制反应题（restricted response items）等两类。客观测验与论文测验的比较详见表3-2。

表3-2　客观测验与论文测验的比较

	客观测验	论文测验
测量能力	适用于测量记忆、了解、应用、分析等能力；但不适用于测量综合与评价能力。	不适用于测量知识的记忆；适用于测量理解、应用、分析等能力，尤其是综合与评价能力。
内容取样	需要大量试题，涵盖范围较大，内容取样较具代表性。	使用相当少的试题，涵盖范围较小，内容取样较不具代表性。
试题准备	准备优良试题很难，且相当费时。	准备优良试题虽很难，但较客观测验容易。
计分	客观、简单且信度较高。	主观、较难且信度较低。
影响分数的因素	阅读能力和猜测能力。	写作能力。
对学习的影响	有利于记忆、解释和分析他人的观念。	促进学生认识、统整和表达自己的观念。

（数据来源：N. E. Gronlund. *Constructing Achievement Tests*（3rd ed.）. NJ：Prentice-Hall，1982，p. 73.）

纸笔测验常见的试题类型有其使用时机、优点与限制,兹比较选择题、是非题、配对题、简答题(填充题)、论文题等常用的类型,见表3-3"纸笔测验常见试题类型的比较"。

表3-3　纸笔测验常见试题类型的比较

题型	使用时机	优　点	限　制
选择题	● 正确答案唯一,且相对有几个似是而非的答案。	● 题意较是非题、简答题(填充题)清晰明确。 ● 适用于不同层次学习结果的评价。 ● 具有诊断效果。 ● 修改选项后可提高鉴别度或调整难度。 ● 计分迅速、客观。	● 评价能力时限于文字层次,较不适合评价数学、自然与生活科技领域的解决问题技能。 ● 高质量命题不易,寻找具有诱答力的选项不易。 ● 评价辨别能力,而非产生答案的能力。 ● 无法评价组织、发表的能力。
是非题	● 选项只有对/错或事实/意见两种状况。	● 适合于评价易于产生理解误区的观点。 ● 适合于评价辨认因果关系的能力。 ● 较其他类型易于命题,且适合多数的教材内容。 ● 计分迅速、客观。	● 作答时最易受猜测因素影响,信度较低。 ● 通常仅能评价记忆或理解层次的学习结果,难以评价高层次的认知能力。 ● 试题鉴别度较选择题差。 ● 学生易形成偏"答对"或"答错"的反应倾向。 ● 命题或批阅情况欠佳时,易流于琐碎、误导或抹煞创意。
配对题	● 有很多相关的事实或概念,拟评价其关联。	● 可在短时间内评价大量相关的事实或概念信息。 ● 计分迅速、客观。	● 难以评价高层次的认知能力。 ● 不易寻找性质相同的事实或概念。 ● 评价辨别能力,而非产生答案的能力。
简答题	● 所需要的是一个清晰简短的答案。	● 作答时不受猜测影响。	● 难以评价高层次的认知能力。 ● 计分费时、较不客观。
论文题	● 评价高层次的认知能力,如组织概念,形成确切答案。	● 可评价高层次的认知能力与学习结果。 ● 对学生提供的解答线索最少,且学生作答时不受猜测影响。 ● 较能评价整个思考历程。 ● 促进学生认识、统整和表达自己的观念。 ● 增进学生的写作能力。	● 计分费时、较不客观。 ● 计分标准较其他类型难拟。 ● 题数较少,内容取样较不具代表性,可能造成内容效度降低。 ● 评分者信度较其他类型低。 ● 作文能力可能干扰所欲评价的学习结果。

教师应依据不同测验目的选取适当的试题类型,如实例3-1"小学自然与生活科技学习领域成就测验的内容架构",采取了是非题、选择题、填充题、配对题、做做看、简答题等六种试题类型。

(三)评估教材内容、教学目标、各试题类型的相对重要性

有经验的教师编拟纸笔测验前,可大概预估全班(或全学年)学生可能的测验平均分数。此预估的测验平均分数,牵动教材内容、教学目标、各试题类型的相对重要性与其配分比重,尤其是教学目标层次的高低与试题类型本身的难易度,对测验平均分数影响很大。

1. **教材内容**

就"教材内容"而言,各单元章节的不同比重(配分)可依据其教学时数或重要性来配分,因重要性的争议较大,故较常依据教学时数来配分,即各单元(活动)配分以教学时数占整个评价范围(教材内容)总和的比例为理想占分比例。但比例可能出现落差,笔者以近 20 年教学经验,建议以理想占分比例上下 5%为可容许误差范围。若各单元(活动)实际占分比例超出"理想占分比例上下 5%"的范围,可能有高配或低配之疑惑,编制者宜予以说明此疑惑。

实例 3-1"小学自然与生活科技学习领域成就测验的内容架构"之活动一至活动六,依据教学时间换算其理想占分比例,依序为 20 分、15 分、15 分、10 分、20 分、20 分,而实际占分比例依序为 20 分、15 分、16 分、10 分、20 分、19 分,均在上下 5%,故为可容许误差范围。

实例 3-2"中学语文领域成就测验的内容架构"之单元一至单元六,依据教学时间换算其理想占分比例,依序为 20 分、20 分、15 分、25 分、10 分、10 分,而实际占分比例依序为 18 分、18 分、19 分、23 分、4 分、18 分,第五、六单元超出 5%可容许误差范围,故建议编制者说明其原因。

2. 教学目标

就教学目标而言,记忆、了解、应用、批判性思考等四个因素由低而高层次的配分,必须顾及教师着重高层次还是低层次的思考、教师预期的全班平均数高低(测验难度)、学生的认知发展等三因素,教师评价内涵愈着重低层次思考、测验愈易、学生认知发展愈早,则偏重记忆的配分就愈高。

3. 试题类型

就试题类型而言,各试题类型的配分亦必须顾及高低层次思考、预期测验难度、学生认知发展等三因素,若偏重批判性思考、难度愈难、学生认知发展良好,则申论题或创意思考类型的配分就愈高。

就试题类型而言,笔者参考吴裕益(1992)、陈英豪与吴裕益(1991)、Linn 与 Miller(2005)及 Miller,Linn 与 Gronlund(2009)的观点,汇整出表 3-4"各类试题类型的理想平均难度",其中机会分数乃受试者的正确猜测几率;观察的预期平均难度乃使真分数变异数达到最大时观察的预期难度(Po),其公式:$Po=0.50+0.50/m$,m 为选项数目;Lord 仿真的理想平均难度乃 Lord 仿真研究证明,若选出的题目难度值稍高于随机猜测的 Po,则可提高信度。教师可依据表 3-4,推估各试题类型的理想平均难度,如二选一试题(是非题)、三选一选择题、四选一选择题、简答题的理想平均难度依序为 0.85、0.77、0.74、0.50。若暂时不考虑认知教学目标的层次难度差异,教师可以各类试题类型的理想平均难度乘以其配分的和为此纸笔测验的理想平均数。兹以实例 3-1 小学自然与生活科技学习领域成就测验为例来推估理想难度的平均数,结果平均数为 68.4(详见表 3-5)。

表 3-4　各类试题类型的理想平均难度

	机会分数	预期平均难度(Po)	理想平均难度(Lord 仿真)
二选一试题(是非题)	50	0.75	0.85
三选一选择题	33	0.67	0.77
四选一选择题	25	0.63	0.74
简答题	0	0.50	0.50

若是实际平均数均较高,建议算出测验的理想平均数后,与近几次相同领域类型测验的实际平均数比较,先适度提高测验理想平均数,再将各类试题类型的理想平均难度调整为预期实际的平均难度。以实例3-1小学自然与生活科技学习领域成就测验为例,若教师认为平均数为68.4稍低,欲调高平均数为72,则其各类试题类型的调整平均难度、调整后的预期平均数,详见表3-5。

表3-5　实例3-1小学自然与生活科技学习领域成就测验
推估理想难度的平均数

	配分	理想平均难度	推估理想难度的平均数	调整平均难度	调整后的预期平均数	备　　注
是非题	14	0.85	11.9	0.90	12.6	
选择题	6	0.74	4.44	0.80	4.8	四选一。
填充题	21	0.50	10.5	0.50	10.5	
配对题	21	0.74	15.54	0.80	16.8	七选一者占12分,二选一者占6分,四选一者占8分,均属于记忆、了解层次,故以四选一来推估理想平均难度。
做做看	26	0.77	20.02	0.82	21.32	二选一者占16分,四选一者占6分,论文题占4分;其中应用层次占22分,批判性思考占4分。因此,以三选一来推估理想平均难度。
简答题	12	0.50	6	0.50	6	了解、批判性思考层次各占6分。
合计			68.4		72.02	

（四）决定各细格的配分与各类型试题的题数

教师应依据教材内容、教学目标、各试题类型的配分决定各细格的配分与各类试题的题数:决定教材内容、教学目标、各试题类型配分的原则后,教师必须决定各细格的配分与题数,如实例3-1"小学自然与生活科技学习领域成就测验的内容架构"的双向细目表、实例3-2"中学语文领域成就测验的内容架构"的双向细目表。

双向细目表中细格的配分,并非平均分配,通常配分反映教学重点或教学时间多寡,较重要或教学时间较长者配分较多。虽然制作双向细目表相当费时,且有些中小学教师反映真正测验时用不到,然而米勒等人强调,规划双向细目表及其相关事宜,是确保纸笔测验或其他评价方式可有效测量教学目标的最好方法。

决定各试题类型配分时,必须同时决定各试题类型的题数,而题数多寡需考虑试题类型、测验难度、测验时间、学生年龄、学生能力与预期信效度。试题类型中选择类型的题数通常较补充类型多,测验难度愈难题数应愈少,测验时间愈少题数应愈少,学生年龄愈低题数应愈少,学生能力愈低题数宜愈少,预期信效度较低题数应较少。教学经验丰富的教师常能依据上述因素判断题数多寡,若是初任教师建议请教经验丰富的教师。

三、编拟测验试题

教师编拟测验试题时,应兼顾双向细目表、试题难度、命题原则。教师应依据双向细目表中细格的题数与配分进行命题,然试题难度不可偏离测验目的与教学目标、试题撰写不应违反命题原则。有些教师认为试题愈简单愈能赢得学生尊重、给予学生鼓励,有些教师则认为试题愈困难愈能树立教师权威、激励学生求知斗志,但主要决定试题难易度者为测验目的与教学目标,不应纳入教师个人好恶。

米勒等人(Linn & Gronlund,1995);Linn & Miller,2005);Miller,Linn & Gronlund,2009)均强调编拟的试题应直接配合学习结果,编拟与预期学习结果相关且具代表性的样本,消除与答案无关的干扰,消除非预期的线索,聚焦于改善学习与教学。撰写测验题目的八项原则为:

1. 以测验或评价双向细目表作为指引:实例3-1"小学自然与生活科技学习领域成就测验的内容架构"的双向细目表、实例3-2"中学语文领域成就测验的内容架构"的双向细目表之细格是教材内容各单元中各试题类型在各项教学目标的配分、题数,横轴是教材内容各单元各试题类型的分数与各单元的总分,纵轴是各项教学目标的总分,教师若以双向细目表为指引,当能充分兼顾教材内容与教学目标,不致偏离测验目的。

2. 多编拟一些所需的测验题目:测验题目数量宁可多一些,于检核时方能删除一些较差的试题或不适合置于某细格的试题。

3. 在测验日期前完成测验题目:通常测验题目原稿均有不少缺失,若能在实施测验前几天完成测验题目,将能空出几天时间检查原稿中模糊不清、语意不明、不合逻辑或其他缺失的题目,让测验缺失降到最低。

4. 每个测验题目必须清晰明确,且具体指出欲测量的学习结果:每个测验题目必须清晰地描述问题或知识,运用简单、直接的叙述,使用正确的标点符号和文法,且避免不必要的赘词。命题经验丰富的教师能依据双向细目表细格,撰写测验题目。因此,教师必须明确指出每个测验题目欲测量的学习结果。

5. 测验题目顾及受试者的阅读水平:教师叙述测验题目必须考虑受试者的阅读程度、词汇难度,避免受试者因阅读能力而无法作答,应测验学习结果而非阅读能力。

6. 每个测验题目应避免提供其他测验题目的作答线索:测验题目增多后,可能会出现测验题目相互关联或呼应的情况,尤其是选择题选项中的人名、日期与事实,最常提供其他测验题目的线索。

7. 测验题目的正确答案只有一个、评分标准必须具体明确,且必须经过专家审核:有些教师撰写的测验题目答案有两个以上或无正确答案,评分标准模糊不清,致使计分衍生甚多困扰。因此命题时必须同时考虑正确答案与评分标准。

8. 测验题目必须经过再检查、校订的过程:教师浏览测验题目的适当性、清晰性、难度和解题线索后,仍应经历再检查、校订的过程,以确保能正确地测量学习结果。纵然是小小的校订与修改,也能提高测验的功能。

教师编拟测验类型的题目,应注意下列九项较重要的命题原则(李坤崇,1999;郭生玉,1988;Airasian,2000;Linn & Gronlund,1995;Linn & Miller,2005)。

(一)试题分布依据双向细目表,且题目内容依据有代表性

教师为确保试题达到测验目的且分布均匀,必须依据双向细目表各细格的题数来命题。测验内容必须是教学目标、教材内容中重要且具代表性的内容,不宜考些枝微末节的内容,或

钻牛角尖的内容(李坤崇,1999)。如不佳试题 1,考"溪南"、"溪北"的重要性可能不如考"曾文溪",且考溪南、溪北无多大意义;如不佳试题 2 考可回收几次乃枝微末节,重点应在铝罐是属于何类资源回收物。

△ 不佳试题 1:

台南县有(溪南)与(溪北)之分,是以曾文溪为分界。

说明:考溪南、溪北无多大意义,重点应在曾文溪分界的概念。

◎ 较佳试题 1:

台南县有溪南与溪北之分,是以哪条溪为分界?(曾文溪)

△ 不佳试题 2:

(　　)一般而言,铝罐可回收几次?

　　　(A) 可一直回收　　　　　　　(B) 只能回收一次

　　　(C) 可回收二到三次　　　　　(D) 可回收四到五次

说明:考可回收几次乃枝微末节,重点应在铝罐是属于何类资源回收物。

◎ 较佳试题 2:

(　　)请问铝罐是属于哪一类的资源回收物?

　　　(A) 纸类　　　(B) 金属类　　　(C) 玻璃类　　　(D) 宝特瓶类

(二)力求生活化,避免直接抄录课本或习作

测验题目若沦为为测验而测验,将使测验变得枯燥乏味。教师若能将教学目标、测验内涵与生活结合,将可引领学生学以致用。若教师编测验时直接抄录课本或习作,不仅促使学生死背,更凸显教师不够用心,一个负责任、力求创新的教师通常会避免直接抄录课本或习作。

不佳试题 3 至不佳试题 5 均只直接考概念,未与生活结合。较佳试题 3 至较佳试题 5 乃高雄区公立高级中等学校 1998 学年度联合招生的试题,笔者担任命题的测验指导教授,实际参与"生活化"的修改过程。较佳试题 3 结合高雄市兴建覆鼎金焚化炉的地方建设,较佳试题 4 结合当时发射东方红一号卫星的时事新闻,较佳试题 5 更涉及 1998 年的热门电影"泰坦尼克号",融入了船沉入海水后排水体积与浮力变化的内容。上述与生活有关的题材,需要命题者关心生活事件、巧思,方能使评价目的与生活事件充分结合。

△ 不佳试题 3:

(　　)兴建焚化炉的主要目的是要解决什么问题?

　　　(A) 水质污染　　　(B) 空气污染　　　(C) 垃圾污染　　　(D) 噪音污染

说明:只是测量兴建焚化炉的主要目的,未与生活结合。

◎ 较佳试题 3:

(　　)高雄市覆鼎金焚化炉的兴建,主要目的是要解决什么问题?

　　　(A) 水质污染　　　　　　　(B) 空气污染

　　　(C) 垃圾污染　　　　　　　(D) 噪音污染

△ 不佳试题 4：

（　　　）卫星在绕地球的低轨道上作圆周运动。问卫星所受外力合力及对地心的合力矩情
形如何？

（A）合力为零，合力矩亦为零。　　　（B）合力为零，合力矩不为零。

（C）合力不为零，合力矩为零。　　　（D）合力和合力矩均不为零。

说明：只考卫星所受外力合力及对地心的合力矩，未与生活结合。

◎ 较佳试题 4：

（　　　）东方红一号卫星在绕地球的低轨道上作圆周运动。问东方红一号所受外力合力及
对地心的合力矩情形如何？

（A）合力为零，合力矩亦为零。　　　（B）合力为零，合力矩不为零。

（C）合力不为零，合力矩为零。　　　（D）合力和合力矩均不为零。

△ 不佳试题 5：

（　　　）浴缸上的碗浮在水面，当它沉入浴缸后，下列叙述哪一项正确？

（A）排水体积变小，浮力变大。　　　（B）排水体积变大，浮力变大。

（C）排水体积变小，浮力变小。　　　（D）排水体积变大，浮力变小。

说明：只考体积与浮力变化，未与生活结合。

◎ 较佳试题 5：

（　　　）泰坦尼克号浮在水面航行，当它沉入海水中后，下列叙述哪一项正确？

（A）排水体积变小，浮力变大。　　　（B）排水体积变大，浮力变大。

（C）排水体积变小，浮力变小。　　　（D）排水体积变大，浮力变小。

（三）避免使用暧昧不明和易使人混淆的言词或语句架构

一份测验的目的，并不在于保证学生会正确作答，而是要给学生一个公平的机会，展现出
他们对老师所教的东西了解多少。为达此目标，测验的题目本身一定要清晰易懂。

编拟测验题目或选择良好测验试题时，最重要的原则乃清楚、简洁地表达题目本身的含
义。测验的题目叙述应力求清晰易懂，若用词和句型架构易混淆，或会妨碍学生理解题目要
求，学生将无法呈现其学习成果。若测验题目使用暧昧不明的词汇、语句架构，运用不当的生
字或包含暗示正确答案的线索时，此测验就无法作为衡量学生成绩的有效指标，也无法作为评
分或其他决策的依据（李坤崇，1999）。

如不佳试题 6 用词易令人困惑，且可能有两个答案，有些学生回答"黑的"，可能读成："中
国的煤"都是（黑的），若改为较佳试题 6，则学生将更易于回答地点"抚顺"。

△ 不佳试题 6：

中国的煤都是（　　　）。

说明：用词易令人困惑，且可能有两个答案。

◎ 较佳试题 6：

中国的"煤都"是指哪个城市？（　　　）

不佳试题 7 用词和句型结构出现三个否定字词,易令人困惑,学生必须将三个否定的叙述经过整理后,才能理解出题目到底要问什么。因此,表达试题的用语,最好能简洁、直接,并用正面的语态。不佳试题 7 若改为较佳试题 7 或许较佳(李坤崇,1999)。

△ 不佳试题 7:

下列哪一项并非不是非水果?

(A) 苹果　　　　　(B) 糖果　　　　　(C) 火龙果　　　　　(D) 百香果

说明:三个否定字词易令人困惑。

◎ 较佳试题 7:

下列哪一项"不是"水果?

(A) 苹果　　　　　(B) 糖果　　　　　(C) 火龙果　　　　　(D) 百香果

(四)叙述扼要、直接切入重点

良好测验试题必须让学生以最短时间了解题意后径行作答,教师叙述试题应简洁、扼要、简短并切入重点,让学生不用花太多时间阅读,就能迅速地抓到问题的重点(李坤崇,1999)。

不佳试题 8 旨在测量学生是否能正确地判断出苹果的价钱,关于伯父伯母的拜访、大雄多久没见到他们,或是家里没有苹果,这些信息不仅不重要,更会分散学生的注意力及浪费时间。若将不佳试题 8 的叙述改为扼要、直接地切入重点,将可节省学生阅读的时间(李坤崇,1999)。

△ 不佳试题 8:

(　　　)大雄的妈妈想要烤一个苹果派,来招待他的伯父和伯母,大雄已经好几年没有见到他们了。大雄的妈妈却发现家里已经没有苹果了,她要大雄去买一些苹果回来做派,做派需要 8 个苹果,假如买两个苹果要 20 元,大雄买 8 个苹果需要多少元?

(A) 20　　　　　(B) 40　　　　　(C) 80　　　　　(D) 160

说明:叙述过于冗长,未能直接切入重点。

◎ 较佳试题 8:

(　　　)妈妈做一个苹果派需要 8 个苹果,假如买两个苹果要 20 元,则买 8 个苹果需要多少元?

(A) 20　　　　　(B) 40　　　　　(C) 80　　　　　(D) 160

不佳试题 9 中"资源回收是我们爱惜环境的一项重要工作"乃再教导性的赘述,此现象在两岸四地出现概率颇高,此种再教导性的叙述无关评价,宜予以删除。

△ 不佳试题 9:

(　　　)资源回收是我们爱惜环境的一项重要工作,请问铝罐是属于资源回收物的哪一类?

(A) 纸类　　　　(B) 金属类　　　　(C) 玻璃类　　　　(D) 宝特瓶类

说明:"资源回收是我们爱惜环境的一项重要工作"乃赘述。

◎ 较佳试题 9 略(修改参考前述之较佳试题 2)。

不佳试题10中学生绕了一个圈,看到选项均有三个地区,才知道要考五个地区中的三个地区。因此,如较佳试题10那样直接告诉学生"下列哪三个地区"将更直接切入重点(李坤崇,1999)。

△ 不佳试题10:

(   )下列地区,哪些在产业上以热带栽培业发展著称?(甲)美国西南沿岸。(乙)澳洲。(丙)西印度群岛。(丁)西非沿海。(戊)南洋群岛。

　　(A)甲乙丙　　　　(B)乙丙丁　　　　(C)丙丁戊　　　　(D)甲丁戊

说明:题意未能直接切入重点,学生读一次后需重新阅读方能确知题意。

◎ 较佳试题10:

(   )下列哪三个地区,在产业上以热带栽培业发展著称?(甲)美国西南沿岸。(乙)澳洲。(丙)西印度群岛。(丁)西非沿海。(戊)南洋群岛。以上正确的是:

　　(A)甲乙丙　　　　(B)乙丙丁　　　　(C)丙丁戊　　　　(D)甲丁戊

(五)使用词汇适合受试者

测验试题使用的词汇会影响到题目的困难度,若学生对题目中的词不了解,则测验成绩只反映其词汇程度,不能反映从教学中学到多少,故此测验无效。老师编制或选择成就测验的试题时,应该考虑学生的词汇程度(李坤崇,1999)。

若不佳试题11用来考小学三、四年级学生,学生可能看不懂"人非为失败而生"的意义,此题考中学生较为适切。若改为较佳试题11可能会适于小学三、四年级学生,选项编排改为另列一行的方式(李坤崇,1999)。

△ 不佳试题11:

(   )"人非为失败而生",这句话充满何种精神?

　　(A)悲观懊恼　　　(B)悲观镇定　　　(C)奋发振作　　　(D)垂头丧志

说明:小学三、四年级学生程度可能看不懂题意。

◎ 较佳试题11:

(   )"做事情失败不要难过,更要努力追求成功",这句话表示什么精神?

　　(A)没精打采　　　(B)没有志气　　　(C)充满斗志　　　(D)充满哀伤

(六)试题答案必须是公认的正确答案,避免争议性

测验试题的正确答案常引发争议,因试题题意叙述不清、思维逻辑向度不同,或解题条件不足均可能造成争议(李坤崇,1999)。

不佳试题12只说明"穿有溜冰鞋的大人和孩子互推",却未说明何人体重较重,因现在有些小学高年级学生的体重较教师重乃不争事实;此外,两人互推技巧亦会影响后退速率,此题若改为较佳试题12或许较佳。

△ 不佳试题 12：

穿有溜冰鞋的大人和孩子互推，哪个人后退的速率较大？（　　）

说明：忽略体重、互推技巧将造成争议。

◎ 较佳试题 12：

穿有溜冰鞋的教师和幼儿园大班学生互推，若两人技巧一样好，则哪个人后退的速率较大？（　　）

不佳试题 13 只说明"我国闻名于世界的风景旅游城市"，却未明确指出地理位置、水陆空交通、经济、政治或文化等其他信息，易造成学生思维方向不同、答案不同的现象，若改为较佳试题 13，明确添加"京杭大运河最南端的城市"将较不具争议性。

△ 不佳试题 13：

我国闻名于世界的风景旅游城市是杭州。（对或错）

说明：闻名于世且是旅游城市的答案有很多，易引起争议。

◎ 较佳试题 13：

位于京杭大运河最南端且是我国闻名于世界的风景旅游城市的是杭州。（对或错）

（七）表达清楚，让学生易于了解其任务或工作

教师若未能清楚说明学生如何作答、作答的任务或方向是什么，学生可能因不知如何作答、不知作答任务或方向，而出现评价结果无法显示学生的真正学习结果的情况（李坤崇，1999）。

不佳试题 14 中因题干不清，使学生读完题干"杭州市，哪一项正确？"时，仍不清楚题意，若改为较佳试题 14，学生读完整个题干和选项后，将对题意理解得比较清楚。

△ 不佳试题 14：

杭州市，哪一项正确？

（A）位于京杭大运河最南端　　　　（B）盛产水果

（C）闻名于世界的风景旅游城市　　（D）历史最久的文化古都

说明：题意不够清晰。

◎ 较佳试题 14：

下列有关"杭州市"地理特质的叙述，哪一项正确？

（A）位于京杭大运河最南端　　　　（B）盛产水果

（C）闻名于世界的风景旅游城市　　（D）历史最久的文化古都

两岸四地测验题目常缺乏作答指导语与配分，如不佳试题 15 仅告知学生"是非题"，却未说明全对的打"√"，只要有错就打"×"，亦未说明配分。不佳试题 16"选择题"亦未说明配分与作答方法、单选或复选。若改为较佳试题 15、较佳试题 16，学生将能更易作答。

△ 不佳试题 15：

是非题：

（　　）我国南部地区的天气很热。

说明：指导语未说明题数、配分、作答方法与位置。

◎ 较佳试题 15：

是非题：每题 2 分，10 题共 20 分；全对的在题目前（　　）内打"√"，只要有错就打"╳"。

（　　）我国南部地区冬天的平均气温比菲律宾高。

△ 不佳试题 16：

选择题：

（　　）下列哪一个地质年代最早？

　　　　（A）中生代

　　　　（B）古生代

　　　　（C）原生代

　　　　（D）始生代

说明：指导语未说明题数、配分、作答方法与位置，以及单选或复选。

◎ 较佳试题 16：

选择题：每题 2 分，10 题共 20 分；每题都是单选题，请在题目前（　　）内写上答案。

（　　）下列哪一个地质年代最早？

　　　　（A）中生代　　　　　　　　（B）古生代

　　　　（C）原生代　　　　　　　　（D）始生代

　　为便于学生了解需要何种答案，简答题或填充题应是完整问句，且空格应放在句子最后。如不佳试题 17 的空格置于题目最前面，使题意不够清晰。若改为较佳试题 17 将较为清晰明确。

△ 不佳试题 17：

＿＿＿＿＿和＿＿＿＿江汇合于重庆。

说明：题意较不清晰，无法立即了解作答任务。

◎ 较佳试题 17：

交会于重庆的是哪两条江？＿＿＿＿＿、＿＿＿＿＿。

　　不佳试题 18 中教师希望学生"想象"计算机的未来影响，却未明确告知作答的方向，使学生面对概略性叙述的题目难以作答。申论题应该更详细地叙述答案的范围、方向及评分标准，如计算机对人类书信传递的未来影响是什么？计算机对人类居住质量的未来影响是什么？且要求说明影响是正面的或负向的。不佳试题 18 的题意不太清楚，教师必须明确告诉学生具体的作答方式，让学生不再猜测答案合适的范围和方向。

△ 不佳试题 18：

你觉得计算机对人类的未来影响会是怎样的？试写出一篇短文。

说明：题意较不清晰，仅能概略性叙述。

◎ 较佳试题 18：

你觉得计算机的发展，对人类未来书信传递将会有什么影响？请至少用五个完整的句子写下你的答案。

（八）每个试题必须独立存在，内容不宜相互重叠

每个试题必须独立存在。每个试题应分别提供一个独立的测量，测量概念不与其他题目重叠，且不宜作为其他题目的解题线索（李坤崇，1999）。

若将较佳试题 13、较佳试题 14 置于一测验试卷可发现，较佳试题 13 的"位于京杭大运河最南端的城市是杭州"，较佳试题 14"下列有关杭州市地理特质的叙述，哪一项正确？"中的"（A）位于京杭大运河最南端"，两者均谈到相同的信息，因此，此两题未独立存在。

（九）不要提供正确答案的线索

上述八点均探讨阻碍学生作答的问题，然教师命题亦可能出现帮助学生找到正确答案的线索，此类问题将造成高估学生的评价结果的现象，影响评价的正确性。出现在试题中的线索形式有很多，如排除不真实线索、语义线索、文法线索或特殊叙述线索等（李坤崇，1999）。

不佳试题 19 中，因东京、伦敦、纽约均不在中国境内，故答案"重庆"极易被猜到；若改为较佳试题 19，学生将难以猜测。

△ 不佳试题 19：

下列哪一个城市在长江沿岸？

(A) 东京　　　　　　(B) 伦敦　　　　(C) 纽约　　　　(D) 重庆

说明：东京、伦敦、纽约均不在中国境内，极易被排除。

◎ 较佳试题 19：

下列哪一个城市在长江沿岸？

(A) 北京　　　　　　(B) 广州　　　　(C) 西安　　　　(D) 重庆

不佳试题 20 出现"对我们一点好处也没有"的绝对性叙述字眼，学生甚易排除其为正确答案。学生易将是非题之所有、全部、总是、绝无、唯一等绝对性叙述，视为错误答案；而易将有时、或许、通常、可能等相对性叙述，视为正确答案。因此，不佳试题 20 改为较佳试题 20 将更好。

△ 不佳试题 20：

工业区设在附近，对我们一点好处也没有。（对或错）

说明："一点好处也没有"乃绝对性叙述。

◎ 较佳试题 20：

工业区设在附近，对环境较没有好处。（对或错）

四、审查与修改测验试题

教师通常在编拟测验试题后,如释重担地匆忙交卷付印,但若付印后发现错误则懊恼不已。因此,测验试卷付印之前,应重新阅读一次或再检查一遍,若有同事、配偶或朋友愿意仔细地检阅试卷将更佳。

Airasian(2000)认为,评估、审查与选择测验应留意下列一般教师常见问题:(1)测验计划忽略教学目标、教材内容的重点;(2)测验内容忽略欲评价的重要教学目标与教学主题;(3)测验题目未能让学生表现出其学习结果;(4)测验题目未检核与教学内容的关系,致出现与教学内容无关的题目;(5)有些测验的主题或目标,教师并未教过学生;(6)测验题目太少,难以适切评价学生成就;(7)测验功能偏差:将测验用来惩罚不专心学生或故意引发学生学习挫折。

Miller,Linn 与 Gronlund (2009)指出,测验与评价试题可能出现七项问题:(1)模糊不清的叙述;(2)过度说明;(3)过难的字汇;(4)复杂的句子结构;(5)作答说明不清楚;(6)举例材料不清楚;(7)种族、民族或性别的偏差。Miller,Linn 与 Gronlund (2009)建议教师宜从学生、教师观点来检核测验题目或评价任务。在此仅针对测验试题说明检核重点如下。

(一)试题类型与测量学习结果的适切性

一般中小学教师习惯萧规曹随,沿用前辈或他人使用的试题类型,未深究其原因,使得试题类型未必契合测量的学习结果。教师可参考表 3 - 3 "纸笔测验常见试题类型的比较",依据拟测量的学习结果,比对纸笔测验常见的试题类型的使用时机、优点与限制,适切抉择选择题、是非题、配对题、简答题(填充题)、论文题或其他试题的类型。教师应思考试题类型是否适合测验内容架构中所描述的教学目标、学生表现类型,甚至分析具体学习结果所用动作动词与试题类型的适合程度。

(二)检核每个试题内涵以及其与双向细目表中细格的契合度

试题引发的知识、理解或思考技巧是否与具体学习结果和所欲测量的题材内涵相配合?即针对测验中每个试题,逐一检核试题内涵与双向细目表中细格的契合程度,方能确实评估试题引发的反应与预测量的目的的一致性。此项任务虽然繁琐,却是确保试题达成预期测量目标的重要程序。

(三)试题论点的清晰度

试题有时会出现模棱两可、不当字词或欠佳的句型结构。教师若能命题后搁置几天,再重新从学生的身心发展与具备的能力来检视试题论点,就能使每个试题均是清晰易懂的,且能充分反映所欲测量的学习结果。

(四)试题内容的精简度

试题内涵过多的废话或冗长的句型,会造成阅读负担,干扰测量的效度。教师应检视试题内容与影响学生正确反应的要素的关系,删除与正确反应要素无关的内容,提高其精简度。

(五)试题答案应是专家一致同意的

专家若对试题答案有不同意见,则此试题的内涵与答案均必须重新审视,直到所有专家一致同意为止。选择题中最常出现争议者为"最佳理由"、"最佳方法"、"最佳解释"的题型,教师编拟此题型应更慎重审视。论文题的答案较易引起争议,教师若能研拟评分标准与范例,并事先经专家讨论,将较能获得一致的同意。

（六）试题符合命题原则与避免无关线索的程度

前述的不论何种测验类型的题目，均应注意九项较重要的命题原则，下节亦将探讨各类型试题的命题原则。教师均应审慎遵守，依据命题原则逐一检核，将试题瑕疵降到最低。另外，教师亦应避免试题出现与解题无关的线索，让试题更为精简。

五、编辑测验试题

个别优秀的试题若未经良好的编排与呈现，仍将无法适切评价学生的表现，遑论了解学生的学习成效与教师的教学绩效。

（一）编排试题常见缺失

中小学教师在编排纸笔测验试题时常见下列四项缺失：(1)各试题类型往往缺作答方法。最常见的是非题未说明全对打"√"、有错打"✗"，很多教师认为学生都知道所以不必写，但若有学生刚回国，一定难以作答，且如此做法会造成学生不看作答方法的习惯，实应予改善。(2)各试题类型普遍缺乏完整的指导语。除上述未说明作答方法外，有些教师未将配分、单选或复选、作答位置明确说明，使得学生未能适切拟定答题策略。(3)编排过挤。有些学校为节省印刷经费将两页的试卷挤成一页，或字体过小，让学生阅读试卷颇为吃力。(4)试题编排违反原则者不少。最常见的缺失乃同一个题目跨页、选择题选项未置于题干的下一行、版面安排不易于评分与计算成绩。可见，教师编排测验试题时，经常以教师、学校利益为着眼点，而忽略学生是否清楚了解作答方法、是否了解配分状况、是否能清晰阅读，此未以学生为中心的编排有待改善(李坤崇，1999)。

测验试题编排的适切性，指导语的完整性与明确性，将影响学生作答的效率与评价结果，教师应审慎编辑测验试题，提高测验的信度与效度。兹分成试题编排与指导语两部分进行说明。

（二）试题编排原则

测验试题经过检阅和修改后，将着手编辑与准备印刷。试题编排应顾及试题类型、学习结果测量、试题难易度及测量的素材，编排应遵循下列原则：

1. 依据试题类型来排列。通常是简单容易的类型在前，复杂困难的类型在后，是非题、选择题一般均放在最前面，其后为填充题和简答题，最后为申论题。如笔者走访两岸四地发现一份"常识"科试卷，各大题依序为问答题、填充题、配对题、思辨题、判断题、选择题、简答题及思辨题等题型，可见未依由易而难顺序排列，且同类型试题亦未排在一起；亦发现一份"数学"科试卷，各大题依序为计算题、填空题、选择题、图形题及解决问题题等题型，应将顺序改为选择题、填空题、计算题、图形题及解决问题题。

2. 依据试题难易来排列。试题应由易而难排列，以增强作答信心，避免浪费时间在前面较困难的试题。

3. 将同类型的试题编排在一起，和其他不同题型分开，避免不同类型交错造成学生作答困扰。

4. 一个试题不应被分割成两页，不应将一个是非题、选择题、填充题、配对题、简答题、申论题的题干叙述分割到不同的两页。

5. 将选择题中的选项置于题干的下一行。

6. 试题应明确标号,尤其是学生必须将答案填写于另一张答案纸或考卷其他特殊的地方时。

7. 版面安排应易于评分与计算成绩,避免造成计分困扰。

8. 直排或横排应统一。所有试题的排版方向要统一,各层级字体、级数亦要一致。

9. 年龄较小学生的试题字型应较大,且小学三年级以下学生的试题应加注"注音"。

10. 年龄较小的学生字写得比较大,计算题、申论题应留出足够的空间让学生作答。

（三）试题指导语

Linn 与 Miller(2005)及 Miller,Linn 与 Gronlund（2009）均强调许多教师没有提供测验书面说明,假设了试题无须解释即可了解或学生可回答的试题类型已被限定。有些教师或许会使用口头说明,却经常遗漏重点,建议其在编写试题时考虑下列六项:测验或评价目的、完成测验所需时间、作答说明、如何记录答案、如何处理选择题猜测、开放或延展式反应的评分标准。对于年龄较大的学生,若能说明每一大题的配分,将会帮助其决策时间分配。兹以某中学1998 学年度联合招生"社会学科试卷"的试题指导语为例。指导语分成整份试卷的注意事项、选择题指导语、整合测验题指导语三个部分,详见实例 3-3。

实例 3-3　试题指导语

◎ 整份试卷注意事项为:

1. 本学科试题一张两面,必须与答案纸一并缴交。

2. 每题都有 A、B、C、D 四个选项,其中只有一个选项是正确的,请将正确答案选出。试题答错,一律不倒扣。

3. 作答时必须使用 2B 黑色铅笔,将正确答案画记在规定的答案卡上,否则不予计分。

4. 本试题纸空白处,可供草稿使用,答案卡绝对不可打草稿。

5. 本学科试卷分成两部分:一、选择题;二、整合测验题。共 60 题,合计 120 分。

◎ 选择题指导语为:

一、选择题:共 44 题。第 1—14 题,每题 1 分;第 15—30 题,每题 2 分;第 31—44 题,每题 3 分。共 88 分。

◎ 整合测验题指导语为:

二、整合测验题:共 16 题,第 45—60 题,每题 2 分,计 32 分。

一份测验的指导语应包含整体指导语和各试题类型指导语,整体指导语应包括下列项目:(1)试卷共几张几面? 是否缴回? (2)答案写在哪里? (3)试卷包括几大题? (4)配分、总分如何? (5)如何作答? 是否倒扣? (6)以何种笔、何种颜色作答? (7)试卷、答案纸是否可打草稿? (8)其他。如:作答的时间、作文必须写在作文答案卷上否则不计分;若测验目的不明显,应阐述测验目的;必要时应告知可以携带哪些必备的文具应试;考试途中可否发问等。个别试题类型的指导语,起到补充说明整体指导语不足的作用,一般至少应包括题数、配分、总分等信息。

第二节　各类试题类型的编制原则

　　编制测验试题是一门需要学习的艺术,单有任教学科的丰富知识、清晰界定学习成果与了解学生心理仍嫌不够,精通各类测验试题的编制原则与技巧,方能编制出高质量的测验试题。

　　本节将综合余民宁(1997)、陈英豪与吴裕益(1991)、陈李绸(1997)、艾瑞逊(2000)、库布勒等(1987)、米勒等(2009)等学者的观点,逐一介绍选择题、是非题、配对题、填充题、解释性练习题、论文题这六种类型试题的编制原则,并辅以大陆及港澳台地区的中小学的实例作说明。

一、选择题编制原则

　　选择题是各类试题类型中运用最广的一种类型。选择题包括题干(stem)和选项(alternatives 或 choices、options)两部分。题干主要的叙述方法为直接问句(direct question)和不完全叙述句(incomplete statement)。比如,"下列哪一项是选择题的优点?"是直接问句,"选择题的优点:"是不完全叙述句。直接问句的题干比较容易撰写,较易于清楚呈现问题,较适用于年龄较小的学生。米勒等人建议先以直接问句撰写题干,仅在保持问题清晰度且让问题更具体的情况下,再将直接问句改为不完全叙述句。选项包括一个正确答案、几个似真的错误答案,此错误答案称为"诱答"(distracters 或 decoys、foils),旨在迷惑无法确定正确答案的学生。

　　选择题是所有试题类型中用途最广的,可用来测量专门术语的知识、特定事实的知识、原则性的知识、方法与程序的知识、理解结果并应用的水平、定义事实与原则的应用能力、说明因果关系的能力及说明方法与程序的能力(Linn & Gronlund, 1995;Linn & Miller, 2005;Miller, Linn & Gronlund, 2009)。可见,选择题能评价记忆、了解、应用、分析、评鉴、创作等能力。

　　选择题较是非题、填充题的题意清晰,较是非题不受猜测与反应心向(response sets)影响,较是非题、填充题具有诊断错误效果,较配对题不受选项同构型的限制,较申论题计分容易、迅速与客观,因此成为最广泛运用的试题类型。但选择题无法评价高层次思考过程,如数学与自然学科解决问题的能力;无法评价建构、组织与表达能力,如语言流畅度与组织能力;较填充题、申论题容易作弊或受猜测因素影响;命题时难以编拟适切的诱答,尤其年龄较低学生因受限于字汇与知识而更为难以作答。上述选择题的优、缺点是教师于编制前必须先了解的课题。

　　综合余民宁(1997)、陈英豪、吴裕益(1991)、陈李绸(1997)、艾瑞逊(2000)、库布勒等(1987)、格朗伦德等(1995)、米勒等(2009)等学者的观点,编制选择题应遵守下列原则。

(一)每个试题题干不应中断

　　试题题干的两种叙述方式为直接问句和不完全叙述句,而两岸四地选择题最常犯的命题缺失便是题干中断,因其可能造成学生思路中断、必须回头重复阅读题干的困扰,因此教师应力求避免。如不佳试题 21 至不佳试题 24 乃犯"题干中断"错误,宜更正为较佳试题 21 至较佳试题 24。

△ 不佳试题21：

(　　) 当东北季风吹到我国台湾宜兰县时，受到

    (A) 气候、位置

    (B) 水土、植被

    (C) 雨量、植被

    (D) 地形、位置的影响，带给宜兰丰沛的雨量，但是当东北季风吹到新竹县时，却是干燥无雨。

说明：此题题干中断，宜改为直接问句或不完全叙述句。

◎ 较佳试题21：

(　　) 东北季风带给各地不同的影响，吹到我国台湾宜兰县时带来丰沛的雨量，吹到新竹县时却是干燥无雨，主要的因素是：

    (A) 气候、位置的影响　　　　　　(B) 水土、植被的影响

    (C) 雨量、植被的影响　　　　　　(D) 地形、位置的影响

△ 不佳试题22：

(　　)1915 年日本向中国政府提出的，企图把中国领土、政治、军事及财政等置于控制之下的二十一条无理要求，为中国：

    (A) 袁世凯　　　　(B) 汪精卫　　　　(C) 蒋中正　　所接受。

说明：此题题干中断，宜改为直接问句或不完全叙述句。

◎ 较佳试题22：

(　　)1915 年日本向中国政府提出的，企图把中国领土、政治、军事及财政等置于控制之下的二十一条无理要求，为中国何人所接受？

    (A) 袁世凯　　　　(B) 汪精卫　　　　(C) 蒋中正

△ 不佳试题23：

读 5030807500 时要读出(　　)个零。

(A) 一个　　　　　　(B) 两个　　　　　　(C) 三个

说明：此题题干中断，宜改为直接问句或不完全叙述句；另，选项有共同字"个"，宜删除。

◎ 较佳试题23：

(　　)读 5030807500 时，要读出几个零？

(A) 一　　　　　　(B) 二　　　　　　(C) 三

△ 不佳试题24：

用圆规画一个周长是 12.56 厘米的圆，则圆规两脚间的距离是(　　)厘米。

(A) 6.28　　　　　　(B) 4　　　　　　(C) 2　　　　　　(D) 3.14

说明：此题题干中断，宜改为直接问句或不完全叙述句；另，选项中数字除非是比较大小，不然应由大到小或由小到大依序排列。

◎ 较佳试题24：

（　　）用圆规画一个周长是12.56厘米的圆，则圆规两脚间的距离是多少厘米？

    （A）2　　　　　　（B）3.14　　　　　（C）4　　　　　（D）6.28

（二）试题应测量重要的学习结果

测验试题应能测量重要的学习结果，而非枝微末节的内容。试题应避免无关教材、模糊不清或为难学生的内容。测量知识的学习结果，应着重重要名词、事实与原则，不宜考数字记忆或零碎知识来增加题目难度。

△ 不佳试题25：

（　　）生物分为几类？

    （A）一　　　　　　（B）二　　　　　　（C）三

说明：此题考生物分两类似较不重要，宜改为"生物分成哪几类？"

◎ 较佳试题25：

（　　）生物分成下列哪两类？

    （A）植物和矿物　　（B）矿物和动物　　（C）动物和植物

△ 不佳试题26：

（　　）"公鸡僚亮的桑子，让猫十分欣陷"中有几个错字？

    （A）二　　　　　　（B）三　　　　　　（C）四　　　　　（D）五

说明：只考几个错，似乎不重要，且无法明确辨识出学生是否真正觉察出哪三个错字。

◎ 较佳试题26：

"公鸡僚亮的桑子，让猫十分欣陷"中有几个错字，请标出来，并依序更正在后面：

（　　　　　　　　）

（三）试题题干应完整、清晰地界定问题

有些人误以为选择题题干、选项合起来使题意完整即可，但如此常造成学生重复阅读、猜测题意或作答不顺畅的困扰。选择题题干本身的意义必须完整，明确地界定问题，且不需选项的辅助说明。通常一个题意完整的题干，可被转化为一简答题，此概念可视为题干完整与否的检验指标。

△ 不佳试题27：

（　　）西周立国之初与东周时代，秦国向外扩张的目标都是

    （A）东进　　　　　（B）西进　　　　　（C）南进　　　　　（D）北进

说明：试题题干不够清晰完整。

◎ 较佳试题27：

（　　）西周立国之初与东周时代的秦国，向外扩张的目标都是朝哪个方向前进？

    （A）东　　　　　　（B）西　　　　　　（C）南　　　　　（D）北

△ 不佳试题28：

（　　）试找出与"临渴掘井"这句成语结构相同的词语？

    （A）因循急惰　　（B）繁弦急管　　（C）口诛笔伐　　（D）断章取义

说明：试题题干不够清晰，应该加上词性结构的说明。

◎ 较佳试题28：

（　　）"临渴掘井"的词性结构是"动词＋名词＋动词＋名词"，下列哪一项的词性结构与
    它相同？

    （A）因循急惰　　（B）繁弦急管　　（C）口诛笔伐　　（D）断章取义

△ 不佳试题29：

（　　）本文应是一篇＿＿＿＿＿。

    （A）学生会会长竞选演讲词　　　　（B）飞行讲座演讲词

    （C）毕业典礼演讲词　　　　　　　（D）拍卖会开幕词

说明：此题题干意义不够完整，虽四个选项均有"演讲词"，但因其为专科术语，故不应置于
选项。

◎ 较佳试题29：

（　　）本文应是何种演讲词？

    （A）学生会会长竞选　　　　　　　（B）飞行讲座

    （C）毕业典礼　　　　　　　　　　（D）拍卖会

（四）试题题干应仅提出一个明确概念

选择题较是非题具有诊断功能，但前提是试题仅呈现一个重要的概念或问题。若包括一
个以上的问题，不仅增加题目复杂性、题目长度，更会降低诊断的价值。

△ 不佳试题30：

（　　）我国气候上的分界线，也是我国地理上的分界线，是什么地方？

    （A）青藏高原　　　　　　　　　　（B）秦岭、淮河

    （C）蒙古高原　　　　　　　　　　（D）喜马拉雅山

说明：此题考气候与地理分界线两个概念，宜挑其中一个作为题干。

◎ 较佳试题30：

（　　）我国气候上的分界线是什么地方？

    （A）青藏高原　　　　　　　　　　（B）秦岭、淮河

    （C）蒙古高原　　　　　　　　　　（D）喜马拉雅山

（五）以简短、清晰的用词陈述试题题干

试题题干旨在沟通题意，而非以复杂用字或句型结构来考学生的语文阅读能力。教师应
让学生以最短时间看懂题意，以简短、清晰的用词来陈述试题题干。

△ 不佳试题31：

（　　）一般而言,观察天气的变化,应将注意力重心放在什么的变化上?

　　（A）时间　　　　（B）温度　　　　（C）云量　　　　（D）方位

说明:此题题干可再予以简化。

◎ 较佳试题31：

（　　）观察天气变化应注意什么的变化?

　　（A）时间　　　　（B）温度　　　　（C）云量　　　　（D）方位

△ 不佳试题32：

（　　）日常生活中,我们常见的汽车、摩托车、脚踏车轮子都有一层充气的橡皮,它的功能是:

　　（A）控制方向　　　　　　　　（B）减缓车子行进的速度

　　（C）降低车子行进间的震动　　（D）装饰外观

说明:此题题干可再予以简化,并可将"不完全叙述句"改为"直接问句"。

◎ 较佳试题32：

（　　）汽车、摩托车、脚踏车的轮子有一层充气的橡皮,它的功能是什么?

　　（A）控制方向　　　　　　　　（B）减缓速度

　　（C）降低震动　　　　　　　　（D）装饰外观

（六）尽可能以正面、肯定的字词来叙述试题题干

学校教育多强调正面、重要、适当或最好的概念,教导学生运用原理原则解决问题的正向学习结果,较少教导负面、不重要、不当或最差的负向学习结果,因此,负面或否定字词较容易被学生忽略。

△ 不佳试题33：

（　　）下列哪一项不是我国华中地区的特色?

　　（A）水利发达　　　　　　　　（B）土壤肥沃

　　（C）雨水充足　　　　　　　　（D）地多高原

说明:此题用反面叙述,改为正面叙述较能直接测出学生的学习结果。

◎ 较佳试题33：

（　　）下列哪一项是我国华中地区的特色?

　　（A）河道狭窄　　　　　　　　（B）土壤贫瘠

　　（C）雨水充足　　　　　　　　（D）地多高原

（七）题干避免使用否定句,若需采用宜强调否定字词

教师通常运用否定句来叙述题干,或为易于编制,或为测量某些重要的学习结果,如考试不可作弊、坐车不可将头手伸出车外等否定句叙述有其必要性。如果题干必须使用否定、负向字词时,宜在此字词下画底线、加黑或特别予以标出,并尽可能放在题干后面以引起学生注意。

△ 不佳试题34：

（　　）下列哪一项不是吃它的种子？

　　　　（A）西瓜　　　　　（B）花生　　　　　（C）绿豆　　　　　（D）蚕豆

说明：此题反面字未予强调，宜用引号、下划线或其他符号予以强调，且此题题干的"它"不够明确，可改为植物。

◎ 较佳试题34：

（　　）我们通常"不吃"下列哪一种植物的种子？

　　　　（A）西瓜　　　　　（B）花生　　　　　（C）绿豆　　　　　（D）蚕豆

△ 不佳试题35：

（　　）下列哪一项为非新石器时代文化的特征？

　　　　（A）铁器使用很普遍　　　　　（B）会用火烧制陶器
　　　　（C）开始懂得生产食物　　　　　（D）磨制石器

说明：非新石器时代，"非"字宜用引号、下划线或其他符号予以强调。

◎ 较佳试题35：

（　　）下列哪一项为"非"新石器时代文化的特征？

　　　　（A）铁器使用很普遍　　　　　（B）会用火烧制陶器
　　　　（C）开始懂得生产食物　　　　　（D）磨制石器

（八）所有选项的语法应力求一致

为避免提供学生解题线索，教师命题时应让所有选项的语法一致，如所有选项均以动词开始或均加上定冠词，且选项叙述应与试题题干相互呼应。

△ 不佳试题36：

（　　）下列哪一项是我国华中地区的特色？

　　　　（A）狭窄河道　　　　　（B）土壤贫瘠
　　　　（C）雨水相当充足　　　　　（D）水利非常发达

说明：此题四个选项的语法差异甚大，宜将语法统一。

◎ 较佳试题36：

（　　）下列哪一项是我国华中地区的特色？

　　　　（A）河道狭窄　　　　　（B）土壤贫瘠
　　　　（C）雨水充足　　　　　（D）水利发达

△ 不佳试题37：

（　　）哪一组括号中的字意思相同？

　　　　（A）不（尽）相同/说不（尽）的故事　　（B）天气（闷）热/心情烦（闷）
　　　　（C）（以）箸刺之/（以）展齿踱之　　（D）充耳不（闻）/孤陋寡（闻）

说明：四个选项力求一致；(C)选项是文言文，宜改为现代文。

◎ 较佳试题 37：

（　　）下列哪一组括号中的字意思相同？

　　　　（A）不（尽）相同／诉说不（尽）　　　　　（B）天气（闷）热／心情烦（闷）
　　　　（C）视若无（睹）／一（睹）为快　　　　　　（D）充耳不（闻）／孤陋寡（闻）

（九）尽可能将各选项的共同字词放在题干中

试题选项应避免重复相同的字词，以减少学生阅读时间与提高题意清晰度。然而并非选项中共同的字词均必须放在题干中，若系专有名词或学科术语，将共同字词放在题干可能造成无法理解选项意义。

△ 不佳试题 38：

（　　）地球的历史已有几年之久？

　　　　（A）26 亿年　　　　　　　　　　　　　（B）46 亿年
　　　　（C）36 亿年　　　　　　　　　　　　　（D）56 亿年

说明：此题四个选项均有"亿年"，但最好将此词放在题干中；选项有逻辑顺序时，除非比较大小，否则需依大小顺序排列。

◎ 较佳试题 38：

（　　）地球的历史已经有几亿年之久？

　　　　（A）26　　　　　　　　　　　　　　　（B）36
　　　　（C）46　　　　　　　　　　　　　　　（D）56

△ 不佳试题 39：

（　　）蕨类和藓苔类是以下列哪一项作为其分类依据的？

　　　　（A）花的有无　　　　　　　　　　　　（B）维管束的有无
　　　　（C）种子的有无　　　　　　　　　　　（D）叶绿体的有无

说明：尽可能将各选项的共同字词放在题干中。

◎ 较佳试题 39：

（　　）蕨类和藓苔类是以下列哪项构造的有无来作为其分类依据的？

　　　　（A）花　　　　　　　　　　　　　　　（B）维管束
　　　　（C）种子　　　　　　　　　　　　　　（D）叶绿体

△ 不佳试题 40：

（　　）地表上海洋的面积约占多少？（A）百分之十　（B）百分之七十　（C）百分之五十
　　　　（D）百分之九十

说明：各选项共同字词宜放在题干中，答案选项的数字宜按大小顺序排列。

◎ 较佳试题 40：

（　　）地表上海洋的面积约占百分之几？

　　　　（A）十　　　　　（B）五十　　　　　（C）七十　　　　　（D）九十

△ 不佳试题41：

（　　）苏轼借佛家语"狮子吼则百兽惊"演化成"河东狮吼"是讽刺陈季常害怕什么？

    （A）陈季常害怕妻子　　　　　（B）陈季常害怕狮子

    （C）陈季常害怕老虎　　　　　（D）陈季常害怕佛法

说明：各选项共同字词放在题干中。

◎ 较佳试题41：

（　　）苏轼借佛家语"狮子吼则百兽惊"演化成"河东狮吼"是讽刺陈季常害怕什么？

    （A）妻子　　　　（B）狮子　　　　（C）老虎　　　　（D）佛法

（十）标准答案必须是正确或最佳的答案

选择题的答案分为正确答案、最佳答案两类，正确答案是数个选项中有一个正确，其余为错误选项；最佳答案乃数个选项均正确，但其中最正确者为答案。题干必须避免模棱两可，主题必须避免争议，思考向度必须明确，方能避免答案引起争议。

△ 不佳试题42：

（　　）我国古代著名的书法家是？

    （A）欧阳询　　　（B）颜真卿　　　（C）柳公权　　　（D）苏轼

说明：四个选项中的书法家都是我国古代著名的书法家，故为免争论且使题干更为完整，宜将题目修改。

◎ 较佳试题42：

（　　）下列哪一位是我国宋朝著名的书法家？

    （A）欧阳询　　　（B）颜真卿　　　（C）柳公权　　　（D）苏轼

（十一）避免提供选择正确答案或删除不正确答案的线索

试题中使用字词不当为学生提供了选择正确答案或删除不正确答案（诱答）的线索，下面的线索应予以避免：(1)若题干与答案使用相同字词，学生可能会视答案为正确答案；(2)选项运用绝对性叙述或相对性叙述时，通常绝对性叙述为不正确答案，相对性叙述为正确答案；(3)选项长度过长或过短时，过长或过短者学生常视其为正确答案；(4)选项使用教科书的特殊用语时，数个选项中若有一个运用了特殊术语，通常会引起学生注意，学生会将其视为解题的线索；(5)两个选项的意义过于接近的现象若非于复选题出现，因答案只有一个，故此两选项均为不正确答案。

△ 不佳试题43：

（　　）固体遇热熔化为液体的现象，称为？

    （A）凝结　　　（B）蒸发　　　（C）熔化　　　（D）凝固

说明：题干中的"熔化"与正确答案的"熔化"存在解题线索。

◎ 较佳试题43：

（　　）冰块从冰箱里拿出来，放在阳光下会变成水，这种变化称为下列哪一种现象？

（A）凝结　　　　（B）蒸发　　　　（C）熔化　　　　（D）凝固

（十二）提高诱答似真性与吸引力

选择题优劣的关键在于诱答能否吸引具备应有知识的学生，格朗伦德等（1995）建议教师撰写诱答应掌握下列原则：(1)使用学生最常犯的错误；(2)使用与题干有关、看起来很重要的字词，如重要的、精确的字词，但不宜过度使用；(3)使用与题干语法相关连的字词；(4)使用课本的语言或其他凸显事实的措辞；(5)使用可能因学生误解或粗心而引起的错误答案，如忘了将单位转换；(6)使用与正确答案具同构型的相似的内容作为诱答；(7)使用与题干形式类似、文法一致的诱答；(8)诱答在长度、字词、句型、复杂性思考方面均应与正确答案相似。

△ 不佳试题44：

（　　）我国的首都是？

　　　　（A）巴黎　　　　（B）北京　　　　（C）伦敦　　　　（D）东京

说明：此题四个选项只有北京是在我国境内，其余均为他国首都，不具诱答力。

◎ 较佳试题44：

（　　）下列哪一个城市是我国首都？

　　　　（A）上海　　　　（B）北京　　　　（C）重庆　　　　（D）广州

（十三）选项长度接近以减少解题线索

Linn与Gronlund（1995）指出，诱答在长度、字词、句型、复杂性思考方面均应与正确答案相似，若诱答的长度明显较正确答案长或短，均可能引起学生注意，增加解题线索，因此，选择题每个选项的长度应尽量接近。

△ 不佳试题45：

（　　）人类也是大自然的一部分，请问关于人类和自然生态平衡的叙述，下列哪一项正确？

　　　　（A）人类为了增加自己的居住空间和粮食，大量开发土地与海洋，常使其他生物失去生存的空间和食物，但为了人类福祉这种行为是正确的。

　　　　（B）海洋资源是无限的，陆地上的资源更是无穷的，因此人类可以多加利用，不用担心。

　　　　（C）人类的科技能力，若使用不当，会伤害生态环境。

　　　　（D）人类破坏生态环境的行为，会影响到其他生物的生存，但不会威胁到人类自己的生存。

说明：正确答案的选项长度，明显少于诱答，已提供解题线索。

◎ 较佳试题45：

（　　）人类是大自然的一部分，请问下列关于人类和自然生态平衡的叙述，哪一项正确？

　　　　（A）人类为了增加居住空间和粮食，可以大量开发土地与海洋。

　　　　（B）海洋资源是无限的，因此可以多加利用。

(C) 人类的科技能力,若使用不当,会伤害生态环境。

　　(D) 人类破坏生态环境的行为,不会威胁到人类的生存。

△ 不佳试题46：

(　　)"神态自若"是形容什么样的表情?

　　(A) 神情和态度像平常一样,毫不紧张　　(B) 仪态大方

　　(C) 相貌美好　　　　　　　　　　　　(D) 神情得意

说明:此题正确答案的长度最长,为避免提供解题线索,可将各项选项长度改为相同长度。

◎ 较佳试题46：

(　　)"神态自若"可形容下列哪一种表情?

　　(A) 镇定　　　　(B) 慌乱　　　　(C) 烦恼　　　　(D) 气愤

(十四)谨慎使用"以上皆是"或"以上皆非"

　　"以上皆是"、"以上皆非"选项易提供解题线索,原因如下:(1)学生发现有两个选项正确就会主动挑选"以上皆是";(2)学生若发现两个选项错误就会主动挑选"以上皆非";(3)若发现一个错误即可排除"以上皆是";(4)若发现一个正确即可排除"以上皆非"。总之,若选项使用"以上皆是"、"以上皆非",大部分只能测量学生的部分知识,而无法充分发挥诊断功能。"以上皆非"偶尔会用于计算形式等选择题,以防止学生未完成整个计算过程即估计正确答案,或不了解字词而直接猜测。"以上皆是"偶尔用于测量学生对错误答案的认知能力。因此,若教师编拟选项时发现只缺一个时,应避免使用"以上皆是"、"以上皆非",而应以其他试题类型来取代选择题。

△ 不佳试题47：

(　　)圆周率的单位是什么?

　　(A) 公尺　　　　　　　　　　　　(B) 平方公尺

　　(C) 公分　　　　　　　　　　　　(D) 以上皆非

说明:圆周率本身无单位,故直接以"无"为答案比"以上皆非"要好。

◎ 较佳试题47：

(　　)圆周率的单位是什么?

　　(A) 公尺　　　　(B) 平方公尺　　　　(C) 公分　　　　(D) 无

(十五)正确答案宜随机排列,出现次数尽量相同

　　为避免学生猜测,教师命题时必须考虑正确答案出现在各选项的位置。正确答案应随机摆放,避免出现逻辑顺序或暗示线索;且正确答案出现次数应尽量相同,避免某项出现得太多或太少。

△ 不佳试题48：

(　　)阴天和雨天相同的地方是天空中有什么?

　　　　　(A) 云　　　　　(B) 雨　　　　　(C) 太阳

(　　)用什么测量气温的高低最准确？

　　　　　(A) 云　　　　　(B) 温度计　　　　(C) 太阳

(　　)温度计上的红色区域是代表怎样的温度情况？

　　　　　(A) 温　　　　　(B) 冷　　　　　(C) 热

(　　)哪一种果汁的颜色是紫色的呢？

　　　　　(A) 葡萄　　　　(B) 柠檬　　　　(B) 菠萝

(　　)哪一种水果的果汁是红色的？

　　　　　(A) 柠檬　　　　(B) 西瓜　　　　(C) 菠萝

(　　)哪种果汁尝起来酸酸的？

　　　　　(A) 木瓜　　　　(B) 西瓜　　　　(C) 柠檬

说明：上述六题的答案与逻辑顺序，宜以随机方式排列。

◎ 较佳试题48：

(　　)用什么测量气温的高低最准确？

　　　　　(A) 云　　　　　(B) 温度计　　　　(C) 太阳

(　　)下列哪一种果汁尝起来酸酸的？

　　　　　(A) 木瓜　　　　(B) 西瓜　　　　(C) 柠檬

(　　)温度计上的红色区域是代表怎样的温度情况？

　　　　　(A) 温　　　　　(B) 冷　　　　　(C) 热

(　　)哪一种果汁的颜色是紫色的？

　　　　　(A) 葡萄　　　　(B) 柠檬　　　　(C) 菠萝

(　　)哪一种水果的果汁是红色的？

　　　　　(A) 柠檬　　　　(B) 西瓜　　　　(C) 菠萝

(　　)阴天和雨天相同的地方是天空中有什么？

　　　　　(A) 云　　　　　(B) 雨　　　　　(C) 太阳

(十六) 以改变试题题干或选项来调整难度

　　有些教师为提高试题难度，将试题模糊化、增加试题长度，或增加试题概念，此做法均违反命题原则。调整试题难度的有效策略就在于提高选项的诱答力或改善题干的叙述方式。

△ 不佳试题49：

(　　)浓厚庞大的云块，非常旺盛，底部非常黑暗，顶部像山岳或高塔，这是什么云？

　　　　　(A) 卷云　　　　(B) 卷层云　　　(C) 雨层云　　　(D) 积雨云

说明：上述选项(A)到(C)均是晴天的云，只有正确答案是阴雨天的云，可改变选项来调整难度。较佳试题49中的四个选项均为阴雨天的云。

◎ 较佳试题49：

(　　)什么云会带来闪电、雷声和大雨？

　　　　　(A) 层云　　　　(B) 高层云　　　(C) 雨层云　　　(D) 积雨云

（十七）测验中每个试题须彼此独立

有些教师编拟的测验试题，前面的内容恰为后面的解题线索，此种方式若能于审查试题时更加谨慎，通常可以筛选并予以改善。有些试题的前后两题为连锁题，此种方式可另成一题组加以改善。

△ 不佳试题 50：

看拼音写汉字：

duān	wǔ	jié

（　　）农历五月五日是我国哪个传统节日？

（A）端午节　　　　（B）元宵节　　　　（C）重阳节

说明：此二题并未彼此独立，且第二题恰为第一题答案（较佳试题 50 略）。

△ 不佳试题 51：

（　　）某数的 6 倍是 144，某数是多少？

（A）14　　　　（B）24　　　　（C）144　　　　（D）864

（　　）承上题，某数的 4 倍是多少？

（A）56　　　　（B）96　　　　（C）576　　　　（D）3456

说明：此二题可形成一题组，或可将两题组化为应用题（较佳试题 51 略）。

（十八）谨慎使用多重选择试题

台湾地区大学联招使用多重选择题，并辅以答错倒扣的计分策略，此法能提高测验复杂性、减少猜测概率、警告学生勿滥用猜测。但多重选择题对中小学学生并不合适，因几乎所有参加大学联招的考生均对多重选择题中未知的正确答案数、倒扣的阴影倍感压力。一般教师的学业评价可用其他试题类型来取代多重选择题。

△ 不佳试题 52：

（　　）下列哪一项属于生物防治的技术范围？

　　　甲. 果农将寄生蜂寄生在东方果实蝇的幼虫中，以减少东方果实蝇的数量；乙. 花农放养瓢虫，以捕食吃花蜜的蚜虫；丙. 菜农使用农药，以减少菜园中的病虫害。

（A）甲、乙、丙　　（B）甲、乙　　　　（C）甲　　　　（D）丙

说明：此题可考单选题，就不用考多重选择。

◎ 较佳试题 52：

（　　）下列哪一项"不属于"生物防治的技术范围？

（A）果农饲养寄生蜂，以减少东方果实蝇的数量。

（B）花农放养瓢虫，以捕食吃花蜜的蚜虫。

（C）菜农使用农药，以减少菜园中的病虫害。

(D) 菜农使用苏力菌,以减少吊丝虫对白菜的危害。

△ 不佳试题53:

(　　)下列 4 个数中哪一个是假分数?

　　　(A) 7/8　　　　　(B) 8/7　　　　　(C) 4/3　　　　　(D) 4/9

说明:此题答案有两个,可更改题目为唯一答案式。

◎ 较佳试题53:

(　　)下列 4 个数中哪一个是假分数?

　　　(A) 7/8　　　　　(B) 8/7　　　　　(C) 3/4　　　　　(D) 4/9

(十九)若其他试题类型更适合时,别用选择题

选择题比较适合于评价各种不同认知层次的学习结果,颇多教师喜欢运用选择题。但教师选择试题类型不应有先入为主的观念,应衡量测验目的、教学目标与教材内涵,选择试题内涵后再选取较佳的试题类型。若试题内涵只有两种可能答案,是非题较适合;若有足够同构型的试题,且每题可用诱答较少时,配对题较佳;若考数学或自然科学的解决策略,申论题较佳;若考实验操作或体育各项的动作过程,工作表现评价较佳。因此,应谨慎选择各项试题的类型。

(二十)有更好的理由时可打破上述规则

上述选择题的 19 项规则,是初学者编拟选择题、教师提高测验质量的参考。若教师已熟练掌握上述原则,或遇到规则以外的特例时,可遵循上述原则,秉持"人性化、学生中心、易于理解、易于阅读、减少解题线索"的宗旨加以修改或变化,编制出富创意、更趣味化、更生活化的试题。但是,欲打破上述原则,必须提出更好的理由来说服他人,而非违反"人性化、学生中心、易于理解、易于阅读、减少解题线索"的精神。

(二十一)编拟后检核试题以提高质量

Miller,Linn 与 Gronlund(2009)设计了"选择题检核表",作为逐一检核选择题适切性的依据,包括下列 16 项检查项目:

1. 选择题是否为最适当的试题类型?

2. 每个试题题干是否均为有意义的问题?

3. 每个试题题干是否均能避免不相关信息?

4. 每个试题题干是否采取正面叙述或谨慎适切地运用负面叙述?

5. 若使用否定句,是否特别强调否定叙述?

6. 选项与题干之间的文法结构是否一致?

7. 选项答案是否精简且避免不必要的叙述?

8. 选项的长度及形式是否一致?

9. 是否仅有一个正确答案或明确的最佳答案?

10. 诱答对尚未熟练掌握学习的学生是否合理可信?

11. 试题是否提供解题线索?

12. 词语选项是否依笔画或字母顺序排列?

13. 数字选项是否依数字大小顺序排列?

14. 选项是否避免或谨慎适切地运用"以上皆非"及"以上皆是"？
15. 如需修正，试题是否仍与预期的学习结果一致？
16. 试题是否是过了一段时间后检查过的？

二、是非题编制原则

是非题要求学生选择两个可能答案中的一个，判断真或假、对或错、正确或不正确、是或不是、事实或意见、同意或不同意等。是非题主要测量知识学习成果，评估学生分辨事实对错的能力、辨别定义正确的能力、解释原则的能力及辨别因果关系的能力。要使是非题发挥功能，必须使题意明确，没有暗示性线索、减少猜测敏感度、降低真实性与普遍价值。

是非题区别事实与意见、原因与结果、迷信与科学、有关与无关的信息、正当与不正当的结论等情形时颇为有效，易于命题，颇适合多数教材内容且计分迅速、客观。学生在短时间内可以回答较多题目，教师也能较快地简单判断学生的学习结果。缺点是作答易受猜测因素影响，仅能评价知识的学习结果，试题鉴别力较选择题差，学生易受反应心向影响，且若题意模糊或具暗示线索，易流于繁琐或误导。有关是非题的编制原则如下。

（一）每题仅包括一个重要概念，避免出现两个及两个以上概念

是非题最常犯的命题缺失乃一题常出现两个及两个以上概念，除非测量因果关系的题目，否则是非题应避免一个题目中有两个概念。若学生答错包含两个概念的是非题，教师将难以判断是第一个概念错、第二个概念错还是两个概念都错，因此，包含两个概念的题目最好分成两个题目。如不佳试题54、不佳试题55犯了"一题出现两个概念"的错误，宜更正为较佳试题54、较佳试题55。

△ 不佳试题54：
（　　）"米饭"属于六大类食物中的五谷根茎类，"红萝卜"则属于蔬菜类。
说明：此题包括两个概念，可将此题拆成下列两题。
◎ 较佳试题54：
（　　）"米饭"属于六大类食物中的五谷根茎类。
（　　）"红萝卜"属于六大类食物中的蔬菜类。

△ 不佳试题55：
（　　）鸦片战争前，我国采取闭关自守政策，而鸦片战争后则有自强运动和维新运动。
说明：此题包括三个概念，可将此题拆成下列三题。
◎ 较佳试题55：
（　　）鸦片战争前，我国采取闭关自守政策。
（　　）鸦片战争后，我国有自强运动。
（　　）鸦片战争后，我国有维新运动。

（二）叙述力求简洁、明确，避免使用复杂的句型结构
教师命题时，应避免长且复杂的句型，因长且复杂句型涉及阅读理解能力，除非此为测验

目的,否则不宜使用复杂句型。命题宜删除题目的多余文字,使得题目缩短及简单化。

△ 不佳试题56:

(   )将浸湿的钢棉球放在空气中,就能使钢棉球生出棕橘色且易碎的物质。浸醋的钢棉球比浸水的钢棉球易生锈。

说明:此题句型过于复杂,宜予简化。

◎ 较佳试题56:

(   )浸醋的钢棉球比浸水的钢棉球易生锈。

(三)尽量少用否定叙述,尤其要避免双重否定叙述

教师命题时,应避免使用否定的叙述,尤其是双重否定,因双重否定会造成阅读困扰,导致无法评估答题错误是由于学生有观念错误还是不了解题意。若必须使用"否定字",应该画底线或以斜体字表示,这样学生才不会漏看。

△ 不佳试题57:

(   )吸烟的行为不但不应该做,也不会不影响健康。

说明:此题运用两处双重否定叙述,宜予修改。

◎ 较佳试题57:

(   )吸烟的行为,会影响健康。

(四)答案应避免引起争议

两岸四地常见是非题答案引起的争议,尤其是题意不清时,学生思维向度若与教师不同,学生的答案通常被视为错误,使学生考试时不得不用心揣摩教师想法。因此,题意清晰、指出来源或根据是避免答案争议的重要原则。

△ 不佳试题58:

(   )下课了,小朋友到草地上玩游戏。

说明:基于爱护草皮的环保概念,此题可能会引起争议,宜将草地改为操场。

◎ 较佳试题58:

(   )下课了,小朋友到操场上玩游戏。

(五)试题叙述避免含混不确定的文字、数量语词

试题叙述应具体明确,避免模糊不清的叙述,这样不仅可避免答案争议,亦可节省学生作答时间。呈现的文字叙述若涉及能量化的内容,宜具体提出数据,如"A市温度很热"、"A市夏天温度约在30度左右"、"A市夏天温度约在摄氏30度左右"这三句中,以最后一句的叙述为佳。且数量若有单位应指出单位,如"小华买了三支5元的铅笔,应付给老板多少?",此句"……多少?"应改为"……多少元?"。

△ 不佳试题 59：

（　　）从北斗七星的位置延长 5 倍可以找到北极星。

说明："北斗七星"的位置并不明确，宜指出"北斗七星斗口两颗星"。

◎ 较佳试题 59：

（　　）从北斗七星斗口两颗星的距离延长 5 倍即可以找到北极星。

（六）试题文句需重新组织，避免直接抄录课本的文句

教师命题若直接抄录课本文句，或仅修改一两个字，甚易引导学生死背课本教材，而忽略更高层次的学习策略。教师宜就课本内容予以重新组织、统整来叙述试题。

△ 不佳试题 60：

（　　）当前我们所面临的时代，是一个伟大的信息时代。

说明：此题直接抄录课本，宜重新组织。

◎ 较佳试题 60：

（　　）目前我们正处于信息时代。

（七）意见叙述必须指出来源或根据

要求学生评价事实叙述时若无客观证据，学生将缺乏事实基础而难以决定对错，因此是非题的叙述必须指出来源或根据。

△ 不佳试题 61：

（　　）感染病菌会引起白喉症。

说明：感染病菌未必引起白喉症，为求明确可作下列修改。

◎ 较佳试题 61：

（　　）白喉症是由病菌的感染而引起的。

（八）避免使用含有暗示的线索

修饰语常为提供暗示的线索，如：通常、可能、大概、也许、时常、有时候等相对性修饰词，具有"对"的倾向；总是、从未、全都、一定、没有、只有等绝对性修饰词，具有"错"的倾向。

△ 不佳试题 62：

（　　）风力通常以大、小两个等级来表示。

说明："通常"具有暗示正确的线索。

◎ 较佳试题 62：

（　　）风力以大、小两个等级来表示。

（九）两种答案的题数应有适当比例，且采用随机方式排列

是非题对的题数、错的题数数目应尽量相同，最好的比例在四比六之间，以减少学生作出

习惯性的对或错的反应。答案出现的顺序宜随机排列，不应出现逻辑顺序，避免其容易被学生猜测。

△ 不佳试题 63：

（○）位置是由上下、左右、前后等方向来表明的。

（○）嘴巴长在鼻子的下面。

说明：此两题均为对，宜作调整。

◎ 较佳试题 63：

（○）位置是由上下、左右、前后等方向来表明的。

（×）嘴巴长在鼻子的上面。

（十）编拟后检核试题，提高质量

Miller，Linn 与 Gronlund(2009)设计了"是非题检核表"，作为逐一检核是非题适切性的依据，表中检核项目包括下列 12 项：

1. 是非题是否为最适当的试题类型？
2. 答案能否清楚地判断，不致引起争议？
3. 试题能否避免绝对或相对叙述之解题线索？
4. 试题是否具体明确？
5. 否定叙述能否尽量少用，且避免双重否定叙述？
6. 试题叙述语句是否简单明了？
7. 评价性试题是否指出来源或根据？
8. 对与错的试题长度是否尽量相同？
9. 对与错的试题数目是否接近？
10. 答案对错是否随机排列，且避免学生猜测？
11. 如需修正，试题是否仍与预期的学习结果一致？
12. 试题是否是过了一段时间后检查过的？

三、配对题编制原则

配对题均有词组、文字、数目或记号刚好配对的两个栏，其中呈现问题的栏称前提或题干，被选的栏称反应项目或选项，要求学生连接题干与选项的逻辑关系或辨别题干与选项的关系，而教师可依据其连接或分辨二者关系的能力来评定学习结果。配对题和选择题颇为类似，若多组选择题的选项具同构型时，以配对题取代选择题为佳。

几种常见的重要关系为：(1)人物与成就配对；(2)时间与历史事件配对；(3)时期与定义配对；(4)法规与例子配对；(5)记号与概念配对；(6)作者与书名配对；(7)外国文字与中文同义词配对；(8)机器与使用法配对；(9)植物动物与分类配对；(10)信念与说明配对；(11)目标与目标名称配对；(12)组织部分与功能配对。

配对题的试题简洁，能在短时间内测量相当多的有关信息，较申论题计分容易、迅速与客观，较是非题、填充题的题意清晰，较是非题不受猜测与反应心向的影响。但配对题的缺点为：

受限于题干与选项同构型，仅能测关联性记忆知识或机械性背诵知识等认知层次较低的学习结果，若选项较少或编制不佳时更易受猜测因素影响。配对题的编制原则如下。

（一）每道配对题中各个题干或选项必须具同构型

配对题最常犯的命题缺失乃各个题干或选项非同质。同构型具程度差异，教师宜评估题干间或选项间的逻辑关系，方能提供同构型较高的题干、选项。如不佳试题 64 乃犯了"题干非同质"缺失，宜更正为较佳试题 64。

△ 不佳试题 64：

下列是有关清朝的事件，请将皇帝的年号填在适当的括号中。

（ ）鸦片战争	a. 康熙	f. 咸丰
（ ）维新运动	b. 雍正	g. 光绪
（ ）恰克图条约	c. 乾隆	
（ ）尼布楚条约	d. 同治	
（ ）武昌起义	e. 道光	

说明：此题的题干同构型不高，且题干分两行排列宜整理成一行。

◎ 较佳试题 64：

下列是清朝皇帝年号和与之有关的条约，请将皇帝的年号填在适当的括号中。右边的答案只被选一次。

（ ）南京条约	a. 康熙
（ ）辛丑条约	b. 雍正
（ ）恰克图条约	c. 乾隆
（ ）尼布楚条约	d. 同治
（ ）中英法天津条约	e. 道光
	f. 咸丰
	g. 光绪

（二）选项数目应多于题干，且指出选项被选次数

两岸四地常见选项数目与题干数目相同，且每个选项被选一次几乎已成为共识，使得学生即使不知最后一个题干的选项，亦可正确推知。因此，选项数目应多于题干数目，且指导语中应明确告知选项被选次数，不能让学生仅赖共识或过去经验作答。

△ 不佳试题 65：

请将下列作品与作者相配对。

（ ）《套中人》	a. 海明威
（ ）《老人与海》	b. 司汤达
（ ）《红与黑》	c. 契诃夫
（ ）《双城记》	d. 狄更斯

说明：此题题干与选项数目一样多，会增加猜对的机会，在上题中学生只要会其中四项，即

使第五项全然不知,亦可推知答案。此题未说明选项被选次数,且叙述句较短者宜置于右边作为选项。此题修正如下。

◎ 较佳试题65:

请将下列作品与作者相配对。

( )《套中人》   a. 海明威
( )《老人与海》 b. 司汤达
( )《红与黑》   c. 卡夫卡
( )《双城记》   d. 契诃夫
        e. 狄更斯

(三)题干与选项应尽量简短,较短选项宜列在题干右方

配对题的叙述应力求简洁明确,让学生能更专注地作答,避免冗长叙述造成学生阅读费时。将叙述较长的那一栏视为题干放在左边,将叙述较短的视为选项放在右边,将有助于提高考试效率,使学生先阅读较长的题干,然后快速扫描选项。

△ 不佳试题66:

下列是上古时代各民族的文化特质,请将各民族的编号填在适当的括号中。

( )中国   a. 建金字塔
( )印度   b. 编法典、修运河
( )埃及   c. 长于法律和建筑
( )希腊   d. 创婆罗门教、佛教
( )罗马   e. 甲骨文、青铜器、制礼作乐
( )巴比伦   f. 建立城邦、文字和艺术发达

说明:选项比题干长时,宜将选项与题干对换,较长者作为题干。

◎ 较佳试题66:

下列是上古时代各民族的文化特质,请将各民族的编号填在适当的括号中。右边的答案只被选一次。

( )建金字塔   a. 中国
( )编法典、修运河   b. 印度
( )长于法律和建筑   c. 埃及
( )创婆罗门教、佛教   d. 希腊
( )甲骨文、青铜器、制礼作乐 e. 罗马
           f. 巴比伦

(四)选项宜依逻辑顺序排列

为便于学生快速浏览选项并避免学生从选项位置寻找解题线索,宜将选项依据逻辑顺序排列,如依据数字大小或字母顺序排列。

△ 不佳试题67：

下列是发生在20世纪的历史事件，请将事件发生时间的代号填在适当的括号中。

( ) 西安事变   a. 1940   f. 1938
( ) 珍珠港事件   b. 1932   g. 1942
( ) 七七事变   c. 1935   h. 1937
( ) 一二·八事变   d. 1931   i. 1936
( ) 九·一八事变   e. 1941

说明：本题年代宜按时间顺序排列，方便学生作答。此题选项过多，且排成两行，宜予以调整。修正如下。

◎ 较佳试题67：

下列是发生在20世纪的历史事件，请将事情发生时间的代号填在适当的括号中。右边的答案只被选一次。

( ) 西安事变   a. 1931
( ) 珍珠港事件   b. 1932
( ) 七七事变   c. 1936
( ) 一二·八事变   d. 1937
( ) 九·一八事变   e. 1938
                                                  f. 1941
                                                  g. 1942

（五）作答指导语必须明确规定和说明

配对题虽然较选择题可减少重复阅读，但若作答指导语不够明确，将造成学生难以作答。作答指导语应将规定、作答方法与有关说明扼要精简地说明，且应避免冗长混乱的说明，减少与阅读无关的内容，让学生以最短时间作答。

△ 不佳试题68：

请将下列事件与人名相配对。

( ) 瓦特   a. 发现新大陆
( ) 郑和   b. 发现好望角
( ) 迪亚士   c. 发明火车
( ) 哥伦布   d. 下西洋
( ) 史蒂文森   e. 发明蒸汽机
                                              f. 绕行世界一周

说明：题干与选项的同构型不高，且作答说明未明确规定，指导语宜再加强。更改如下。

◎ 较佳试题68：

下列是有关发明和发现的事实，请将适当人名的代号填入相关发明或发现的括号中。右边的答案只被选一次。

( ) 发现新大陆   a. 瓦特

（　　）发现好望角   b. 哥伦布
（　　）发明火车   c. 麦哲伦
（　　）发明轮船   d. 迪亚士
（　　）发明蒸汽机   e. 达伽马

            f. 富士敦

            g. 史蒂文森

（六）题干与选项序号不应相同

编拟配对题时，若题干、选项序号相同，甚易造成学生混淆。二者序号不应相同，如将题干冠上数字符号，选项冠上英文字母或甲、乙、丙、丁等。

△ 不佳试题69：

下列都市各在哪个洲？请将适当号码填入括号中。

（　　）a. 北京   a. 欧洲
（　　）b. 伦敦   b. 非洲
（　　）c. 纽约   c. 亚洲

            d. 美洲

            e. 大洋洲

说明：选项的代号和题干类同，容易混淆。改成如下：

◎ 较佳试题69：

下列都市各在哪个洲？请将适当号码填入括号中。右边的答案只被选一次。

（　　）1. 北京   a. 欧洲
（　　）2. 伦敦   b. 非洲
（　　）3. 纽约   c. 亚洲

            d. 美洲

            e. 大洋洲

（七）配对题的一个完整试题应印在同一页

配对题的一个完整试题包括题干、选项，应印在同一页，以避免学生翻来翻去的困扰，并提高管理试题的速度及效率。

（八）配对题目以不超过十项为原则

每个配对题试题的栏中有4—7个题目是最好的，且每个栏以不超过10项为原则，避免过于冗长，增加阅读的困难。

△ 不佳试题70：

下列地名各在哪个洲？请将适当号码填入括号中。

（　　）亚洲 a. 白朗峰   g. 尼罗河
（　　）欧洲 b. 圣母峰   h. 多瑙河

（　　）非洲　　　　　c. 密西西比河　　　　i. 安第斯山
（　　）北美洲　　　　d. 长江　　　　　　　j. 马达加斯加岛
（　　）南美洲　　　　e. 檀香山　　　　　　k. 墨西哥湾
（　　）大洋洲　　　　f. 亚马逊河

说明：配对项目太多，同构型不高，且需要较长的作答时间。

◎ 较佳试题70：

下列河流各在哪个洲？请将适当号码填入括号中。右边的答案只被选一次。

（　　）密西西比河　　a. 亚洲
（　　）尼罗河　　　　b. 欧洲
（　　）长江　　　　　c. 非洲
（　　）亚马逊河　　　d. 南美洲
（　　）多瑙河　　　　e. 北美洲
　　　　　　　　　　　f. 大洋洲
　　　　　　　　　　　g. 南极洲

（九）编拟后检核试题，提高质量

Miller，Linn与Gronlund（2009）设计的"配对题检核表"，可作为逐一检核配对题适切性的依据。表中检核项目包括下列10项：

1. 配对题是否为最适当的试题类型？
2. 题干、选项是否均具同构型？
3. 题干长度是否多于选项？
4. 选项叙述是否精简，且置于题干右边？
5. 选项是否依据逻辑顺序排列？
6. 作答指导语是否明确说明作答方法？
7. 作答说明是否指出选项被选的次数？
8. 每个配对题是否在同一页？
9. 如需修正，试题是否仍与预期的学习结果一致？
10. 试题是否是过了一段时间后检查过的？

四、填充题编制原则

学生面对选择题、是非题、配对题时，只需辨认哪些信息刺激曾经出现过，属"再认法"（recognition）的测量方式。而学生面对填充题或简答题时，必须主动提供答案，属"回忆法"（recall）的测量方式。一般而言，回忆法的难度高于再认法，且回忆法可能出现错字、别字的错误。

填充题的每个试题会有"正好"的答案，通常要求学生对直接问题或不完整文章提供适当、简洁明确的字词、数字或记号，而不是一个充分发挥的文章或冗长的句子。填充题较选择题编制容易，较选择题、是非题与配对题更难猜测，适于评价对事物和知识进行理解的结果，适于评价计算问题，适于评价提供简短答案时的科学或数学问题解决能力。但填充题评分较选择题、是非题与配对题费时费力,易因错别字而影响评价结果的诊断,无法运用计算机阅卷,难以评价应用、分析、综合、评鉴等高层次学习结果。填充题的编制原则如下。

(一)填充题答案以一个为佳,空格不可太多

填充题最常犯的命题缺失乃空格(答案)太多。若试题有太多空格,其出题的意义将会有所分散,学生必须猜测教师出题含义,这将难以测量学生真正的学习结果。虽然一些不完全叙述句的填充题似乎可测验复杂推论能力,但若空格较多可改为简答题或申论题。

不佳试题 71 中的空格多且不完整,学生必须非常专注,才可能理解题目到底在问什么。不管学生多了解老师的措辞与命题技巧,仍会答错。若改为较佳试题 71 或许较好,且学生更易于回答。

△ 不佳试题71:

( )会议中确定,( )应将在中国强占的领土如( )、( )、( )归还中国。

说明:空格太多,试题的答案不可太多。

◎ 较佳试题71:

宣布日本应将在中国强占的领土(如东北、台湾、澎湖等地)归还中国的是( )会议。

(二)试题答案应简洁、具体、明确

填充题的答案应为一个字、词、数字或符号,避免冗长的词句,而且答案应该只有一个,避免引起争议。

△ 不佳试题72:

王阳明提出的知行合一的含义是:_____

答:知而不行,只是未知。知即是行,行即是知。

说明:此试题答案除上述外,亦可用其他叙述句表达,且此题答案甚长,不够简短。

◎ 较佳试题72:

"知而不行,只是未知。知即是行,行即是知。"是王阳明所提出的_____的道理。

答:知行合一

△ 不佳试题73:

$\triangle ABC$ 中,$\angle A$ 的外角为 $100°$,则 $\angle B + \angle C =$ _____度。

说明:题干应力求完整,改为直接问句形式较为易读易懂。

◎ 较佳试题73:

$\triangle ABC$ 中,$\angle A$ 的外角为 $100°$,则 $\angle B + \angle C$ 为多少度?

答:_____度。

(三)问题不应直接抄自教科书或参考书

教科书或参考书的文章通常较长,若摘取其中一句来考学生,易出现断章取义的现象,且易引导学生背诵教材。因此,填充题的题目应重新组织、整理,不应直接抄录教科书或参考书

的内容。

△ 不佳试题 74：

山东曲阜是谁的故乡？（孔子）

说明：本题直接从教科书上抄来，且题目不够周详，答案不止一个，也可填写别人。

◎ 较佳试题 74：

孔子的故乡在什么地方？（山东曲阜）

（四）编写试题时"直接问句"较"不完全叙述句"优先

"直接问句"的叙述较自然，能较明确地告知学生应提供的答案，且与课堂讨论的措词较接近，故在编写试题时应以"直接问句"优先。只有在运用"不完全叙述句"反而显得更为简洁扼要时，方可采用"不完全叙述句"。

△ 不佳试题 75：

"玄武门之变"发生于（唐朝）。

说明：此题采用"不完全叙述句"不够明确，答案可为时间（唐朝）或地点（玄武门）。

◎ 较佳试题 75：

"玄武门之变"发生于哪个朝代？（唐朝）

（五）答案必须是问题的重要概念，而非零碎知识

教学旨在引导学生掌握重要的教材内涵，而非背诵零碎的知识。两岸四地有些教师喜欢考学生精确的数字，如马关条约赔偿的具体金额等纯粹记忆性的零碎概念，而忽略教材内涵的省思或启示。因此，填充题的答案应为问题的重要概念，而非死记硬背的零碎知识。

△ 不佳试题 76：

汉朝有（东汉）和（西汉）之分，乃因（王莽）篡位所致。

说明：空格多，题意不清，且"东汉、西汉"并非重要概念。

◎ 较佳试题 76：

汉朝分为西汉、东汉，乃因谁篡位所致？（王莽）

（六）答案空格应一致，且尽量将空格留在句子末端

填充题答案空格应一样长度、一样大，且答案空格应留在句子末端。若答案空格保持一定长度，空格长度就能提供暗示线索。答案空格留在句子末端，学生方能看清楚问题后适切回答。

△ 不佳试题 77：

汉朝分为西汉、东汉，乃因_____篡位所致。

说明：空格不宜在句子之中，宜放置在文末。

◎ 较佳试题 77：

汉朝分为西汉、东汉，乃因谁篡位所致？_____

（七）避免提供作答的线索

填充题与其他类型的试题均应避免提供作答线索，如空格长度不同、同一试卷隐含答案或具逻辑一致性。

△ 不佳试题 78：

中国同盟会历次起义中，以第十次_____最惨烈。

说明："第十次"有提供答案线索之嫌。

◎ 较佳试题 78：

中国同盟会多次起义中，牺牲最惨烈的是什么战役？_____

（八）答案若是数字，应指出精确程度和单位名称

两岸四地教师编拟填充题时，常要求学生提出正确数字，但却忽略给出单位名称或精确程度，如漏掉重量、身高的精确单位或数学计算结果未明确要求保留到小数点后的第几位。

△ 不佳试题 79：

兄弟两人所有钱数的比是 14：9，两人共有 391 元，请问兄弟俩各有多少？

说明："多少？"未指出单位名称，应改为"多少元？"。

◎ 较佳试题 79：

兄弟两人所有钱数的比是 14：9，两人共有 391 元，请问兄弟俩各有多少元？

（九）编拟后检核试题，提高质量

Miller，Linn 与 Gronlund（2009）设计的"填充题检核表"，可作为逐一检核填充题适切性的依据。表中检核项目包括下列 12 项：

1. 填充题是否为最适当的试题类型？
2. 答案是否为数字、符号、字词或简短词组？
3. 教科书语言是否避免直接抄录？
4. 答案是否只有一个？
5. 答案、空格是否一样长？
6. 答案、空格在试题末端吗？
7. 试题是否有解题线索？
8. 正确程度可用数字性答案表示吗？
9. 若为数字答案，是否明确指出精确程度或单位名称？
10. 答案是否力求精简以减少拼字错误？
11. 如需修正，试题是否仍与预期的学习结果一致？

12. 试题是否是过了一段时间后检查过的？

五、解释性练习题编制原则

以往学业评价对较复杂、较高层次的认知能力进行客观式评价时，均依赖选择题，但选择题在评价上述认知能力时仍有其限制。因此，测验专家逐渐改良选择题，发展出"解释性练习题"（interpretive exercise）。

"解释性练习题"是先提供学生一段文章、一种情境、图画、表格或数据等引导材料，后以引导材料为基础实施一系列的练习。此类试题能测量较复杂、较高层次的认知能力，如确认结论正确性的能力、识别推论的能力、推理因果关系的能力、辨识相关信息的能力、应用原理原则的能力、使用图表的能力等。

解释性练习题中的"引导材料"很关键。此数据若是一段或一篇文章，即为"阅读式解释性练习题"；若是一种情境，即为"情境式解释性练习题"；若是图画、表格，即为"图表式解释性练习题"；若是地图，则称"地图式解释性练习题"；若为实验装置、方法、过程及实验结果的解释，则称"实验式解释性练习题"。

Miller，Linn 与 Gronlund（2009）认为，解释性练习题可测量下列能力：（1）应用原理原则的能力；（2）解释关系的能力；（3）认知与叙述推理的能力；（4）认知数据关系的能力；（5）发展与认知暂时性假设的能力；（6）形成和认知有效结论的能力；（7）认知结论中基本假设的能力；（8）认知资料的限制的能力；（9）认知与叙述重要问题的能力；（10）设计实验步骤的能力；（11）解释图表、表格和数据的能力；（12）评鉴论证的能力。

解释性练习题有下列优点（余民宁，1997；Airasian，2000；Linn & Gronlund，1995；Linn & Miller，2005）：（1）强化学生解释、分析、应用数据的能力。解释性练习题先提供引导材料，再要求解释、分析、应用，此与平日学生接触表格、图表、图画及其他媒体时解读信息的情况颇类似，有助于身处知识爆炸社会的学生解读图书馆信息与日常生活各项信息。（2）较选择题、是非题、配对题、填充题更能测量较复杂、较高层次的认知能力，如证明想法或解决问题的能力。（3）可诊断复杂学习结果的过程知能，如数学计算的理解力、计算能力、呈现答案能力可逐题测量，自然实验程序亦可逐一检核。（4）运用引导材料，作为作答与评分的共同标准。（5）引导材料之后的一系列练习（题目）可变化不同试题类型，选择题、是非题均可运用。（6）计分容易、迅速、客观，节省人力、物力与时间。

解释性练习题的限制如下（余民宁，1997；Airasian，2000；Linn & Gronlund，1995；Linn & Miller，2005）：（1）编制困难。不仅适当的引导材料难找，且其后紧随着的一系列题目亦难编拟，尤其是解释性练习题必须与教学内容相类似，使得编拟更显困难。（2）循环修改颇为费时。引导材料后的一系列题目必须能评估学习成果，编拟过程必须在修正引导材料或修正系列题目间循环。较单一客观式试题，编制时需花更多时间，使用更高命题技巧。（3）对年龄较小、阅读能力较差者较不适用，尤其是阅读式引导材料，对阅读能力较差学生将难以测出真正的学习结果。对阅读能力较差学生应改为图表式引导材料。（4）难以测量思考路径。虽然解释性练习题能评估解决问题的单一过程，但仍无法评价整个的解决问题思考路径，如无法了解学生整合思绪与运用综合技巧的思路。（5）难以测量创造力、组织能力。此类试题可评估解决问题的单一过程，但对评估创造力仍有限制；引导材料后的一系列练习常采用选择题、是非题或填充题的形式,此类型试题仍无法测量认知等级、定义问题、叙述假设、信息组织与归纳结论等能力。

编拟解释性练习题的关键在于所提供的"引导材料"须注意下列五项特性(Airasian,2000)。(1)关连性。试题必须与教学内容相关,否则就不应使用。(2)类似性。试题内容对学生虽是新的,但均与教学内容相类似。(3)简洁性。应该给学生足够资料来回答问题,但内容应力求简洁。(4)避免解题线索。虽然引导材料有解释、分析如何作答的说明,但应避免提供解题线索。(5)复选性。每个解释性练习不限一个问题,可让时间运用更有效率。

编制解释性练习题的两个主要工作为"选择适当的引导材料"、"编拟与引导材料有关的系列题目"。欲提高质量,必须掌握下列编制原则(余民宁,1997;Airasian,2000;Linn & Gronlund,1995;Linn & Miller,2005)。

(一)选择与教学目标有关的引导材料

解释性练习题旨在评价特定教育与学习成果,而引导材料作为一系列题目的共同基础,其优劣状况是能否达到目标的关键。若引导材料太简单,可能使题目成为常识、阅读能力的测量;若太复杂或与教学目标不相关,可能成为推理能力的测量,此两个极端均应避免。最佳的引导材料是与课程或教学目标相关的内容,且复杂度足以让学生对教过的指定科目产生心理反应。选择引导材料必须依据复杂程度评价的重点及各种类型的解释能力,评价不应限于某类型的解释。

(二)选择适合学生学习经验与阅读能力的引导材料

许多复杂的学习成果可用不同形态的引导材料来评估、确认。如使用数据、表格、图表、绘图、地图或者相片来评价时,使用的上述材料必须是为学生所熟悉的,否则会不利于学生证明其复杂学习的成果。若学生无绘图测验的经验,却以绘图的引导材料测量,学生必会不适应。若学生对各种材料类型均有经验时,以不需阅读能力的材料较佳。图表最受小学低年级学生欢迎,较高年级学生,可以图表为主,辅以简单词汇及句子。编拟解释性练习题时,应努力减少阅读能力与技巧对学习结果评价的干扰,因此应选择适合学生课程经历及阅读水平的引导材料。

范例试题1:

小朋友,请你根据下图把下列问题正确答案的号码填入(   )中。每题2分。

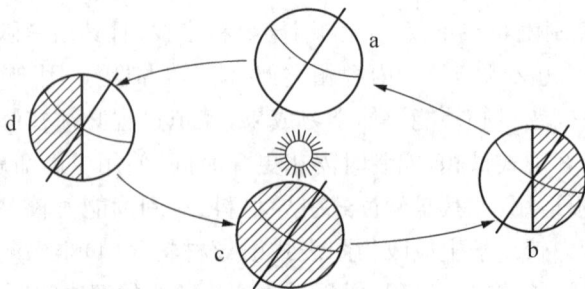

(   )1.我国白昼最长的时候,地球的位置在什么地方?
(A) a   (B) b   (C) c   (D) d

(　　)2. 地球在 a 点时,我国应该是什么季节?

(A) 春　　　　　(B) 夏　　　　　(C) 秋　　　　　(D) 冬

(　　)3. "冬至"是在一年中白昼最短、黑夜最长的一天,此时地球应该在什么位置?

(A) a　　　　　(B) b　　　　　(C) c　　　　　(D) d

(　　)4. 位于南半球的澳洲,在季节的变化上刚好与北半球相反。地球在 c 点时,澳洲
刚好是什么季节?

(A) 春　　　　　(B) 夏　　　　　(C) 秋　　　　　(D) 冬

此例题为"图表式解释性练习题",不仅与教材息息相关,且引导材料以图为主,稍做文字
说明,颇适合学生学习阅读能力。

(三)选择新的类似的引导材料,且避免抄自课本的内容

引导材料若重复课本的内容,仅能评价记忆能力,难以评估复杂学习成果。引导材料对学
生而言,必须是新的材料,但也不能与所学内容无关,仅在内容或形式上稍微改变。教师可经
由修改教材、报纸、新闻杂志及各种参考资料,选择与课程内容有关的资料。

范例试题2:

三人成虎

庞恭与太子质于邯郸,谓魏王曰:"今一人言市有虎,王信之乎?"曰:"不信。""两人言市有
虎,王信之乎?"曰:"不信。""三人言市有虎,王信之乎?"王曰:"寡人信之。"

庞恭曰:"夫市之无虎也明矣;然而三人言而虎。今邯郸之去魏也远于市,议臣者过之三
人,愿王察之。"

庞恭从邯郸反,竟不得见。

(　　)1. (甲)王信之乎 (乙)夫市之无虎也明矣 (丙)邯郸之去魏也远于市 (丁)愿王察
之。以上四句中的"之"字作为代词的是:

(A) 甲　　　　　(B) 乙　　　　　(C) 丙　　　　　(D) 丁

(　　)2. 下列(　　)里的字,哪一项"不是"动词?

(A) 太子(质)于邯郸　　　　　　　(B) 寡人(信)之

(C) 从邯郸(反)　　　　　　　　　(D) 夫市之无虎也(明)矣

(　　)3. 庞恭希望魏王明察什么?

(A) 市中是否有虎?　　　　　　　(B) 说市中有虎的三个人是谁?

(C) 议论庞恭的话是否正确?　　　(D) 议论庞恭的人是谁?

(　　)4. "三人成虎"这句成语与下列哪一项意思接近?

(A) 一呼百语　　(B) 积非成是　　(C) 言多必失　　(D) 言人人殊

(　　)5. 本文使我们得到什么启示?

(A) 要听从国君　　(B) 要疑神疑鬼　　(C) 不要怕老虎　　(D) 谣言不可信

此例题乃"阅读式解释性练习题",它结合了学生的学习经验,顾及了阅读能力,引导材料
与课程内容颇为相似。

（四）选择简短、有意义的引导材料

引导材料力求简洁扼要、呼应教学目标，可减少阅读能力对评估复杂学习成果的干扰。教师可善用与教学科目有关的文章的摘要，若无摘要，文章的总结或关键的段落均为颇佳的引导材料。

△ 不佳试题80：

王伯伯买了一块三角形的土地，他将三角形的高分成都是10米的三等分，划成大、中、小三个都是30米等底的三角形地。小三角形为空地，中三角形中，除了小三角形外，其余的种稻。问种稻的面积是多少？没有种稻的面积是多少？

说明：此题文字叙述颇为冗长，且学生难以了解，若改为右图，学生较易了解试题中心概念。另外，此题未呈现要求面积的单位为平方米还是平方分米，亦应改善。可改为下列"图表式解释性练习题"。

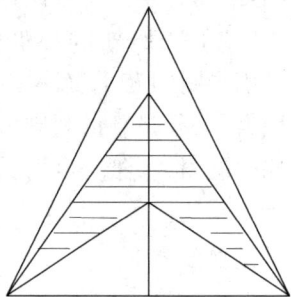

◎ 较佳试题80：

王伯伯买了一块如右图的三角形土地，想将阴影部分种稻，底为30米，高分为三等分，每等分均为10米，请回答下列问题。

1. 种稻的面积是多少平方米？
2. 没有种稻的面积是多少平方米？

（五）依据测验目的修改成清晰、简洁、重要的引导材料

教师挑出的引导材料大部分均须配合测验目的而稍做修改。技术性文章经常是冗长、详细地描述事件，应予精简；新闻报导、文章摘要虽简短，但经常对事件夸张报道以吸引读者兴趣，必须依据测验目的修改，方能测量欲评估的学习结果。修改引导材料与调整、修正系列题目是相互关联的，教师修改时宜适切地修正系列题目，然后考虑是否再修改引导材料，直到引导材料达到清晰、简洁、重要的原则。

（六）编拟题目的重点在分析、解释、推理、综合引导材料

解释性练习常有的错误为引导材料隐含解题线索或答案是常识知识，此错误将使评价复杂学习结果变得无效。欲达到测量复杂学习结果的目标，引导材料后的系列题目应要求学生运用在教学科目中习得的知识来分析、解释、推论、综合引导材料，而不仅是单纯理解引导材料。

（七）题目应与引导材料长度成比例

若以一个长又复杂的引导材料指出一两个系列题目，显然不成比例，且浪费资料；但反之也是不适切的。虽然教师喜爱以简短引导材料提出较多有关的系列题目，但引导材料与系列题目二者应力求平衡，有适切的比例。

△ 不佳试题81：

小朋友，下列内容表示在甲、乙、丙、丁四个培养皿里，以水分、土壤、光线等变因，做绿豆发芽的实验，请回答问题：(每空格2分，共6分)

变因 组别	水分	土壤	光线
甲 ⬭	湿	土	亮
乙 ⬭	湿	土	暗
丙 ⬭	湿	棉花	亮
丁 ⬭	干	土	亮

1. 要实验种子发芽,是否需要土壤的养分? 要取哪两个培养皿来实验? (　　),(　　)。

2. 使用甲、乙两个培养皿做实验,是验证(　　)对种子发芽的影响。

说明:此题为"图表式解释性练习题",也可称为"实验式解释性练习题"。引导材料颇多,但只出了两个题目,可以多出几个题目,如增为四题或许较为平衡(较佳试题81略)。

(八)编拟题目应遵循试题类型的编制原则

解释性练习题中系列题目的试题类型,如选择题或是非题,均应遵循试题类型的编制原则,检核其适切性,这样方能免除不相干线索或技术缺失。

△ 不佳试题82:

1. 以下是小美的天气记录表,请看表回答问题。【10分】					
日期	2010年 1月2日	2010年 1月3日	2010年 1月4日	2010年 1月5日	2010年 1月6日
记录时间	上午 10点	上午 10点	上午 10点	上午 10点	上午 10点
天气状况	☀	☁	☁	🌧	⛅
气温	20℃	18℃	19℃	13℃	15℃
风向	✳	✳	✳	✳	✳

1. 从左表可以知道(　　)是雨天。
2. 从左表可以知道(　　)吹东风。
3. 2010年1月4日的气温是(　　)℃。
4. 从左表可以知道(　　)天的气温最低。

说明:此题乃"看天气图表的解释性练习题",系列题目中的空格位置违反填充题命题原则。此题可改为如下。

◎ 较佳试题82：

日期	2010年1月2日	2010年1月3日	2010年1月4日	2010年1月5日	2010年1月6日
记录时间	上午10点	上午10点	上午10点	上午10点	上午10点
天气状况	☀	☁	☁	🌧	⛅
气温	20℃	18℃	19℃	13℃	15℃
风向					

1. 以下是小美的天气记录表，请看表回答问题。【10分】

1. 从左表可以知道1月几日是雨天？（　　）
2. 从左表可以知道吹东风的是1月几日？（　　）
3. 2010年1月4日的气温是几℃？（　　）
4. 从左表可以知道1月几日的气温最低？（　　）

（九）题目中同构型问题应予分类、避免重叠

解释性练习中系列题目隐含的问题若具同构型，应将同构型问题的题目予以分类，且以同一试题类型编制，若题型均为选择题则应归成一类，避免同构型问题出现多种试题类型。各分类问题应避免重复，使每个问题均只有一个正确答案。

△ 不佳试题83：

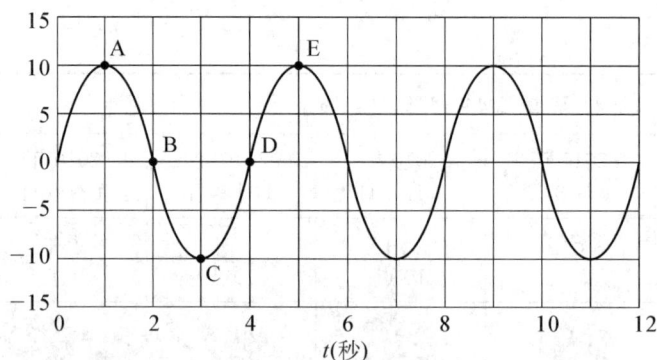

上图所示为一连续周期波介质的位移与时间的关系曲线图。试回答下列问题：

1. 此波频率为（　　）/秒。
2. 完成一次振动A点的所行路径为（　　）厘米。
3. 此波由左向右进行，则下一瞬间B点振动方向向（A）左　（B）右　（C）上　（D）下。
答：（　　）
4. 当C点振动至平衡点时，D点的位移是（A）－10　（B）－5　（C）5　（D）10厘米。
答：（　　）
5. E点现在的位置振动至最低点，需时最少（　　）秒。

说明：此题乃"图表式解释性练习题"，有三道填充题、两道选择题，应予分类。

◎ 较佳试题 83：

一、填充题：请在（　　）内填上答案。

1. 此波频率为多少？（　　）/秒。

2. 完成一次振动 A 点的所行路径为几厘米？（　　）

3. E 点现在的位置振动至最低点，需时最少几秒？（　　）

二、选择题：请在（　　）内填上答案号码。

（　　）1. 此波由左向右进行，则下一瞬间 B 点振动方向是向下列哪个方向？

      （A）左   （B）右

      （C）上   （D）下

（　　）2. 当 C 点振动至平衡点时，D 点的位移是几厘米？

      （A）−10   （B）−5

      （C）5   （D）10

（十）引导材料涉及的图表、照片应力求印刷清晰

两岸四地学校印刷质量较难掌握，引导材料使用图表、照片或清晰度要求较高的资料时，应特别注意印刷清晰。印刷应检核初稿，待确定资料清晰明确后，再大量印刷。

（十一）编拟后检核试题，提高质量

米勒等人设计的"解释性练习题检核表"，可作为逐一检核解释性练习题适切性的依据。表中检核项目包括下列 12 项：

1. 解释性练习题是否为最适当的试题类型？

2. 引导材料是否与想要测量的学习成果有关？

3. 引导材料是否适合学生学习经验与阅读能力？

4. 运用图表的材料是否适切？

5. 引导材料是否为新的事物且未直接抄自课本？

6. 引导材料是否清晰、简洁、有意义？

7. 系列题目是否直接依据引导的材料，并需要分析、解释，而非单纯测量记忆或阅读技巧？

8. 每一个解释性练习题的系列题目与引导材料是否平衡？

9. 系列题目的编拟是否有效率，且合乎命题原则？

10. 题目中同构型问题是否分类，且避免重叠？

11. 如需修正，试题是否仍与预期学习结果一致？

12. 试题是否是过了一段时间后检查过的？

六、论文题编制原则

选择题、是非题、配对题、填充题、解释式练习题等试题类型虽然能测量从简单到复杂的学习结果，但在组织、表达、创意、完整思考过程等能力的评价方面仍不理想，欲测量此能力需运用"论文题"（essay question）。

论文题让学生有机会建构自己的答案，而根据要求学生建构答案的形式或范围，可分为下列两种：（1）"扩展反应问题"（extended-response question），又称"申论题"。此类问题几乎完

全不限制学生反应的形式与范围,让学生有充分自由呈现其组织、综合、统整、评鉴、创意与表达能力,仅稍做适当限制让学生表现教师预测量的教学内涵,而非让其天马行空地脱离测验目标。此类问题较适于年龄较大、语文表达能力较佳的学生。(2)"限制反应问题"(resticted-response question)。此类问题只给学生部分作答的自由,常使用介绍性题材或具体指导语,以部分特定形式或范围限制学生的反应,常运用列出、界定、说明理由等术语,有时会限制学生作答篇幅。此类问题被用于测量评价理解、应用、分析等能力,语文表达能力的要求较扩展反应式问题低。

米勒等人对"客观式解释练习题"、"限制反应问题"、"扩展反应问题(申论题)"这三种类型的题型所测量的能力进行了比较,详见表3-6。米勒等人提出了编制论文题的常见思考问题类型与试题范例,详见表3-7。

表3-6　三种试题类型测量能力的比较

客观式解释练习题	限制反应问题	扩展反应问题(申论题)
1. 判断因果关系的能力。 2. 鉴别原则的能力。 3. 判断适切辩证的能力。 4. 判断有条理地假设的能力。 5. 判断得出正确结论的能力。 6. 判断未明确说明的假设的能力。 7. 判断有限资料的能力。 8. 判断适当程序的能力。	1. 解释因果关系的能力。 2. 描述原则应用的能力。 3. 呈现适当辩证的能力。 4. 明确陈述假说的能力。 5. 明确陈述正确结论的能力。 6. 陈述必要假设的能力。 7. 解释方法程序的能力。	1. 创造、组织并表达意见的能力。 2. 整合不同学习领域的能力。 3. 具有创造力,如设计实验。 4. 评判意见价值的能力。

(修改自:M. D. Miller, R. L. Linn & N. E. Gronlund. *Measurement and Assessment in Teaching* (10th ed.). Upper Saddle River, NJ: Merrill, 2009, p. 241.)

论文题的优点如下:(1)能评价较复杂、较高层次的学习结果,如评价组织、统整、分析、综合、评鉴、逻辑辩证、答辩思考、解决问题等能力。(2)提高学生文字表达、统整思考与解决问题的能力。(3)改善学生的学习方法与习惯。(4)编制简单、容易。(5)避免猜测。论文题的缺点如下:①计分费时费力;②评价易受学生笔迹、错别字与句子结构影响;③易受"月晕效应"影响;④易受前面批改的遗留效应的影响;⑤评分标准不够客观、明确,信度较低;⑥试题取样较不具有代表性;⑦自由组织与表达的观点,不一定与教学结果相关。

论文题常被质疑评分不够客观,因此为减少评分的主观性,教师应遵守下列评分原则:(1)事先准备一份评分要点,作为评分依据;(2)依据预期学习结果来评分,减少无关因素的干扰;(3)阅卷前遮住答案纸上的学生姓名,并一致地使用评分要点;(4)使用最适当的评分方法:限制反应问题的评分以采用分数计分法为佳,即依据每题评分标准所列各项答案给予适当的分数;申论题的评分以采用等级计分法为佳,即不必将每题理想答案细分成数个特定要点,将整个题目的反应优劣分成几个等级;(5)一次只评阅一个题目,等此题评完后再评下一题;(6)同一时间只评阅一个题目,避免中途停顿或被打断,以减少评分者情绪、态度、生理状态或疲劳程度的影响;(7)条件允许的情况下,由两位评分者独立评分,并以平均分数表示得分,但若两位评分者差距太大时,由第三者再评,并取中数。

表 3-7　论文题的常见思考问题类型与试题范例

思考问题	试题范例一	试题范例二
比较	描述以下两种方法的异同。	比较下列两种方法的差异。
因果关系	最主要的原因是什么?	最可能的效果是什么?
判断	你比较喜欢哪一项选项? 为什么?	说明你赞成或不赞成下列叙述的理由。
摘要	说明本章主要的论点,包括……	本章的主要内容是……
归纳	从下列数据归纳出数个有效的推论。	说出可以解释下列事件的原则。
推论	依据所提供的事实证据,推断在什么时间最有可能发生什么事件?	某人对下列问题会有什么反应。
解释	为何蜡烛被瓶子覆盖后,很快就熄灭了?	请解释"清者自清,浊者自浊"这句话的意思。
说服	你们班要到市政府所在地旅行,请写一封信给校长以取得其同意。	请说明为何容许学生报纸自行刊载内容,无需事先取得教师同意。
分类	根据某个原则或标准,将下列各项予以分类。	下列试题有何共同点?
创造	尽可能列出你所能想到的解决方法。	以一则故事来说明在某种情境下会产生的效果。
应用	在下列情况下,你如何应用某项原则来解决问题?	举例说明某项原则的应用情境。
分析	说出下列短文中所犯的推理错误。	列举并描述某项事物的主要特征。
综合	拟定一份报告来证明某个观点。	写出一份完整的报告来说明整个事件发生的过程。
评鉴	说出下列事物的优缺点。	使用所提供的标准来评鉴下列事物。

(修改自:M. D. Miller, R. L. Linn & N. E. Gronlund. *Measurement and Assessment in Teaching* (10th ed.). Upper Saddle River, NJ: Merrill, 2009, pp. 245—246.)

综合余民宁(1997)、陈英豪与吴裕益(1991)、郭生玉(1988)、艾瑞逊(2000)、库布勒等(1987)、格朗伦德(1995)、米勒等人(2009)等学者的观点,论文题的编制原则如下。

(一)在客观式试题难以测量复杂、高层学习结果时才用论文题

论文题最常犯的命题缺失是"测量简单、低层学习结果",但事实上论文题应测量客观题难以测量的"复杂、高层学习结果"。两岸四地教师的教学与行政负担颇为沉重,若教师时常采用计分费时费力的论文题,将会增加阅卷负担。因此,若其他条件相等时,教师应优先使用客观题。如不佳试题 86 具有"测量简单、低层学习结果"的缺失,宜更正为较佳试题 86,测量较高层的学习结果(李坤崇,1999)。

△ 不佳试题 84:
请说明罗贯中所著的《三国演义》是指哪三国?

说明：此题仅测量学生对三国演义的记忆能力，改为选择题、是非题或填充题即可，不必编制成论文题。若要以论文题形式命题，可修改如下。

◎ 较佳试题 84：

请阐述罗贯中所著的《三国演义》中关公、孔明及曹操的性格差异，并各以一实例说明。（配分为 12 分，评分标准是：三者性格及其实例，正确叙述一项得 4 分，错一个字扣 0.5 分）

（二）问题应为拟测量的重要学习结果

论文题的题数较少，所测量的学习结果必须是重要且与知识点直接相关的，若测量细枝末节的题目，将使题目代表性更差，测验效度更低。限制反应问题具较高结构性，较易测量特定的具体学习结果，而申论题结构性较低，学生自由反应的程度较高，较不易测量学习结果。因此，呈现题目时，应同时说明"评分标准"，比如何种情况会得到最高分、错字是否扣分、是否顾及组织性与创造性、叙述与题目无关信息是否加分等标准均宜说明。若一份测验试卷包含数个论文题，其中评分标准的共同部分应整体说明，以节省篇幅、减少学生的阅读量与时间。

△ 不佳试题 85：

病毒性肝炎分为哪两型？

说明：此题考病毒性肝炎的分类，但重点应在比较其传染途径、症状与预防方法，见较佳试题 87 之 1；若欲测量综合能力，则可让学生写一篇文章来告知他人，见较佳试题 87 之 2。

◎ 较佳试题 85 之 1：

请比较几种类型的病毒性肝炎的传染途径、症状与预防方法（配分为 10 分，评分的标准是正确比较一型得 3 分，答案组织明确得 1 分，错一个字扣 0.5 分）

◎ 较佳试题 85 之 2：

请写一篇 200 字以内的短文，来告诉班上同学"如何预防乙型肝炎"。（配分为 20 分，评分的标准是观念正确占 10 分，说服力、文章流畅各占 5 分，错一个字扣 0.5 分）

（三）明确界定欲测量的行为

教师评价前应知道目的、欲测量的行为，并以此为依据编拟论文题，这样才不会偏离评价目的。如欲评价学生对有性生殖与无性生殖的差异的比较，测量就必须依据此目的设计题目内涵与叙述，如"请列举出有性生殖、无性生殖的差异"。通常限制反应问题比申论题较能测量明确的行为与评价目的。

△ 不佳试题 86：

为什么有些生物会濒临灭绝？

说明：若教师仅欲测量记忆能力，此题可达到测量目的，但此题若仅止于测量记忆力，似乎不必用论文题。若教师欲测量的是学生是否将生物濒临灭绝的原因与日常生活中周遭的人、事、物、大自然变化相结合,则应将题目紧扣日常生活的实例。

◎ 较佳试题86:

导致"生物濒临灭绝"有四种主要原因,请分别举出一个日常生活的实例来说明。(配分为16分,评分的标准是每正确举出一个实例得4分,错一个字扣0.5分)

(四)用更清晰、明确、具体的词汇来叙述

若教师运用模糊不清、模棱两可的措辞,不仅会让学生难以掌握答题重点,误导学生思考方向,更易造成答案争议。教师命题应避免使用"谁"、"什么"、"何时"、"何处"、"列表"等字词,因为这类字词易使学生的回答限于"知识"层次的学习结果。若用"比较"、"对照"、"解释"、"说明"、"推论"、"应用"、"分类"、"分析"、"综合"、"批判"、"评鉴"等字词,将能引导学生呈现较高层次的学习结果。但是,上述字词的具体选用必须与拟测量学习结果的复杂程度、学生知识层次的高低相互呼应。

△ 不佳试题87:

单子叶植物是什么?

说明:此题"单子叶植物是什么?"过于笼统,学生不知要回答子叶数目、叶脉特性、花瓣数目还是举出植物实例,因此应以更清晰、明确、具体的词汇来叙述。

◎ 较佳试题87:

请说明你如何从子叶、叶脉、花瓣来辨别"单子叶植物",并列举出五种属于此种植物的名称。(配分为14分,评分标准是正确辨别一个项目得3分,举出一种正确植物得1分,错一个字扣0.5分)

(五)不应允许学生选择试题作答

论文题本身已有试题取样较少、较不具代表性的缺失,且有不易编制难度相同的论文题、学生尚未有能力选择最能表现的题目等问题。若让学生选择试题作答,如由六题中挑四题作答,不仅凸显了论文题命题的缺点,更是会造成评分困难、评分公正遭受质疑、评价结果难以比较等问题。另一方面,选择试题作答可运用于评价写作能力、创造力或个别研究领域的情境,但是在具体应用时仍应谨慎,因为学生的组织、统整、表达能力与试题复杂性会影响其得分。

(六)提示每一题的作答时间与配分,并给予充分时间作答

论文题能测量较复杂、较高层次的学习结果,因而学生通常需要足够思考、写作的时间。教师编拟论文题时应考虑学生作答速度,让学生有充裕时间作答,避免让论文题变成速度测验,致使测量结果无法真正反映学生的学习成果。教师若能提供每一题的作答时间与配分,将有助于学生依据其能力、配分权重与作答时间,来合理地分配时间,从容作答,不至于遗漏或忽略某一题目。两岸四地绝大部分论文题未告知学生作答时间,有些并不是每题都告知配分,此部分的修正详见较佳试题86、87之1、87之2、88及89。

（七）以多题短答的限制反应问题取代少题长答的申论题

申论题的作答常需长篇大论，且试题取样与限制反应问题相比更加不具有代表性，若以多题短答的限制反应问题取代少题长答的申论题，可从下列三方面来提高评价质量：（1）试题取样较广，内容效度较高；（2）提高评分的客观性；（3）试题内容与欲评价行为配合较佳。虽然多题短答的限制反应问题较佳，但仍不应太多、太细，这样做反而会丧失论文题的功能与特性。

（八）编拟后检核试题，提高质量

米勒等（Miller，Linn & Gronlund，2009）设计了"论文题检核表"，作为逐一检核论文题合理性的依据，表中检核项目包括下列十项：

1. 论文题是否为最适当的试题类型？
2. 题目是否可测量高层次的学习结果？
3. 题目是否涉及拟测量的学习成果？
4. 每个题目是否能明确告知期望学生回答的内容？
5. 指导语是否告知学生如何评分？
6. 是否告知学生一般作答时间的限制？
7. 是否告知学生时间限制与每个问题的重要性或配分？
8. 是否所有的学生必须回答相同的问题？
9. 如需修正，试题是否仍与预期学习结果一致？
10. 试题是否是过了一段时间后检查过的？

第三节　纸笔测验试卷实例

一份严谨的纸笔测验并非拼图，而是体现了深思熟虑的过程。以下谨就多年讲授"学业评价"课程、指导学生编制纸笔测验的结果及走访香港地区小学的经验，呈献台南市胜利小学吴思颖教师编制并经笔者修改而成的"小学自然与生活科技学习领域试卷"、台南市复兴中学王秀梗、吴蓓欣教师及后甲中学吴冠贤、王怡茹教师编制，并经笔者修改而成的"中学语文学习领域试卷"，以及香港顺德联谊总会伍冕端小学何燕辉教师编拟的语文科拟题计划及试卷等实例。

一、台湾小学自然与生活科技学习领域试卷

此试卷的测验内容架构，详见实例 3-1"小学自然与生活科技学习领域成就测验的内容架构"，试卷内容详见实例 3-4。

二、台湾中学语文学习领域试卷

此试卷的测验内容架构，详见实例 3-2"中学语文领域成就测验的内容架构"，试卷内容详见实例 3-5。

实例 3-4

台南市胜利小学 2003 学年度下学期四年级
自然与生活科技学习领域第一次评价卷

命题者:台南市胜利小学吴思颖老师　　　　班　　号　　姓名:　　　　.

整份试卷的注意事项:
1. 本份试题为 A4 大小,共五页,必须一并缴交。
2. 本份试题共分成六部分:一、是非题,二、选择题,三、填充题,四、配对题,五、做做看,六、简答题,合计 100 分。
3. 本份试题应答时间为 40 分钟,考试途中如有问题请留在原位,并举手发问。

一、是非题。下列题目的叙述哪一项正确?正确的请在(　　)里打○,错误的在(　　)里打╳。(共 7 题,每题 2 分,共 14 分)

(　　)1. 水中的生物都是靠着水里的空气才能生存的。　记忆—回忆

(　　)2. 各地水中生物的生长环境都相同。　记忆—回忆

(　　)3. 招潮蟹和弹涂鱼是湿地的生物,它们必须适应潮汐的变化。　记忆—回忆

(　　)4. 水族箱植物腐烂时,不必捞起,可当肥料。　记忆—回忆

(　　)5. 鱼鳞是鱼的呼吸器官。　记忆—回忆

(　　)6. 水由鱼的鱼鳃吸入,再由口中排出。　记忆—回忆

(　　)7. 水管两端的水面,静止时一定等高,称为连通器原理。　记忆—回忆

二、选择题。(共 3 题,每题 2 分,共 6 分)

(　　)1. 下列哪些方法可以增加水中空气的含量?　了解—推论
　　　　① 使用马达将空气打入
　　　　② 在水中加盐
　　　　③ 在水中养鱼
　　　　④ 在水中放一些石头

(　　)2. 在水族箱中种水草主要是为了什么?　了解—推论
　　　　① 增加水中的氧气量
　　　　② 增加水中的亮度
　　　　③ 固定水中的土壤
　　　　④ 维持水中的温度

(注:请翻到下一页继续作答)

(　　)3. 充满水的管子,两端高度不同,较高的一端浸在水箱中,水会自动流出来,这是利用了什么现象? 记忆—回忆

    ① 毛细现象

    ② 虹吸现象

    ③ 平衡现象

    ④ 漩涡现象

三、填充题。(第1、2、5题每格2分,第3、4题每格1分,共21分)

1. 鱼的呼吸器官是在哪个部位? (　　　　　) 记忆—回忆

2. 文蛤为什么每隔一段时间喷水一次? (　　　　　) 记忆—再认

3. 鱼前进时,会将什么鳍放平以减少阻力,快速前进? (　　　)和(　　　) 了解—推论

4. 台湾地区目前仅存的四种红树林植物是水笔仔、五梨跤(红海榄)、榄李、海茄苳,请就观察到的特征,把植物名称写在(　　　)内: 记忆—再认

  (1) 哪一种红树林植物的胎生苗表面光滑? (　　　　　)

  (2) 哪一种红树林植物的胎生苗表面刺刺的? (　　　　　)

  (3) 哪一种红树林植物的叶子颜色鲜绿,先端有像乌鱼子的 M 形凹槽? (　　　　　)

  (4) 哪一种红树林植物有许多细长的向上生长的棒状呼吸根? (　　　　　)

  (5) 哪一种红树林植物的叶片最大,先端有柔软的凸尖? (　　　　　)

| 水蕴草 | 荷花 | 布袋莲 | 睡莲 | 满江红 |

5. 水生植物的生长方式有哪些不同? 请看图回答下列问题。 记忆—再认

  (1) 哪种水生植物有可能随着河水流到大海? (　　　　　)(　　　　　)

  (2) 哪种水生植物的叶子永远都在水面下? (　　　　　)

  (3) 哪种水生植物的根长在土里,但是叶子漂浮在水面上? (　　　)

  (4) 哪种水生植物的根长在土里,但是叶子挺出水面? (　　　)

(注:请翻到下一页继续作答)

四、配对题。(第 1 题答对每题得 2 分,第 2、3 题答对每题
　　得 1 分,共 21 分)

1. 将用水族箱养殖生物时生物成长需要的环境条件与相
　关的养殖工作项目用直线连起来。(了解—推论)

① 提供足够的空气供生物呼吸	•	•	a. 装温度计
② 有良好的照明且可提供水族箱内的水生植物进行光合作用	•	•	b. 装置日光灯
③ 控制水族箱内的水温	•	•	c. 打气或种水草
④ 提供给水中生物足够的营养	•	•	d. 填土
⑤ 提供合适的水质	•	•	e. 喂食
⑥ 供水中动物栖息或种植水生植物	•	•	f. 施肥
		•	g. 换水

2. 睡莲和荷花体内的构造有什么特别的地方,请将相关的特征用线连起
　来。(记忆—回忆)

① 叶片突出于水面	•
② 叶片浮于水面	•
③ 地下茎肥大可食,即平常所称的莲藕	•
④ 叶柄质硬、露出水面、有刺	•
⑤ 叶柄柔软细长、贴浮水面、无刺	•
⑥ 花瓣长在莲蓬的下面,莲蓬里面有莲子	•

　　　　• a. 睡莲

　　　　• b. 荷花

3. 虾用什么位置的脚走路、游水和跳跃?
　请将相关的答案用线连起来。(了解—推论)

　　　　　　　• a. 走路
① 用尾部 •
　　　　　　　• b. 跳跃
② 用腹部的脚 •
　　　　　　　• c. 游水
③ 用胸部的脚 •
　　　　　　　• d. 飞

(注:请翻到下一页继续作答)

五、做做看。(第1、2、3题每格2分,第4题4分,共26分)

1. 比较水生植物——大萍和陆生植物——菩提树的叶子的载重能力时,下列的叙述哪一项正确? 正确的在( )内打○,错误的在( )内打╳。 应用—执行

   ( )(1) 只需大萍的叶子和菩提树的叶子各一片即可,不必考虑大小。

   ( )(2) 放的物体要一样,且放的方法也要一样。

   ( )(3) 物体在水中的重量比原来的重量还要重。

   ( )(4) 实验时为了不乱摘花木,大萍的叶子用新鲜的,菩提树的叶片可从地上捡枯萎的。

   ( )(5) 重物可以一个一个地累加计算。

2. 小美想要清洗家里的水族箱,于是她应用虹吸现象的原理去做,请问哪些行为或说法是正确的? 请在( )内填入正确的答案号码。 应用—实行

   ( )(1) 脸盆放在哪里是比较好的位置?

      ① 比水族箱高   ② 比水族箱低

      ③ 和水族箱一样高   ④ 都可以

   ( )(2) 只用一条水管可以完成抽水和加水的工作吗?

      ① 可以   ② 不可以

   ( )(3) 要将水管一端的管口放入水族箱中,另一端的管口放入脸盆,水管里面要充满什么东西?

      ① 空气   ② 水

3. 小华想利用一根软管来保持户外水产养殖箱的水位,以便在下雨时也不会上升,请问哪些行为或说法是正确的? 请在( )内填入正确的答案号码。 应用—实行

   ( )(1) 本实验主要是利用什么原理来设计的?

      ① 连通器原理   ② 浮力原理

      ③ 毛细现象   ④ 虹吸现象

   ( )(2) 水管需不需要充满水后才可利用?

      ① 需要   ② 不需要

   ( )(3) 水管出口处和水面要一样高吗?

      ① 出口处比水面高   ② 出口处比水面低

      ③ 出口处和水面一样高   ④ 都可以

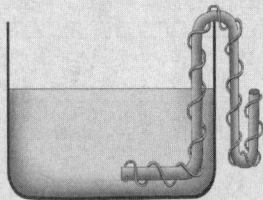

4. 利用虹吸现象与连通器原理,将一大桶25公升的水平分为三小桶。 创作—制作

   说明:

   (1) 除提供的器材外,不可使用其他器材,器材也不一定全部使用。

      器材:① 一个大水桶,内装25公升的水。

(注:请翻到下一页继续作答)

② 三个形状、大小一样的小水桶(每个容量 10 公升)。

③ 小塑料水管 5 条。

(2) 请将你的方法画在下面的方格内,并以简单的文字说明。

六、简答题。(每题 3 分,错字出现一次扣 0.5 分,扣完为止,4 题共 12 分)

1. 将荷花叶的边缘剪掉后,在水中可以吹出气泡,这样做主要是证明什么? 了解—推论

   答:

2. 如何分辨雄的招潮蟹和雌的招潮蟹? 了解—推论

   答:

3. 弹涂鱼为什么在外出太久喘不过气来的时候,会找一处有水的地方将身体侧躺,或干脆回到"水水"的家,将身体湿润? 了解—推论

   答:

4. 如何证明布袋莲膨大的叶柄含有空气? 请画图并以简单的文字说明。 了解—解释

(注:辛苦了,请再检查一次,若有遗漏部分请予以作答)

实例 3-5

台南市复兴中学 2004 学年度第一学期第一次定期考
一年级语文试题

一年级（　　）班（　　）号　姓名（　　　）

命题：复兴中学王秀梗、吴蓓欣；后甲中学吴冠贤、王怡茹

范围：第一册第一课到第四课语文常识

整份试卷的注意事项：

1. 本份试题题本为 A4 大小，共五页，答案纸另成一页，必须一并缴交。

2. 请"务必"将正确答案写在答案卷答案栏内，不应写在题本上面。

3. 本份试题共分成五部分：一、汉字注音，二、解释，三、形音义辨析，四、综合测验，

   五、题组，合计 100 分。

4. 本份试题应答时间为 50 分钟；考试途中如有问题请留在原位，并举手发问。

一、汉字注音。（根据拼音写汉字，给括号中的字注音，每题 1 分，计 10 分，请将正确答
　　案写在答案卷答案栏内） 记忆—回忆

1. (mó) 拳擦掌：　　　　　2. 仔细 (líng) 听：　　　　　3. (hé) 第光临：

4. 高 (zhān) 远瞩：　　　　5. 观察细 (nì)：　　　　　6. 踩烂饼 (屑)：

7. (匹) 夫之勇：　　　　　8. 巨细 (靡) 遗：　　　　　9. 美不 (胜) 收：

10. (哄) 抬价格：

二、解释。（每题 2 分，计 16 分，解释括号里字、词的意思，并请将正确答案写在答案卷
　　答案栏内，错字扣 1 分，扣完为止） 记忆—回忆

1. (哄堂) 大笑：　　　　　2. (呆愣愣) 的：　　　　　3. (阖) 眼休息：

4. 月光 (朦胧)：　　　　　5. 欲 (穷) 千里目：　　　　6. (故人) 西辞黄鹤楼：

7. (烟花) 三月：　　　　　8. (扳) 开来吃：

三、形音义辨析。（每题 1 分，计 14 分，辨析括号内字的字形、字音或字义，并请将正确
　　答案写在答案卷答案栏内） 记忆—回忆

1. 字形 ┬ 跨过门 (kǎn)：　　　　　　2. 字形 ┬ 白头 (xié) 老：
　　　　├ 品味 (jiàn) 赏：　　　　　　　　　　├ 和 (xié) 人生：
　　　　└ (jiān) 督巡视：　　　　　　　　　　└ 同心 (xié) 力：

3. 字形 ┬ 考试作 (bì)：　　　　　　4. 字音 ┬ 女儿 (撒) 娇：
　　　　├ 一枚银 (bì)：　　　　　　　　　　├ 漫天 (撒) 谎：
　　　　└ (bì) 病百出：　　　　　　　　　　└ (撒) 下种子：

5. 字义 ┌ 无(缘)无故心中郁闷:
　　　　└ 只(缘)身在此山中:

四、综合测验。(每题2分,计40分,请将正确答案写在答案卷答案栏内)

( )1. "喜"和"悦"都是"高兴"的意思,"喜悦"一词就称为"同义复词"。下列( )
中的词语,哪项也是同义复词? 应用—执行

    (A) (观赏)日出　　　　　　　　(B) (聆听)鸟鸣

    (C) 展示(橱窗)　　　　　　　　(D) 减少(摩擦)

( )2. "世界上的事物没有完美无缺的,所以对别人的缺失,不要恶意批评。"上述句
子中的"完美无缺"一词,可换为下列哪项但句子的意思不变? 了解—诠释

    (A) 尽善尽美　　　　　　　　　(B) 叹为观止

    (C) 山盟海誓　　　　　　　　　(D) 成双成对

( )3. "如果他能从这扇门望见日出的美景,你又何必要他走向那扇窗聆听鸟鸣
呢?"这句话的意思与下列哪项相同? 了解—摘要

    (A) 你走你的阳关道,我过我的独木桥

    (B) 观赏日出比聆听鸟鸣更快乐

    (C) 若看不见日出美景,就来聆听鸟鸣

    (D) 要有彼此容忍和尊重的雅量

( )4. "女大十八变"这种说法是夸大其词,属于夸饰修辞,下列哪项<u>不同于</u>
此? 应用—执行

    (A) 千里江陵"一日"还

    (B) 这大厅只要"两三下"就能擦得很干净

    (C) 每逢"三五"月亮便由亏转盈

    (D) 乐透中头奖,我"十二万分"地高兴

( )5. 下列各选项中的数量值,哪一项用法正确? 分析—区辨

    (A) 一对鞋子　　(B) 一张报纸　　(C) 一块绿豆　　(D) 一副衣料

( )6. 莎士比亚说:"一切真挚的爱都是建筑在尊敬上的。"依此而论,以下哪项与
"真挚的爱"意思相近? 了解—推论

    (A) 看到小孩子争吵要先教训自己的小孩

    (B) 与亲友相处要懂得留给对方空间

    (C) 一个人抢块大饼坐在门边慢慢吃

    (D) 人人希望自己长大有一张观音面

( )7. 下列( )的字词哪一项并非叠字修辞法? 应用—执行

    (A) (静静)地躺在床上　　　　　(B) 一连几日阴雨(绵绵)

    (C) 伸出(胖胖)的小手　　　　　(D) 用脚一(踩踩)得粉碎

( )8. "火红的太阳"中的"火"字原本是名词,在此作副词使用,下列哪一项的用法与它不同? 应用—执行

　　(A) "善"良的公主

　　(B) "墨"绿的森林

　　(C) "金"黄的柳橙

　　(D) "雪"白的肌肤

( )9. "只有绿色的小河还醒着,低声地歌唱着溜过弯弯的小桥。"这是哪两种摹写法?

　　(A) 听觉与视觉

　　(B) 味觉与触觉

　　(C) 视觉与味觉

　　(D) 听觉与嗅觉

( )10. 在月光饼一文中,琦君将月光饼的外形、材料、滋味等事无巨细地写下来,由此可知作者有着什么样的心思? 分析—归因

　　(A) 让本文除了抒情之外,兼具有食谱的价值

　　(B) 字里行间流露出月光饼非比寻常的意义

　　(C) 作者想借此推广月光饼,当然要详加介绍

　　(D) 如果没有月光饼,就没有今天的作者

( )11. 王之涣并未目睹黄河入海的情景,却说"黄河入海流"。理由是什么? 了解—推论

　　(A) 作者眼力好,能看到河水入海

　　(B) 为了与"白日依山尽"对仗,迫不得已只能写成这样

　　(C) 作者心中盼望黄河可以流入海

　　(D) 运用合理的想象来开阔诗的意境,形容黄河气势盛大

( )12. "只有窗外瓜架上的南瓜还醒着","只有绿色的小河还醒着","只有夜风还醒着",以上"只有"和"还醒着"表现出何种情境? 了解—推论

　　(A) 破坏了夜的宁静安详

　　(B) 增强了深夜宁静的效果

　　(C) 显出了夜的单调寂寞

　　(D) 写出了夏夜的燥热难耐

( )13. "烟花三月下扬州"的"烟花三月"四字,除了点出送别季节之外,还有什么作用? 分析—归因

　　(A) 反衬作者心里惆怅的离情

　　(B) 后悔在扬州过了放荡生活

　　(C) 暗示往事如烟,美景不再

　　(D) 用烟花形容扬州的繁华

（　　）14. "尽"字有"全部"、"结束"、"消失"等含义；"白日依山尽"的"尽"字，就可解释为"消失（或作：隐没）"。下列各项中的"尽"字，哪一项也应这样看待？ 应用—执行

(A) 天长地久有时"尽"，此恨绵绵无绝期

(B) 夕殿萤飞思悄然，孤灯挑"尽"未成眠

(C) 孤帆远影碧空"尽"，唯见长江天际流

(D) 金陵子弟来相送，欲行不行各"尽"觞

（　　）15. 请问在辞典中，"心不在焉"这个成语的出现顺序是排在"心直口快"的哪个位置？ 应用—执行

(A) 前面　　　　(B) 后面　　　　(C) 不一定　　　　(D) 无法判断

（　　）16. "那时才看清我是一支□□／刚在人生的簿子上／歪歪斜斜地／划下了几笔／岁月的痕迹却被时间削着好玩／越削越短／短得只剩／一声瘫在嘴里的叹息。"这首新诗中□□应填入： 分析—区辨

(A) 香烟　　　　(B) 铅笔　　　　(C) 毛笔　　　　(D) 粉笔

（　　）17. 下列各句中诗句的引用，哪一项不恰当？ 分析—区辨

(A) 这件事真是"横看成岭侧成峰"，谁是谁非是难以断定的

(B) 过去发生的事情，早已"唯见长江天际流"，请别再提起了

(C) 唉呀，提起那位名歌手的"庐山真面目"，我还未曾见过呢

(D) 除非你肯再下功夫，否则你将无法拥有"更上一层楼"的成就

（　　）18. 下列对于"工具书"的说明哪一项正确？ 应用—执行

(A) 美国大联盟及NBA的官方网站提供许多记录及比赛信息，是工具书

(B) 九年一贯之后，由于强调科际整合、领域，故百科全书分类已不合时宜

(C) 古文观止搜集了历代优美的文章，可以提升作文的能力，是本作文辞典

(D) 所有的周刊、月刊、年鉴都是一定时间就发行一次，是最新的工具书

（　　）19. 下列关于各句语气的说明，哪一项错误？ 了解—推论

(A) "你长越大，雀斑就越隐下去。"——安慰

(B) "来了！来了！从山坡上轻轻地爬下来了！"——兴奋

(C) "月光饼也许是我故乡特有的一种月饼。"——推测

(D) "无论怎么难看的样子，还是有人喜欢。"——轻视

（　　）20. 拟人的方法就是把"物"写作"人"，使万物有人的形貌、人的动作、人的情感……以下哪一项不是使用拟人法？ 应用—执行

(A) 一地的落叶，仿佛是来报告秋天的信息

(B) 满园的植物，伸出绿色的双臂迎接我们

(C) 白衣天使们，细心照料病床上的植物人

(D) 云，在天空争吵，气不过，便哭了起来

五、题组。(每题2分,计20分,请将正确答案写在答案卷答案栏内)

(甲)

特效确实提供给电影制作者更多可能的故事题材。一九九三年的《侏罗纪公园》中那些栩栩如生的恐怖恐龙,令观众惊奇,传统的技术没有办法拍得如此令人称服。又如"神鬼战士"背景为古罗马,片中建造一个迷你的罗马城是不太可能的。于是导演决定将古罗马城以现代的计算机科技来重现,最后"神鬼战士"赢得奥斯卡最佳特技及最佳影片两项大奖。然而利用计算机数字影像取代演员的"太空战士",同样也利用计算机制作出超写实的演员,但是无趣的故事成为影片的致命伤,让片商严重亏损。回顾整个电影史,最好的电影一向是仰赖好的剧本和演技的。电影特技使故事增色,反之则不然。在数字化时代里,让我们期待传统的电影制片还能再多撑几年。

(改写自"空中英语教室")

(   )1. 本文的主旨是以下的哪一项? 了解—摘要

(A) 好的剧本与演技是构成好电影不可或缺的因素

(B) 特技可以使一个好故事增色,进而成为电影的灵魂

(C) 期待电影制作能够善用计算机科技来改善技术

(D) 不断更新的数字化科技是吸引电影观众的主因

(   )2. 由本文可知,"太空战士"票房不佳的原因为下列哪项? 了解—解释

(A) 以计算机取代演员

(B) 故事剧本不够好

(C) 演员演技不生动

(D) 特效无法令人信服

(乙)

"1"、"2"与"3"邀请"0"加入他们。

第一个"0"昂起头说:"只有一个条件:让我站在最前面。"

第二个"0"微笑着说:"我喜欢站在中间。"

第三个"0"红着脸说:"我站在最后面吧!"

结果,第三个"0"使"1"、"2"与"3"扩大得最多。

(改编自网络故事)

(   )3. 下列选项中哪一项最能说明第一个"0"的个性? 了解—摘要

(A) 自我主义,人人为我   (B) 当仁不让,为所当为

(C) 牺牲奉献,我为人人   (D) 自信乐观,勇于表现

(   )4. 第三个"0"的举动,与下列哪一项的行为较吻合? 了解—推论

(A) 唐太宗接受魏征的谏言,成就"贞观之治"

(B) 特里萨修女把一生奉献给贫苦的垂死病患

(C) 爱因斯坦把"相对论"的成就归功于别人

(D) 孔子不求名利,视富贵如浮云,乐以忘忧

(   )5. 读完这篇文章,我们体悟出什么道理? 分析—归因

    (A) 缩小自己,世界就变大了

    (B) 登高必自卑,行远必自迩

    (C) 弱者等待时机,强者创造时机

    (D) 没有暗礁,哪能激起美丽的浪花

(丙)

    天神普罗米修斯造人的时候,帮每个人缝了两只袋子。小袋子挂在人的胸前,里面装的是别人的缺点;大袋子背在身后,装着自己的过失。

(选自伊索寓言)

(   )6. 这则寓言在启示我们下列哪项道理? 分析—归因

    (A) 前车之鉴,后事之师   (B) 知过能改,善莫大焉

    (C) 放下屠刀,立地成佛   (D) 严以律己,宽以待人

(   )7. "假借虚构的事物来寄托哲理"是寓言的功用。请问下列哪一项并非寓言? 分析—区辨

    (A) 鹬蚌相争   (B) 门可罗雀   (C) 守株待兔   (D) 愚公移山

(丁)

甲、故人西辞黄鹤楼,烟花三月下扬州。

    孤帆远影碧空尽,唯见长江天际流。   李白《送孟浩然之广陵》

乙、李白乘舟将欲行,忽闻岸上踏歌声。

    桃花潭水深千尺,不及汪伦送我情。   李白《赠汪伦》

(   )8. 关于以上两首诗的写作手法,下列叙述哪一项正确? 分析—区辨

    (A) 两首诗都有季节性   (B) 都借着水象征离情

    (C) 流露出离别的惨淡哀愁   (D) 第一、二句主语都是送别人

(   )9. "烟花三月"所显现的季节,与下列哪一项相同? 分析—区辨

    (A) 停车坐爱枫林晚,霜叶红于二月花

    (B) 沾衣欲湿杏花雨,吹面不寒杨柳风

    (C) 昼长吟罢蝉鸣树,夜深烬落萤入帏

    (D) 万里寒光生积雪,三边曙色动危旌

(   )10. 关于绝句与新诗的比较,下列哪一项正确? 了解—比较

    (A) 绝句限制句数,新诗限制字数

    (B) 绝句讲究对仗,新诗不要求对仗

    (C) 绝句有五七言之分,新诗没有限制

    (D) 绝句又称新体诗,新诗属于近体诗

(注:辛苦了,请再检查一次,若有遗漏部分请予以作答)

台南市复兴中学 2004 学年度第一学期第一次定期考一年级
语文试题"答案纸"

一年级（　　）班（　　）号　姓名（　　　　　）

一、汉字注音（每题 1 分，计 10 分，请将正确答案写在答案卷答案栏内）

1	2	3	4	5	6	7	8	9	10

二、解释（每题 2 分，计 20 分，请将正确答案写在答案卷答案栏内，错字扣 1 分，扣完为止）

1		2	
3		4	
5		6	
7		8	

三、形音义辨析（每题 1 分，计 14 分，请将正确答案写在答案卷答案栏内）

1. 字形			2. 字形			3. 字形			4. 字音			5. 字义	
(a)	(b)	(c)	(a)	(b)	(c)	(a)	(b)	(c)	(a)	(b)	(c)	(a)	(b)

四、综合测验（每题 2 分，计 40 分，请将正确答案写在答案卷答案栏内）

1	2	3	4	5	6	7	8	9	10
11	12	13	14	15	16	17	18	19	20

五、题组（每题 2 分，计 20 分，请将正确答案写在答案卷答案栏内）

1	2	3	4	5	6	7	8	9	10

三、香港语文科拟题计划及试卷

香港顺德联谊总会伍冕端小学的试卷,除试卷本身外,还附有详细的拟题计划及答案,可供两岸四地的中小学教师参考。现以该校 2008/2009 年度六年级语文科为例,详见实例 3-6。此实例包含拟题计划、试卷及答案,其中有些违反命题原则的部分,由笔者予以润饰修改。

实例 3-6

香港顺德联谊总会伍冕端小学
2008—2009 年度 六年级 语文科 考验拟题计划

期考(考验范围 1—15 课,5,10,14 除外)全卷共 7 页 拟题教师:何燕辉

语文能力	评价重点	占分	考验内容		大题目次	小题目次	本次考验占分
(一)语文基本能力考验	甲．字词运用(所填词语必须在考验范围内)	22%	1. 句子填充	(1) 提供词	(一)	10	10%
				(2) 不提供词			
				(3) 配词完句	(二)	6	12%
			2. 短文填充				
			3. 成语运用				
			4. 多项选择				
	乙．句子结构(句子形式须配合考验范围或为学生已有知识)	9%	1. 重组句子		(四)	1	3%
			3. 改写句子				
			4. 扩张句子		(九)	2	6%
			5. 句式	(1) 填充			
				(2) 续写			
			6. 排句成段				
	丙．标点符号运用	6%	1. 标点(在句子里)				
			2. 标点(在段落里)		(五)	6	6%
	丁．语文知识	5%	1. 数量词填充				
			2. 修辞法		(八)	5	5%
(二)表达能力考验	甲．句子写作	13%	1. 续句		(六)	2	4%
			2. 词语造句		(三)	1	3%
			3. 串句				
			4. 句子仿作		(七)	2	6%
			5. 看图填充句子				
			6. 看图造句				
	乙．段落及短文写作		1. 看图写段				
			2. 短文写作				
			3. 书信、便条写作				

语文能力	评价重点	占分	考验内容		大题目次	小题目次	本次考验占分
	阅读理解(须选拟三篇不同类型的文章,其中一篇应属生活化篇章)						
	甲 篇:故事	性 质【表达方式】(叙述/描写/抒情/说明/议论等等)	叙 述	类 型(诗歌/故事/寓言/散文/实用文/剧本/海报/宣传单张等等)			
	乙 篇:演讲词		叙 述				
	丙 篇:公告		叙 述				

语文能力		形式 / 评估重点	占分	填充(题次/占分)	多项选择(题次/占分)	续句式答题(题次/占分)	问答(题次/占分)	排序(题次/占分)	
(三)理解能力考验	理解	理解阅读材料中的词语		甲1 2					
				甲2 2					
				甲3 2					
				乙1 2					
				乙2 2					
				乙3 2					
				丙1 2					
				丙2 2					
		理解文言文中的词语在现代汉语中的语意							
		理解文章中的深层意思			甲4 2				
					甲6 2				
			45%		丙5 2				
					丙6 2				
		理解句子/段落间的前后衔接关系			甲5 2				
					乙4 2				
		文章的类型			丙7 1				
					乙7 2				
		概括文章的内容大意、要点、主旨			乙5 2		乙9 2		
		体会文章的寓意、作者表达的思想感情			乙6 2				
		辨识简单的叙述手法,如顺叙、倒叙			乙8 2				
		辨识不同性质的表达方法,如描写、抒情、说明、议论							
	分析	分析文章的组织结构、写作动机			丙3 2				
					丙4 2				
	评价	评价文章中人物的性格和行为					甲7 2		

香港顺德联谊总会伍冕端小学

2008—2009 年度　　语文科　　期考

班别:六年级(　　　)班　　　　　成　　绩:　　　　　　　.

姓名:_____　　　　　家长签名:　　　　　　　.

〈考试时限:45 分钟〉

(一)选词填充:选择适当的词语填在_____上。10%@1%*

精湛	险峻	蔓延	牺牲	掀起	承担
斑斓	导致	关键	搏斗	锻炼	矫健

1. 为了防止病毒_____,医院制定了一系列预防措施。

2. 哥哥终日沉迷于电子游戏,_____成绩一落千丈。

3. 海下湾的珊瑚色彩_____,颜色丰富,令游客赞叹不已。

4. 凤凰山山势_____,要攀上它的顶峰绝不是一件容易的事。

5. 手工艺家以_____的工艺技术,完成了精致的艺术品。

6. 士兵为了保卫国土,阻挡敌人的侵略,不惜_____宝贵的生命。

7. 参加越野单车比赛的选手们,身手_____,行车如履平地。

8. 经过多年的_____,哥哥已经是一位技术高超的足球员。

9. 哥哥对大家说这次事件的责任由他一人_____。

10. 比赛到了决胜局的_____时刻,选手们都步步为营,恐防犯错。

(二)配词完句:在(　　)内填上适当的字,使之成为意思完整的句子。12%@2%

1. 这顿晚饭(　　)费不菲,差不多是哥哥一个月的薪金。

2. 香港素有"东方之珠"的美(　　)。

3. 不幸的事情接(　　)而来,真令人透不过气!

4. 志明的性格坚(　　),做任何事从不轻言放弃。

5. 旅行能够松(　　)紧张的工作情绪,令人心情愉快。

6. 哥哥热(　　)阅读,每天都花大量时间看书。

(三)词语造句:用下列提供的词语造句。3%

1. 寄托

_____

(四)重组句子:把下列的词语重组成意思完整的句子。3%

1. 多场/激烈的/比赛/经过/小明/单打冠军/终于/男子组/取得/,/。

_____

_____

*表明每题 1 分,共计 10 分。

（五）标点符号：在下文适当的位置填上**六个**标点符号，多填会扣分。6%@1%

　　湿地公园是著名的生态景点最特别的是公园展示各种湿地生态展区内种满各式的红树还有各种湿地生物，例如招潮蟹、弹涂鱼、基围虾如果你喜爱自然生态，那儿定能令你乐而忘返。

（六）续句：根据以下的提示，续写一意思完整的句子。4%@2%

　　1. 赵二鸣是个热爱工作的人，＿＿＿＿＿＿＿＿＿＿＿＿＿＿＿＿

　　＿＿＿＿＿＿＿＿＿＿＿＿＿＿＿＿＿＿＿＿＿＿＿＿＿＿＿＿＿

　　2. 小狗今天没精打采，＿＿＿＿＿＿＿＿＿＿＿＿＿＿＿＿＿＿＿

　　＿＿＿＿＿＿＿＿＿＿＿＿＿＿＿＿＿＿＿＿＿＿＿＿＿＿＿＿＿

（七）句子仿作：用下列带点的词语，仿作意思完整的句子。6%@3%

　　例：秦始皇兵马俑果然名不虚传，怪不得它出土后，很快就成了世界著名的古迹呢！

　　1. ＿＿＿＿＿＿＿＿＿＿＿＿＿＿＿＿＿＿＿＿＿＿＿＿＿＿＿＿

　　＿＿＿＿＿＿＿＿＿＿＿＿＿＿＿＿＿＿＿＿＿＿＿＿＿＿＿＿＿

　　例：游戏除了可以帮助我们舒缓情绪外，还有很多益处。

　　2. ＿＿＿＿＿＿＿＿＿＿＿＿＿＿＿＿＿＿＿＿＿＿＿＿＿＿＿＿

（八）修辞法：下列句子分别运用了什么修辞手法？在（　　）内填上代表正确答案的**英文字母**。5%@1%

| A 白描　B 明喻　C 反问　D 拟人　E 借喻　F 夸张　G 对偶 |

　　1. 小狗整天吠个不停，小明快被它吵聋了。　　　　　1.（　　）
　　2. 爸爸的肚子里有个大西瓜，妹妹见了笑哈哈！　　　2.（　　）
　　3. 乒乓球校队的首席球手难道不是蔡小乐吗？　　　　3.（　　）
　　4. 小草在泥地上随风起舞，手舞足蹈，心情非常愉快。4.（　　）
　　5. 青山横北郭，白水绕东城。　　　　　　　　　　　5.（　　）

（九）扩写句子：根据提示扩写意思完整的句子。6%@3%

　　1. 爸爸上班去了。（什么时候？和谁？到哪里上班？）

　　＿＿＿＿＿＿＿＿＿＿＿＿＿＿＿＿＿＿＿＿＿＿＿＿＿＿＿＿＿

　　2. 哥哥吃了一顿晚饭。（在什么节日？在哪里？怎样的晚饭？）

　　＿＿＿＿＿＿＿＿＿＿＿＿＿＿＿＿＿＿＿＿＿＿＿＿＿＿＿＿＿

（十）阅读理解：（45%）（问答部分必须用**完整句子**作答。）
　　[甲篇]14%@2%

河东狮吼

宋代的大文学家苏轼有一个非常害怕妻子的好朋友，名叫陈慥，字季常。陈氏信佛,别号"龙丘居士"。每当陈季常的妻子远行,他就会宴请朋友回家作客,宴会时又爱安排歌女献唱。有一次,他如常趁妻子出远门,宴请苏轼及众宾客到他家作客。正当大家尽兴之际,陈季常的妻子柳氏忽然回到家中,眼见丈夫和宾客于歌女群中作乐,当即怒火中烧,随即使出全身力气,大喝一声,叫声震耳欲聋。登时,整个大厅鸦雀无声,众人被她的声浪吓呆了,都不知所措。柳氏见他们毫无反应,盛怒至极,再用拐杖猛敲墙壁,结果,把所有客人都吓跑了。

自此之后,众人都知道柳氏的凶悍。苏轼就此事,写了一首诗戏谑陈季常。诗云:

"龙丘居士亦可怜,谈空说有夜不眠。忽闻河东狮子吼,拄杖落手心茫然。"

意思指:陈季常实在太可怜了,整夜不睡大谈佛法,忽然听见那河东狮子的吼声,便吓得心都虚了,连挂着的拐杖也掉了。

唐代诗人杜甫有"河东女儿身姓柳"的诗句,因此苏轼便借用"河东狮子"来暗指柳氏。河东指柳氏的籍贯;狮子暗喻柳氏如狮子般凶恶。陈季常信佛,佛家以"狮子吼则百兽惊"比喻佛法的神威,于是苏轼亦借用佛家语取笑好友畏妻。

时至今日,人们仍喜以"河东狮"代表恶妻,"河东狮吼"指妻子发怒时大吵大嚷,而"季常癖"则指男人害怕妻子。

回答第1至3题:请在文章中选出最合适的词语填在_____上。

1. 地盘打桩机发出_____的噪音,工作人员必须戴上耳塞,保护听觉。

2. 野生动物园里的狮子性情_____,游客只能在旅游车上观看。

3. 小明为人顽皮,经常作弄同学,想不到今天竟成为别人_____的对象。

回答第4至6题:请把代表正确答案的圆圈涂黑和涂满。

4. 陈季常的妻子如何把客人赶走?
   ○ (A) 请官兵来捉拿客人到官府。
   ○ (B) 向客人泼水,把客人赶走。
   ○ (C) 大叫大喊,用拐杖猛敲墙壁。
   ○ (D) 打破家中的物品。

5. 苏轼将佛家语"狮子吼则百兽惊"演化成"河东狮吼",讽刺陈季常害怕什么?
   ○ (A) 妻子。
   ○ (B) 狮子。
   ○ (C) 老虎。
   ○ (D) 佛法。

6. 根据上文所述,以下哪一项不正确?
   ○ (A) 陈季常和苏轼关系良好。
   ○ (B) 陈季常的妻子温柔敦厚。
   ○ (C) 陈季常的妻子为柳氏。
   ○ (D) 苏轼常到陈家作客。

7. 苏轼以"河东狮"讽刺陈妻,反映了苏轼的哪些性格特征? 请说出其中一项。

_____

_____

[乙篇]18%@2%

为自己插一双翅膀

李白的诗句有言:"大鹏一日同风起,扶摇直上九万里。"翅膀负起大鹏一生的希望。有了翅膀,飞翔才不会是鹏鸟遥不可及的梦想。然而,人类如何为自己加添一对翅膀,展翅高飞,展开光辉的人生呢?

西方哲学家尼采说过:"受苦的人没有悲观的权利。"面对人生低潮的人,这句话很有分量。面对挫折和失败是人生的必然经历,所以人们不应常常徘徊在痛苦中,虚度自己的生命! 过去的路错了,不必回头望。相反,人应该站起来,努力走出目前的困局,以乐观的态度面对逆境,克服困难,重新振作,这样才是正确的态度。

一个成功的人必须为自己制定目标,并且付诸实行。当我们的努力如永动之时钟一样,不停地摆动,那么离成功之期就不远了。因为在学习和工作上,如果我们都像时钟一样不停地向前走,就会向着目标进发,一步步地学习、经营、改善、进步。最后,我们做任何事,一定会有所成就,取得成功。从今天起,我们应开始行动,行动是改变失败的起点,是成功的开始,是改变生命的第一步。努力奋斗,就如同为自己建构一双强健的翅膀,为振翅高飞作好准备。

除了向着目标努力奋斗外,毅力也是成就我们人生梦想的一对翅膀,只要我们持之以恒,不轻易放弃,不惧怕失败,不吝啬付出便可。成功其实就是靠毅力,一点一滴累积而成的。

少年人,如果你想成就丰盛的人生,取得辉煌的成就,你必须要有乐观的处世态度,及早为自己制定人生目标,然后朝着目标进发,尽一己之力,激发潜在的力量,大无畏地用心去做事,向着目标努力拼搏,并且持之以恒。经年累月之后,待羽翼长成,晴空万里任你闯荡,其时,站在讲台上的人,就是你了。

回答第1至3题:请在文章中选出最合适的词语填在_____上。

 1. 近来多了可疑人物在大街上_____,管理员建议住户小心门户。

 2. 爸爸常常劝勉我们珍惜时间,不要_____光阴。

 3. 哥哥近来爱看武侠小说,终日沉醉于小说人物_____江湖的故事。

回答第4至8题:请把代表正确答案的圆圈涂黑和涂满。

 4. 第一段引用李白的诗句和简述大鹏翅膀的功用的主要目的是哪一项?

　　○ (A) 达到写作文章字数的要求。

　　○ (B) 作为文章的引子,引领下文。

　　○ (C) 向读者强调翅膀的重要。

　　○ (D) 向读者说明翅膀是飞行的关键。

5. 文章第二段主要讲述下列哪一项内容?
- ○ (A) 人不应经常徘徊于昔日的痛苦之中,应以乐观的态度面对将来。
- ○ (B) 人生必然经历挫折和失败。
- ○ (C) 过去的路错了,不必回头望。
- ○ (D) 人不应虚度生命,否则将失去很多重要的事情。

6. 第三段以"永动之时钟"比喻什么?
- ○ (A) 比喻人需要不停地工作,不停地学习,无需休息。
- ○ (B) 比喻人的工作态度应该左摇右摆。
- ○ (C) 比喻人应像时钟般勤奋工作,向着目标进发。
- ○ (D) 比喻人要为自己建构一双强健的翅膀。

7. 本文应是何种演讲词?
- ○ (A) 学生会会长竞选。
- ○ (B) 飞行讲座。
- ○ (C) 毕业礼。
- ○ (D) 拍卖会。

8. 本文的写作目的主要是下列哪一项?
- ○ (A) 劝诫读者忘记昨天,面向今天。
- ○ (B) 鼓励读者从失败中站起来,制定目标,向着目标努力奋斗。
- ○ (C) 鼓励读者像大鹏般在天空飞翔。
- ○ (D) 告诉读者成功并不是遥不可及的。

9. 根据上文所述,成功需要具备哪些条件?请说出其中一项。

_____

_____

[丙篇] 13%

香港湿地公园网上公告假日团体新订票措施

湿地公园自开放以来吸引了超过 750000 名访客,周二至周五每日平均到访 2000 至 3000 人次,周末或公众假期则达 8000 至 10000 人次。为了避免游客因人多拥挤而减少游园兴致,让本公园更有效地控制人流,渔农自然护理署将推出预订门票新措施。

由二零零九年一月一日起,星期日和公众假期的团体参观,均需透过网上或传真预订门票,公园不会售卖当日团体入场票,个人当日入场票则不受影响。详情如下:

	网上团体票预约名额	额外预留团体票名额
星期日和公众假期	2500 张	6000 张
星期二至星期五	2000 张	3000 张
星期一	休息	

新增的 6000 张额外预留团体票的名额分配如下：上午时段（早上十时至下午一时）占 2000 张，下午时段（下午二时至五时）占 4000 张。新安排可望有效控制游客数目，确保公园访客可更从容地欣赏公园内的自然生态和野生生物。

申请团体或旅行社必须在参观日前 60 天至参观日前 7 天，预先以网上预订或传真方式申请预订。为确保配额不被浪费，湿地公园收到有关团体订票的传真后，若接纳有关申请，相关团体须于 7 个工作日内，向馆方交纳门票款额总数的 50% 作为订金。所交订金，不论任何原因，一概不退还。

相关部门会在新订票安排实施 3 个月后检讨成效。有关程序及申请表格将上载湿地公园网页。公众人士也可透过互联网或信件对相关措施发表意见。

2008 年 12 月 1 日

回答第 1 至 2 题：请在文章中选出最合适的词语填在_____上。

1. 志盈喜爱假期的时候，_____自在地漫步于郊野公园，享受大自然的宁静。

2. 教练正在和队员_____上半场的失误，并讲解下半场的比赛战术。

回答第 3 至 7 题：请把代表正确答案的圆圈涂黑和涂满。

3. 以下哪项是本公告发布的主要对象？
   ○ (A) 全港市民。
   ○ (B) 到场地售票处购票的人士。
   ○ (C) 浏览网页的市民。
   ○ (D) 各类团体及旅行社。

4. 湿地公园实行假日团体新订票措施的主要目的是下列哪一项？
   ○ (A) 减少场地门票售卖处的拥挤。
   ○ (B) 方便相关团体订票。
   ○ (C) 监控入场人数。
   ○ (D) 吸引团体游客入场。

5. 根据文章内容，以下哪一项描述是不正确的？
   ○ (A) 新增的 6000 张额外预留团体票的名额分配，早上时段占 2000 张。
   ○ (B) 新增的 6000 张额外预留团体票的名额分配，下午时段占 4000 张。
   ○ (C) 星期二的网上团体票预约名额占 3000 张。
   ○ (D) 星期五的额外预留团体票名额占 3000 张。

6. 今天是二月二日（星期三），想开心旅游的陈大文最快可以预订何时的团体门票？
   ○ (A) 二月四日（星期五）。
   ○ (B) 二月六日（星期日）。
   ○ (C) 二月七日（星期一）。
   ○ (D) 二月九日（星期三）。

7. 本文属于以下哪一种应用文？
   ○ (A) 传单。 ○ (B) 通告。 ○ (C) 广告。 ○ (D) 账单。

〈答　案〉

（一）选词填充：10％@1％

1. 蔓延　（4）　　　5. 精湛　（1）　　　9. 承担　（8）

2. 导致　（7）　　　6. 牺牲　（4）　　　10. 关键　（8）

3. 斑斓　（2）　　　7. 矫健　（1）

4. 险峻　（2）　　　8. 锻炼　（7）

（二）配词完句：12％@2％（错字扣1分；别字不给分）

1.（耗）费　（8）　　3. 接（踵）而来　（7）　　5. 松（弛）　（7）

2. 美（誉）　（2）　　4. 坚（毅）　（4）　　6. 热（衷）　（8）

（三）词语造句：3％

（如每题占三分，每个错字、别字、标点扣1分，最多共扣1分，重错不另扣。）

1. 寄托（7）

我们不应把崇拜偶像作为精神寄托。

（四）重组句子：3％

（漏字及错别字分别扣1分。如漏字过多而影响句子意思，则不给分。如漏其中一组词语或标点，不给分。）

1. 经过多场激烈的比赛，小明终于取得男子组单打冠军。

（五）标点符号：6％@1％（多填每个扣1分）

湿地公园(1)是著名的生态景点，(2)最特别的是公园展示各种湿地生态。(3)展区内种满各式的红树，(4)还有各种湿地生物，例如：(5)招潮蟹、弹涂鱼、基围虾……(6)如果你喜爱自然生态，那儿定能令你乐而忘返。

（六）续句：4％@2％

（如每题占两分，每个错字、别字、标点扣1分，最多共扣1分，重错不另扣。）

1. 赵二鸣是个热爱工作的人，每天工作至深夜。

2. 小狗今天没精打采，整天只顾睡觉。

（七）句子仿作：6％@3％

（错别字、标点及内容各扣1分。）

1. ……怪不得……，……就……(1)

2. ……除了……，还有……(7)

（八）修辞法：6％@1％

1. F　　　3. C　　　5. A

2. E　　　4. D　　　6. G

（九）扩写句子：6％@3％

（每项问题各占1％，错别字及标点共扣1％）

（答案略）

（十）阅读理解：

〔甲篇〕14%@2%

1. 震耳欲聋(2%)　　　　　　2. 凶悍/凶恶(2%)

3. 戏谑(2%)　　　　　　　　4. C(2%)

5. A(2%)　　　　　　　　　6. B(2%)

7. 苏轼以"河东狮"讽刺陈季常妻,反映了他是一个幽默风趣的人。(2%)/博学多才/好文采(接受合理答案)(2%)

〔乙篇〕18%@2%

1. 徘徊　　　2. 虚度　　　3. 闯荡　　　4. B

5. A　　　　6. C　　　　7. C　　　　8. B

9. 根据上文所述,要成功,必须以积极的态度面对困难(2%),并且要树立目标(2%)、开始行动,向目标努力奋斗(2%),以及以毅力付诸实行(2%)。

〔丙篇〕13%

1. 从容　　　2. 检讨　　　3. D　　　　4. C

5. C　　　　6. D　　　　7. B(1%)

第四章 表现性评价理念

纸笔测验虽然具有评分客观、易于施测和计分、题数多、涵盖面广、适用范围大、符合经济效益及信度和效度高等优点,但由于社会科学过于坚持科学典范与行为主义,过于强调自然科学研究法,过于重视数量化、理性化、系统化,使评价出现了下列问题:(1)评价脱离环境。评价内容与实际应用的环境脱节,难以应用化、生活化。(2)评价窄化范围。评价仅限于可量化、且能以数学、统计分析精确测量的资料。(3)评价内涵低层化。评价偏重测量零碎知识与低层次能力,高层次认知、组织与发表能力较难测量。(4)评价反应知识化。纸笔测验最常用的是选择题,但选择题只能测量学生"知道"什么,却难以测量学生"能做"什么。(5)评价神圣化。评价用科学方法获得令人信服的精确量化结果、令人相信的表面公平,有如披上量化的神圣外袍,拥有无法辩驳的权威;(6)评价方法独尊化。科学量化的评价方法逐渐变成唯一独尊的方法,相对排斥非精准量化的评价方法。(7)评价结果价值中立化。评价者仅呈现结果,将自然的事实忠实呈现,只为了撇清评价者自身的评价责任,而将责任置于被评价者。(8)评价结果未符合社会公平正义。纸笔测验要求量化与齐头式平等,有些评价内容对弱势群体而言是不公的,未能充分符合社会公平正义的信念。上述八项问题正充分反映客观纸笔测验盛行的原因与缺陷(Guba & Lincoln,1989;Linn & Miller,2005;李坤崇,1999)。

教师若用纸笔测验来测量自然科实验操作过程,仅能反映出操作知识,无法真正测量操作技能与实验态度。因为纸笔测验虽然能测量认知领域的学习结果,但在技能、情意领域则有其先天限制,如文章、图画、实验报告、自然科学展览设计、演讲、握笔、打字和小组合作学习能力等均难以运用纸笔测验评价。教师教学必须兼顾认知、技能、情意的学习结果,且评价应分析"应该怎样表现"(知识)与"真正表现行为"(表现)之间的差异,方能检讨教学成效与实施补救教学(Wolf,Bixby,Glen & Gardner,1991),因此,教师只有善用"表现性评价"(performance assessment)才能适切评价学生真正的各项学习表现。

第一节 表现性评价的内涵

本节先从表现性评价的意义、特质入手来阐述表现性评价的内涵,接着扼要比较"另类评价"(alternative assessment)、"真实性评价"(authentic assessment)的意义,最后探讨表现性评价的优点与限制。

一、表现性评价的意义

艾瑞逊(2000)、费茨帕钦克等(Fitzpatrick & Morrison,1971)、威金斯(Wiggins,1992)主张表现性评价是指要求学生完成一个活动,或制作一个作品以证明其知识与技能,让学生在真实情境中去表现其所知与所能。Aschbacher(1991)认为在教学情境中的表现性评价是指教师依据专业判断来评价学生的学习表现,这里的学习表现包括题目反应、作品、学习过程。米勒等人均认为表现性评价的内容包括文章写作、科学实验、语言表达与运用数学解决问题,强调的是做而不仅是知,更强调过程与结果并重。Stiggins(1987)强调表现性评价的目的在于评价将知识、理解化为行动的能力,强调让学生善用有用的技能与知识,让学生经由计划、建构及表达原始反应来反映学习结果。他认为凡以观察和专业判断来评价学生学习成就的评价方式均可称为表现性评价,其形式相当多元,如建构反应题、书面报告、作文、演说、操作、实验、数据搜集、作品展示、档案袋评价等,均为表现性评价的例子。Stiggins 以表 4-1 比较客观式测验、论文式测验、口头发问与表现性评价在目的、学生反应、主要优点、对学习影响等方面的差异。

表 4-1　各种评价类型的比较

项目	客观式测验	论文式测验	口头发问	表现性评价
目的	评价最具有效率及信度的知识样本。	评价思考技能或知识结构的精熟度。	评价教学中的知识。	评价知识、理解化为行动的能力。
学生反应	阅读、评鉴、选择。	组织、写作。	口头回答。	计划、建构及表达原始反应。
主要优点	有效率:能在同一测验时间内测量许多测验题目。	可评价较复杂的认知结果。	将评价与教学结合。	提供实作技能的充分证据。
对学习的影响	过度强调记忆,若妥善编制可测量思考技能。	鼓励思考及写作技能的发展。	刺激学生参与学习,教师提供教学成效的立即回馈。	强调在相关背景下,善用有用的技能与知识。

（数据来源:R. J. Stiggins. Design and development of performance assessments. *Educational Measurement*, *Issues and Practice*,1987,6(3).）

陈英豪与吴裕益(1991)主张表现性评价是介于一般认知结果的纸笔测验与将学习结果应用于未来真实情境的实际活动之间的评价方法,是指模拟一些标准情境,其模拟的程度高于一些纸笔测验。余民宁(1997)提出表现性评价乃介于评价认知能力所用的纸笔测验与将学习结果应用于真实情境中的表现之间,在模拟各种不同真实程度的测验情境下,提供给教师一种系统地评价学生实作表现的方法。吴铁雄、洪碧霞(1996)认为好的表现性评价包含真实、直接、专业评定这三项要素:真实指评价作业与实际生活经验非常接近,直接是指作业本身即评价结果在欲推论范围之内,专业评定指评定者的专业素养。

综合李坤崇(1999)、余民宁(1997)、吴铁雄与洪碧霞(1996)、陈英豪与吴裕益(1991)、艾瑞逊(2000)、费茨钦克等(Fitzpatrick & Morrison,1971)、米勒等人、斯汀格(Stiggins,1987)、威金斯(Wiggins,1992)等学者的观点,表现性评价可定义为:具相当评价专业素养的教师,编拟与学习结果、应用情境颇类似的模拟测验,让学生表现所知、所能的学习结果。

讨论表现性评价通常会提到另类评价、真实性评价等名词。"另类评价"亦译为"变通性评价",是指不同于传统客观纸笔测验的评价方式,大部分指表现性的评价内涵,故又称"另类评价"。此评价乃从行为主义评价转变为认知理论的学习和评价,从纸笔式评价转变为有意义、真实性的评价,从单次评价转变为多次作品集合式的作品集评价,从单一化评价转变为多元化评价。其主要内涵为:(1)学生需要在学习活动中表现、制造或产出行为。(2)学生必须能完成有意义的教学活动作业。(3)学生能将所学作真实生活的应用。就另类评价的方式,艺术类学科可采用作品的展示或作品集;自然类学科可用实验、观察、实作;语文类学科可用作品集、口头报告、书写测验;社会类学科可用行为检核、轶事记录;数学类学科可用真实问题或模拟真实问题解决(庄明贞,1995)。教师运用"另类评价"时必须调整以往评价的角色,如题目内容必须与实际生活结合,且评分避免机械化,必须以人的判断为主。

"真实性评价"强调评价内容应与生活经验非常接近。Wiggins(1989)强调评价(assessment)这一英语单词的词根指评价者应该和学习者"坐在一起"(sit with),因此,教师要求学生作答者必须能真实反映实际生活。真实性评价强调学习是建构的过程,无法脱离真实生活的情境脉络;重视学习过程而非记忆知识量,学习乃应用、建构知识而非记忆、复制知识;主张师生分享评价权利,教师与学生可共同决定评价目标、评价标准、计分方式;着重教学与评价的结合而非两者分离,评价方式应多样化而非单一的纸笔测验。可见,"真实性评价"强调评价内容与真实生活经验要非常接近,而非抽象或与生活无关的评价,此评价大多采用实作的评价方式。

米勒等人也都曾比较过"真实性评价"、"另类评价"与"表现性评价",指出"另类评价"强调异于传统纸笔测验,"真实性评价"强调在真实世界情境中的实际应用作业,认为以"表现性评价"为佳乃因其比"另类评价"的意义更详尽,比"真实性评价"更不虚伪。

教师或许不必用心去区分"表现性评价"、"另类评价"和"真实性评价",而应用心省思、改善评价方法和过程,掌握表现性评价的特质,以学生为中心,重视学生自主、尊严与人格,重视学生自发性及主动性,尝试推广应用,逐渐发展出自己的教学与评价的整合模式。教师要想发展整合模式的过程,宜随时进修成长,以充实自己的教学、评价专业知能,随时与志同道合的伙伴共同成长,或适时寻求专业团体或专家学者的支持与协助来减少摸索中的困惑,不宜闭门造车、固步自封,更不宜将教学、评价分离,这样才能增进自己的专业素养并发展属于自己的教学与评价整合模式。

二、表现性评价的特质

综合两岸四地学者观点,表现性评价与传统纸笔测验差异颇大,具有下列特质。

(一)强调实际生活的表现

表现性评价的取材大多与实际生活有关,并与真实生活产生关联,以真实或虚拟的实际生活问题来评价学生,强调实际操作测量与解决问题,促使学生运用所学所知去解决真实生活问题,充分学以致用。如,评价朗读、写作、说话等语文学科学习结果,评价兑换零钱、购物算账等数学学科学习结果,评价坐椅子、握笔等简单的心理动作技巧,评价设置实验室器材、使用工具盖个鸟笼等较复杂精细的技巧,这些均与实际生活息息相关。因此,表现性评价以用真实或虚拟的问题来考核学生实际生活的表现为主(李坤崇,1999;余民宁,1997;吴铁雄、洪碧霞,1996;陈英豪、吴裕益,1991;Airasian,2000;Aschbacher,1991;Fitzpatrick & Morrison,1971;Herman,Aschbacher & Winters,1992;Linn & Gronlund,1995;Linn & Miller,2005;Stiggins,1987;Wiggins,1992)。

（二）着重较高层次思考与解决问题技巧

艾瑞逊（2000）认为大部分的纸笔测验题目很少能测量学生获得答案前的思考过程，大部分的选择和填充题只能让老师观察出学生的经由智力过程得出的结果，而非产生这个结果的思考过程。表现性评价强调让学生建构答案，而不是像传统客观纸笔测验那样着重测验对事实的确认与回忆，即要求学生"自做"答案而不是"选择"答案，故某一问题的正确答案，可能不止一种，如评价数学计算题时评价解题能力、作文能力、实验操作技能，摒弃纯记忆的评价内容。表现性评价所测量的认知领域技巧属于较高层次的思考与解决问题的技巧（李坤崇，1999；余民宁，1997；陈英豪、吴裕益，1991；Airasian，2000；Herman，Aschbacher & Winters，1992；Linn & Gronlund，1995；Linn & Miller，2005）。

（三）兼容跨领域或学科知识

表现性评价的内容，往往不只限于单一领域或学科知识，可同时兼顾跨领域或学科的多项知识或技能，如容积测量、比率换算、应用某些物理或化学原理及报告实作等的能力，均可在同一表现性评价中同时涵盖。

（四）重视学生学习的个别差异

传统纸笔测验强调一致性、公平性，未必能顾及学生的个别差异、学生成长环境的优劣、学生的进步情形、学生的起点行为、学生的学习动机与兴趣等因素，仅要求学生达到某个标准，或以某个标准作为奖惩的依据。表现性评价则考虑学生本身的学习特质与能力、现有的想法和技能，重视引发其动机与兴趣，激励其主动表现，更强调因个别差异造成的表现差异。（李坤崇，1999；张兰畹，1996；Airasian，2000；Linn & Gronlund，1995；Linn & Miller，2005）。

（五）允许评价时间弹性化

传统式纸笔测验要求在一定已知时间内完成，如纸笔测验与作文均有明确作答时间。但表现性评价的评价时间富弹性，愈与生活情境相近的评价，愈可能要求学生在某段时间内完成，时间由学生自行分配，而不要求学生在一节课内全部完成。学生可依据评价目的决定表现方式，更可自由支配完成时间。表现性评价可充分引导学生自主学习与强化时间管理能力。

（六）适于年龄幼小、发展较迟缓学生

表现性评价横跨各学科领域和各年龄层，但更适用于年龄幼小或阅读能力较差学生。幼儿园与小学低年级学生常受限于沟通能力，必须经由观察其行为来评价，如专注行为、动作协调统合、语言发展、听觉精确度、视力发展和社会适应，若运用表现性评价的观察检核表将较能适切地评价（李坤崇，1999；Airasian，2000；Guerin & Maier，1983；McLoughlin & Lewis，1990）。同样地，阅读能力较差的学生会无法阅读文字较多的纸笔测验，若用表现性评价将较能正确评价其学习结果（余民宁，1997）。总之，发展迟缓学生在认知情感或心理动作发展方面严重受到限制，运用纸笔测验很难反映出真正学习结果，而应采用表现性评价等较合理的评价方式来测量（Airasian，2000）。

（七）促进学生自我决定与负责

传统纸笔测验由教师掌控题目、决定问题情境并要求学生呈现答案形态，学生几乎无自我决定空间。表现性评价中教师要求学生将某项学习结果运用于日常生活情境，观察与评价其应用的优劣，学生能自由选择将其应用于何种日常生活，能自由决定完成时间，能自行选取呈现成果的方式，如此将可培养学生对知识的自我决定、自我组织、自我评鉴及自我修改的能力，

提升学生更高层次认知思考的能力,更可培养学生对学习的责任感(李坤崇,1999;Airasian,2000;Linn & Gronlund,1995;Linn & Miller,2005)。

评价时亦可采取"荣誉考试"或"荣誉免考"。前者指训练学生的自觉性,即学习是为自己负责,考试时不需老师监考,桌子中间不需用书包或文具阻隔;后者指对表现颇佳的学生可免除某些考试,肯定其学习结果,然此免试必须依学生表现适时调整,方能激发学习动机。

(八)讲究评分、标准与人员的多元化

评价限于提供分数,亦可提供等级或评语,因分数有时不足以反映学生学习的结果与拥有的能力,仅能作为一种参考,不宜过分地强调与滥用。传统纸笔测验评分与标准均由教师决定,讲究客观判断、标准答案,强调学生与其他同学比较;而表现性评价不要求统一的标准答案,也无唯一正确的标准答案,而是倾向于让师生共同认定答案及评分标准(李坤崇,1999;余民宁,1997;陈英豪、吴裕益,1991;张兰畹,1996;Airasian,2000;Linn & Gronlund,1995;Linn & Miller,2005)。

教师宜善用不同的评分方式与评分标准,且评价标准不在于追求客观的标准答案和做法,而宜师生共同研讨决议、共同评价。评价亦可采取检定评价、过关测验的方法,允许一个班上的学生存在着不一样的学习进度,透过检定评价或过关测验,让学生从不断的自我挑战中获得成长。主持评价活动的人不一定是老师,学生、同学、家长亦可参与,教师则提供必要咨询,并适时予以协助。此外,评分方式可采用教师评分、学生自评、同学互评、家长评分、师生共同评分或师生与家长共同评分的方式,提供让学生批判思考的机会,以及让家长参与评价和了解班级学习状况的机会。

(九)强化沟通与合作学习能力

Airasian(2000)强调教学不仅是知识的获得,更要让学生学习在团体中如何与人相处,如何尊重他人,因此评价亦应顾及团体互动与合作能力的测量。而表现性评价不仅重视思考、解决问题能力,更重视沟通与合作学习能力。在具体评价时可要求学生就解决问题的想法、观点或就自己的概念架构和知识体系,进行说明与沟通,也可请学生分组完成某项评价作业,让学生在分组过程中体验合作学习的重要性并强化合作沟通的能力。实施分组合作学习时,教师对学生所进行的集体创作、秩序比赛、分组讨论或搜集资料等,可依组别予以评分。若能辅以小组竞赛的形式,将能凝聚小组,促使其相互协助、相互支持、相互教导,以达成预期的学习目标(李坤崇,1999)。

(十)兼顾评价的结果与过程

传统纸笔测验将评价重点置于学习结果,不重视学习的过程,如以演算结果评定分数而不分析演算过程,测量实验操作的知识而不看操作过程。表现性评价不仅分析学习结果,亦重视学习过程(李坤崇,1999;余民宁,1997;吴铁雄、洪碧霞,1996;陈英豪、吴裕益,1991;Airasian,2000;Aschbacher,1991;Fitzpatrick & Morrison,1971;Herman,Aschbacher & Winters,1992;Linn & Gronlund,1995;Linn & Miller,2005;Stiggins,1987;Wiggins,1992),如评价时兼顾数学解题程序与呈现的结果,兼顾实验操作与成果报告、评析问题的假设与推理结果等,这样较能了解学生造成错误的原因及学生对某一问题思考的层面、过程与逻辑。因此,Airasian(2000)提出兼顾结果与过程的表现性评价的五个共同领域,如表4-2。表现性评价,有时甚至评价学习过程重于结果,如评价体育活动、艺术欣赏、演讲、朗读、实验仪器操作。庄

明贞(1995)指出"评价过程"的方式有"临床晤谈"、记录观察、学生学习记载、学生口头或书面自我评价、学生对其计划成果和表现的口头报告、行为检核以及学生对标准化或选择题式测验的思考内容等;"评价结果"乃拟定明确评分标准来评价行为表现或产品,方式可采用实施论文式测验、评价学生作品集,评价学生表现或实验的说明,评价绘画、戏剧、舞蹈和故事,施测态度量表,或实施其他标准化或选择题式测验。

表 4-2　表现性评价的五个共同领域

沟通技能	心理动作技能	运动技能	观念获得	情意技能
写论文	握笔	掷飞盘	建构开放、封闭电路	分享玩具
演讲	选择实验仪器	接球	为购物选择适当工具	团体合作完成工作
外语正确发音	用剪刀	单脚跳	辨识未知化学物质	遵守校规
遵从口头指示	解剖青蛙	自由式游泳	根据实验资料进行推论	维持自我控制

(数据来源:Airasian P. W. *Assessment in the Classroom*. New York:McGraw-Hall, 2000, p. 148.)

(十一)着重统整化、全方位、多样化的评价

传统纸笔测验往往限于单一学科的知识,未兼顾技能与情意,使得评价结果仅是分科的零碎认知结果,难以统整呈现学生在认知、技能、情意方面的全方位学习结果(李坤崇,1999;余民宁,1997;陈英豪、吴裕益,1991;简茂发,1999;Airasian, 2000;Linn & Gronlund, 1995;Linn & Miller, 2005)。表现性评价能配合统整课程,评价学生整合多科知识的能力,而非限于单一学科的知识;能对学生的学习态度、行为表现以文字或数字加以记录,以此来掌握学生情绪、群体表现、外显行为及其他方面的发展状况;能将评价内涵多样化,兼顾认知、技能与情意,获得学生全面性的学习结果,而非只是学生所记忆的学习结果。教师为凸显全方位评价,可运用评价手册或评价通知单来呈现学生的学习结果。

传统客观纸笔测验以单一形式的纸笔测验为主,表现性评价较为多样化,包括作品集、检核表、评定量表、轶事记录、档案袋评价等方式,可用于写作或阅读心得报告,实验操作或实物制作,调查结果或观察记录,收集数据或行为观察。评价时机可采用定期和随堂评价:定期评价可训练学生合理规划时间、有效运用时间的能力;随堂评价可检视学生专心的程度、学习的情形。

(十二)强调专业化、目标化的评价

表现性评价因评分方式与标准多元化,评分难以像纸笔测验那般客观化,强调较高层次的思考与解决问题能力,因此,表现性评价对教师的专业素养的要求较传统纸笔测验要高(吴铁雄、洪碧霞,1996)。实施表现性评价的教师,需先了解教学目标与教材内容,然后拟定明确的评价目的,选择与实际生活相关的评价素材,接着具体拟定清晰可观察的评价作业,完整、适切地说明评价作业的要求、程序与做法,并向学生说明评分标准或与学生共同拟定评分标准,最后视需要与学生或家长共同评价,以及适切呈现学生的评价结果。上述这一过程与传统纸笔测验相比更着重于与实际生活结合、重视个别差异,因而表现性评价更重视教师的专业化与目标化(李坤崇,1999)。

（十三）强调教学与评价的统合

表现性评价提供具有意义性、挑战性且与教学活动相结合的评价内涵，其结果较传统纸笔测验更能针对表现不佳学生提供适切的诊断及补救，监控其实际应用的困难与进步实况。表现性评价与实际教学过程有相当密切的关系，往往可成为教学过程的一部分，这样更可促进教师教学与学生学习。教学注重学生将学习结果用之于日常生活，而表现性评价也重视评价学生实际生活的表现，二者相互呼应。总之，表现性评价较纸笔测验更能落实教学与评价的统合（李坤崇，1999；余民宁，1997；陈英豪、吴裕益，1991；Airasian，2000；Herman，Aschbacher ＆ Winters，1992；Linn ＆ Gronlund，1995；Linn ＆ Miller，2005）。

三、表现性评价的优点与限制

表现性评价是一种尝试接近真实情境的测验方式，兼顾评价的过程与结果，强调"做"，而不仅是"知"。Linn 与 Miller(2005)及 Miller，Linn 与 Gronlund（2009）比较了客观式测验与表现性评价的优点，见表4－3。

表4－3　客观式测验与表现性评价的优点比较

	客观式测验	表现性评价
测量的学习结果	对测量事实性知识是有效的，有些类型（如选择题）可测量理解、思考技能及其他复杂的结果。对测量选择或组织想法、写作的能力和某些类型的问题解决技能是无效或不适当的。	可测量理解、思考技能及其他复杂的学习结果，尤其对测量原创性反应特别有用。适用于测量真实情境中重要教学目标的作业表现，但对测量事实性的知识是无效的。
试题的准备	一个测验需要相当大量的试题，试题的准备既困难又耗时。	一个评价只需要少量的作业。
课程内容的取样	提供密集的课程内容取样，因为一个测验可以包含大量的试题。	通常课程内容取样有限，因为一份评价只能包含少量的作业。
对学生反应的控制	完整结构化的作业限制了学生的反应类型，可使学生避免受到写作技巧影响，但选择型试题会受猜测影响。	以自己的方式自由反应，使学生得以呈现其原创性，并使猜测减到最低。
评分	客观评分。	判断评分。
学习上的影响	通常鼓励学生针对明确事实发展出丰富的知识，并针对事实发展出精细分辨的能力。若设计适当，可激励学生发展理解、思考技能和其他复杂的结果的能力。	激励学生专心于学科中较大的单元，特别强调组织、统整和有效表达想法的能力。
信度	设计良好的测验，通常可获得高信度。	信度通常偏低，主要原因是评分的不一致与作业样本的有限。

（数据来源：M. D. Miller，R. L. Linn ＆ N. E. Gronlund. *Measurement and Assessment in Teaching* (10th ed.). Upper Saddle River, NJ：Merrill，2009，p. 156. ）

（一）表现性评价的优点

表现性评价强调认知与建构主义，认为人类认知过程应与应用情境紧密连接，学习是知识重新组织与建构的过程，有意义的学习材料才能类化应用。表现性评价具有下列优点（李坤崇，1999；余民宁，1997；陈英豪、吴裕益，1991；Airasian，2000；Linn & Gronlund，1995；Linn & Miller，2005）：

1. 兼重评价的结果与过程

表现性评价能弥补传统纸笔测验过于僵化、内容与现实脱节、重视结果忽略过程等不足。表现性评价不仅分析学习结果，亦重视学习过程。

2. 与真实生活结合

表现性评价内容尽量接近真实生活，使得知识能力能更充分应用于日常生活。

3. 完整反映学习结果

表现性评价可以让教师了解学生对问题的了解程度、投入程度及解决问题的技能和表达自我的能力，同时也能兼容跨领域或学科知识，因此能够较完整地反映出学生的学习结果。

4. 评价高层认知思考与问题解决能力

表现性评价不仅评价"知道"，更强调评价"做"的过程与结果，较能评价高层次认知思考及问题解决的能力。

5. 促进学生自我决定与负责

表现性评价要求学生将某项学习结果运用于日常生活情境，使学生能自由选择应用于何种日常生活，能自由决定完成时间，能自行选取呈现成果方式等，这些都将促使学生自我决定与负责，让其成为意义建构的主动参与者。

6. 引导高层次认知学习

表现性评价与真实的生活较为相近，不仅能评价传统纸笔测验无法评价的高层次认知，更能增进学生学习的动机、提高学生参与和投入的程度、协助学生建构有意义的学习情境，发展问题解决、批判性思考和表达自我的能力，以及增进学生组织、统整和有效表达想法的能力。

7. 了解学生学习上的缺点，具有诊断功能

表现性评价兼顾过程与结果，能完整反映学习结果，更能觉察学生缺点，进而诊断其学习困难。

8. 教学与评价结合

表现性评价强调评价与教学结合，有时可作为一种教学策略，不仅有助于开展生动活泼的教学，亦可提高学生的学习兴趣和学习结果。表现性评价作业能厘清教学目标，厘清学生在校内外自然情境下的复杂表现。通常，越符合教学目标的表现性评价越可行，且良好的教学活动与表现性评价作业是难以区分的。

（二）表现性评价的限制

表现性评价虽然有很多优点，但实施仍有其限制，分述如下（李坤崇，1999；余民宁，1997；陈英豪、吴裕益，1991；Airasian，2000；Linn & Gronlund，1995；Linn & Miller，2005）：

1. 设计不易

表现性评价不仅要求学生了解评价内涵，更要求学生将知识应用于实际生活，使得其设计需兼顾了解、应用、分析等认知层次，与一般的纯粹设计评价并只是测量学生是否简单了解的

这一认知层次相比要复杂得多。

2. 施测计分时间较长

表现性评价的实施、计分所需时间，通常较纸笔测验多，且评分较客观纸笔测验费时费力，较难用机械计分。

3. 施测花费昂贵难以大量实施

表现性评价的花费通常较纸笔测验多，有时需要购置一些器材或仪器，可能面临经费与保管问题，有时也需要足够空间方能实施。上述因素造成表现性评价难以大量实施。

4. 题数不多，内容代表性较差

表现性评价的题数通常较少，与纸笔测验常用的选择题相较，题数明显较少，内容代表性可能较差。

5. 计分较复杂主观

表现性评价的重点的掌握和评分标准较易造成教师的困扰，通常其评分较客观纸笔测验主观、复杂，较易受评分者个人特质影响。

6. 信度和效度较差

表现性评价受主观判断影响，评分一致性通常也不高，因此信度较低。取样题数不多、代表性不足将降低效度。

7. 较难进行团体比较

因表现性评价的计分较复杂主观、信度与效度较差，使得其较难用来进行团体间学习结果的比较。

第二节 表现性评价的类型

米勒等人均提到使用"表现性评价"较"真实性评价"为佳，因为"表现性评价"比"真实性评价"更不虚伪，是在真实情境中实际应用的评价，且其评价测验的情境的"真实"仅是程度上的差别，而非完全真实或完全不真实。

格朗伦德(1993)依据测验情境的真实程度，将教学情境常用的表现性评价分为以下五种类型：(1)纸笔的表现性评价。此评价虽由纸笔来表现，但比传统纸笔测验更强调在仿真情境中应用知识与技能，通常使用设计、拟定、撰写、编制、制造、创造等行为动词，如设计一份海报、拟定活动流程、撰写读书报告。(2)辨认测验。此测验要求学生辨认解决实作作业问题所需的知识或技能，如辨认电动机实验所需的工具、装备或程序，辨认某机器故障的原因，辨认未知的化学物质，辨认正确的发音，或辨认数学解题的正确程序。(3)结构化表现的表现性评价。此评价是要求学生在标准、控制的情境下完成实作作业，这种测验中的情境的结构性甚高，要求每位学生均表现出相同反应。(4)模拟表现性评价。此评价是要求学生在模拟情境中完成与真实作业相同的动作，强调实作的正确程序，如教师在教学实习时要求学生进行教学活动设计，逐一写出准备活动、发展活动、设计活动的过程，并考虑所能达成的行为目标、所需资源、花费时间与评价，之后以角色扮演的方式(由设计者当教师，其他同学当学生)进行模拟试教。(5)工作样本表现性评价。在五种类型中，工作样本表现性评价的真实性最高，此评价要求学生表现实际作业情境所需真实技能，通常要求学生完成全部作业或表现最重要的要素，且在控制良好的情境下完成工作,如考汽车驾驶时,要求学生在涉及正常驾驶常会发生的共同问题的标准场地练习。另外要求学生制作电子版书信、分析一份调查资料、操作机器、修护仪器等都是工作样本的表现性评价。

米勒等人均强调真实性只是程度的问题,教师应由关注依据真实程度的分类模式转到注意实作表现的限制程度,如打字测验可要求学生完全按照传统信件格式来打,亦可要求学生自由创造、发挥。依据表现的限制程度可将表现性评价分成两类:限制反应实作作业(restricted-response performance task)和扩展反应实作作业(extended-response performance task)。

一、限制反应实作作业

"限制反应实作作业"能够评价的学生的表现较为有限,但能明确规定表现的形式与限制。米勒等人举出此类评价的八个例子,具体为:(1)写一封求职信。(2)大声朗读一段故事。(3)用五块直的塑料片随意连结构成三角形,并记录每一个三角形的周长。(4)指出两溶液中哪一种含糖,并证明所提出的结论。(5)画出两城市月均降雨量的图。(6)用法语询问前往火车站的方向。(7)在未标示城市名称的欧洲地图上,写出正确的城市名称。(8)宜静知道班上有半数同学受邀参加大雄的生日聚会,同时,半数受邀参加阿福的聚会。宜静心想加起来刚好百分之百,所以她想自己肯定会被邀请参加其中的一个聚会。请解释为何宜静的想法是错的,请尽量用图解释。

"限制反应实作作业"也会出现的形式为"有时会采用选择题或简答题,有时答案的解释会有所延伸,有时又会通过问学生为何不选此答案来解释答案的延伸",此形式虽为客观式测验的延伸,但此问题必须与日常生活情境相近,且兼顾过程与结果。

"限制反应实作作业"的优缺点与限制式的申论题颇为相同,比"扩展反应实作作业"更具结构性,学生回答时间较短、能回答较多问题、可评价较广泛领域的学习结果。较高的结构性使得计分较为容易,但却难以评价数据统整能力和创造力(Linn & Gronlund,1995;Linn 与Miller,2005)。

二、扩展反应实作作业

"扩展反应实作作业"要求学生在完成提供的作业外,还需要从不同来源收集信息,如要求学生到图书馆查询资料,在实验室观察、分析数据,实施调查,使用计算机或其他设备。学生面对"扩展反应实作作业"时需要确认作业内涵的最重要的部分,自行决定过程,决定如何展现结果。做作业可能需要一段时间,也可能需要来回修正,学生在此自由完成作业的情境下可以展现其选择、组织、统整及评鉴信息和想法的能力。

米勒等人举出此类评价的三个例子:(1)准备并发表一场足以说服民众采取环保行动的演讲。(2)用 BASIC 语言编写一个程序,将数据依据第一个单词的字母顺序来排序。(3)设计与执行一项评估落下物体加速度的研究,如球的加速度,指出所用的方法,呈现收集与分析的数据并陈述结论。评价的过程或程序乃观察评价的重要部分。学生完成或呈现作品的形式可能互异,如可用图表来架构或呈现,亦可用照片或绘画,更可用物理模型来架构。且学生完成作品可能需几天的时间,教师应让学生有充裕时间改善、修饰作品,学生方能自由展现其选择、组织、整合和评鉴信息与概念的能力。

"扩展反应实作作业"要求学生以真正的表现证明其技能,重视"做"而非只是"知"。有时二者有差异,如文字处理人员能在计算机前正确操作文书编排,却很难说出计算机文书编排的原理。欲提高此评价的有效性,应谨慎选择评价作业与表现性评价方式,必须选择能达到评价目的的作业内容与评价方式。

总之,表现性评价测量学生完成对应重要教学目标任务的能力,"限制反应实作作业"通常聚焦于明确的技巧,而"扩展反应实作作业"较着重于问题解决、各种技巧与理解的统整。两种类型评价复杂学习结果的范例详见表4-4。

表4-4 实作作业的类型

类 型	可测量的复杂学习结果范例
限制反应实作作业	能力: 　大声朗读; 　以外语问路; 　建构图表; 　使用科学仪器; 　写一封信。
扩展反应实作作业	能力: 　建构一个模式; 　收集、分析与评鉴资料; 　组织意见、设计结构图及进行统整性口语表达; 　画一幅画或演奏一种乐器; 　修理汽车引擎; 　写一篇富有创造力的短篇故事。

(数据来源:M. D. Miller,R. L. Linn & N. E. Gronlund. *Measurement and Assessment in Teaching* (10th ed.). Upper Saddle River,NJ:Merrill,2009,p. 267.)

第三节 表现性评价的编制

笔者参考李坤崇(1999、2006)、余民宁(1997)、陈英豪与吴裕益(1991)、阿莱萨(1996)、格朗伦德(1995)、米勒等人(2005)及斯汀格(1987)对编制表现性评价步骤之论述,以及发展表现性评价实例的经验,提出表现性评价的编制历程包括"呼应评量目的采取表现性评价"、"确定表现性评价的实作目标"、"研拟重要的实作层面及可观察的实作指标"、"规划评量规准、程序及计分"、"设计实作表"及"制作使用说明与评量准则"六步骤,兹分别说明之。

一、呼应评量目的采取表现性评价

在进行学业评价前必须依据教学目标与教材内涵来决定评量目的,再依据评量目的来选取评量方式,各级学校较常用的评量方式有纸笔测验、表现性评价、档案评量及口语评量,各种评量方式之重点与型式详见表4-5。

表 4-5　各种评量方式之重点与型式

评量方式	评量重点	常见型式
纸笔测验	事实知识、概念知识、程序知识及后设认知知识。	笔试。
表现性评价	行为技能表现、态度情意表现。	表演、实作、作业、鉴赏、实践。
档案评量	规划、组织、统整及省思能力。	资料搜集整理、书面报告。
口语评量	语言表达能力。	口试、口头报告、晤谈。

教师应检视评量目的来选取最佳的评量方式，不应不管评量目的直接决定评量方式。如实例 4-1"勤洗手保健康——洗手检核表"乃源自教师拟评量达成综合活动学习领域能力的指标，即"2-1-1 经常保持个人的整洁，并维护班级与学校共同的秩序与整洁"的部分内涵。教师应先检视 2-1-1 能力指标，此时宜采用纸笔测验、表现性评价、档案评量或口语评量等评量方式。因此能力指标动词"经常保持"、"维护"，乃评量行为技能表现的常用词。

实例 4-2"营帐(屋式帐)搭拆检核表"包括搭设、拆收及小组学习态度三部分，乃源自教师拟评量达成综合活动学习领域的能力指标。"4-4-3 具备野外生活技能，提升野外生存能力，并与环境作合宜的互动"，此能力指标动词"具备……技能"、"提升……能力"，乃评量行为技能表现的常用词。故，实例 4-1、4-2 均以表现性评价检核行为技能。

二、确定表现性评价的实作目标

米勒等人均提出发展表现性评价作业重点的六项建议：(1)重点置于需要复杂认知技巧与学生表现的学习结果；(2)选择或发展能代表重要学习结果的内容与技巧作业；(3)将干扰评量目的与提高实作作业困难度的技能减到最低，如欲评量数学沟通技巧与结果的能力时，应降低题目指导语难度，避免阅读能力影响评量结果；(4)提供学生必要的框架以便理解作业与期待，注意完成作业所需的预备知识与技巧，方能提供富挑战性的实作作业；(5)研拟具体明确的作业指导语，让学生清晰了解如何实作；(6)清晰说明实作所期望的表现方式或内涵，并告知评量标准。

米勒等人建议从下列三向度来确定表现性评价行为技能或态度情意表现：(1)重要的学习内容和技能；(2)行为表现的性质：评量重点着重"历程"、"成果"，或两者兼顾；(3)判断的规准和标准：明确列出行为表现的重要层面和各层面表现的评分标准，前者乃将重要的学习内容和技能具体化为可观察的行为，后者乃订立表现优异、普通或不佳时的程度标准。

笔者呼应米勒等人的观点，提出确定表现性评价的实作目标必须掌握精简可行、具体可评、目标明确三特性。

(一) 精简可行

"精简可行"乃评量重点不应贪多，应力求精简，利于执行。一份表现性评价表以检核一项行为技能或态度情意为原则，若一项表现性评价包括行为技能、态度情意，则建议分成两份表现性评价表。

例如，实例 4-1 的 2-1-1 能力指标的评量范围包括个人整洁、班级与学校共同的秩序、班级与学校共同的整洁三大部分，是基于设计由简而繁，由易而难及精简可行的原则设定的。

实例 4-2 的 4-4-3 能力指标评量范围包含野外生活技能、野外生存能力及与环境互动三大部分，仅选取与教学最直接相关、最核心的"搭拆帐"部分来评量。营帐(屋式帐)搭拆检核表原本将"营帐搭设"、"营帐拆收"、"小组学习态度"混在一起，且其中涉及行为、情意领域，故建议检核表依"营帐搭设"、"营帐拆收"、"小组学习态度"拆成三大部分，予以区隔。

(二) 具体可评

表现性评价目标必须具体可行。例如，实例 4-1 涉及的 2-1-1 评量能力指标是"个人整洁"，但范围仍不够具体。个人整洁涉及认知、技能及情意三层面，响应 2-1-1 能力指标中的"经常保持"，此为评量聚焦于技能。然而，个人整洁的技能包括刷牙、洗脸、如厕、洗手等。各种病菌的传染常源自于洗手方式的不正确，所以考虑能力指标及社会情境需求时，选取时下最重要的技能："洗手"。然而，洗手涉及洗手站立位置、时间、时机、步骤等，因此教师应根据教学需要及社会情境，进一步选取"洗手步骤"作为检核作业重点。实例 4-1 乃设计"勤洗手保健康——洗手检核表"。

在设计实例 4-2 之搭拆帐必须先选择适切的营帐种类。营帐依活动性质及天候、地形、人数的不同大致分为复式帐、屋式帐、海滨帐、蒙古包等，这里仅选取适用于童军活动及短程登山的屋式帐，来发展实作检核表。

(三) 目标明确

由于实例 4-1"勤洗手保健康——洗手检核表"结合了教学与评量的设计，故学习目标亦为评量目标。实例 4-1 确定了表现性评价作业重点后，研拟了呼应 2-1-1 能力指标、实作主题、教学需要及社会情境需求的学习(评量)目标，即三项目标：(1)做出正确的洗手步骤；(2)检核洗手缺失，并立即改善；(3)养成勤洗手、正确洗手的习惯。

实例 4-2 选取了营帐种类后，拟定了呼应 4-3-3 能力指标、实作主题、教学需要及社会情境需求的三项学习(评量)目标：(1)能正确、迅速地搭设营帐；(2)能正确、迅速地拆收营帐；(3)能与小组成员分工合作达成营帐搭拆。

三、研拟重要的实作层面及可观察的实作指标

兹从掌握实作层面或指针的特性及发展可观察的实作指标的原则两向度阐述之。

(一) 掌握实作层面或指针的特性

笔者综合李坤崇(2006)、Airasian(1996)、Linn 与 Miller(2005)、Popham(1995)的观点，并考虑各级学校教师共同研发表现性评价实例的经验，建议发展表现性评价的实作层面或实作指针(评量项目)时宜掌握下列特性：

1. 目标性

实作层面或指针应呼应评量目标，若偏离目标不仅可能出现评量误差，更会浪费师生时间。

2. 代表性

应呈现最关键、最具代表性的实作层面或指针。最关键指实作指针应是实作层面的最核心、关键者，通常是较高认知、技能或情意层次的技巧或表现。最具代表性者乃最足以彰显实作行为或态度者，教师应避免让琐碎的实作指标掩盖具代表性的实作指标。如实例 4-2 之架设内帐层面之"3-6 确实拉对主绳角度，营钉与地面成 45 度角下钉动作"的"45 度角下钉动

作",以及"3-7拉内帐角绳,营钉与地面成45度下钉动作"乃相当关键的实作指标。

3. 鉴别力

鉴别力指实作指标应能鉴别学生行为技能或态度情意的优劣,若无鉴别力的实作指标仅会增加师生评量负担,除非是关键指标,否则应予以删除。如实例4-1之搓的层面之"2-2双手搓揉,包括手心、手背、指缝间、指腹、虎口、指甲等部位。肥皂、一般洗手液应搓洗至起泡",乃相当具有鉴别力的实作指标。

4. 可评性

可评性主要含括观察化、量化。观察化指教师拟定的实作指标应为可观察的实作表现。教师拟定实作指标应考虑其是否可观察,若无法观察,则应放弃此实作指标。量化指教师拟定实作指标时应尽量予以量化,可发展出明确的评分规准,作为评量的依据。如有些教师拟定"屋式帐搭法"三步骤为:(1)清理地面异物,测定风向,确定架帐位置,地布铺平,关紧营门,营钉垂直,固定四角。(2)先钉主绳营钉,竖立两端营柱,撑起帐篷,扣上主绳,利用调整片调整,扯直屋脊。(3)先固定角绳,角绳尽量往外扯,营墙才不会有皱纹;侧绳轻扯,否则屋脊会下弯、营墙会凸出。上述三步骤的可评性,似乎比实例4-2营帐(屋式帐)搭设含括六层面19指针的内容要弱。

5. 意义性

意义性是指呈现对学生有意义、重要的描述,且能清楚描述评量的实作层面或指针,并将与实作指标、预期目的无关之作业表现或作品均予以排除。如作业需要大量阅读,可能会增加作业难度,而干扰评量表现。

6. 真实性

表现性评价取材的实作指标应尽量接近实际生活,并与真实生活产生关联,以真实或虚拟的实际生活问题来评量学生。

7. 先备性

实作指标应提供学生必要的框架,以便学生理解作业与期待作业。教师拟定实作指标时,应厘清:"学生完成此实作指标,需要哪些先备知识与技巧"。

8. 明确性

判断是否具体、明确的准则是另一个非实作设计教师是否能以实作设计教师的实作指标与评分标准,来正确实施评分,若选"是"则表示实作表现标准与评分标准够具体明确。

9. 精简性

设计表现性评价时要掌握"意义性、具体性、实用性"之间的平衡,教师常用的实作指标数量大约在10至15项,实际应用时教师可视评量内涵、学生多寡、评量时间适切调整。

10. 公平性

教师拟定实作指标宜顾及各类学生的表现,厘清"实作指标对所有学生都公平吗?"实作指标应顾及对不同家庭社会经济地位、族群、地区、性别学生的公平性。

11. 可教性

若实作指标能力与教学无关,则不适宜用于表现性评价的作业。教师拟定实作指标时,应厘清:"学生实作指标能力的提升是否是教学所致?"

12. 类推性

实作指标必须考虑类推性。教师应厘清："学生在实作指针项目的表现，可类推到其他相似项目中去吗？"

13. 可行性

表现性评价通常比纸笔测验需要更多空间、经费、人力的配合，若勉强实施，将引起对表现性评价方法的质疑。教师应厘清："实作指标的可行性如何？"

14. 渐进性

确定实作指标的过程是一个逐步改善的历程，很少有教师在一开始就拟定完善的实作指标，通常必须逐步修改才能满足信度和效度的需求。

（二）发展可观察的实作指标的原则

综合李坤崇（2006）、Airasian（1996）的观点以及与各级学校教师共同研发表现性评价实例的经验，提出发展可观察的实作指标的原则如下：

1. 列出实作的重要层面

教师应先列出实作的重要层面，再由重要层面发展出可观察的实作指标。如实例4-1之洗手检核包括湿、搓、冲、捧及擦五大层面，实例4-2之营帐搭设含括选地、清点器材、架设内帐、架设外帐、整理营帐及收拾六大层面。

2. 依据重要层面掌握四特质，发展实作指标

实作指针应从实作重要层面中，选取具目标性、关键性、鉴别力、可评性四个特质的指标。

3. 实作指标数量力求精简

良好的实作指标必须力求精简，且应限制数量。依据多数教师经验，一份表现性评价的实作指标的数目最好在10到15项之间，然若实作目标较广泛，宜将整份表现性评价分为几部分。如实例4-2乃将整个营帐搭拆分成搭设、拆收及小组学习态度三部分，避免教师同时评量太多内涵，降低效度。

4. 采取具体、条列性、便利性、时间排序性的方式

具体是指实作指标应避免使用含糊不清的叙述方式，因为模糊字眼易遮盖实作指标原意，尤其应避免滥用副词，如"好的"、"适当的"等。"适当组织"可写成"起承转合明确"，"正确地说话"可写成"有逻辑顺序地表达想法"。条列性是指实作指标的呈现应采取条列的方式，精简叙述，简洁扼要，不宜出现长篇大论的方式。便利性是指版面安排及指标排列以利于评量者观察、判断为准，不应为求节省篇幅而将版面浓缩，亦不可以设计者方便来排序。时间排序性是指实作指标的排列应依据时间发生的先后顺序排列，方能让评量者易于依序评量。

5. 集思广益决定实作指标

团体共同研议实作指标的成果通常优于个人拟定，经由多元思维、脑力激荡来定指标，不仅省时省力，且定出的指标将更为周密与易于实施。

6. 设身处地模拟实作

实作指标与排序完成后，设计者应设身处地模拟此实作指标，觉察出实作可能的问题，作为修改"实作指针与排列顺序"的重要依据。

7. 若有现成工具则无须重编

发展表现性评价工具前，宜先检查是否已有符合实作指标的评量工具，若有符合评量目的

者,宜直接引用,不需花时间重编。编制表现性评价工具时,不须为自编而自编。

四、规划评量规准、程序及计分

表现性评价计分可分二元计分、多元计分。二元计分多用于行为技能的对错、是否、通过或不通过的检核,实作指标本身必须清楚列出二元计分的标准,无须发展评量规准。多元计分多用于态度情意的评量,评定多元的等级若无明确规准,甚易造成主观认知的误差。为提高表现性评价的信度、效度,教师宜审慎规划评量规准。

(一) 规划评量规准

"评分规准"(Scoring Rubrics)乃一组评鉴表现的准则(criteria),通常以等级量表的形式呈现,每个等级皆有一组行为表现的描述语,对不同的行为特质或层面予以操作性定义。Herman, Aschbacher 及 Winters(1992)认为评分规准包含四项:(1)重要的行为特质或向度,用来作为评断行为表现的依据;(2)行为特质或向度的操作性定义,用来阐述各个特质或向度的内涵;(3)计分量尺(scales),用来评断表现行为;(4)表现标准(standards),用来沟通表现杰出、满意、未发展等不同水平的表现行为。

以实例 4-2 之"小组学习态度"为例来说明上述四项评分规准:(1)重要向度为分工合作、团队效率以及整组态度三向度;(2)各级别均有各向度的操作性定义,如分工合作之 A 级为"小组分工合宜,且互助合作",B 级为"小组分工或合作,其中一项较差"、C 级为"小组分工与合作均差";(3)计分量尺分为 A、B、C 三级;(4)表现标准乃 A、B、C 三级在各向度的特征。详见表 4-6。

表4-6 小组学习态度评分规准

	A	B	C
1. 分工合作	小组分工合宜,且互助合作。	小组分工或合作,其中一项较差。	小组分工与合作均差。
2. 团队效率	迅速、有秩序、有效率地达成任务。	迅速、有效率地达成任务,但秩序较差。	达成任务不够迅速、有效率,且秩序较差。
3. 整组态度	小组相当用心学习,态度积极。	小组学习与态度普通。	小组学习精神与态度均差。

评分规准的建构大致可分为界定表现准则(performance criteria)、设计评分规准、试用与修正三个阶段。斯汀格(1994)提出建置评分规准的步骤如下:一为,对实作层面或指针进行脑力激荡,列出重要特质或要素。教师可以参考文献或与专家、同僚或学生共同参与及讨论。二为,针对已列出特质或要素进行分类。教师可将特质或要素分为 4—5 个向度或类别,视需要增减之,但向度或类别应涵盖所有特质,且数量不宜过多。若由师生共同研议,分类除可以建立共通语言外,更能促使学生对评分规准与成功标准有更深入了解。三为,以简单、清楚的语言界定各向度,即给予各向度清晰的操作性定义。四为,分析实作、表现或成品。教师可以针对学生的实作表现或成品,进行特质分析,如将作品分为高、中、低三个等级,再仔细分析各等级作品的特质(含历程或成果),或对比表现优秀及不佳的作品,并分析其差异。五为,列出不

同等级行为表现或特质的描述语,并制定评分规准。教师可根据步骤四对比分析的结果,列出不同等级的描述语,并编制整体式或分析式的评分规准。六为,试用、修订与改进。规准均须经过不断地试用与修正,才会可行。

建立评分规准时,宜在"客观与容易的评分规准"与"复杂但真实的评分规准"间审慎选择。如以提升写作兴趣为评量目标时,若采用观察、晤谈(复杂但真实)的方式来评分,可提高效度,却可能降低信度;若采用学生写作数量(客观与容易)来评分,可提高信度,却可能降低效度。

(二)拟定评量程序

通常教师自己实施评量时,不需要拟定评量程序,然若系其他人员协助评量,应决定明确、流畅的评量程序。如小组长初评应先选择小组长,再检核小组长,再实施小组长讲习,再实施小组长互评与检讨,最后才由小组长评量组员。若无严谨程序,将降低评量的信度与效度。

"评分"效度包含评分规准能否反映重要行为特质及评分者能否根据评分规则精确、一致地进行评分。评分的精确性与一致性者有赖于管控评分的程序或严谨的评分者训练。管控评分应有标准化的评分程序,以及各项评分等级的实例解析。

Stiggins(1994)提出评分者的训练步骤,如下:(1)训练者事先准备已历经严谨程序计分的作品样本数件,最好含各层面不同等级的作品;(2)与受训者讨论评分规准,直至受训者完全了解评分规准的内容;(3)由受训者针对事先准备好的作品样本进行计分,此样本是已历经严谨程序计分的作品,并已评定分数,但分数不让受训者知道;(4)核对受训者的给分,并讨论与样本评定分数有差异的原因;(5)由受训者再针对另一份已评定过的作品样本计分;(6)核对给分差异,并讨论差异原因;(7)重复步骤,直至受训者给分能与样本分数达到一定程度的一致性,若为五等级计分,则差异应在一分之内;(8)由训练者与受训者共同针对未计过分的作品进行计分,讨论结果及其差异原因;(9)重复步骤,直至所有受训者(评分者)间的给分能达到高程度的一致性;(10)受训者(评分者)直接进行评分,训练者应不定期检视评分者内与评分者间给分的一致性(可通过对相同作品重复计分的方式来检视一致性),若有必要亦应给予再训练。

(三)计分(评定评量结果)

教师实施结果评量应突破分数概念,打破一百分的迷思,应用更活泼、多元的评分或等级,打分数或评等级时不宜太严苛或没弹性,应鼓励表现较差的学生,让其感受 A$^+$ 或一百分的喜悦。评量除传统的分数外,还可采用下列方式:

1. 努力分数

教师平常总是积极鼓励学生努力、用心,然却畏于评量结果。若教师能将努力分数纳入评量,一方面可强调学生学习历程,鼓励学生更积极用心,一方面可激励学习成果较差学生,避免让其一直处于能力、分数低下的阴影中,以强化其信心。

2. 期望分数

教师可先让学生写出自己期望得到的分数,再对照此一分数与学生平时表现,给学生具有鼓励性意义的适切分数。

3. 加评语的分数

教师若能于打分数后,就学生努力或特殊状况予以适当的鼓励与提示,将更具积极意义。

4. 加符号的等级

教师为鼓励学生,可在一般等级旁,如甲上、甲、乙下、A＋、B－等符号旁边加注符号,如甲上加星星、甲上加笑脸、甲上加"好棒"。

第一章中的表1-2乃兼顾能力、努力符号与评语之评量标准,以符号"A、B、C、D、E"表示"很好、不错、加油、改进、补做(交)",此评量标准可避免中小学只存在对、错二分的现象,鼓励学生作答或交作业,并给予学生更多的激励。

五、设计实作表

研拟重要的实作层面及可观察的实作指标,规划评量规准、程序及计分之后,必须将上述行动转成可以运用的实作表,即设计实作表。实作表通常包括实作表名称、指导语、实作项目、分享、备注或注意事项,以及评定结果、签名与日期六向度。

"实作表名称"除应切合实作主题,有创意但不流于花俏外,应根据计分方式来与检核表或评量表相区别。实作表有二元计分的检核表,也有多元计分的评量表。如实例4-1名称为"勤洗手保健康——洗手检核表",其指标全都是二元计分的实作指标,故用检核表;实例4-2名称为"营帐(屋式帐)搭拆检核表",其中帐篷搭设、拆收乃为二元计分,小组学习态度为多元计分,大部分为二元计分,故称检核表。

"指导语"应包括引导句、目的、作法、评量结果方式、过程及用途六部分。"引导句"通常是指问候语或引导评量的必要说明。"目的"乃说明实作表的目的。"作法"乃实作程序或如何评分。"评量结果方式"乃告知受评者评定检核结果时的标示方式。"期程"乃准备、实作或缴交的期程。"用途"乃实作结果的用途。实例4-1之指导语中,"养成勤洗手的习惯,可预防腹泻、呼吸道传染病及肠道寄生虫等疾病"乃引导句。"为了了解你的洗手步骤的正确性"乃目的。"请你做一次洗手的动作"乃做一次洗手动作的实际操作过程。"作法"由小组长检核。"用途"用以评定综合活动学习领域成绩,属隐而未说的部分。未述及"评量结果"的内容乃置于检核项目下面的备注之中。

实例4-2之指导语中,"营帐(屋式帐)搭拆是露营必备的技能"乃引导句。检视各组在"营帐搭设"、"营帐拆收"中的正确性以及"小组学习态度"乃目的。"教师将以组为单位,分别检视"乃分组检视方式。"'营帐搭设'、'营帐拆收'采用检核正确性的方式检核,检核结果正确者打'√',修正后正确者打'○',省略者打'△',错误打'×';'小组学习态度'采用评定等级的方式,优者打'A',佳者打'B',待改进者打'C'",则为"作法"与"评量结果方式"。"用途"用以评定综合活动学习领域成绩,属隐而未说的部分。

"实作项目"乃实作层面与实作指针,即实例4-1之检核项目及检核重点,实例4-2之营帐搭设、营帐拆收的检核项目与检核重点,以及小组学习态度。

"分享"乃提供教师、学生、小组长或家长陈述实作经验、感想或心得的空间,教师可尽量引导大家陈述心得,亦可用此空间予以学生鼓励。

"备注或注意事项"乃实作表中较为弹性的向度,可以补述其他向度的不足。尤其是,涉及实作安全时,应特别提醒学生注意安全或其他注意事项,这样不仅可避免意外,更可于发生意外时保护教师。

"评定结果、签名与日期"中,"评定结果"乃评定检核或评量的结果之处,通常直接置于实作指标之后。"签名"乃参与评量者之签名处,可为教师评量、学生自评、小组长评量或家长评量。"日期"乃表现性评价的日期,通常以评量完成时间为准。

六、制作使用说明与评量准则

林纳提出有效评定表现性评价等级的十项原则:(1)开始教学时向学生说明拟评定等级的程序;(2)向学生清楚地表明课程的等级仅依据其成就而定;(3)解释要如何报告其他元素(如努力、工作习性、个人与社会特征);(4)将评定等级的程序与既定的学习成果相连结;(5)取得有效的证据作为评定等级的基础;(6)采取预防措施以防止测验或评量时的舞弊;(7)尽快交还并检视所有测验和评量结果;(8)适当加权等级中包括的不同类型成就;(9)不因障碍、努力不够或不良行为降低成就等级;(10)力求公平,即为避免偏误,针对处于边缘分数者应检视证据,若仍有疑虑宜评定较高的等级。可见,制作学生说明书或手册,是提高效度的有效作为。然而,教师制作表现性评价使用说明、提高使用效度,更是应有的作为。

实例4-1及实例4-2呈现了完整的使用说明与评量规准。实例4-1包括达成能力指针、学习目标、评量项目、评量方法、实施步骤、检核标准、计分方式、结果运用及补充说明等项目。实例4-2包含达成能力指针、学习目标、检核项目、实施步骤、检核规准、评等或计分方式及结果运用等项目,各项内含的重点已于前述,限于篇幅不再赘述。

七、表现性评价的实例

为完整说明表现性评价的编制历程,以实例4-1"勤洗手保健康——洗手检核表"、实例4-2"营帐(屋式帐)搭拆检核表"辅助阐述。

实例4-1、实例4-2中,除呈现检核表外,更提出使用说明与评量规准,让运用者更易于掌握运用表现性评价的要诀。

实例4-1

勤洗手保健康——洗手检核表

姓名: 　　　　　班级: 　　　　　　　总分:

小朋友:

　　养成勤洗手的习惯,可预防腹泻、呼吸道传染病及肠道寄生虫等疾病。为了了解你的洗手步骤的正确性,请你做一次洗手的动作,并由小组长检核。

检核项目	检核重点	结果
湿	1. 将手淋湿。若为干式洗手,则可省去此步骤。	
搓	2-1. 将手擦上肥皂、一般洗手液或含酒精洗手液。	
	2-2. 双手搓揉,包括手心、手背、指缝间、指腹、虎口、指甲等部位。肥皂、一般洗手液应搓洗至起泡。	

检核项目	检核重点	结果
冲	2-3. 至少搓洗20秒以上， 3. 以清水冲洗双手。	
捧	4. 需以手捧水冲淋水龙头。 若能使用感应式水龙头,则可省去此步骤。	
擦	5. 用擦手纸或干净毛巾将手擦干。 若用擦手纸,可再以此包着水龙头予以关闭,用过即丢。 不要与他人共享毛巾或擦手纸。	

备注：
1. 检核结果正确者打"√",错误者打"×"。
2. 就干式洗手、感应式水龙头洗手的省略步骤,于结果栏打"△";计分时,视为正确。

分享：

小组长签名：	教师签名：	日期：　　年　　月　　日

勤洗手保健康——洗手检核表
使用与检核说明
设计者:李坤崇

一、达成能力指标

达成综合活动学习领域能力指标"2-1-1经常保持个人的整洁,并维护班级与学校共同的秩序与整洁"。

二、学习目标

（一）做出正确的洗手步骤。

（二）检核洗手缺失,并立即改善。

（三）养成勤洗手、正确洗手的习惯。

三、评量项目

见检核表。

四、评量方法

（一）本评量于单元教学中实施,采取个别施测方式。

（二）检核分为五大步骤,细分为七项检核项目,由小组长检核之。

（三）各组学生依序做出检核表的各个步骤,由小组长检核。

（四）小组长由教师挑选能胜任者担任之,于检核前实施讲习。

五、实施步骤

（一）教师针对小组长进行检核与评量。

（二）对小组长实施检核讲习,说明检核标准与注意事项。由一名小组长操作,其他小组长检核,核对检核结果,检讨可能的差异原因。

（三）对小组长实施评量或检核训练,步骤如下:

1. 告知评量或检核目标与评量重点。

2. 共同讨论评量或检核标准。

3. 评量者对模板进行评量或检核。

4. 与评量者讨论评量或检核结果的差异与原因。

5. 分别就不同范本练习计分、比较评量或检核结果并讨论如何改善。

6. 重复练习,直到评量结果与教师评量或检核结果几乎一致。

六、检核标准

（一）检核者检核时,检核结果正确者打"√",错误者打"✕"。

（二）就干式洗手、感应式手龙头洗手的省略步骤,于结果栏打"△";计分时,视为正确。

七、计分方式

（一）每项检核项目,正确者得 10 分,错误者计 0 分。

（二）基本分为 30 分。

八、结果运用

（一）为教师进行补救教学或个别指导提供参考。

（二）检核表得分与纸笔测验结果,共同作为学生在该能力指针或相关单元之成绩。

九、补充说明

本表宜搭配"洗手时机"教学:

1. 接触到自己或他人的眼、鼻、口之前;

2. 在处理食物与进食之前;

3. 在自己咳嗽、打喷嚏、上洗手间之后;

4. 在外出或自公共场所回家之后;

5. 在接触病人或幼童之前后。

实例 4-2

营帐（屋式帐）搭拆检核表

_____年_____班_____号　姓名:_____　小队:_____

各位同学:

营帐（屋式帐）搭拆是露营必备的技能,教师将以组为单位,分别检视各组在"营帐搭设"、"营帐拆收"中的正确性,以评量"小组学习态度"。

"营帐搭设"、"营帐拆收"采用检核正确性的方式检核,检核结果正确者打"√",修正后正确者打"○",省略者打"△",错误打"✕"。

"小组学习态度"采用评定等级的方式,优者打"A",佳者打"B",待改进者打"C"。

一、营帐搭设:打"√、○、△或×"符号		
项目	检核重点	结果
1. 选地	1-1 选择适当地点。	
	1-2 进行整地。	
2. 清点器材	2-1 清点内帐、外帐与工具袋。	
	2-2 依照器材列表检查工具袋中横梁的数目。	
	2-3 依照器材列表检查工具袋中营柱的数目。	
	2-4 依照器材列表检查工具袋中营钉的数目。	
3. 架设内帐	3-1 先关上内帐的门。	
	3-2 铺平地布。	
	3-3 以地布钉垂直钉入地面,固定内帐四角。	
	3-4 以地布钉垂直钉入地面,固定侧边营绳。	
	3-5 正确组装后,先穿横梁、再撑起营柱。	
	3-6 切实拉对主绳角度,营钉与地面成45度角后下钉。(有横梁的帐篷,免此步骤)	
	3-7 拉内帐角绳,营钉与地面成45度角后下钉。	
	3-8 拉开内帐两侧的边绳,使其与屋顶的倾斜成一直线。(营墙)	
4. 架设外帐	4-1 披上外帐,并将外帐两端的套头正确套入横梁后,再将防雷帽套在营柱头上。	
	4-2 完成角绳和边绳之营钉与地面成45度角时的下钉动作。(外帐搭法与内帐同)	
5. 整理营帐	5-1 调整营绳,使内帐、外帐不贴帐。	
	5-2 完成卷营门、关纱窗纱门,使帐篷内部通风之步骤。	
6. 收拾	6 将营帐外袋、工具及工具袋正确收纳。	
二、营帐拆收:打"√、○、△或×"符号		
项目	检核重点	结果
1. 清理营帐	1 完成营帐内的清空及清洁工作。	
2. 拆除营帐	2-1 关上内帐门拉链、放下外帐帐门。	
	2-2 扶稳营柱。	
	2-3 松开外帐边绳、拔除营钉。	
	2-4 拔除内帐之侧的营钉后,将营柱朝同一侧放下。	
	2-5 正确拆收横梁、营柱及营钉。	

项目	检核重点		结果
3. 整理器材	3-1	擦拭、整理内帐、外帐,并检查是否有损坏状况。	
	3-2	依正确步骤收折外帐。(对折)	
	3-3	依正确步骤收折内帐。(1/3折)	
	3-4	依照清单清点横梁、营柱及营钉数量。	
	3-5	检查、登记横梁、营柱及营钉损坏状况。	
	3-6	切实擦拭营钉、营柱并上油保养。(再次确认数量)	
	3-7	将内、外帐、工具袋一起收入营帐袋。	
4. 检视地面	4	检视地面,并恢复四周环境。	

三、小组学习态度;打"A、B 或 C"等级

项目	评量重点	结果
1. 分工合作	小组分工合宜,互助合作。	
2. 团队效率	迅速、有秩序、有效率地达成任务。	
3. 整组态度	小组用心学习,态度积极。	

分享:

小组长签名:	教师签名:	日期:　年　月　日

"营帐(屋式帐)搭拆检核表"使用与检核说明

设计者:台北市综合活动领域辅导团林雅琪、温春琳及徐秀婕教师

指导与修补者:李坤崇教授

一、达成能力指标

达成综合活动学习领域能力指标"4-4-3具备野外生活技能,提升野外生存能力,并与环境作合宜的互动"。

二、学习目标

(一)能正确、迅速地搭设营帐。

(二)能正确、迅速地拆收营帐。

(三)能与小组成员分工合作达成营帐搭拆。

三、检核项目

分为"营帐搭设"、"营帐拆收"及"小组学习态度"三部分,详见检核表。

四、实施步骤

（一）本评量于适当时机实施，采取小组检核方式。

（二）由整组实作，教师检核。

五、检核规准

（一）营帐搭设、营帐拆收：采用检核正确性的方式，依据小组的实际表现来检核，检核结果正确者打"√"，修正后正确打"○"，省略者打"△"，错误打"✕"。

（二）小组学习态度：采用评定等级的方式，依据小组的实际表现来评量，优者打"A"，佳者打"B"，待改进者打"C"。规准如下表：

	A	B	C
1. 分工合作	小组分工合宜，且互助合作	小组分工或合作中，其中一项较差	小组分工与合作均差
2. 团队效率	迅速、有秩序、有效率地达成任务	迅速、有效率地达成任务，但秩序较差	达成任务不够迅速、有效率，且秩序较差
3. 整组态度	小组相当用心地学习，态度积极	小组学习与态度普通	小组学习精神与态度均差

六、评等或计分方式

（一）因检核重点在改善行为，此检核表仍以不呈现分数为原则。

（二）检核结果，正确者打"√"，修正后正确打"○"，省略者打"△"，错误打"✕"。

（三）评量结果，优者打"A"，佳者打"B"，待改进者打"C"。

（四）检核及评量后，宜视需要于"分享"栏辅以文字深入说明，并给予小组适当的鼓励。

（五）若欲计分，则检核部分中的每一项，评"√、△"得2分，"○"得1分，"✕"得0.5分；评量部分，评"A"得2分，"B"得1分，"C"得0.5分。

（六）检核表之基本分为28分。

七、结果运用

（一）为教师进行补救教学或个别指导提供参考。

（二）检核表得分作为学生在该能力指标或学期成绩之参酌。

第四节　表现性评价的信度与效度

表现性评价较纸笔测验易发生评价计分不够客观，评分者间的计分不一致，评价者未充分了解评价内涵，评价者未能遵循标准化的施测过程，评分标准难以明确，评分费时费力等问题。为减少上述缺失，教师可从进一步明确具体地界定评价目的，提高表现性评价的效度，提高表现性评价的信度这三方面着手（Airasian，2000）。

一、进一步明确具体地界定评价目的

教师欲确定实作标准、发展可观察的实作标准、制作使用说明与评分准则,计分或评价实作表现时均必须以表现性评价目的为基础。教师可从下列四方面让评价目的更明确、具体(Airasian,2000)。

(一)评价目的应扣紧教学内容

学习成果评价必须以教学为依据,教师评价旨在了解学生对教学内容学会多少,不应评价教过的教学内容或原理原则。

(二)一份表现性评价的目的不宜太多

表现性评价目的太多会降低评价效度,教师应依据设定的教学目标,选取重要的评价目的,或分次分阶段设计表现性评价,不宜企图用一次表现性评价囊括所有教学目标。

(三)施测说明应清晰界定实作标准

学生实作前是否充分了解作答方法会直接影响学生评价表现,教师不应因认为学生"应该"知道怎么做就不详细清晰地叙述实作标准。教师在班级中可与学生一起讨论,并定义所期望的行为与作品标准,在定义过程中协助学生了解何谓重要的行为表现。若学生不清楚评价标准,可能表现不好,但并非其做不到而是不知道老师所期待的行为表现或标准是什么。因此,教师设计表现性评价时应明确规划细目表,详细列出可观察的行为,具体叙述行为标准。

(四)从观察、反应、评分来加强表现性评价

教师观察学生时一方面可知道学生如何看、如何做,看学生在做什么以及听学生在说什么;一方面可观察学生反应,由学生的反应来了解学生是否达到预期学习成果。另外,评分时应排除不相关因素,以免影响教师对学生的判断,教师应以更严谨、更客观的评分技术,来避免评价者主观因素或其他无关因素的干扰,让学生能更真实地反映其实作表现。

二、提高表现性评价效度

效度关注的是教师能否从表现性评价中获得正确判断学生学习成果的信息。欲提高表现性评价的效度,可从下列八方面努力。

(一)客观评估与避免主观期待

若教师进行的评价无法客观评估行为表现或控制个人期待,将会获得无效的信息并作出不适切决定。教师若事先研拟周详的评价计划,清晰定义评价目的,审慎确定实作标准,严谨发展可观察的实作标准,详细制作使用说明与评分准则,依照评分准则来计分或评价实作表现,将可大幅降低主观因素的影响。

(二)觉察个人人格特质与经验

通常教师于教室实施表现性评价时,以单独观察方式居多,而避免主观干扰是提升效度的重要因素。虽然周详的评价与评分计划有助于降低主观影响,但教师个人人格特质与经验则为更根本的因素,教师应觉察自己的哪些人格特质会影响客观评价,自己在何种情境下较易产生情绪或主观介入。教师先前的个人经验,包括对学生工作习惯的认知、与学生合作的态度均会影响客观性,如讨人喜欢的学生即使和其他学生表现得一样,也可能较易获得高分或较高等级。教师宜觉察个人人格特质与经验对评价的影响,这样能利于其事先采取必要的避免措施。

（三）避免评价误差

表现性评价的常见评价误差除个人偏见、月晕效应、逻辑谬误等三种外，尚有因团体语言、旧经验、性别或种族的差异，使一个学生团体的测验结果明显异于另一个团体的"团体误差"。除了特殊评价外，在教师选择及使用评价的过程中，实作标准或评价形式均不能因文化背景、语言或性别而出现不公平现象。另外，教师应避免依据对学生旧经验的主观认知来判断学生学习结果。

（四）教导并给予学生练习实作标准的机会

学生有时无法正确呈现表现性评价的学习结果，这可能是因为其对表现性评价方式较陌生、较不熟练，甚至不会作答。此现象在纸笔测验中较普遍，而在表现性评价甚少的情况下也会出现，因此，教师在实施表现性评价前，应教导学生如何作答，给予学生练习机会，或提供实作成品以供参考，这样做更能正确地评价其实作表现。

（五）选择适当难度的行为标准

表现性评价的难度太难或太易，均会影响学生实作表现，且缺乏鉴别力。教师宜依据学生年龄、旧经验、预期学习成果编拟难度适当的实作表现标准，切不可以考倒学生为乐，或"放水"而使评价缺乏评价意义。

（六）限制实作标准的数目

表现性评价观察的实作标准或观察行为项目太多，将提高观察的难度，使观察结果的正确性降低。Airasian(2000)依据多数教师的经验，提出实作标准的数目最好在 10 至 15 项之间。此标准可供教师参考，但仍须视教学目标与评价目的，参与评价人员、人数与素质，学生人数与学习状况而定。

（七）观察评价时立即记录

评价结果最好能在观察评价时立即记录，教师若无法做到，虽然会用回忆方式来评价，但距离观察的时间越远，记忆将会越加模糊，结果正确性将逐渐降低。尤其是在教室评价时，教师通常必须面对很多学生，更易出现回忆混淆现象。因此，若教师不能马上记录与评估所观察的表现，将会造成记忆误差。

（八）纳入评价结果的使用与解释

Linn 与 Gronlund(1995)提出效度的三个向度为内容效度、效标关联效度、建构效度。相较于以往重视前两个向度，现在特别强调"建构效度"。近年来效度的重心由工具或测验本身的目的，渐渐转移到工具或测验结果的推论与应用，效度渐被视为"推论的适切性、意义与有用的程度"(吴毓莹，1996；Messick，1980，1989；Cronbach，1988)。欲提高表现性评价效度，教师应由使用评价工具本身发展到对结果的使用与解释，利用测验结果，结合教学目标，给予学生适当的协助、支持，不应把结果作为秋后算账的依据；解释分数时宜激发学生学习动机、强化学生的努力过程、肯定学生的付出，不应一味苛责学生未达到完美或不够努力。教师在解释时亦应避免过分依赖量化结果，虽然评价之量化结果可作为教师决策的参考，补充或补强教师获得学生信息的证据，但不应替代教师非正式的观察与诊断(Linn & Gronlund，1995)。

三、提高表现性评价信度

表现性评价信度的争议重心在于评分标准的主观性，为求提高信度，宜从下列五方面着手。

（一）审慎制定可具体观察的评分标准

为避免评分不一致降低信度，教师设计表现性评价时，应制定可具体观察的行为或特征作为评价标准，叙述时避免用正确、好、佳等模糊字眼，应用明确的量化次数或外显的明确行为来叙述。

（二）对评分者施予适当训练

若设计表现性评价，教师不应评价每一位学生，而应请学生、家长或其他教师协助参与评价，并对协助参与测量者施予适当训练，如讲解教学目标、评价目的、评分标准、计分方式或注意事项，并尽可能进行仿真评价，以提高评价结果的一致性。

（三）尽可能由二至三位评分者共同评分

虽然教师在现今班级教学中难以请其他教师或人员共同评分，但若是重要决策的表现性评价，应尽可能请二至三位评分者共同评分。以平均数或中数作为评价结果，将较为客观。

（四）避免表现性评价题数太少

表现性评价题数或标准过多，会影响观察评价的正确性，但题数或标准太少，可能降低代表性，影响评价结果的稳定性。因此题数与标准项目不宜太少，最好在 10 至 15 个题目或标准项目之间（Airasian，2000）。

第五章　评定量表与检核表理念与实例

表现性评价较常见的类型为：评定量表、检核表、作品集、开放性问卷、结构反应问卷、口语表达、论文和档案袋评价（portfolios assessment）。各类表现性评价必须视评价性质来决定最适切的类型。米勒等人均以科学实验为例（详见表5-1），阐述成熟的科学实验涉及的事项所运用的表现性评价技术，如评价"实验程序知识"宜用纸笔测验或实验辨识测验，评价"设计实验的技巧"宜用产品检核表。

表5-1　科学实验运用的表现性评价类型组合

事项	评价实作的实例	评价技术或类型
实验程序知识	叙述相关实验程序，辨识器材及使用方法，鉴定实验瑕疵。	纸笔测验； 实验辨识测验。
设计实验的技巧	计划、设计实作实验。	产品评价（检核表）。
做实验的技巧	选取器材； 安排布置器材； 做实验。	表现性评价（评定量表）。
观察与记录的技巧	叙述使用过程； 报告测量正确性； 组织与记录结果。	产品评价（分析报告）。
分析结果的技巧	辨识重要关系； 辨识数据缺点； 陈述正确结论。	产品评价及口试。
工作习惯	有效运用器材； 快速完成工作； 清理工作场所或操作台。	表现性评价（检核表）。

（数据来源：M. D. Miller, R. L. Linn & N. E. Gronlund. *Measurement and Assessment in Teaching* (10th ed.). Upper Saddle River, NJ：Merrill，2009，p. 284. ）

中小学较常用的表现性评价类型为评定量表、检核表、档案袋评价、口语评价、轶事记录、系列表现性评价。本章先探讨评定量表、检核表，其余的类型在后面章节讨论。

第一节　评定量表

评定量表是指一组可用来判断行为或特质，能指出学生在每种属性中不同表现程度的量表，可用以评价学生的学习态度、策略与兴趣或人格、情意发展状况。评定量表的外观与运用方法与检核表颇类似，两者的主要差异在于判断的"形式"：评定量表评定行为或特质时依各项出现频率或程度评定"等级"，而检核表则是评定各项行为或特质"是否"出现。评定量表、检核表可兼采用"教室和家庭观察",以评价学生日常生活的实践情形。教师应依据单元目标与实际需要,设计"教室或家庭观察记录表",以便系统记录学生在教室与家庭中将数学应用于日常生活的状况,以此作为增强或改善的依据。

米勒等人均指出评定量表具有下列三个重要的功能:(1)可将观察方向导引至具体、明确界定的行为或特质层面;(2)可提供一个共同的参照架构,即以同一组特质来比较每一学生的情况;(3)可提供记录观察者评判结果的简便方法。

一、评定量表的种类

评定量表有很多不同的形式,可分成下列三种(Miller, Linn & Gronlund, 2009):(1)数字评定量表(numerical rating scale);(2)图示评定量表(graphic rating scale);(3)描述图表评定量表(descriptive rating scale)。

(一)数字评定量表

数字评定量表中,评定者就每位学生在每一项行为或特质上显现的程度,圈选适当的数字或是在适当的数字上作某种记号。在评定量表的最前面,要先说明每一个数字所代表的程度或意义,以便使评定者有所遵循。然而,有时候也可仅说明"最大的数字(5)代表最高,最小的数字(1)代表最低,其余的代表中间的各个数值"。见下例。

"数字评定量表"实例1:
 说明:请依据每位学生对于小组问题解决作业的贡献程度,圈选适当的数字。数字代表的意义如下:
 4:始终是适当且有效的。
 3:大致是适当且有效的。
 2:需要改善,可能偏离主题。
 1:无法令人满意(分歧或离题)。
 一、学生参与小组讨论的程度如何?
  1 2 3 4
 二、意见契合讨论主题的程度如何?
  1 2 3 4

(数据来源:M. D. Miller, R. L. Linn & N. E. Gronlund. *Measurement and Assessment in Teaching* (10th ed.). Upper Saddle River, NJ: Merrill, 2009, p. 274.)

"数字评定量表"实例2:
 说明:请依据每位学生参与实验讨论的情形,逐项评分。
 评分方式是圈选适当的数值,每个数字所代表的程度或意义如下:
5—优异,4—中上,3—普通,2—中下,1—很差。
 一、参与实验讨论的程度如何?
  1 2 3 4 5
 二、提出的问题契合实验内容的程度如何?
  1 2 3 4 5

若评价的每项特性或质量可分成少数几类,且每一个数字所代表的类别均能为一般人所接受,则"数字评定量表"最为适用。但因每一个数字所代表的意义大都无法明确界定,故每个人在解释和使用此种量表时,常有很大的差异。

"数字评定量表"又称为 Likert 量表。米勒等人均提出下列五项编制步骤:

1. 撰写一系列叙述句：叙述句用以表示对某些态度对象的正面与负面意见，如：为准备一个测量了解学生对学校态度的量表，题目可写为"学校是令人兴奋的地方"、"学校是浪费时间的地方"；为测量学生的数学自我概念，题目可写为"我擅长解决数学问题"、"我通常不能解决一个新的数学问题"。欲获得良好的题库，可从文献资料收集，更可请学生每人撰写数个正面和负面的叙述句。

2. 选择最好的叙述句：至少选出 10 个最好的叙述句，保持正面与负面意见的平衡，必要时予以修改。

3. 列出叙述句：正面与负面叙述相互掺杂，并在每个叙述句的后面加注数个量表的字母（如 SA、A、U、D、SD）或方格，以便圈选作答。对小学生而言，最好能提供文字（如同意程度）供其选择。

4. 决定量尺数目：有些人喜欢"趋中"的意见、"没有意见"或"无法决定"，使得意见收集不完整。因此建议量尺数目以 4 或 6 项为原则，中小学生以 4 项为主，高中职、大专以上学生以 6 项为主，学生年龄较低则量尺数目较少。

5. 制作指导语：明确告知学生如何作答、作答位置、若有疑问如何处理。中小学教师经常忽略此部分，常使学生无所适从。

（二）图示评定量表

图示评定量表指在每一项特性的下方，有一条水平线，评定时，在这条线上作记号。一般均在线段上加上数小段纵线，每个交叉点分别代表不同程度的类别，但是评定者如果愿意的话，也可自由地在线的任一点上作记号。图示评定量表以在线各点代表程度差异，各点的批注文字力求具体明确，这样方可增加评分者间的一致性。

图示评定量表的每一题采用分类方式，有一致、不一致这两类，若相同则为"选项一致量表"，如下例的区分程度均为 5 项，若不相同则为"选项变异量表"。

"图标评定量表"实例：

说明：请在以下各题的横线上画"√"，以表示学生对于小组问题解决作业的贡献程度。

一、学生参与小组讨论的程度如何？

　　　从不　很少　偶而　经常　总是

二、意见契合讨论主题的程度如何？

　　　从不　很少　偶而　经常　总是

（数据来源：M. D. Miller, R. L. Linn & N. E. Gronlund. *Measurement and Assessment in Teaching* (10th ed.). Upper Saddle River, NJ: Merrill, 2009, p. 274.）

（三）描述图表评定量表

描述图表评定量表指用简短语句来说明图形评定量表各点所代表的意义。此量表中，各点说明都很简明，行为表现被具体叙述，且每一题下都有适当的空间作为填写批注之用。此种评价的评分过程的客观性和精确性较数字评定量表、图示评定量表高，且能记录有关的偶发行为，故较适于学校评价。

"描述图表评定量表"实例：

　　说明：请在以下各题的横线上画"√"，以表示每位学生在各项特性的评分。"批注"右边的空白处，请填上任何可以帮助你厘清评定依据的数据。

一、学生参与小组讨论的程度如何？

　　从不参与；　　与其他小组成　　　比其他小组
　　安静、被动　　员的参与程度相同　成员参与得更多
　　批注：

二、意见契合讨论主题的程度如何？

　　信口开河　　　经常有关，　　总是契合主题
　　　　　　　　　但偶尔离题
　　批注：

（数据来源：M. D. Miller, R. L. Linn & N. E. Gronlund. *Measurement and Assessment in Teaching* (10th ed.). Upper Saddle River, NJ: Merrill, 2009, p. 275.）

二、评定量表使用领域

　　评定量表可用于评定广泛、多样的学习结果和身心发展的方向，米勒等人均将评定量表的使用领域分为"过程或程序评价"（process or procedure assessment）、"结果评价"（product assessment）等两类。

（一）过程或程序评价

　　在某些学科或学术领域中，学生成就透过实作来表现，如，朗诵或演讲能力、解决复杂数学问题能力、演算物理复杂问题能力、操纵实验设备能力、遵循正确实验流程能力、唱歌或演奏乐器等能力，均难以从单一结果或作品来评价，而用简短回答的形式或固定反应的纸笔测验亦难以充分测量能力。因此，必须依据"实作程序"来观察与评定学习结果。

　　米勒等人均认为：评定量表特别适用于"过程或程序评价"，因为这种评价可观察每位学生相同行为的表现，也可用共同的量尺记录、评定学生学习结果。若能以具体、明确的学习结果来编制评定量表，"具体的评价向度与行为描述"可使学生清晰地了解教师希望其表现出的行为，且量表本身即为良好的学习指引或教学计划。

　　如表5-2"《感恩的心》演讲评价单"中，评价的是演讲的三个项目。第一个项目着重于演讲内涵，如符合主题、容易了解、用字精准、词汇丰富优美、句型富有变化；第二个项目强调演讲组织，如内容条理井然，利用结构的组织来协助理解；第三项目注重演讲技巧，如姿势或肢体语言、声量、速度、发音、仪态、眼神、时间掌握等。由于《感恩的心》演讲评价单详细列举了教师拟评价的三个向度与行为，学生将能依据评价单充分准备演讲，故此评价单本身即为良好的学习指引与教学计划。根据表5-2"《感恩的心》演讲评价单"，教师设计了表5-3"《感恩的心》演讲评价标准"，评价标准分为优、良、加油三级，主要从完全正确、部分正确、错误率予以区分。

　　教师设计此种量表时，应收集文献资料与善用教学经验，深入剖析评价主题应包含哪些行为或特质，适用于何种年龄、何种程度的学生，这样方能适切编制评定量表。

表5-2 《感恩的心》演讲评价单

《感恩的心》演讲评价单			
姓名： 组别： 总分：			
说明:请在每一个项目右边代表优、良、加油的其中一个□内打"√",以评价学生的演讲能力,在下面"老师的话"栏中尽可能说明你评定等级的依据或详细描述学生演讲的情形。			
	优	良	加油
一、演讲内涵			
（一）内容符合主题,且清晰、简要。	□	□	□
（二）内容容易了解。	□	□	□
（三）用词有趣、准确,自然地表达主题。	□	□	□
（四）词汇丰富优美,衔接顺畅。	□	□	□
（五）句型富变化,通顺流利。	□	□	□
二、演讲组织			
（一）内容条理井然。	□	□	□
（二）利用结构的组织,如主题、纲要、转折,来协助理解。	□	□	□
三、演讲技巧			
（一）以姿势或肢体语言来强调重点。	□	□	□
（二）以声量变化来强化重点。	□	□	□
（三）善用速度、停顿来强化重点。	□	□	□
（四）发音、咬字清晰,且相当流畅。	□	□	□
（五）仪态端庄大方,态度相当诚恳。	□	□	□
（六）眼神注视听众,展露自信笑容。	□	□	□
（七）精确掌握时间。	□	□	□
老师的话: 签名:			

表5-3 《感恩的心》演讲评价标准

《感恩的心》演讲评价标准			
一、演讲内容	优	良	加油
（一）内容符合主题,且清晰、简要。	文章主题鲜明,主题发展顺畅且清晰扼要。	本文主题虽清晰扼要,但流于平常俗气,论点较弱。	文章无重点或不合主题,题目信息有限或不清晰。
（二）内容容易了解。	内容清晰易懂,无理解困难。	少部分内容难以理解。	大部分内容无法理解。
（三）用词有趣、准确,自然地表达主题。	文字精准、想象力强,用词生动、符合主题。	文字平凡,足以表达主题但不生动有力,用词不够周密。	用词有限、单调或为陈腔滥调,文字大多重复或抽象模糊。

《感恩的心》演讲评价标准			
	优	良	加油
（四）词汇丰富、优美,衔接顺畅。	词汇非常丰富、优美,甚少重复,衔接相当顺畅。	词汇不多、平淡,偶尔重复,衔接较不顺畅。	词汇极少、重复甚多,衔接不顺。
（五）句型富变化,通顺流利。	句型富变化,结构逻辑合理,句子通顺流利。	句型变化不多,结构逻辑部分合理,句子部分不通顺。	句型不完整、不连贯、零碎杂乱,句子难读或干扰主题。
二、演讲组织			
（一）内容条理井然。	内容条理井然。	内容有时条理分明,有时凌乱。	演讲词凌乱、组织得散漫随意。
（二）利用结构的组织,如主题、纲要、转折或摘要,来协助理解。	观念结构严谨易解。	观念结构清晰,但较难理解。	观念顺序、关系相当零乱。
三、演讲技巧			
（一）以姿势或肢体语言来强调重点。	善用姿势或肢体语言。	运用的姿势或肢体语言较为适切。	运用的姿势或肢体语言颇不适切。
（二）以声量变化来强化重点。	声音大小适中。	声音过大或稍小。	音量太小,听不清楚。
（三）善用速度、停顿来强化重点。	善用速度、停顿。	速度稍快或稍慢,停顿不太明显。	速度太快或太慢,停顿不清,难以理解。
（四）发音、咬字清晰,且相当流畅。	发音、咬字清晰,且相当流畅。	发音、咬字不太清晰,稍可理解。	咬字不清,难以理解。
（五）仪态端庄大方,态度相当诚恳。	仪态端庄大方,态度相当诚恳。	仪态平凡,态度平淡。	仪态不整,态度傲慢或轻佻。
（六）眼神注视听众,展露自信笑容。	眼神注视听众,展露自信笑容。	眼神或笑容其中一项较差。	眼神不看听众,无笑容。
（七）精确掌握时间。	时间误差在 30 秒以内。	时间误差在 30 秒与 1 分 30 秒之间。	时间误差在 1 分 30 秒以上。

（二）结果评价

若学生实作行为产生了某些作品或结果,则用结果评价比用过程或程序评价好,如写作能力评价宜直接评价所完成的作品,不太需要观察评价写作的过程。然而有些能力,如打字、木工、砌砖、缝纫等,学习初期宜先评价过程,待熟悉基本的动作或技巧后才评价作品或结果。结果评价适用范围颇为广泛,诸如书法、素描、绘图、笔记、学期报告、读书心得、实验操作结果以及制作特定课程主题报告,均适于结果评价(李坤崇,1999;陈英豪、吴裕益,1991;Airasian,2000;Linn & Miller,2005;Miller,Linn & Gronlund,2009)。

评定量表的结果评价与过程或程序评价相同,均可观察每位学生的作品表现,用共同量尺评定学生学习结果,且编制的量表呈现"具体的评价向度与作品或结果属性描述",可使学生清晰地了解教师期望其能有怎样的作品或结果,使量表成为良好的学习指引或教学计划。

有些作品或结果较适宜就"整体质量"来评价,较不宜分成各个层面来评价,如书法、国画或其他美术作品,可依据作品等级顺序排列,或与预先编制的"作品量表"(product scale)比较。"作品量表"指一系列的作品样本,且每件样本均被详细评定,并分别代表不同等级或程度的质量。教师实施评价时,必须将学生作品与"作品量表"比较,找出此学生作品中与"作品量表"某一等级或程度相当的部分,作为决定等级或程度的依据。

结果量表可用于鉴定任何作品或结果的特质,但评价必须顾及教学目标、评价目的、学生年龄与程度,且教师一般很难找到可用的现成结果量表,通常需自行设计属于自己的结果量表,这也使教师较少使用结果量表。教师可设计较简易的结果量表:先从学生作品中仔细挑选五至七份分别代表不同等级水平的作品,并依等级优劣依次排序,每个水平分别给予 1 至 5(或 7)的数值或得分;把其他学生作品与依据上述各水平等级的样本作品进行比较,即可评定每份作品的等级。简易结果量表虽可减轻教师负担,但为暂时性措施,若运用时不仅限于个别班级而是运用得较广或评价较复杂作品或结果,则应抽取较大、较具代表性的样本,经标准化程序编制较严谨的结果量表(李坤崇,1999;陈英豪、吴裕益,1991;Airasian,2000;Linn & Miller,2005;Miller,Linn & Gronlund,2009)。

三、评定量表的误差

运用评定量表时较常见的缺点为个人偏见、月晕效应、逻辑谬误等三种。

(一)个人偏见

个人偏见是指评定者将全部学生评在少数几个等级内。此缺点可分为:(1)苛刻缺失(severity error):评定者喜欢将全部学生评在较差的等级;(2)集中趋势缺失(central tendency error):评定者喜欢将全部学生评在中间的等级;(3)雅量缺失(generosity error):评定者喜欢将全部学生评在较佳的等级。上述缺点的负面影响为:(1)评定结果为模糊数值,难以代表学生真正的行为表现;(2)评定结果无法区分学生能力优劣(李坤崇,1999;陈英豪、吴裕益,1991;Airasian,2000;Linn & Miller,2005;Miller,Linn & Gronlund,2009)。

(二)月晕效应

月晕效应是指评定者对受评者的一般印象会影响对受评者特有的评定结果。如:教师对某些学生态度较佳,则易对每项特质均给予较高等级;反之,教师对某些学生印象差,则易对各项表现均评为较差。月晕效应仅将"部分"教师喜爱的学生评得较高,或将"部分"教师不喜爱的学生评得较低;而个人偏见则将"全部"受评者评在少数几个等级内。

月晕效应易使不同特征出现类似的结果,致使评价结果模糊,产生较低的评价的效度。教师实施评价时,应避免因性别、种族、自尊心、社会背景或先前对学生的印象而产生月晕效应。

(三)逻辑谬误

逻辑谬误是指两个特质实际上没有关联或相关很少,但由于评定者认为此两个特质应有显著关联,而将两者评为相同或相近的等级。如认为智力与成就关系密切是普遍的看法,教师通常会为学业成绩较佳者的智力水平评较高等级,也容易为学业成绩较高者的操行评较高等级,而忽略其实际的行为表现。此谬误并非出自对学生的偏见,也并非偏好评价某些等级,而是受传统观念对人类逻辑推论造成的误区的影响。

教师运用评定量表时虽容易出现个人偏见、月晕效应、逻辑谬误等三种误差,但教师若能遵守"有效运用评定量表的原则"审慎编制,当可将此三种误差降到最低。

四、有效运用评定量表的原则

改进评定量表时必须慎重选择评定的特质,严谨设计量表的形式并评析获得评定结果的情境。在各级学校运用最广者为"描述图表评定量表",因此仅就编制与使用此量表的原则陈述如下(李坤崇,1999;陈英豪、吴裕益,1991;Airasian,2000;Linn & Miller,2005;Miller,Linn & Gronlund,2009)。

(一)评定应有教育意义

评定量表必须符合教学目标与拟评价的学习结果。教师编制量表时应先详细列举学习结果,再以行为术语具体叙述学习结果,之后选择与评析哪些特质最适于评价具体学习结果,最后将叙述格式稍加修改以符合评定量表的形式。若编制评定量表能遵循前述步骤,则评定特质不仅能呼应教学目标与评价目的,且具教育意义。

(二)确认评价的学习结果时应呼应评价目的

评价成败的关键在于评价是否纳入应该评定的重要学习结果。厘清学习结果将有助于决定评价的优先级,区别学习结果的实作水平,减少对不相干因素的依赖。当多元学习成果是评价目的时,分别呈现所评定的每一项学习成果,将可增加形成性反馈的价值,以适时提供给学生学习结果的反馈。

(三)评定应可直接观察

教师应用于班级的评定量表,欲让人实施直接观察,需符合以下两要件:(1)评定应限于那些发生在学校的情况,唯有这样教师才有机会直接观察。(2)观察者能明确观察物的特质。如参与教室讨论时的发言次数或发言内容,课堂违规行为的次数,实验操作过程的标准动作,中文或英语发音的清晰性与正确性等行为,均应能容易、直接地观察到。然而,对数学或历史学科的兴趣、对文学作品的见解、团体合作精神等行为,均难以直接观察。这些行为不仅不明显,容易变化,且容易伪装,使得评定结果的信度较低,因此编制评定量表时应尽可能限于可直接观察的评定特质,对无法充分观察的特质应予略去,不宜勉强评定。

(四)清楚地定义量表特质、观点

评定特质或量表上各点(或分数)意义的叙述必须具体明确、力求精简。许多评定误差往往是由模糊的特质和不适当的定义引起的,因为量表各点位置所代表的意义或程度不够清晰明确,致使评定结果易流于主观,且一致性较低。"描述图表评定量表"运用"简短叙述"使量表各点位置更为明确,内容更易于掌握。

评定量表各点所代表的意义或程度,必须清楚明确地加以规范,若能辅以量化资料则更佳。如一位教师依据小学自然科学课本中关于种子的构造和发芽的内容,编制"种子发芽是否需要土壤实验"评价检核表,评定"培养皿中绿豆幼芽的生长情形",以优、良、加油三等级来表示结果。本来三等级的标准为"优:强壮;良:中等;加油:没发芽、腐烂、枯萎",经修改以绿豆幼芽的高度为标准来重新定义等级:"优:5公分以上;良:0至4公分;加油:没发芽、腐烂、枯萎"。

(五)选择最适合评价内涵与目标的评价程序

评价实作最常见的两种评价程序为整体(holistic)、解析(analytic)的评价程序。整体评价

程序针对每项实作进行一对一评定或打分,量表通常分成四至六点,依据评分的具体标准,就实作质量实施整体判断。如表5-4。

实施解析评定程序必须辨别实作的不同向度或特质,依不同向度或特质分别评定结果,如数学题目可分成精准计算、明确说明两部分来评定,科学实验的书面报告可分成因素精准、分析质量和总结判断正确程度三部分来评定。解析评定程序较整体评定程序具有诊断价值,因其可深入了解不同向度或特质的各项优劣并将其作为提供改善策略的依据,而非仅获得笼统的结果。

表5-4　数学问题一般评分指示的实例

质量的说明
6=优异的解释(完整、清楚、明白)
5=良好的解释(合理、清楚和完整)
4=可接受的解释(回答问题完整,但在解释方面可能含有极小的缺陷)
3=需要改进(虽答案在正确范围内,但不够完整,且解说部分含有严重缺失的知识)
2=错误或不正确的解释(显示出对问题缺乏了解)
1=错误且没有意义的解释

答案与解释的分开评定
答案
4=正确
3=几乎正确或部分正确
2=错误但具合理的解释
1=回答错误且和题目没有相关性
0=没有回答
解释
4=完整、清晰、合乎逻辑
3=基本上正确,但不完整或不完全清楚
2=模糊或不清楚,但尝试着去解释
1=不相关的、不正确的或没有解释

(数据来源:M. D. Miller, R. L. Linn & N. E. Gronlund. *Measurement and Assessment in Teaching* (10th ed.). Upper Saddle River, NJ: Merrill, 2009, p. 272.)

(六)评定等级最好在三至七个,且宜让评定者适当批注

评定量表分成几个等级应视评定特质与评价目标而定。若评价结果只作粗略判断,等级数目可以较少;若欲作较精确的判断,等级数目应较多,宜在三至七个等级之间。若等级仅为两个,将用于是非、对错题的检核;若超过七个,将造成评分过程较费时费力。因此,除非特殊状况,不宜将评价等级分成七个以上。另外,在评价各个项目的等级之后或整个评定量表后,宜留"评语"或"备注",让评定者批注以补充说明量化评定的不足。

(七)结果评价一次只评阅一项实作项目

实施结果评价时,学生已将实作结果完整呈现,若教师以学生为单位逐一评价,将使每个实作项目的标准难以精确掌握,因此应以每个实作项目为单位。教师最好一次仅评阅一项实作项目,待评完所有学生的项目后再评下一实作项目。因学生操作过程难以逐项评价,所以教师在观察学生操作实验或数学解题过程时,若是要进行过程评价,应逐人评价。

(八)评价时最好隐去学生姓名

教师实施评价易受月晕效应的影响,若能以密码方式呈现学生表现性评价的结果,而不直

接让他人了解评定的是哪位学生,将可避免月晕效应。但对于过程评价而言,教师必须直接观察学生操作与实作,几乎无法不看学生,因此不应勉强隐藏学生姓名。

(九)若表现性评价为长期结果,则应整合数个观察者的结果

多名教师共同对学生行为评价结果的稳定性,高于任何一位教师的单独评价。因为多人评价可抵消教师个人的偏见,尤其学习是长期持续的结果,因此评价应整合不同教师的评价结果,方能更精确地呈现学生的学习结果。中小学教学普遍采用分科教学,教师与学生的互动时间较少,因而相对观察时间减少,欲评价学生学习结果应采多人联合评价方式。

第二节　评定量表实例

以下举综合活动、健康与体育学习领域评价(详见实例 5-1、实例 5-2),自然科实验评价(含检核表)(详见实例 5-3),自然科专题报告评价(详见实例 5-4)这三个实例进行说明。

一、综合活动学习领域评价实例

实例 5-1 是小学综合活动学习领域"漂亮一下"评价单的实例,旨在达成 2003 年版综合活动学习领域能力指标"2-1-1 经常保持个人的整洁,并维护班级与学校共同的秩序与整洁"下的"2-1-1-1 养成个人卫生习惯并维持自己的仪容整洁"这一要求。原本综合活动能力指标只有"2-1-1",李坤崇(2004)与"九年一贯课程综合活动学习领域深耕种子团队"研讨后,将此能力指标细分为以下五个子指标:

2-1-1-1 养成个人卫生习惯并维持自己的仪容整洁。

2-1-1-2 分享个人维持生活环境整洁(如器物处理)的经验。

2-1-1-3 了解自己环境打扫的负责区域,切实参与整洁活动。

2-1-1-4 认识班规与校规,并能确实遵守。

2-1-1-5 分享自己维护环境整洁与遵守秩序的心得。

实例 5-1 中,教师要求小朋友切实记录"未来两周",评定其 20 个行为项目的表现,具体标准如下:"做得很好"指每天都做到,"已经做到"指一周有五六天做到,"已有进步"指一周有二到四天做到,"继续努力"指一周只做一天或都没做到。评定过程为学生在"学生自评"下面的位置打钩,自评后请家长复评,最后请教师总评。

二、健康与体育学习领域评价实例

实例 5-2"随意走走"学习评价单是表现性评价中评定量表的实例,旨在达成 2003 年版能力指标"1-4-2 透过不同的活动或方式,展现自己的兴趣与专长"下的"1-4-2-1 积极参与或观摩自己感兴趣的事情或活动"。原本综合活动能力指标只有"1-4-2","1-4-2-1"是李坤崇(2004)与"九年一贯课程综合活动学习领域深耕种子团队"研讨后确定的能力指标细分的项目。

实例 5-2 中,教师要求学生配上音乐节奏来进行肢体操练,学生先自评肢体动作,再请小组长初评,后请教师复评。

实例 5-1

小学综合活动学习领域"漂亮一下"评价单

得分：

____年____班 学号：____姓名：_____

小朋友：请你真实记录"未来两周"中下面 20 个项目中的情形（标准看下面的说明），在"学生自评"下面的位置打钩，自评后请家长复评，最后请教师总评。

评价项目 标准如下： 做得很好：每天都做到 已经做到：一周有五六天做到 已有进步：一周有二到四天做到 继续努力：一周只做一天或都没做到	学生自评				家长复评				教师总评			
	做得很好	已经做到	已有进步	继续努力	做得很好	已经做到	已有进步	继续努力	做得很好	已经做到	已有进步	继续努力
1. 服装整齐、清洁	☐	☐	☐	☐	☐	☐	☐	☐	☐	☐	☐	☐
2. 仪表整洁	☐	☐	☐	☐	☐	☐	☐	☐	☐	☐	☐	☐
3. 按学校规定穿着服装	☐	☐	☐	☐	☐	☐	☐	☐	☐	☐	☐	☐
4. 会自己整理服装	☐	☐	☐	☐	☐	☐	☐	☐	☐	☐	☐	☐
5. 每天起床后刷牙	☐	☐	☐	☐	☐	☐	☐	☐	☐	☐	☐	☐
6. 饭后会刷牙漱口	☐	☐	☐	☐	☐	☐	☐	☐	☐	☐	☐	☐
7. 保持头发整齐	☐	☐	☐	☐	☐	☐	☐	☐	☐	☐	☐	☐
8. 每周最少洗两次头发	☐	☐	☐	☐	☐	☐	☐	☐	☐	☐	☐	☐
9. 不做不文雅的动作	☐	☐	☐	☐	☐	☐	☐	☐	☐	☐	☐	☐
10. 不随便挖耳朵	☐	☐	☐	☐	☐	☐	☐	☐	☐	☐	☐	☐
11. 不随便挖鼻孔	☐	☐	☐	☐	☐	☐	☐	☐	☐	☐	☐	☐
12. 会整理自己的盥洗用具	☐	☐	☐	☐	☐	☐	☐	☐	☐	☐	☐	☐
13. 会整理自己的书桌	☐	☐	☐	☐	☐	☐	☐	☐	☐	☐	☐	☐
14. 抽屉内的用品摆放整齐	☐	☐	☐	☐	☐	☐	☐	☐	☐	☐	☐	☐
15. 书包内的用品摆放整齐	☐	☐	☐	☐	☐	☐	☐	☐	☐	☐	☐	☐
16. 走路抬头挺胸	☐	☐	☐	☐	☐	☐	☐	☐	☐	☐	☐	☐
17. 走路不勾肩搭背	☐	☐	☐	☐	☐	☐	☐	☐	☐	☐	☐	☐
18. 每天洗澡	☐	☐	☐	☐	☐	☐	☐	☐	☐	☐	☐	☐
19. 脱下来的衣服会摆放整齐	☐	☐	☐	☐	☐	☐	☐	☐	☐	☐	☐	☐
20. 不乱做鬼脸	☐	☐	☐	☐	☐	☐	☐	☐	☐	☐	☐	☐
家长的话												
老师的话												

小学综合活动学习领域"漂亮一下"评价单使用与评价说明
设计者:李坤崇、欧慧敏

一、达成能力指标

达成 2003 年版综合活动学习领域能力指标"2-1-1 经常保持个人的整洁,并维护班级与学校共同的秩序与整洁"下的"2-1-1-1 养成个人卫生习惯并维持自己的仪容整洁"。

二、学习目标

(一)能注意仪表整洁。

(二)能养成良好的卫生习惯。

(三)能自我检核仪表整洁。

三、目标层次分析

评价项目	技能教学目标	情意教学目标
1. 服装整齐、清洁	5.2 自动表现	5.1 一般化体系
2. 仪表整洁	5.2 自动表现	5.1 一般化体系
3. 按学校规定穿着服装	4.0 机械化	3.2 价值的喜好
4. 会自己整理服装	4.0 机械化	3.2 价值的喜好
5. 每天起床后刷牙	5.2 自动表现	5.1 一般化体系
6. 饭后会刷牙漱口	5.2 自动表现	5.1 一般化体系
7. 保持头发整齐	5.2 自动表现	5.1 一般化体系
8. 每周最少洗两次头发	5.2 自动表现	5.1 一般化体系
9. 不做不文雅的动作	5.2 自动表现	5.1 一般化体系
10. 不随便挖耳朵	5.2 自动表现	5.1 一般化体系
11. 不随便挖鼻孔	5.2 自动表现	5.1 一般化体系
12. 会整理自己的盥洗用具	4.0 机械化	3.2 价值的喜好
13. 会整理自己的书桌	4.0 机械化	3.2 价值的喜好
14. 抽屉内的用品摆放整齐	4.0 机械化	3.2 价值的喜好
15. 书包内的用品摆放整齐	4.0 机械化	3.2 价值的喜好
16. 走路抬头挺胸	5.2 自动表现	5.1 一般化体系
17. 走路不勾肩搭背	5.2 自动表现	5.1 一般化体系
18. 每天洗澡	5.2 自动表现	5.1 一般化体系
19. 脱下来的衣服会摆放整齐	5.2 自动表现	5.1 一般化体系
20. 不乱做鬼脸	5.2 自动表现	5.1 一般化体系

四、使用与评价方法

（一）本评价单、使用与评价说明用于评价综合活动学习领域能力指标"2-1-1经常保持个人的整洁，并维护班级与学校共同的秩序与整洁"中有关"经常保持个人的整洁"的部分。

（二）本评价在单元教学后实施，采取个别施测方式，可作为诊断学生个人卫生行为习惯的依据或进行补救教学或个别指导的参考。

（三）评价分成20个评价项目。

（四）每位学生先由自己依据评价单初评，再请家长复评，最后请教师总评。

（五）由学生家长复评后写下"家长的话"，教师总复评后写下"老师的话"，教师登记总评后，最后再由教师送交给学生。

五、评价标准

评价标准如下：做得很好：每天都做到；已经做到：一周有五六天做到；已有进步：一周有二到四天做到；继续努力：一周只做一天或都没做到。请学生、家长、教师在学生做到的情形的项目下打钩。

六、评等或计分方式

（一）本评价单计20项，评分以教师总评为准，但教师总平时必须参考学生自评、家长复评。若分数差异较大，必须与学生、家长讨论，或再持续观察两周。

（二）每个项目"做得很好"得4分，"已经做到"得3分，"已有进步"得2分，"继续努力"得1分，基本分20分。将各项得分累加后再加基本分，为总得分。

（三）教师在"核算总分"外，也可评定等级。可参考"小学及中学学生成绩评价准则"的相关规定，总分高于90分者评为"优等"，80以上未满90分者评为"甲等"，70以上未满80分者评为"乙等"，60以上未满70分者评为"丙等"，未满60分者则评为"丁等"。

七、补救教学

对分数未满60分者，应会同家长共同督促其改善仪态整洁。

八、注意事项

（一）教师宜提醒学生在未来两周详细记录自己的仪表整洁情形。

（二）实施本评价单时，宜用家庭联络簿告知家长配合事项，并请家长真实评价。

实例 5-2

"随意走走"学习评价单

随意走走

姓名：　　　　班级：　　　　学号：　　　　日期：　　　　组别：

　　各位同学：肢体动作绝大部分是可以自我掌控的,你可曾精细地调教过身上的大肌肉?来吧,让我们配上音乐节奏,完成一套完整且有组织的肢体操练,自评后再请小组长、老师分别评价。

一、"吹毛求疵"

(一)肢体运动在空间上的正确性。		自评	小组长评价	老师复评
暖身活动	1. 脚尖/脚跟运动。			
	2. 侧点/前、侧点运动。			
	3. V 字步伐运动。			
	4. 后勾/前抬腿运动。			
	5. 伸展运动。			
主要活动	1. 踏步/跑步运动。			
	2. 踏并步/滑步运动。			
	3. 打拳/游泳运动。			
	4. 抬膝/拍膝运动。			
缓和活动	1. 伸展运动。			
	2. 调和运动。			
	3. 呼吸运动。			
(二)肢体运动在时间上的正确性(整体节奏感)。				
(三)培养观察及欣赏能力。				
(四)沟通、与小组成员互动的能力。				
(五)自我修正、随时调整的能力。				
(六)整个活动中的学习态度。				

二、换换口味

经过整个学习过程后,你觉得肢体动作及音乐选用是否可以创新或改变?请利用课余时间,以现有的肢体动作去尝试搭配各种不同节奏的音乐,然后选出最喜欢的一种音乐,进行小组表演。

评价事项	老师评价
音乐与动作的适合性。	
全体表演者的整齐度。	
动作正确性。	
整体表演的感觉(活泼、紧张、从容、生硬、稳健……)。	

分享：

分享者：　　　　　　　.

"随意走走"表现性评价使用与评价说明

设计者:李坤崇

一、达成能力指标

达成 2003 年版综合活动学习领域能力指标"1-4-2 透过不同的活动或方式,展现自己的兴趣与专长"下的"1-4-2-1 积极参与或观摩自己感兴趣的事情或活动"。

二、学习目标

(一)能配合音乐节奏来进行肢体操练。

(二)积极参与或观摩自己感兴趣的事情或活动。

(三)能自行设计、整理学习档案。

(四)激发创意与自我表达能力。

三、使用与评价方法

(一)本表现性评价用以评价综合活动学习领域能力指标"1-4-2 透过不同的活动或方式,展现自己的兴趣与专长"下的"1-4-2-1 积极参与或观摩自己感兴趣的事情或活动",并配合自编教材的学习评价。

(二)本评价在单元教学中实施的形成性评价,可作为单元教学后的总结性评价或诊断学生错误的依据,教师宜视教学目标与需要衡量。

(三)教师直接在学习评价单中的"评价"部分评定等级或打分数,本说明的评价项目、标准、计分方式仅提供参考,教师可依教学实际需要进行调整。

(四)教师评价后可在"分享"栏写下"老师的话",再由学生带回家让家长签名,家长也可于"分享"栏写下"家长的话",最后由学生送交教师。建议展示优秀作品供同学观摩,并给予制作者奖励。

四、评价标准

(一)教师从"能力"、"努力"两个向度在学习评价单的"评价"栏内进行评价,"能力"项以符号"○、√、△、?、×"表示"很好、不错、加油、改进、补做(交)"。"努力"项以符号"+、-"表示"进步、退步"。

(二)"一、'吹毛求疵'"的各项评价项目的评价标准

1. 此部分的"(一)肢体动作在空间上的正确性"内的 12 项细目、"(二)肢体动作在时间上的正确性"均属正确与否的行为检核,若正确标示"○",不正确则标示"?"。自评、小组长评价、老师复评时均在每个评价项目之后的空格内标示"○或?"。

2. 此部分的"(三)培养观察及欣赏能力"到"(六)整个活动的学习态度"均属程度有高低的能力或态度评价,以符号"○、√、△、?、×"表示。评价项目的评价标准如下表:

评语、符号	目标层次	很好(○)	不错(✓)	加油(△)	改进(?)	补做(✗)
一、肢体运动在空间上的正确性	技能 3.20 尝试错误					
二、肢体运动在时间上的正确性	技能 3.20 尝试错误					
三、培养观察及欣赏能力	技能 5.20 自动的情意表现 3.2 价值的喜好	观察与欣赏能力高于一般同学。	能正确观察与适切欣赏。	其中一项能力欠佳。	两项均不佳。	未出席或未做。
四、沟通、与小组成员互动的能力	技能 6.0 适应	过程正确且呈现完整、条理分明。	能与多数小组成员良好互动。	能与少数成员良好互动。	未参与小组讨论。	未出席或未做。
五、自我修正、随时调整的能力	技能 6.0 适应	修正调整能力高于一般同学。	能依据自我修正结果随时调整。	能了解自己的缺失但未能调整。	不知道自己的缺失。	未出席或未做。
六、整个活动中的学习态度	情意 3.2 价值的喜好	学习态度比一般同学积极。	学习态度和一般同学一样积极。	学习态度比一般同学消极。	学习态度非常消极。	未出席或未做。

（三）"二、换换口味"的各项评价项目的评价标准（即教师评定分数所依循的标准。教师宜将此表告知学生，让学生了解获得等级的实际意义）。

评语、符号	目标层次	很好(○)	不错(✓)	加油(△)	改进(?)	补做(✗)
音乐与动作的适合性	技能 5.20 自动的表现	两项适合，且充分协调。	两个项目相当适合。	其中一项适合。	两项均不适合。	未出席或未表演
全体表演者的整齐度	技能 4.0 机械化	全体表演者不仅整齐，且愉悦。	全体表演者相当整齐。	多数表演者相当整齐。	多数表演者相当不整齐。	未出席或未表演
动作正确性	技能 4.0 机械化	动作正确且富创意。	动作完全正确。	动作大部分正确。	动作大部分错误。	未出席或未表演
整体表演的感觉	技能 4.0 机械化	整体表演相当活泼生动且熟练。	整体表演虽然熟练，但不够活泼生动。	整体表演相当活泼生动，但不够熟练。	整体表演不够活泼生动，亦不够熟练。	未出席或未表演

（四）若要评价等级，亦可运用其他符号或评语，但仍须事先与学生沟通，且力求符号一致性。

（一）本学习领域以"不呈现分数"为原则，教师可依教学目标、工作负担、学生或家长需要，采取"评定等级"、"文字叙述"的方式。

（二）教师评定等级后，宜视需要在"分享"栏中辅以文字深入说明，并给予学生适当的鼓励。

（三）若必须采取"核算等级计分"方式，可依下列评价表中的六项评价项目逐一计分。

（四）分数以教师复评为主，但教师复评需参考学生自评与小组长初评。每个评价项目的能力向度计分，如下表。

评价项目	很好(○)	不错(√)	加油(△)	改进(?)	补做(✗)	基本分
一、"吹毛求疵"						
13	3			0		2
4	3	2.5	2	1	0	2
二、换换口味						
4	10	9	6	2	0	5

（五）努力向度："＋"出现一次加 1 分，"—"出现一次减 1 分。

（六）若未交则以"0"分计算，补交则给基本分，补交时间由教师规定。

（七）教师在"核算总分"外，若需评定等级，则参考"小学及中学学生成绩评价准则"的相关规定，若总分高于 90 分者评为"优等"，80 以上未满 90 分者评为"甲等"，70 以上未满 80 分者评为"乙等"，60 以上未满 70 分者评为"丙等"，未满 60 分者则评为"丁等"。

六、补救教学

（一）对表现欠佳或未达其应有水平者，施予必要的补救教学。

（二）请表现优秀者对需补救教学者施以补救教学，再请小组长或义工家长协助指导，最后由教师教导。

三、自然科实验评价实例

实例 5-3 是自然科"豆子发芽"学习单、使用与评价说明。本学习单同时包含检核表与评定量表，"操作过程"检核表由小组长初评，再由教师复评；"作品"评定量表由教师直接复评。

四、自然科专题报告评价实例

实例 5-4 是自然科"水流的力量"专题报告学习单、使用与评价说明。本学习单的呈现方式为评定量表，评价时由教师直接进行复评。评价分成四大项目，前三项为学科领域的评价项目，最后一项为专题报告格式的评价。学习单所用的各项符号与评语的评价标准，同样也参考本书第一章的"表 1-2 能力、努力兼顾之各项符号与评语"的评价标准。

实例5-3 自然科"豆子发芽"学习单、使用与评价说明

自然科"豆子发芽"学习单

班级：　　　姓名：　　　学号：　　　组别：　　　小组长：

小朋友,你看过各种不同的豆子吗? 你看过豆子发芽吗? 现在老师要请各位小朋友选择一种你最喜欢的豆子,做做实验,看豆子是不是可以发芽。请你"观察、记录豆子发芽的情形"。老师从下面三方面来说明。

一、豆子发芽过程(小组长评价)	
正确性	此部分包括下列几项重点
	1. 找到一个塑料杯(例如:一般布丁的杯子或高度不超过15公分的容器)。
	2. 在这个塑料杯中放入潮湿的棉花。
	3. 在这个塑料杯内放入5颗你喜欢的豆子。
	4. 将这个塑料杯放在阳光照射得到的地方。
	5. 每天保持塑料杯中棉花的潮湿(不可太干或太湿)。
二、观察记录情形(小组长评价)	
正确性	此部分包括下列几项重点
	1. 记录豆子开始种的日期。
	2. 记录豆子表皮裂开的日期(以第一颗表皮裂开的豆子为主进行记录)。
	3. 记录豆子发芽的日期。
	4. 记录豆子长出两片小叶子的日期。
	5. 记录豆子长出两片大叶子的日期。
三、作品评价(老师评价)	
评价	此部分包括下列几项重点
	1. 塑料杯内棉花水分的控制。
	2. 豆子的发芽数。
	3. 豆子的生长情形。

注意事项：

（一）"种豆子过程"、"观察记录情形"两项,由小组长检核。小组长于每天第一节下课进行评价。

（二）"作品评价"由教师评价,记得请小组长将他评分的结果和你的作品,送给老师评分。如果有任何疑问,可以问小组长或老师。

老师的话：

　　　　　　　　　　　　　　　　　　　　　　　　签名：

家长的话：

　　　　　　　　　　　　　　　　　　　　　　　　签名：

自然科"豆子发芽"学习单使用与检核评价说明

设计者:李坤崇、欧慧敏

一、达成能力指标

达成自然与生活科技学习领域能力指标"1-1-3-1由系列的观察数据,说出一个变动的事件(如豆子成长的过程)"。

二、学习目标

（一）能每天为自己所种的豆子浇水,了解豆子发芽需要水分。

（二）能记录豆子的生长情形。

三、使用与评价方法

（一）本说明用于评价达成能力指标"1-1-3-1由系列的观察数据,说出一个变动的事件(如豆子成长的过程)"的教学内涵。评价于单元教学中实施,采用个别施测方式。

（二）评价分成"操作过程检核"与"作品评价"两部分:

1."操作过程检核"分成"种豆子过程"、"观察记录情形"两项,由小组长依据本说明进行检核。

2."作品评价"由教师依据本说明进行评价。

（三）教师挑选班级成绩优良者担任小组长,并对小组长进行直接复评。

（四）对小组长实施初评讲习,说明评价标准与注意事项。先选取一名学生的学习单由所有小组长初评,再核对初评结果,检讨可能的差异原因。

（五）请小组长将"初评结果、学习单"送交教师复评。

（六）教师复评后写下"老师的话",由学生带回家让家长写下"家长的话",再由学生送交教师评定成绩,最后将学习单随同作品分发给学生。

四、评价标准（目标层次分析）

（一）教师可采取"检核、评定等级而不计分"或"核算计分"的方式。

（二）操作过程中检核"豆子发芽过程"、"观察记录情形"两项:

1."豆子发芽过程"目标层次为认知层次的3.2"实行",技能层次的3.2"尝试错误"。

2."观察记录情形"目标层次为认知层次的3.2"实行",技能层次的3.2"尝试错误"。

3. 各组学生在实作过程出现(或完成)该检核项目的动作,则在评价检核表中"正确性"下面的□内打"√",得4分;如未出现(或完成),则打"?",得0分。

（三）作品评价:

1. 教师从"能力"、"努力"两个向度在学习单的"评价"栏内进行评价,"能力"项以符号"○、√、△、?、×"表示"很好、不错、加油、改进、补做(交)"。"努力"项以符号"＋、一"表示"进步、退步"。

2. 努力向度："十"出现一次加1分，"一"出现一次减1分。

3. 每个评价项目的能力向度计分，如下表。

评价项目与标准	目标层次	很好(○)	不错(✓)	加油(△)	改进(?)	补做(✗)
评分参考标准		10	8	5	2	0
1. 塑料杯内棉花水分的控制	技能3.2尝试错误	湿度恰当	塑料杯棉花下面积水	豆子没在水中或完全没水	塑料杯中无棉花，豆子直接泡水	未做
2. 豆子发芽数	技能3.2尝试错误	4到5颗	3颗	2颗	1颗	未做
3. 豆子生长情形	技能3.2尝试错误	4到5颗均可长出两片大叶子	3颗长出两片大叶子	1—2颗长出两片大叶子	均未长出大叶子	未做

五、评等或计分方式

（一）"操作过程检核"占40分，"作品评价"占30分，"基本分"占30分。

（二）"操作过程检核"共10题，评价通过者得4分，未通过者得0分。

（三）"作品评价"共3题，参考标准详见上表。

（四）评价标准、计分方式仅供参考，教师可视需要进行调整。

（五）学习单评价得分与纸笔测验结果，共同作为学生在该单元的成绩。

六、补救教学

对表现欠佳或未达其应有水平者，针对其不足，先请小组长或义工家长协助指导，最后由教师教导。

实例 5-4　自然科 "水流的力量" 专题报告学习单、使用与评价说明

自然科"水流的力量"专题报告学习单

班级：　　　　组别：　　　　小组长：

小组同学：

　　小朋友,我们现在讨论"水流的力量",老师请大家分组,分工合作共同制作专题报告,报告内容必须注意下列四个部分。

评价	此部分建议至少包括下列几项重点
一、收集水流冲刷现象的资料(最少三种)	
	1. 找到水流冲刷现象的图片。
	2. 对每幅图片作简短解释与说明。
二、设计一个水流冲刷与搬运的实验	
	1. 请设计出一个水流冲刷现象的实验,并对实验作必要的描述。
	2. 请同学写出什么物质会被水流带走,什么物质会留下来。
	3. 请写出水流搬运的物质,以及它的大小和搬运的距离有什么关系。
三、收集由水造成的自然灾害的资料(最少三种)	
	1. 找到每种灾害的图片。
	2. 写出造成每种灾害的原因。
	3. 写出每种灾害的可能的解决或改善的方法。
四、专题报告格式	
	1. 报告封面内容符合主题,美观、富创意。
	2. 报告内容呈现整齐、统一、完整。
	3. 报告目录完整、清晰扼要。

注意事项：

　　(一)专题报告可自定义富创意的名称,自行制作报告的封面。

　　(二)事先决定报告的大小(如 A4 或 B5 格式)。

　　(三)可自己制作一本专题报告簿,也可购买文件夹、资料簿。

　　(四)报告的形状、样子可自己决定,但应尽量多点变化,和别人不同。

　　(五)报告的设计、美化可自行发挥,但力求美观、创意。

老师的话：

签名：

自然科"水流的力量"专题报告学习单使用与评价说明

设计者:李坤崇、欧慧敏

一、达成能力指标

达成自然与生活科技学习领域能力指标"1-3-1-1能依规划的实验步骤来执行操作"、"1-3-4-4由实验的结果,获得分析的论点"。

二、学习目标

(一)了解水流冲刷作用,并能收集相关的资料。

(二)能设计一个简单的实验。

(三)能对一个实验所应呈现的格式与实验结果的描述有所认识。

(四)了解水流对环境的影响,收集有关的资料。

(五)了解水土保持的重要性。

三、使用与评价方法

(一)本学习单用于评价达成能力指标"1-3-1-1能依规划的实验步骤来执行操作"、"1-3-4-4由实验的结果,获得分析的论点"的教学内涵。

(二)本学习单强调小组合作学习,教师应在教授本单元时先将专题报告学习单分发各组,由小组长分派组员,负责收集并撰写简短说明。

(三)教师先讲解专题报告资料收集与制作重点、过程、分组合作或注意事项,若学生无小组制作经验,宜详细说明,或提供范例供学生参考。

(四)就本专题报告在单元教学中究竟是作为形成性评价,还是作为单元教学后的总结性评价或诊断各组学生错误的依据,教师宜视教学目标与需要进行衡量。

(五)各学习单的"评价"部分,教师可直接评定等级或打分数,本说明的评价项目、标准、计分方式仅提供参考,教师可依教学需要调整。

(六)报告完成后由小组长送交教师评分,采用小组整体评分的方式评价。教师在评价后写下"老师的话",并将优秀作品进行展示、供同学观摩,并给予较优小组奖励。

四、评价标准(目标层次分析)

(一)教师从"能力"、"努力"两个向度在学习单的"评价"栏内进行评价。

(二)各项符号与评语的评价标准,均参考"能力、努力兼顾之各项符号与评语"的评价标准。

		目标层次	很好(○)	不错(✓)	加油(△)	改进(?)	补做(✗)
收集水流冲刷现象的资料	1. 找到水流冲刷现象的图片	认知4.1区辨	三种以上切合主题的图片	两种切合主题的图片	一种切合主题的图片	无切合主题的图片	未交
	2. 对每幅图片作简短解释与说明	认知4.2组织	解释精简扼要	解释清楚但繁琐	解释不够清楚	解释不清楚或错误	未交

		目标层次	很好(○)	不错(✓)	加油(△)	改进(?)	补做(×)
设计一个水流冲刷与搬运的实验	1. 请设计出一个水流冲刷现象的实验,并对实验作必要的描述	认知6.3制作 技能3.2尝试错误	实验与描述均正确、清晰	实验正确但描述不够清晰	实验有些错误	实验有大多错误	未交
	2. 请同学写出什么物质会被水流带走,什么物质会留下来	认知4.1区辨	答案完全正确	答案大部分正确	答案小部分正确	答案完全错误	未交
	3. 请写出水流搬运的物质,以及它的大小和搬运的距离有什么关系	认知4.2组织	答案完全正确	答案大部分正确	答案小部分正确	答案完全错误	未交
收集由水造成的自然灾害的资料	1. 找到每种灾害的图片	认知4.1区辨	三种以上切合主题的图片	两种切合主题的图片	一种切合主题的图片	无切合主题的图片	未交
	2. 写出造成每种灾害的原因	认知2.7解释	说明精简扼要	说明清楚但繁琐	说明不够清楚	说明不清楚或错误	未交
	3. 写出每种灾害的可能的解决或改善的方法	认知4.2组织	所有方法适切、多元	大部分方法适切	部分方法不适切	方法均不适切	未交
专题报告格式	1. 报告封面内容符合主题,美观、富创意	认知4.1区辨	切合主题、美观、富创意	切合主题、美观	切合主题,美观欠佳	未切合主题与不美观	未交
	2. 报告内容呈现整齐、统一、完整	认知4.2组织	整齐、统一、完整	整齐、完整	尚完整	不完整	未交
	3. 报告目录完整、清晰扼要	认知4.2组织	完整、清晰扼要	大部分完整	尚完整	不完整	未交

五、评等或计分方式

(一)教师可采取"评定等级"或"核算等级计分"的方式。

(二)若采用"核算等级计分",学习单的四部分共11项评价项目的能力向度计分见下表。

	很好(○)	不错(✓)	加油(△)	改进(?)	补做(×)	基本分
各项目计分	6	5	3	1	0	34

(三)努力向度:"+"表示进步,出现一次加1分;"-"表示退步,出现一次减1分。

六、补救教学

对表现欠佳或未达其应有水平者，针对其不足，先请小组长或义工家长协助指导，最后由教师教导。

第三节 检 核 表

检核表与评定量表在外观和使用方法上颇为相似，两者的最大差异在于判断需求的形式。评定量表主要辨别某个特质呈现的程度或行为发生的频率，重点为程度的高低。检核表仅对特质或行为实施"是否"的判断(Yes-No Judgment)，若教学与评价的目标是辨别特质是否出现、行为是否发生，则颇适宜运用检核表。

一、检核表的功能

教师在检核表中依据教学或评价目标，先将学生应有、可观察的具体特质、行为或技能，依照先后发生顺序或其他逻辑规则逐一详细分项，并以简短、明确的行为或技能描述语句来列出行为或技能标准，之后请检核者(包括教师、家长或学生)就学生的实际状况依序勾选，以逐一评定学生行为或技能是否符合标准。检核表不仅具诊断性，亦可重复再使用，以评估学生的进步情形。它提供学生行为的详细记录，让学生充分了解自己的行为或技能现况，并诊断有待改善之处。同一份检核表可用于不同学生或相同学生，并可在一段时间过后再使用。若运用同一份检核表，每隔一段时间进行重复评价，可评估学生随着时间发展的进步情况(李坤崇，1999；陈英豪、吴裕益，1991；Airasian, 2000；Linn & Miller, 2005)。

检核表在记录、判断行为或技能时，较评定量表方便，尤其适用于动作过程、操作程序或解题过程，如表5-5的小学数学二年级下"三位数加法"观察检核表以及下一节中实例5-7的中学垒球投手投球技能观察检核表。除了用于检视过程，检核表也可用来检视产品、成果或个人与社会发展。检核表应包含产品、成果或发展的所有特性，老师依据特性逐一检核。检核表若用于检核个人与社会发展，则是记录特别的学习情况，如小学教师检核学生的做实验或活动的习惯时，列出下列九项行为，再逐一检核：(1)按照标准步骤做实验；(2)必要时能请他人帮忙；(3)与他人合作；(4)能等待轮流使用材料或工具；(5)能与他人分享材料或工具；(6)能尝试新的活动；(7)能做完开始预期的工作；(8)能将器材收回原位；(9)能把操作环境整理好。

二、检核表的编制

编制检核表的过程与评定量表颇为相似，通常必须经过下列几个步骤(李坤崇，1999；陈英豪、吴裕益，1991；Airasian, 2000；Linn & Miller, 2005)。

(一)确立评价目的

教师编制检核表时宜先了解评价领域。若评价领域为行为或技能，则颇适于运用检核表；若为态度或情意领域，则较适于运用评定量表。接着教师再依据教学目标、教材内涵与学生状

表5-5 小学数学二年级下"三位数加法"观察检核表

姓名： 小组长： 总分：		
说明：请在每一个项目右边对、错的其中一个□内打"√"，以评价三位数加法的计算能力。		
检核表内容：	对	错
一、抄录对位		
1. 正确抄录横式题目。	□	□
2. 被加数、加数的个位数对齐。	□	□
3. 被加数、加数的十位数对齐。	□	□
4. 被加数、加数的百位数对齐。	□	□
5. 正确写出"＋"。	□	□
6. 在加数下画一横线。	□	□
7. 横线下留有足够的作答空间。	□	□
二、运算过程		
1. 由个位数栏加起。	□	□
2. 正确写下个位数相加结果的个位，置于横线下的个位字段位置。	□	□
3. 结果超过十，在被加数十位数附近标示记号。	□	□
4. 将十位数栏的数相加。	□	□
5. 正确写下十位数相加结果的个位，置于横线下的十位字段位置。	□	□
6. 结果超过十，在被加数百位数附近标示记号。	□	□
7. 将百位数栏的数相加。	□	□
8. 正确写下百位数相加结果的个位，置于横线下百位字段位置。	□	□
9. 百位数栏相加结果超过十，将"1"置于横线下的千位字段位置。	□	□
三、抄录答案		
1. 将答案写在横式"＝"右边。	□	□
2. 正确抄录直式运算结果。	□	□
注：本检核表是依据教师教学过程设计的，若教学过程与上述不同，宜另行设计。		

况来确立评价目的（目的宜具体明确），并尽可能设计双向细目表让评价架构更加完善。

（二）列出行为或技能标准

确立评价目的后，教师应将学生应具备的具体化和可观察的特质、行为或技能详细分项，按照发生顺序或其他逻辑规则排列，并以精简语句来列出行为或技能标准。如表5-5将三位数加法的解题过程详细解析，从抄录对位、运算过程到抄录答案，深入分析每个步骤；实例5-

7 亦将垒球投手的投球技能规定动作即从投球、站立形态到跨步方式,逐一详细列出。

(三) 确定检核者,拟定指导语与编辑检核表

实施检核前应先确定检核者为教师、家长、同学或学生自己。教师应尽可能让家长、同学、学生自己参与观察检核,这样不仅可减轻教师工作负担,更可让其他人从参与中了解教学过程并相互回馈。如让家长、同学、学生自己参与观察检核时,应事先拟定明确的指导语,引导其扮演合适角色,并公平、公正地实施检核,指导语用语应顾及检核者的认知水平,免得检核者看不懂指导语。检核表的编辑应以便于实施检核为原则,通常以一页纸呈现为佳。若为数页,应顾及翻页的流畅。如两张 A4 共 4 页,必须用订书机装订,不如一张 A3 对折成 4 页来得方便。检核表版面安排应美观大方、简单明确,不应过于拥挤或杂乱。另外,若检核表包含图表,应力求清晰明确。

三、检核表的计分

检核表的计分宜以增强学生学习信心为原则,从宽计分与解释。因为分数是学生信心的来源,从宽给分将给学生带来无限喜悦。一般纸笔测验在实施评价后,均会呈现一个总分,而检核表与评定量表的结果呈现较多元化,可采用呈现总分、呈现整体等级、呈现各个评价项目对错的方式,下面分别进行说明(李坤崇,1999;陈英豪、吴裕益,1991;Airasian,2000;Linn & Miller,2005)。

(一) 呈现总分

呈现总分是指依据检核表中的行为标准,将分数转换为百分制,转换时可分为基本分、无基本分两类,如表 5-5 的三位数加法检核表包含 18 项行为标准,若采用基本分方式,基本分为 28 分,则答对每项行为标准得 4 分;若采用无基本分方式,则将答对数除以 18 再乘以 100,经四舍五入后可得一总分。

(二) 呈现整体等级

呈现整体等级是指教师事先设定评定学生表现的等级标准,后依据这一等级标准评定整体等级。若以表 5-5 三位数加法的 18 项行为标准为例,教师可定"优、良、可、劣"四个等级,标准如下:优——做对 15 到 18 个行为标准;良——做对 10 到 14 个行为标准;可——做对 5 到 9 个行为标准;劣——做对 4 个或更少的行为标准。

(三) 呈现各个检核项目的对错

呈现各个检核项目的对错是指教师仅检核各个检核项目的对错,不呈现总分或整体等级,此种未经转换的呈现方式让学生将注意力置于各个项目的对错,较不会因注意总分或整体等级而忽略个别表现。若教师检核仅为供学生自我了解检核结果,此种呈现方式颇为适用。

四、检核表的不足与应对之道

检核表的主要不足乃教师面对各个行为标准只有两种选择,即有或无、对或错、通过或不通过,而没有提供中间范围。然而颇多行为或技能难以二分,只有程度高低,使得教师难以从两种选择中抉择。检核表的另一项不足乃教师难以客观检核与呈现结果,虽然各个行为标准力求明确,且前述三种呈现结果的方式可供教师参考,但由于教师主观认定的宽严不一,使得检核客观性遭受质疑。

为减少检核过程较主观的不足,检核表记录各项特质与动作时宜注意下列四项:(1)明确辨认、叙述拟评定行为的每一项具体动作;(2)能明确界定共同的错误,并加列在图表上;(3)依出现顺序或相近行为排列拟评定的正确动作或可能的错误动作;(4)设计简易的记录,用于记录动作发生的顺序、检核各项动作;(5)检核宜兼顾教师、家长、学生,引导家长与学生共同参与评价,此举不仅可激发家长的责任感,更可促使学生自我尊重与自我负责;(6)宜配套详细的"使用说明",合理检核,空有检核表而无使用说明,检核者可能会误用或滥用;(7)若有必要,宜办理"使用研习",协助教师正确使用检核表(李坤崇,1999;陈英豪、吴裕益,1991;Airasian,2000;Linn & Miller,2005;Miller,Linn & Gronlund,2009)。

第四节　检核表实例

下面以小学生活、学习领域检核(详见实例5-5),小学数学领域检核(详见实例5-6),中学垒球投球技能检核(详见实例5-7)三例进行说明。

一、小学生活、学习领域检核表实例

实例5-5"××县××小学饮食、卫生习惯自我检核单"旨在达成综合活动学习领域2003年版能力指标"2-1-1经常保持个人的整洁,并维护班级与学校共同的秩序与整洁"中的"2-1-1-1养成个人卫生习惯并维持自己的仪容整洁"、健康与体育学习领域能力指标"2-1-3培养良好的饮食习惯"。本检核中,由学生每天针对检核表所列的项目进行自我逐项检核,检核完后交由家长进行复评,之后每周再交由老师进行复评。此方式旨在让学生能自省自己的行为、引导自己诚实记录,让家长能关心子女行为,让教师能做最后把关。另外,本检核表尚有空白栏,教师或父母可针对学生待改进的行为进行检核,以适应学生的个别需要。本检核计分方式较为复杂,可参见其使用与检核说明。

实例 5-5 小学饮食、卫生习惯自我检核单、使用与检核说明

××县××小学饮食、卫生习惯自我检核单

分数：

_____年_____月 班级：_____年级_____班 姓名：_____

请同学每天诚实记录下面每一项，做到的打"○"，未做到的打"?"，晚上请父母签名，月底交给老师。

项目\日期	1 三餐定时用餐	2 不暴饮暴食	3 用餐时不大声喧哗	4 食前便后洗手	5 食后立即刷牙或漱口	6 食后清理饮食用具	7 吃蔬菜、水果	8 不吃生冷、不洁食物	9 保持文具用品整洁	10 保持座位附近的整洁	11 清洁身体	12 使用个人卫浴用品	13 随身带手帕、餐巾纸	14	15	做到了几项	家长签名	亲师沟通园地
1																		
2																		
3																		
4																		
5																		
6																		
7																		
8																		
9																		
10																		
11																		
12																		
13																		
14																		
15																		
16																		
17																		
18																		
19																		
20																		
21																		
22																		
23																		
24																		
25																		
26																		
27																		
28																		
29																		
30																		
31																		

××县××小学饮食、卫生习惯自我检核单使用与检核说明
设计者:李坤崇

一、达成能力指标

达成综合活动学习领域 2003 年版能力指标"2-1-1 经常保持个人的整洁,并维护班级与学校共同的秩序与整洁"中的"2-1-1-1 养成个人卫生习惯并维持自己的仪容整洁"、健康与体育学习领域"2-1-3 培养良好的饮食习惯"。

二、学习目标

(一)培养学生自我反省、自我负责的能力。

(二)改善学生饮食、卫生习惯。

三、目标层次分析

评价项目	认知教学目标	技能教学目标	情意教学目标
1. 三餐定时用餐	3.1 执行	5.2 自动表现	5.1 一般化体系
2. 不暴饮暴食	5.2 批判	5.2 自动表现	5.1 一般化体系
3. 用餐时不大声喧哗	5.2 批判	5.2 自动表现	5.1 一般化体系
4. 食前便后洗手	3.1 执行	5.2 自动表现	5.1 一般化体系
5. 食后立即刷牙或漱口	3.1 执行	5.2 自动表现	5.1 一般化体系
6. 食后清理饮食用具	3.1 执行	4.0 机械化	3.2 价值的喜好
7. 吃蔬菜、水果	3.1 执行	5.2 自动表现	5.1 一般化体系
8. 不吃生冷、不洁食物	5.2 批判	5.2 自动表现	5.1 一般化体系
9. 保持文具用品整洁	3.1 执行	4.0 机械化	3.2 价值的喜好
10. 保持座位附近的整洁	5.2 批判	5.2 自动表现	5.1 一般化体系
11. 清洁身体	3.1 执行	5.2 自动表现	5.1 一般化体系
12. 使用个人卫浴用品	3.1 执行	4.0 机械化	3.2 价值的喜好
13. 随身带手帕、餐巾纸	3.1 执行	5.2 自动表现	5.1 一般化体系

四、使用与评价方法

(一)本检核单、观察检核表用于检核学生的饮食、卫生行为。

(二)运用本检核单时应引导学生诚实记录、自我反省、自我负责,若学生检核初期未能做到,应允许学生诚实面对自己的错误,给予改正的机会。

(三)本评价在单元教学中实施,采用自我检核方式,可作为诊断学生不良行为的依据或进行补救教学的参考。

(四)评价以每个月为单位,以一个月使用一张检核单为原则,由学生自己逐日检核,家长逐日复评,月末由教师总评。

(五)检核单仅列一般小学生共同的 13 项饮食、卫生行为,预留三项空白,教师或家

长可依据学生必须改善的行为项目自行加入内容,这样符合"大同小异"的原则,既适用于全班,也适用于个别学生。

（六）教师可依据自己的教学需要,调整、观察检核单的施行程序或内容。

五、评价标准

学生若"做到"该天检核项目的行为,则在检核单该天该项目方格内打"○";若未做到,则打"?"。

六、评等或计分方式

（一）本学习领域以"不呈现分数"为原则,教师可依教学目标、工作负担、学生或家长需要,采取"评定等级"、"文字叙述"的方式来评价。

（二）综合评定等级时,以符号"○、√、△、?、×"表示"很好、不错、加油、改进、补做（交）"。九成以上做到者标示"○",八到九成做到者标示"√",五到八成做到者标示"△",五成以下做到者标示"?",未缴交自我检核单者标示"×"。

（三）教师评定等级后,宜视需要于"亲师沟通园地"栏,以文字深入说明,并予以学生适切指导。

（四）因检核重点为改善行为,此检核单仍以不呈现分数为原则。

（五）若欲计分,则检核单中每天每做到一项得1分。

（六）将检核单的项目数乘以天数,除以某数（教师视状况决定）,可得接近100分的分数,再加基本分,使总分为100分。如13项检核30天,且某数为4,则$13 \times 30 \div 4 = 97.5$,再加基本分2.5,则总分为100分。

（七）基本分视状况调整,使总分为100分。

（八）计算分数时尽量请小组长、高年级学生或家长予以支持。

（九）教师除"核算总分"外,若需评定等级。参考"小学及中学学生成绩评价准则"相关规定,总分高于90分者评为"优",80以上未满90分者评为"良",70以上未满80分者评为"中",60以上未满70分者评为"合格",未满60分者则评为"不合格"。

七、补救教学

对行为表现欠佳或未达教师所定水平者,请其于下一个月改善。若仍未改善,则应针对其不足与家长讨论后共同拟定改善策略。

二、小学数学领域检核表实例

实例5-6是小学数学三年级下"三位数乘以一位数"学习单、观察检核表、使用与评价说明。评价方式均为"操作过程检核"。检核内容分成"抄录对位"、"运算过程"、"抄录答案"三项,由小组长检核。"操作过程检核"指各组学生依序操作检核表各个步骤,由小组长检核。学生在实作过程中"做对"该检核项目的动作,则小组长在检核表中"对或错"下面的（　　）内打"√";若"做错",则打"?";若空白,则打"×"。检核的结果可作为诊断学生错误的依据或进行补救教学或个别指导的参考。

小学数学三年级下"三位数乘以一位数"学习单

班级：　　　　组别：　　　　姓名：　　　　　学号：

作答说明：1. 请将下列4题由横式改为竖式计算后，将答案写在横式"＝"的右边。

　　　　　2. 每题19分，基本分24分。

注意事项：1. 作答时请小组长在旁边观察、记录，对的打"√"，错的打"×"。

　　　　　2. 请详细写下计算过程，以便观察、记录。

(1) 243×2＝	(3) 139×7＝
(2) 326×3＝	(4) 548×6＝

小学数学三年级下"三位数乘以一位数"观察检核表

操作姓名：　　　　　组别：　　　　小组长姓名：　　　　　总分 ☐

请小组长在旁边观察、记录，每个步骤，对的打"√"，错的打"✕"。

题号： 检核表内容：	(1) 对或错	(2) 对或错	(3) 对或错	(4) 对或错
一、抄录对位				
1. 正确抄录横式数字。	(　)	(　)	(　)	(　)
2. 被乘数、乘数的个位对齐。	(　)	(　)	(　)	(　)
3. 正确写出"✕"的位置。	(　)	(　)	(　)	(　)
4. 在乘数下画一横线。	(　)	(　)	(　)	(　)
5. 横线下留有足够的作答空间。	(　)	(　)	(　)	(　)
二、运算过程				
1. 由个位栏乘起。	(　)	(　)	(　)	(　)
2. 正确算出乘数（个位）乘以被乘数个位的乘法。	(　)	(　)	(　)	(　)
3. 正确写下个位乘以个位的结果的个位，置于横线下的个位字段位置。	(　)	(　)	(　)	(　)
4. 结果超过十，能标示记号（记下十位数字或比手指）。	(　)	(　)	(　)	(　)
5. 正确算出乘数乘以被乘数十位的乘法。	(　)	(　)	(　)	(　)
6. 将乘出的结果，加入刚才标示记号的数字。	(　)	(　)	(　)	(　)
7. 正确写下上面结果的个位，置于横线下之十位字段位置。	(　)	(　)	(　)	(　)
8. 结果超过十，能标示记号。	(　)	(　)	(　)	(　)
9. 正确算出乘数乘以被乘数百位的乘法。	(　)	(　)	(　)	(　)
10. 将乘出的结果加入刚才标示记号的数字。	(　)	(　)	(　)	(　)
11. 正确写下上面结果的个位，置于横线下百位字段位置。	(　)	(　)	(　)	(　)
12. 正确写下上面结果的十位，置于横线下千位字段位置。	(　)	(　)	(　)	(　)
三、抄录答案				
1. 将答案写在横式"＝"的右边。	(　)	(　)	(　)	(　)
2. 正确抄录竖式运算结果。	(　)	(　)	(　)	(　)

小学数学三年级下"三位数乘以一位数"
学习单与观察检核表的使用与评价说明
设计者:李坤崇、欧慧敏

一、达成能力指标

达成数学学习领域能力指标"N-1-07能在具体情境中,解决加、减、乘的两步骤问题(不含连乘)"、"N-1-04能理解乘法的意义,解决生活中简单整数倍的问题"。

二、学习目标

(一)能做三位数乘以一位数的不进位乘法。

(二)能做三位数乘以一位数的一次至三次进位乘法。

(三)能进行横式转竖式计算、回答。

三、目标层次分析

本观察检核表整体达到的主要教学目标层次为:

(一)认知教学目标层次的3.1"执行"。

(二)技能教学目标层次的4.0"机械化"。

(三)情意教学目标层次的2.3"满意的反应"。

四、使用与评价方法

(一)本学习单、观察检核表用于检核数学学习领域能力指标"N-1-07能在具体情境中,解决加、减、乘的两步骤问题(不含连乘)"、"N-1-04能理解乘法的意义,解决生活中简单整数倍的问题"的学习内容;评价在单元教学中实施。

(二)本评价在单元教学中实施,采用个别施测方式,可作为诊断学生错误的依据或进行补救教学或个别指导的参考。

(三)评价为"操作过程检核",分成"抄录对位"、"运算过程"、"抄录答案"三项,由小组长进行检核。

(四)"操作过程检核"是指各组学生依序操作检核表的各个步骤,由小组长检核。

(五)小组长由教师挑选班级成绩优良者担任,先对其检核后实施讲习。

(六)对小组长实施检核讲习,说明检核标准与注意事项,并由一名小组长帮助其他小组长进行检核,核对检核结果,检讨可能的差异原因。

(七)请小组长将"观察检核结果、学习单"送交教师评定成绩。

(八)教师可依据自己的教学方法,调整观察检核表的程序或内容。

五、检核标准

各组学生在实作过程中"做对"该检核项目的动作,则在检核表中"对或错"下面的(　　)内打"√";若"做错",则打"?";若空白,则打"×"。

六、计分方式

(一)"操作过程检核"的每一题均包括19项检核项目,做对一个项目得1分,做错者得0分。

（二）基本分为 24 分。

（三）教师在"核算总分"外,若需评定等级,则参考 2004 年"小学及中学学生成绩评价准则"第七条的规定,总分高于 90 分者评为"优",80 以上未满 90 分者评为"良",70 以上未满 80 分者评为"中",60 以上未满 70 分者评为"合格",未满 60 分者则评为"不合格"。

七、补救教学

对表现欠佳或未达其应有水平者,针对其不足,先请小组长或义工家长协助指导,最后由教师教导。

三、中学垒球投球技能检核表实例

实例 5-7 的中学垒球投手"投球技能"学习单以及使用与检核说明用于检核垒球投手技能,在单元教学中实施,采用个别施测的方式。评价内容为"操作过程检核",分成"投球"、"站立形态"、"跨步方式"三项,由小组长检核。各组学生在实作过程中正确完成该检核项目的动作,则在学习检核单"正确性"下面的□内打"√";若未正确完成该检核项目的动作,则打"?"。

实例5-7 中学垒球投手"投球技能"学习单、使用与检核说明

中学垒球投手"投球技能"学习单

姓名(操作者):　　　　　　小组长:　　　　　　总分:

各位同学,你参加过垒球比赛吗? 你知道怎么投球吗? 现在先让老师告诉你投球可分成"投球"、"站立形态"、"跨步方式"三部分,每个部分重要动作如下。

正确性	投 球 技 能 检 核 项 目
	一、投球
☐	1. 当主审示意 play ball 时,必须于 20 秒内将球投出。
☐	2. 预备投球时,手置于身体前方停留约一秒时间。
☐	3. 不可于投球手或手臂上配戴首饰及白色物体。
☐	4. 投球手以顺时针方向垂直绕环一周后即出手。
☐	5. 以曲线或直线通过本垒板上方为好球。
☐	6. 出球点不可高于肩部。
	二、站立形态
☐	1. 不可以单脚站立于投手板上。
☐	2. 双脚一前一后站立于投手板上。
☐	3. 身体以正面面对投手板。
☐	4. 右手投球时右脚在前,左手反之。
	三、跨步方式
☐	1. 投球的同时将一脚跨出后出手。
☐	2. 投球时跨出的脚,必须在投手板延伸至本垒板的地方落下。
☐	3. 欲提出停止投球时,将站立于投手板上之前脚向后跨出即可。
☐	4. 不可连续跨出两步后出手。
☐	5. 跨步后两脚可呈交错方式。

注意事项:

　(一)请依据三个部分的重要动作逐一练习,到熟练为止。

　(二)大家充分练习后,请小组长评分。

　(三)如果有任何疑问,可以找老师讨论。

老师的话:

签名:

家长的话:

签名:

中学垒球投手"投球技能"学习单使用与检核说明

指导者：李坤崇　　　设计者：刘家琦

一、达成能力指标

达成健康与体育学习领域能力指标"3-3-2 评估个人及他人的操作表现，以改善运动技能"、"3-3-5 应用运动规则参与比赛，充分发挥运动技能"。

二、学习目标

（一）经由此检核表内容，对垒球有初步的认知。

（二）能正确了解这一运动形式，进一步从事垒球活动。

三、目标层次分析

本观察检核表整体达到的主要教学目标层次为：

（一）认知教学目标层次的 3.1"实行"。

（二）技能教学目标层次的 4.0"机械化"。

（三）情意教学目标层次的 2.3"满意的反应"。

四、使用与评价方法

（一）本学习检核单用于垒球投手技能，参考垒球协会制定的规则。

（二）本评价在单元教学中实施，采用个别施测的方式。

（三）评价为"操作过程检核"，分成"投球"、"站立形态"、"跨步方式"三项，由小组长进行检核。

（四）"操作过程检核"是指各组学生依序操作检核表的各个步骤，由小组长检核。

（五）小组长由教师挑选班级成绩优良者担任，对其检核后实施讲习。

（六）对小组长实施检核讲习，说明检核标准与注意事项，并由一名小组长帮助其他小组长进行检核，核对检核结果，检讨可能的差异原因。

五、检核标准

各组学生在实作过程中正确完成该检核项目的动作，则在学习检核单"正确性"下面的□内打"√"；但若未正确完成该检核项目的动作，则打"？"。

六、计分方式

（一）"操作过程检核"共 15 题，正确者得 4 分，不正确者得 0 分。

（二）基本分为 40 分。

（三）教师在"核算总分"外，若需评定等级，则参考 2004 年"小学及中学学生成绩评价准则"第七条的规定，总分高于 90 分者评为"优"，80 以上未满 90 分者评为"良"，70 以上未满 80 分者评为"中"，60 以上未满 70 分者评为"合格"，未满 60 分者则评为"不合格"。

七、补救教学

对表现欠佳或未达其应有水平者，针对其不足，先请小组长或义工家长协助指导，最后由教师教导。

第六章　档案袋评价理念与实例

除评定量表、检核表、轶事记录外,另一种在学校渐受重视、在班级被广泛使用的表现性评价是档案袋评价(portfolio assessment)(Airasian,2000;Mitchell,1992;Office of Technology Assessment,1992;O'Neil,1993;Wolf,1989)。"档案"(portfolio)并非一个全然的概念,此概念来自名词"艺术家的作品集"(artist's portfolio),指一种表现艺术家个人设计风格及领域的作品集。摄影家、画家、音乐家、作家或建筑设计师均会保留个人的成果档案,他人可经由档案资料来了解其成长历程,或评鉴其在个人领域的技巧或成就。

第一节　档案袋评价理念

因传统以知识为主、以纸笔测验为尊的教学与评价,不足以培养适应未来网络信息社会的下一代,不足以培养自我负责、自我反省、自我评价与自我成长的下一代,使得学业评价多元化的改革浪潮风起云涌,表现性评价是这场浪潮中的主流,而主流中相当受瞩目的便是"档案袋评价"。

评价或教学方式的变革,涉及学习理论的发展。格瑞等人(Greeno,Collins & Resnick,1996)从认知与学习观点来分析,指出行为主义的评价着重学习与知识的量化呈现,目的是通过独立知识或技巧的表现来了解学生在某个领域学会了多少,此较像传统的纸笔测验;认知主义的评价强调学生能否掌握某个领域内的普遍性原则以及能否运用策略以解决问题,此较像问题解决导向的表现性评价;社会建构论与经验主义的评价主张个人的发展与学习、经验获得是人与自然、社会环境交互作用的结果,重视社会文化脉络对个体的发展与学习的影响,将评价实务及评价进行的脉络一起视为一个整体,此较像档案袋评价。档案袋评价的重点除原先的教学目标外,也顾及学生"探究过程及社会学习"的参与态度与"评价过程"的参与。

档案袋评价旨在突破班级单位,改以学生个人为单位,请每位学生均设计与制作个人学习档案,就特定主题连续收集数据,经综合统整呈现,系统地展现学生个人学习的过程与成果。为达成教学与评价的结合,教师宜与学生充分讨论来决定单元目标与档案内容,且学生必须参与整个评价过程,方能建构出有创造力、有意义的学习。评价时除教师评价外,还可有学生自评、家长评价、同学互评。

一、档案袋评价的意义与特质

我国台湾地区学者就"档案袋评价(portfolio assessment)"的译名有较多分歧,吴毓莹(1995)、庄明贞(1995)、陈丽华(1996)、刘淑雯(1996)均译为"卷宗评价",詹宝菁(1998)译为"案卷评价",邹慧英(1997)称之"档案评价",张美玉(1995)称为"过程档案袋评价",单文经(1995)称为"学生学习成果档案袋评价",简茂发(1995)称为"作品集项评价";内地学者徐芬与赵德成(2004)、崔允漷、王少非与夏雪梅(2008)、龙娟娟(2005)则译为"档案袋评价"。因卷宗常指公文性质的档案夹,为避免混淆,本文以"档案袋评价"作为译名。

就档案袋评价的定义,两岸四地的学者亦纷纷提出见解。吴毓莹(1995)强调这一评价具形成性评价的概念,但是其更深入、系统地整理学习过程,将每一个形成性评价的结果以儿童为中心贯穿;庄明贞(1995)认为档案袋评价旨在有目的、有计划地搜集与组织学生的作品,以呈现作品的质量与进步情形;刘淑雯(1996)强调利用档案搜集管理的方式,让学生每个人都有一个档案,以个人为单位,利用时间上的连续,传达个人的学习过程;陈丽华(1996)强调此评价乃有目的地搜集个人学习的努力、进步情形,以及在知识、技能和情意方面的成就的证据,并有目的地汇集在数据文件夹内以供评价的一种评价策略;张美玉(1995)主张此评价乃根据研究目的搜集教学资料及习作,以便学生在经过一段时间之后,回顾自己的学习,且随时更改以前的数据;简茂发(1995)主张此评价是指在学生所学的各项项目中,找出重要的评价项目,做成适当的组合,进行整套的评价,而非对零碎各项目的评价。詹宝菁(1998)认为此评价乃在一段时间,以个别学生为单位,有目的地从各种角度和层次收集学生学习、参与、努力、进步和成就的证明,并系统地汇总,最后经由师生合作,根据评分标准评价学生的表现。邹慧英(1997)指出档案袋评价乃有目的地将学生资料收集在一起成为一个档案,借由作品展现学生学期或学年的学习表现、发展与成果,包括学生对选取的档案内容的参与,档案作品选取标准,档案袋评价标准及学生自我反省等四项重点,并指出此评价乃多次测量的评价方法,具有高度内容效度。

梅耶等(1991)认为档案袋评价指有目的地搜集学生作品,展现出学生在一个或数个领域内的努力、进步与成就,整个档案袋评价在内容的放入、选择的标准、评断的标准等方面均有学生参与,同时档案还包含学生自我反省的证据。Airasian(2000)认为档案袋评价是一种收集学生的表现或作品的评价方式,要求学生汇总一系列的表现或作品来展现其能力或进步情形,档案内容包含足以代表学生朝课程目标进步或发展的作业,因此档案乃教学与学习相结合的呈现,若教学与学习毫无关系,则档案不具任何意义。Popham(2008)认为评价是教学的一部分,而不应与教学分离,教师班级评价应是教学与评价的紧密结合,即依据教学目标与计划,持续收集、评价工作成果的汇编,以展现学生学习成果。

米勒等人均提出"学生作品档案"(portfolios of student work)是有目的、有选择性地呈现学生学习成果进步、强度与现况的档案,较纸笔测验更能显示学生的进步与现况。但档案又不同于一般作品文件夹,并未包括学生的所有作品,而是有目的的,经筛选、组织的作品集。Stecher与Herman(1997)认为档案袋评价是指让学生在一段时间内收集各式各样的代表性工作成果,以呈现其学习结果,而非突发的简单收集资料,此评价具有四项特质:(1)累积,指一段长时间的收集与扩充;(2)深耕,指从计划性、规则性教学衍生的成果,而非要求任务;(3)自我选择,指学生能从某些作品中选择;(4)回馈,指学生评论选择的工作、质量与成果。

卡特等人(Tiernery, Carter & Desai, 1991)比较标准化测验评价与档案袋评价的差异,认为标准化测验评价以相同向度来评价所有学生,未将自我评价纳入评价目标,将学习、测验与教学予以区分,难以评价学生的学习历程,无法评价合作学习,且仅能呈现学习成就;而档案袋评价针对学生个别差异来评价学生,将自我评价纳入评价目标,着重结合教学与评价,能评价学生的学习过程,能评价合作学习,且能同时呈现学习进步、努力与成就。

综合上述定义,可将档案袋评价界定为教师依据教学目标与计划,请学生依特定目的、在一段时间内主动且系统地收集、组织与省思学习成果的档案,以评定其努力、进步、成长的情形。依此定义可发现档案袋评价具有下列特点(李坤崇,1999;Airasian,2000;Linn & Gronlund,1995;Linn & Miller,2005):

(一)目标化

档案袋评价是教师依据教学目标与计划,请学生持续收集、评价工作成果的汇编,以展现其学习成果的过程。可见,档案袋评价具有目标化特质,而非漫无目的地让学生搜集作品、教学数据或习作。

(二)过程化

档案袋评价反映了学生在一段时间内的学习过程,呈现了学生努力、进步、成长的情形,具有形成性评价的概念,而非传统纸笔测验那般仅着重于学生记忆的知识量或学习结果。档案袋评价强调思考或成长改变的过程,通常涉及实作性作业的全程呈现,如数学解题记录或实验的设计与执行记录等,而非仅重视答案或结果。

(三)组织化

档案袋评价要求学生有计划、有系统地累积、整理、组织与呈现整个档案,而非突发、零碎地呈现结果。学生依据教师基本要求,开始计划性地收集、累积数据,之后系统地整理成档案,有时必须设计导览附录,有时必须对档案进行整理并进行美化档案工作,而非突发、零碎地呈现结果。

(四)多元化

档案袋评价多元化包括数据收集方式、数据呈现样式、评价人员评价对象的多元化。收集数据的方式有学习单的实作活动、检核表、评定量表、连续性记录、轶事记录、观察或实验等。数据呈现样式可以是各式各样、多彩多姿的静态或动态作品,如照片、画图、绘画、写作、剪报或其他样式。评价人员应多元化,不仅由教师负责,还应包括学生本人、同学与家长。评价可以个人、小组或全班为对象,以个人为对象着重学生个人的进步、努力与成就,以小组或全班为对象则重视小组或全班合作学习的成果。

(五)个别化

档案袋评价强调以学生为中心,让学生更自主、更主动地掌握学习过程,充分符合学生个别需求,尊重学生个别差异,而不是像传统纸笔测验那样以相同测量工具来评价所有学生。

(六)内省化

档案袋评价重视学生反省与自我评价,希望学生反省制作档案的过程,自我评价所选择的作品与成果的质量,这样不仅可让学生更深入地了解学习内涵,且促使学生成为主动的学习者。

(七)沟通化

档案袋评价是良好的沟通工具,经由档案可展示学生作品的具体成果,并与家长、师长、同学沟通教育绩效。此外,档案也可提供学生长期发展的具体成果,家长可以此作为沟通子女教育的有效工具。

(八)整合化

档案袋评价着重教学与评价的整合,强调评价本身就是教学,不应与教学分离。梅欧罗夫(Maeroff,1991)主张"评价引导教学,教学引导评价,有如四轮传动汽车,前后轮相互牵引",

教师实施档案袋评价不应将学习、测验与教学予以区分，应将教学与评价紧密结合。

二、档案袋评价的优缺点

档案袋评价具有目标化、过程化、组织化、多元化、个别化、内省化、沟通化、整合化等特点，兹就其优缺点说明于下（李坤崇，1999；Airasian，2000；Linn & Gronlund，1995；Linn & Miller，2005）。

（一）优点

教师若善加运用，可发挥下列优点：

1. 兼顾过程与结果的评价

档案袋评价的过程化特质乃指不同于传统的过于重视结果的评价，学生呈现档案时，必须同时呈现努力过程与结果的信息，作为教师评价的依据。

2. 获得更真实的评价学习结果

传统测验仅能测量学生记忆的能力，难以评价处理实际生活的真实能力；相比之下，档案取自日常生活或长期学习活动，因而教师可针对学生日常生活或长期活动进行评价，能真实地评价学生学习结果。

3. 呈现多元数据，激发创意

档案袋评价允许学生以各式各样的样式来呈现学习结果，不仅让学生有充分选择权与自主权，更可充分激发学生创造力。

4. 动态过程激发学习兴趣

档案袋评价摆脱以往静态测量的做法，采取长时间累积、收集、制作成品的动态过程，学生可"做中学"，展示其学习成果或能做的事，更可激发学习兴趣。

5. 兼顾认知、技能与情意的整体学习评价

设计档案袋评价时，教师可从学生的成果看出其认知、技能的学习成果，亦可从用心、努力程度评价其情意领域，不像传统测验那样受限于认知领域的学习结果。

6. 培养主动积极的学习精神

传统测验中学生只是被动做教师的题目，按照教师指示逐一完成任务，而档案袋评价中教师仅强调评价重点、原则、程序或截止日期，其余均可由学生主动收集资料、自由创作。学生成为评价的主导者，教师仅是协助者与辅导者。

7. 培养自我负责的价值观

档案袋评价让学生主动、积极地参与过程，尊重学生选择作品的呈现方式，激发学生自定义的成就水平，适当培养自我负责的价值观，亦可体认终身学习的精神。学生必须负起设定目标与评鉴进展的责任。

8. 提高自我反省能力

档案袋评价提供给学生回顾和反映其作品和表现的机会，学生必须自己省思档案的可改善部分并着手修改，此过程可提高学生自我反省能力。此外，这种评价方式能鼓励学生反省，并发展出评鉴其作品优缺点的技巧。

9. 促进各类人员的沟通

参与档案袋评价的人员，除教师外还可包括家长、同学与学生本人，这种兼顾教师、家长、

同学、学生本人评价意见的做法，能促进四类人员的相互沟通。档案是一种与家长有效沟通的工具，并可帮助学校形成一种以学生为中心的机制或辅助教师开展以学生为主的讨论会。

10. 使师生关系融洽

在档案袋评价过程中，教师充分尊重学生的自主性，尊重学生间的个别差异。评价更纳入学生自我评价，与以往纸笔测验相比更能使师生关系融洽。档案袋评价提供给师生共同合作与反省的机会，有益于师生关系的强化。

11. 增强学生沟通表达与组织能力

档案袋评价要求学生长时间、有系统地搜集并汇总档案，学生必须思考如何让教师或他人接受与了解自己，如何有系统地整理、美化档案，此过程也能增强学生沟通表达与组织能力。

（二）缺点

档案袋评价虽具有上述优点，但仍有以下的缺点：(1)档案袋评价会增加教师批阅时间。(2)档案袋评价的制作必须投入较多经费，宜考虑学生的经济负担或采取变通策略。(3)教师若事先未拟定明确的评分标准，评价易流于不客观与不公平。(4)档案评鉴易受学生语文程度、表达、组织能力影响，若此三项非评价目标，则难以排除其影响。(5)教师评定结果易受"月晕效应"影响而降低评价效度。(6)档案袋评价的信、效度不易建立或难以令人满意，难以成为标准化的评价工具。(7)若教师、家长与学生的接受程度与执行意愿不高，则难以发挥档案袋评价的优点。(8)家长参与程度不同，会影响其子女档案的优劣，教师宜顾及家长参与程度造成的不公平现象。(9)若学生根据教师的看法来选取优劣作品，将丧失自我反省、自我评价的意义。(10)档案袋评价不应作为评价学习结果的唯一评价工具，尚必须辅以其他评价方式或工具。

档案袋评价虽然有其限制，但在教育界正逐渐被发展且广被应用，用于评价学生在语文、数学、社会、自然、艺术或特殊教育等科目的学习表现，尤其目前各项教育改革强调教师专业与学生自主学习，使档案袋评价日趋受重视。教师因教师评审委员会之甄选、往后可能实施的教师分级制度或证照制度，已逐渐开始将自己的教学、研习、进修、成长资料汇整成档案，如台南市于1998学年度实施的教务评鉴，提供供教师参考的个人档案内容，包括下列13项：(1)基本资料；(2)自我成长与进修记录；(3)教学进度规划表、教案或其他教学准备资料；(4)教学历程数据或录像带；(5)教学资源开发、教材与教具研发、教具使用的数据；(6)教学研究、著作的数据；(7)参与各项比赛的得奖资料；(8)指导学生参与各项比赛得奖资料；(9)班级经营资料；(10)学生辅导资料；(11)学业评价资料；(12)学生或家长的回馈资料；(13)其他足以辅助说明自己为优秀教师的资料。

三、档案袋评价的类型与结构

档案可依其评价和使用目的的不同而有其重点和组织结构，因而档案袋评价可用学生不同形式的表现和作品来呈现。例如，作文、书籍阅读列表、期刊阅读记载、相片、音乐或戏剧表演的录像带、科学实验的报告、手稿、外语发音录音带、数学问题的解答及诗的创作。

（一）档案类型

就档案的类型，学者看法则有所不同。柯尔等(Cole、Ryan & Kick，1995)将档案分成过程档案(process portfolio)和成果档案(product portfolio)两类。瓦来西亚等(Valencia &

Calfee，1991)将档案分为展示档案(showcase or display portfolio)、文件档案(documentation portfolio)、评价档案(evaluation or assessment portfolio)三类。Henderson(1995)则分为以下五种类型：展示档案、记录档案、评鉴档案、过程档案和综合档案(composite portfolio)。另外，Ryan(1994)强调教师专业成长的档案。分析上述学者的分类可知，教师专业成长档案与班级评价关系较小，Valencia 与 Calfee(1991)的展示档案、文件档案，分别与 Cole、Ryan 与 Kick (1995)的成果档案、过程档案颇为接近，因此，谨将用于班级学生评价的档案分为成果档案、过程档案、评价档案、综合档案四类。

1. 成果档案

成果档案运用于班级情境时可展示学生汇总的最优秀作品或成果，展示的主题由教师与学生决定，可选择一个主题、多个主题或一系列的核心主题。此种档案常展示于亲子座谈会、家长教学参观日，或教师在职进修的工作坊或研讨会，以达到相互观察与学习的效果。

教师通常先决定学生必须熟练掌握的学习任务，再让学生自行决定与选择、汇总优秀或满意的作品成为成果档案，以此作为达成学习任务的证明。成果档案展现学生个人独特本质、达成学习任务的程度或富创意的学习结果，教师仅扮演辅导者，引导学生从不同角度作更适切的思考与表达。参观成果档案的观众包括教师、家长和学生，教师宜引导学生考虑三种不同身份者的需求与观察向度，激励其更周详地表达与呈现。

虽然成果档案可让学生展现其学习成果，表现其能力与天赋，但仍有下列两项限制：(1)从缺乏过程的作品中难窥努力与成长过程：档案展示以呈现最优秀作品为主，使得他人未看到学生由起点到终点的整个学习过程的努力与成长。(2)难以建立评价的标准和规范：档案展示重视个别差异与学生创意激发，使得各档案均具特色，难以找到共通的评价标准与规范，所以评定档案时宜以文字来叙述，或依据评定量表或检核表来评定学习结果。

2. 过程档案

过程档案着重呈现学生学习过程中有关进步、努力与成就的观察和记录。如学生作文的过程档案会完整呈现整个写作过程所用的稿纸，从大纲、草稿、初稿到完稿的写作过程数据均予呈现，而成果档案则着重呈现完稿的写作成品。过程档案体现了师生依据特定目的，有计划、有系统地收集学生数据或作品，只要是师生讨论后认为与学习过程有关的数据或作品均可纳入，如计划初稿、不同意见、出乎意外的结果或连续性的各项讨论记录。

过程档案可为一个单元的档案、一个专题研究主题的档案、系列核心主题的档案、定期学习状况的档案及整个学期或学年学习成果的档案。教师要求学生制作过程档案时，应告知目标、范围、完成期限或其他注意事项，学生方能适切制作。

过程档案能提供丰富、动态的过程数据，不仅有助于深入了解学生学习过程，且具有诊断功能。学生制作过程档案，通常必须回答下列问题：(1)在整个制作档案过程中，希望达成的目标是什么？(2)制作过程档案的计划或步骤是什么？(3)从制作过程档案中获得了什么？(4)未来可有改善之处？(5)制作整个过程档案后，往后应该努力做什么？因此，学生必须反思制作过程档案的过程，增进自我反省能力。过程档案的成果搜集的事项大部分由学生决定，教师仅从中协助而不介入。学生在制作过程档案时可能遗漏某些本该是评价的重点的内容，因此，教师可以在实施过程评价时列出参考重点供学生参考，待学生熟练后则不需列出参考重点。

过程档案涉及整个学习过程,使得评价颇为不易。欲有效评价学生成长,必须合理规范文件档案的呈现重点。一份过程档案至少应包含形成观念的初步草稿、同学评论后修改稿和最后定稿三种记录。过程档案旨在评析学生的进步和成长,因此评价重点有二:一为过程档案过程的开始和结束;二为学生对学习改善或进步程度的反省。

过程档案与成果档案均难以建立评价的标准与规范,但过程档案的数据较多,使得评价较成果档案费时费力。欲克服教师费时费力的限制,教师可事前设计检核表或评定量表,可参与学生讨论,用听来评价,亦可纳入学生自我评价,即学生先初评、教师再复评。

3. 评价档案

评价档案指教师先依据教学或评价目标来设计学习内涵与评价标准,再要求学生就学习内涵与评价标准着手收集或制作档案,后依据评价标准实施评价。此过程可将档案内涵与评价标准化,可引导学生有系统地检视、反省作品,更可提高评价的效度。教师能否设计符合学生兴趣与需要的学习活动,且每个学习活动是否能给学生发挥创意的空间,乃评价档案成败的关键。

成果档案和过程档案是在班级中普遍使用的,而评价档案通常用于班级间与学区间比较,且比较宜经由较标准化的程序。

评价档案虽具有标准化衍生的优点,但具有下列限制:(1)学生自主空间较成果档案、过程档案小,学生创造力稍受限制;(2)学生可能依据评价标准收集或制作档案,而忽略评价标准之外的重要数据;(3)学生依循学习内容制作,教师较难以窥知学生思考过程;(4)学生必须负担的档案成败的责任较成果档案、过程档案小,较难以培养自主负责的精神。

4. 综合档案

汉德森(Henderson,1995)主张综合档案应包含两类以上的文件类型,阿特等(Arter & Paulson,1991)则认为综合档案乃团体的学习档案。Henderson(1995)强调教师有时为了某些教学目标或评价目标,应综合两种以上的文件类型,即制作综合档案。综合档案在实际应用时虽较有弹性,但因兼顾数项目的,使得实施需花费较多时间和精神。因此,教师须先充分掌握综合档案的使用目的,方能有目的且有系统地搜集学生有意义且有代表性的作品和表现,以利于评价目标的达成。阿特等(1991)强调综合档案旨在有目的地收集和保存"一组学生"在某领域的作品或表现,它强调团体的学习档案,如一个班级的学习档案或一个学校的学习档案。

(二)档案结构

档案袋评价内涵的呈现方式可采用结构式、半结构式或非结构式的方式,必须依学生的年龄、认知程度、经验而定。通常学生年龄较低、认知程度较弱或较无制作学习档案的经验时,以采用结构式为佳;但若学生年龄较大、认知程度较佳、已有制作学习档案的丰富经验,则以采用非结构式为佳。

1. 结构式档案袋评价

结构式档案袋评价指教师提供给学生档案主题、档案重点、各项重点的学习单,给予学生明确的指导,而学生依据学习单内涵充分发挥、展现其学习成果。此方式的优点是教师给予学生高度指导,而学生依循学习单内容逐一完成即可达到教师要求,因此评价较易制定评价标准,且较易实施。

2. 半结构式档案袋评价

半结构式档案袋评价指教师仅提供学生档案主题、档案重点,而学生自行规划呈现学习重点的内涵与形式。较结构式档案袋评价,学生更容易发挥自己的创意。运用此方式时,学生必须具备设计学习单、规划学习重点的经验,否则学生将茫然无所适从。

3. 非结构式档案袋评价

非结构式档案袋评价指教师仅告知学生档案主题,未告知档案重点与学习单,而学生完全依据档案重点发挥,自行决定档案重点,自行规划呈现学习重点的内涵与形式,完全依据自己的创意呈现学习结果。运用此方式,学生必须具备半结构式档案袋评价的经验,或学生必须年龄较大、参与程度颇佳。

四、档案袋评价的制作与实施

邹慧英(2000)认为档案的成功制作必须具备以下要件:(1)清晰鲜明的焦点:明确告知评价目的。(2)高质量的评价:指评鉴的目标能与评价目的搭配,以及评鉴所需的信息都能纳入档案。(3)明确的使用指南:用来选择档案中所要收集的数据。(4)明确的评价标准:用来衡量内容是否符合要求。(5)让教师选择放入档案的数据。(6)要求教师定期反省自己的成果。

教师要求学生制作档案时,必须确认学生有无必要拥有自己的档案。若教师欲评价学生的学习内涵,则可用纸笔测验、检核表、评定量表、轶事记录或其他评价方式评价,而不必为制作档案而制作。因此,要求学生制作档案前,教师应审慎思考评价方式与评价目的的关系(Popham, 2008)。

档案袋评价中,档案分成成果、过程、评价、综合四种档案,每种档案适用的评价目的各异,且每个学生呈现的档案均具特色,因此要想详细规范制作档案是十分困难的。以下仅综合部分学者的观点,归纳出粗略的制作过程供参考。

(一)准备与规划档案袋评价

米勒等人均强调富有挑战性的实作作业应提供必要的架构以便让学生理解作业与教师期待,因而教师实施档案袋评价时应厘清"学生完成档案袋评价,需要哪些先备知识与技巧"。

教师准备与规划档案袋评价的重点有三:(1)拟定整个档案袋评价的计划,从准备与规划到制作使用说明,均应详细规划。(2)评析学生所需先备知识与技巧,予以必要的训练或学习,循序渐进地引领学生成长。如学生无制作档案经验,宜先提供结构性档案与范例;待学生逐渐熟练后,再提供非结构性的档案。(3)准备档案袋评价所需的资料、物品或相关说明,并向学生介绍"档案袋评价"的目的、内涵与制作注意事项。

(二)界定档案袋评价的目的

档案袋评价应该纳入或删除哪些项目,其标准与判断条件全凭评价的目的而定。若档案是为呈现学生某个领域的最佳表现,档案内容将随着最佳表现的作品数而改变;若是呈现进步情形,则档案必须保留早期作品以观察其成长;若档案仅为学生作业,则教师必须事先准备适合学生表现的提示或问题。评价目的决定档案袋评价的数据收集内涵、类型与数量。因此,进行档案收集前,必须先决定评价目的。

一般在班级教学情境中运用档案袋评价,主要在于记录学生学习过程的努力和成长,以增进学生自我成长与自我反省能力、诊断学生的学习类型与问题及评鉴学生学习成果。因此,档案袋评价目的约可分为促进学生成长,诊断、回馈与沟通,评鉴等三项。而档案袋评价目的会影响档案的用途、结构、自主权、程序建构与评鉴,兹分项说明于下:(1)若档案袋评价目的在于

"促进学生自我成长"：档案用途应为促进自我省思、自我评价与独立学习能力，并使学生成为自发性学习者；档案应采用开放式结构，让学生有自由发挥的空间；应让学生全权决定档案组织架构、内容、性质或数量；应让学生自行规划，自行反省、评价学习状况；档案应由学生自我评鉴，不需他人参与。(2)若档案袋评价旨在"诊断、回馈与沟通"：档案用途应是诊断学生学习或教师教学成效，引导学生学习及促进学生与家长的学习沟通；档案应采用半开放式结构，教师依据诊断、回馈与沟通重点规定档案项目，但采用弹性做法，即由学生自行选定项目内容，教师鼓励学生纳入"自选"项目，给予学生适度的自由发挥空间；应由师生共同决定档案组织架构、内容、性质或数量；可由教师、学生、同学、家长共同提供、检视档案数据；档案评鉴时，除学生自我评鉴与教师评鉴外，还可纳入家长或同学的参考评鉴。(3)若档案袋评价目的在于"评鉴学生学习成果"：档案用途应是检视学生基本能力与学习成果，作为安置、分类或补救教学的参考；档案应采用结构化模式，由教师依据评鉴内涵来规划，学生较少有自由发挥空间；档案自主权操在教师手中，教师设计、规定档案内容与数据性质，以利于评鉴；学生根据教师规定的项目逐一制作、收集、汇整资料；由教师实施正式的档案评鉴。

教师实施档案袋评价前，应先依据教学目标决定评价目的是否是促进学生成长，再诊断、回馈与沟通或评鉴。此外，学生制作的档案若拟开放给有兴趣的观众，如学校教师、其他学生、家长、校长或教育局人员，因不同观众会从不同角度、观点判断、评价档案，因此，教师应事先让学生了解有哪些观众，仅在达成评价目的之余，满足观众的期待与提高学生的制作兴趣。

教师界定档案袋评价目的后，应明确告知学生评价目的，并引导学生制作档案。应充分考虑下列七项因素：(1)目的。如何达成教师评价目的，如何展现档案，凸显自己的学习过程或成果。(2)收集档案作品的"容器"。用数据本、光盘片或其他容器时，大小、格式均应事先规划，免得完成后要大幅调整数据大小和规格。(3)收集档案的方式。是采取上网搜寻、到图书馆找还是其他方式，应事先考虑清楚。(4)内容选择的考虑。为呈现所需的内容，为呈现最佳表现，档案放置哪些内容均应妥善规划。(5)组织及管理。选取档案内容后，如何整理、组织、呈现或保管，宜纳入考虑。(6)对档案的修改、更新及删除内容的考虑。如果需要修改、更新及删除档案内容，应事先考虑周全，不然可能会因修删档案内容而造成无法完整呈现或影响架构内涵，尤其是档案信息化后必然会影响修删。(7)个人的风格。档案内容与呈现方式或质量，涉及学生个人风格、形象的塑造，若事先能整体规划则较能凸显个人风格(Miller, Linn & Gronlund, 2009)。

（三）决定档案袋评价的类型

界定档案袋评价目的后，宜决定档案袋评价的类型。若重点在呈现结果，应选择"成果档案"；若重点是了解学习过程或诊断学习问题，应选"过程档案"；若重点在档案内涵与评价的标准化，或进行班级间、学区间的比较，应选取"评价档案"。另外，教师应根据档案内容的数量，事先提醒学生备足相应数量的文件夹、资料本。

（四）制定档案实作标准

档案袋评价的表现或作品与其他评价一样，均反映出学生达成教学目标的程度，因而教师应将教学目标转化为更明确的实作标准。此实作标准乃教师教学目标的具体化，本质乃教学的行为目标，定义的是重要的学生表现或学生需要达成的学习目标。缺乏明确的实作标准，教学将茫然未知，表现或作品内涵也将失去方向。因此，明确界定档案实作标准乃档案袋评价成功与否的关键。

教师制定档案实作标准的原则如下：(1)呼应评价目标。教师应依据评价目的来拟定档案实作标准。(2)力求周延。实作标准宜尽量顾及认知、情意或技能动作等不同领域的教学行为目标。(3)着重高层次认知。实作标准的认知领域目标应着重高层次的学习或行为目标。若评价记忆、了解等低层次认知目标，采取纸笔测验即可。(4)力求标准相互独立。档案内的每项实作标准必须相互独立，方不至于造成档案袋评价相互混淆。每项实作标准宜条列化呈现，以利于教师省思各项实作标准的独立性。(5)视需要请学生参与。可视评价目的与学生需求，选取学生参与，这种做法可让学生积极投入，让其了解评价目的，进一步激发其学习兴趣。

如果档案袋评价目的在于"年级评鉴或学生升级评鉴"，应由全体有关老师共同制定其标准，找出学习过程中重要的表现原则，并共同建立年级间的教学目标，学生通过此标准来达成年级教学目标或通过升级。如果档案袋评价目的在于教师促进"学生自我成长"，实作标准可由学生参考教师的教学目标来自行决定、自我反省。如果档案袋评价目的在于"诊断、回馈与沟通"，实作标准可由师生共同决定，亦可纳入有关人员（家长、同学）意见。但是为求周详，教师宜事前收集教科书、教学指引或教师手册或其他文献资料，作为教师、学生或有关人员拟定实作标准的参考，拟定过程中可运用脑力激荡、辩论、"二四八配对"讨论等方式充分研讨。决定档案实作标准后，教师应将此实作标准以书面方式告知学生或有关人员，或提供档案范例，使其更明确地了解实作标准。

（五）将档案实作标准转换为档案项目

教师将档案实作标准(教学行为目标)转换为档案项目时，可直接将标准换为档案项目，亦可将一项标准细分成数个项目，但考虑具体项目的数量时应顾及学生能力、程度，以及所需时间、经费，家长或学校行政的配合度。若档案实作标准过多，学生与教师负担过重，宜精简地选取核心标准，将其转化为档案项目。另外，若有些标准无法用档案数据方式呈现，应采用实作活动取代书面的档案，或将实作活动以照相、录像等方式呈现于档案之中。

档案项目宜与数据呈现方式相配合。若学习过程可留下正式记录，则可采用"学习成果记录"的方式，如作业、图表、测验卷、检核表、评定量表、作品或书面报告；若实作活动或学习过程难以留下正式记录，则可采取"复制品"的方式，如活动录像带、访谈录音带、照片、讨论记录或录音带；若学习过程或成果有赖他人证明，则可采取"他人证明"的方式，如同学意见、家长意见、教师意见或其他有关人员意见，参加活动的证明或入场券。此外，专门为档案制作的书面数据，可采"档案制作品"的方式，如档案目录、档案反省、档案心得或档案批注。

省思与档案批注乃引导学生自我成长、自我负责的重要工具，教师宜尽量纳入档案项目中。省思乃学生对档案学习或平日学习的反思，应每周或每月省思一次。格式化、开放式省思两项必须视学生年龄、语文程度与省思经验来决定。档案省思乃学生对档案各项资料所做的省思，如：(1)我做了什么？为什么？(2)我为何将此作品纳入档案中？(3)我从此作品中学到了什么？(4)我最满意或不满意的作品是什么？为什么？(5)做完整个档案，我学到了什么？(6)我未来的努力方向是什么？档案批注乃学生对其档案内容与目的所做的说明，教师若能引导学生说明制作过程，将深入了解学生思维或诊断学生学习问题。

若档案袋评价的目的在于"评鉴"学生的学习成果，且档案的类型为"成果档案"，则教师可将每个档案项目设计成一张学习单或数张学习单，亦可将数个档案项目合并设计成一张或一系列的学习单。学习单内容可要求学生以学习成果记录、复制品、他人证明、档案制作品等不同数据呈现方式来呈现。如本节"'我的家庭、感谢老师'语文学习档案"(实例6-2)的实作标准(学习目标)包括:(1)能自行设计、整理学习档案;(2)能运用所学新词撰写"我的家庭故事";(3)能写一封信给家人;(4)能运用适当句子来描写"教师上课或生活情形";(5)能制作贺卡表达对老师的感谢;(6)能善用美术于卡片设计中;(7)能自省档案作品。根据这七个目标,可转化为档案项目七项:(1)整理与呈现学习档案;(2)用新词撰写"我的家庭故事";(3)写一封信给家人;(4)用句子描写"教师上课或生活情形";(5)制作教师贺卡;(6)善用美术设计;(7)自省档案。最后可将七项档案项目转化为"'我的家庭、感谢老师'档案目录"、"我的家庭故事"、"给家人的一封信"、"我的老师"、"教师节贺卡"、"档案的反省与感想"等六张学习单。

教师确定档案项目后,应向学生说明与讨论档案项目,引导学生建立"工作档案",省思如何设计与制作档案夹,如何搜集、汇总、保管资料,如何自我省思档案作品,以及如何整理与组织档案。

(六)拟定评价标准

档案袋评价比传统纸笔测验的评价更加难以客观化且较花时间,但为力求客观与省时,教师应事先拟定评价标准。若档案袋评价目的在"增进学生成长"或"诊断、回馈与沟通",仅需描述学生在每个档案项目的表现,即提供必要信息给学生本人、其他任课教师、下一年级教师或家长,不一定需要提供档案袋评价的分数或等级。若档案袋评价目的为"评鉴",即鉴定学生的进步、努力与成就情形,并判断教学是否成功,教师除描述学生在每个档案项目的表现外,还必须提供档案袋评价的分数或等级,甚至为学生排等第。

评分标准反映重要行为特质,需有严谨的建置程序。Stiggins(1994)提出建置评分标准(评价标准)的步骤如下:(1)对表现特质进行脑力激荡,列出重要特质或要素;(2)针对已列出表现特质进行分类(以分为4—5个层面或类别为原则);(3)以简单、清楚的语言界定各层面(操作性定义);(4)分析实作或档案表现或成品;(5)列出不同等级行为表现的描述语,并制定评分标准;(6)试用、修订与改进。

评分程序反映评分标准的精确性与一致性,需有清晰完整的评分过程说明,并视需要实施严谨的评分者训练。教师在制定评分标准的同时,需拟定相应的评价结果,可拟定"整体档案"或"分项档案"的结果,评分标准内涵可包括"能力"、"努力"两个向度,结果表示可采用"文字描述"、"决断点"、"等级"或"计分"等方式。

呈现"整体档案"结果可得一档案的整体概括状况。这一做法的优点在于评价快速、省时省力,但较难发挥诊断功能,如写作的评价仅呈现整个写作档案的文字叙述、决断点、等级或分数。相比而言,呈现"分项档案"结果可得档案每个项目的结果,其优点是可诊断学生在每个档案项目的优缺点或进步情形,但缺点为费时费力、评阅速度较慢。如写作的分项档案评价呈现下列八项分项结果:(1)组织段落分明,清晰易解;(2)善用佳句,句型富变化;(3)词汇丰富、优美,衔接顺畅;(4)善用语气、语调强化主题;(5)用词生动、准确,自然表达主题;(6)用字正确,很少有错别字;(7)标点符号运用准确;(8)学生的努力程度。

档案袋评价内涵不应局限于学生"能力"评价。因天生资质或环境文化刺激的差异,有些学生属高能力群,亦有些属低能力群,必须辅以"努力"方能激励不同能力层的学生用心制作档案。

"文字描述"必须具体明确,且清晰告知学生档案的优劣。如有少数教师对学生档案评定为"重做"或"档案不知所云",这类文字叙述过于笼统且负面意义较重,应改为更为明确的文字叙述,如"参考某某同学的档案,再做一次会更好","档案的重点若放在……可能更好"。"决断点"指教师在评价前决定以某个等级或分数作为熟练掌握与否的决断点,若学生优于此决断点则视为通过、接受或满意,若劣于此决断点则视为不通过、不接受或不满意。因教学乃持续协助学生成长的过程,运用决断点的重点不在决定通过、接受或满意与否,而在于决断后的补救教学或改善教学计划。"等级"指教师将档案结果分为数个等级,如很好、不错、加油、改进、补做或补交等五个等级,或优、良、加油等三个等级,但各等级间的区分应相当明确,才能不致混淆。"计分"指教师将档案结果以分数呈现。计分前教师应审慎思考并根据各个项目的重要性予以加权计分,且视需要可拟定一个基本分,增强学生制作档案的兴趣。

进行档案袋评价时,教师不是唯一的评分者。为提供学生自我评价机会、鼓励家长参与子女评价、激发同学合作学习,教师可让学生本人、家长、同学参与评价,尤其应纳入学生自我评价,鼓励学生对自己完成的档案以自我的观点来检讨、评价,鼓励学生表达制作档案的构想与过程、检讨档案优缺点,让学生充分省思制作档案前后的学习表现或成果。

有些教师在学生制作完档案后才将评价标准或请哪些人员参与评价告知学生,使得学生准备与制作档案无法与评价充分结合,故教师应将档案袋评价标准或邀请哪些人员参与评价在制作档案前告知学生,让学生得以充分准备。

(七)制作使用说明与制作档案

依据档案项目设计学习单拟定档案袋评价标准后,为提高档案袋评价的信度、效度,教师宜审慎制作"档案使用说明",让学生、教师或有关人员清晰了解档案制作过程与评价方式、标准。"档案使用说明"包括"给学生或有关人员的档案整体说明"和"给教师的档案使用与评价说明"。前者应包括档案内容、评价标准、注意事项或完成期限,若已完成,整个档案的学习单亦应发给学生,让学生或有关人员得以了解档案全貌;后者应包括学习目标(评价标准)、使用与评价方法、评价标准、评等或计分方式、参考答案、补救教学、补充说明或注意事项等。详见本节实例6-2"我的家庭、感谢老师"学习档案。

档案必须与教学充分结合,以达成教师设定的教学目标。因此,教师可从下列几项来提高档案质量:(1)定期与学生讨论档案内容,提供立即回馈;(2)协助学生拟定档案目标与设计重点;(3)定期检查学生档案资料搜集情况;(4)定期与家长或有关人员就档案内容沟通学生学习情况,研究和拟定协助或增强策略;(5)提高家长或有关人员参与意愿,激发学生制作档案的动机。

档案袋评价通常会增加教师工作负担,建议教师适度纳入优秀小组长或具教育理念且热心的家长来协助初评,教师再实施复评。但对评价者应施以合理的训练。Stiggins(1994)提出11项评分者训练步骤,可精简为下列步骤:(1)告知评价者档案制作目标与评价重点;(2)共同讨论评价标准;(3)评价者对档案模板进行评价;(4)与评价者讨论评价结果的差异与原因;(5)分别就不同范本练习计分、比较评价结果并讨论改善措施;(6)重复练习,直到评价者完成度与教师评价结果几乎一致。若教师能筛选够多的小组长或家长参与评价,且评价目的在于"评鉴"学习结果时,建议每项档案由两人以上直接评价。

五、档案袋评价的运用原则

档案袋评价可评价学生的应用、推理、分析、综合、评鉴等高层次认知行为,读、说、写或其他实作技巧,作文、各种报告、美术、音乐作品或其他艺术、科学作品,以及学习态度、兴趣、学习动机、努力情况、求知精神等,渐受教师的青睐。但为求更合理的运用,兹提出下列原则供参考:

(一)档案袋评价必须与教学相结合

教师实施档案袋评价时不应将学习、测验与教学予以区隔,应将教学与评价紧密结合。若档案离开教学,仅是学生个人兴趣的收集,对教学的意义甚低。因此,教师运用档案袋评价时,必须明确指出其与教学目标、教学内容的关系。

(二)档案袋评价应与其他评价并行

档案袋评价具有目标化、过程化、组织化、多元化、个别化、内省化、整合化等特质,可兼顾过程与结果的评价,兼顾认知、技能与情意的整体学习评价,获得更真实的评价学习的结果。它有以呈现多元数据激发创意,以动态过程激发学习兴趣,培养主动积极的学习精神与自我负责的价值观,增进自我反省能力、沟通表达与组织能力,增进各类人员的沟通,以及增进师生关系等优点。另一方面,档案袋评价具有增加教师批阅时间,增加教师工作负担,增加经济负担,评价易流于不客观与不公平,易受学生语文程度、表达、组织能力的影响,易受"月晕效应"以及家长参与程度不同的影响而影响档案的优劣等不足。因此,档案袋评价不应作为评价学习结果的唯一评价工具,必须辅以其他评价方式或工具,如传统纸笔测验、口试或公开展示等。其中,口试能减少学生假手他人或抄袭他人的机会,并增加学生分享与观摩学习的机会,可多加运用。

(三)档案袋评价应实施多次、阶段性的协助或省思

档案袋评价是教师依据教学目标与计划,请学生在一段时间内主动收集、组织与省思学习成果的档案,以评定其努力、进步、成长情形的过程。学生经过一段长期的资料收集过程之后,若教师能分成几个阶段来讨论、检视学生的进度与状况,阶段性地呈现作品或交换同学心得,并施以即时的协助或评价,可更精确地掌握学生学习过程,诊断学习问题,提高档案的质量,增进学生成长及增强省思能力。

教师引导学生进行档案检视与省思时可采用定期或不定期的方式,省思人员除学生本人外尚可包括小组、全班、教师、家长,省思内容可包括学习过程与技巧、改变与成长、优缺点、改进目标、作品选择/比较、档案内容与程序。

(四)档案袋评价应顾及可使用的资源与学生家庭背景的差异

教师实施档案袋评价时应了解学校、小区或网络可用资源,学生必须花费的人力、物力、经费与时间,家长、学生、学校对档案的接受度或支持度。如某教师设计"美的飨宴档案",请学生参观文化中心的绘画个展,但学校距离文化中心甚远,使得家长质疑此档案的合理性。因此,决定档案内容时最好能在学校邻近小区取材。若学校计算机颇为普及,则可引导学生从网络取材。另外,档案制作与学生父母的教育程度、对子女教育关心与投入的程度息息相关。若父母教育程度佳且重视子女教育,其通常会引导、协助档案制作,甚至代子女完成档案;而父母教育程度较低或不关心子女教育,则通常不会给予子女协助。因此,教师在实施评价时应顾及学生家庭背景的差异。

(五)实施档案袋评价应采用渐进式、引导式模式

若中小学学生制作档案的经验甚少,为避免学生茫然摸索或一开始就遭受严重挫折,教师应采取渐进式、引导式的实施模式，即先观摩档案范例、再小规模制作档案、后较大规模地制作档案，并由艺能科过渡到主要学科的模式，但不可超出学生可运用资源的范围或花费太多时间。在学生制作档案的初期，教师应与学生进行较多的引导、讨论，最好提供书面数据，讲解档案的学习目标、制作程序、制作原则、制作注意事项及评价方法与标准，让学生能深入了解档案制作与评价，免于过度忧虑与不安。

教师应与学生共同进行档案检视与分析，即针对档案制作的过程采用定期或不定期方式来进行，但应事前告知学生，并预作准备，方式宜采取一对一（或小组）的方式，检视后宜定期与家长就档案内容，讨论学生成长情形。

（六）档案袋评价若用于评鉴应力求慎重

档案袋评价用于促进学生自我成长和诊断、回馈与沟通。因评价结果较不具关键性，教师应谨守严谨的编制程序。但若用于评鉴，因评价结果具有关键性、决定性，误差对学生权益影响较大，教师在运用前应设法提高档案袋评价的信度和效度，如力求评价内涵与程序标准化、提高评价标准与实作标准的配合度、明确建立评价标准与说明或训练、协助评价者，待具有相当程度的信、效度后才能运用。

第二节　档案袋评价实例

档案袋评价内涵的呈现方式可采取结构式、半结构式或非结构式的方式，依学生的年龄、认知程度和经验而定。就两岸四地学生现况而言，对小学生实施档案袋评价，初期宜以结构式档案袋评价为主，待学生具备此经验、较能自由发挥创意之后，方采用半结构式档案袋评价。最后，待学生能制作半结构式档案袋评价后，才让学生尝试运用非结构式档案袋评价。但在实施期间，教师应留意学生的学习状况并适时施以必要的协助或引导。

在众多多元化评价方式中只有档案袋评价可适用于各学习领域，因为其是教师依据教学目标与计划，请学生在一段时间内主动收集、组织与省思学习成果的评价方式。

一、综合活动学习领域学习档案袋评价实例

实例 6-1"龙凤传奇"学习评价单是档案袋评价之实例，目的是达成 2003 年版能力指标"2-4-3 规划并准备自己的升学或职业生涯，同时了解自己选择的理由"中的"2-4-3-1 省思自己的能力、兴趣、专长与学习状况，发现自己的优点"。

李坤崇（2004）将"2-4-3 规划并准备自己的升学或职业生涯，同时了解自己选择的理由"细分为下列六项：

2-4-3-1　剖析自己的个性或人格特质、能力、兴趣、专长与学习状况，整合各项条件与发展优势，并评估其与自己生涯发展的关系。

2-4-3-2　参与各项活动或善用各项资源，探索升学路径与职业世界。

2-4-3-3　说明社会变迁与生涯发展的关系。

2-4-3-4　规划自己的升学或职业生涯，并说明规划理由。

2-4-3-5　与他人研讨自己的生涯规划，修正并确认升学或职业生涯。

2-4-3-6　说明并充实自己的升学或职业生涯所必备的能力与条件。

实例6-1的重点在于让学生整理出一份凸显自己的能力、兴趣、专长与优点的档案数据,并在班上展示成果。另外,本书提供"龙凤传奇"学习档案的使用与评价说明,供教师评价参考之用。

二、语文学习档案袋评价实例

实例6-2是"我的家庭、感谢老师"语文学习档案及使用与评价说明。此学习档案评价是结构式档案袋评价,因学生尚无制作档案之经验,故采此方式。此学习档案包括六项档案重点:(1)档案目录;(2)我的家庭故事;(3)给家人的一封信;(4)我的老师(写出描写"教师上课或生活情形"的至少六个句子);(5)教师节贺卡;(6)档案的反省与感想。每项档案重点均对应一张学习单。学习单内置评价重点,这是将学习单、评价单结合的模式,便于让教师直接批阅学习成果,并让学生了解自己在各项目中较弱或较强的部分,以此有目的地提高自己。

教师若从此结构式档案袋评价的内容中删除六张学习单,仅呈现六项学习档案重点,则成为半结构式档案袋评价;若再将学习档案重点删除,仅告知学生学习主题为"我的家庭、感谢老师"语文学习档案及注意事项,则成为非结构式档案袋评价。

六项档案重点的学习单内置的评价重点分别是:"档案目录"的评价重点为:(1)档案封面符合主题、美观、富创意;(2)档案呈现整齐、统一、完整;(3)档案目录完整,清晰扼要。"我的家庭故事"的评价重点为:(1)故事题目生动、富吸引力;(2)内容要契合主题,富有创意;(3)段落分明,善用佳句、佳词;(4)每课至少正确使用一个新词;(5)注意用字、标点符号正确。"给家人的一封信"的评价重点为:(1)信的称呼、署名、敬辞、日期正确;(2)信的内容要切合主题、生动;(3)段落分明,善用佳句、佳词;(4)用字、标点符号正确;(5)善用祝福的话,包括信件格式、文章内涵两个向度。"我的老师"的评价重点为:(1)描写的句子要符合主题;(2)词汇优美,用字、标点符号正确。"教师节贺卡"的评价重点为:(1)贺卡称呼、署名、敬辞、日期正确;(2)短文要切合主题、有创意;(3)段落分明,善用佳句、佳词;(4)用字、标点符号正确;(5)设计符合主题、有创意;(6)构图、用色美观大方,包括贺卡格式、卡片设计、文章内涵三个向度。"档案的反省与感想"的评价为:(1)内容要具体,提出感想;(2)段落分明,善用佳句、佳词;(3)用字、标点符号正确。上述每张学习单的评价项目在二至六项之间,较之传统一张学习单评一个整体向度的做法更为具体、明确,且评价方式突破传统的仅呈现对与错的做法,改为评价"能力"、"努力"两个向度,且"能力"以符号"○、√、△、?、×"表示"很好、不错、加油、改进、补做(交)","努力"以符号"＋、－"表示"进步、退步"。

实例6-1 "龙凤传奇"学习档案、使用与评价说明

"龙凤传奇"学习评价单

姓名：　　　　班级：　　　　学号：　　　　日期：　　　　组别：

　　各位同学：每个人都有优点，但并不是每个人都能很好地展现自己的优点，将自己的优点告诉人家。请你们各自利用未来两周课余时间，整理出一份凸显自己的能力、兴趣、专长与优点的档案数据，并在班上展示成果。

　　一、"龙凤传奇"档案至少应包括的重点

　　（一）个人基本资料。

　　（二）成长点滴或最想告诉班上同学的一件事。

　　（三）介绍自己的能力、兴趣或专长。

　　（四）介绍自己的学习状况。

　　（五）其他。

　　二、档案制作注意事项

　　（一）档案数据可利用相机、录音机、录像机或其他数据收集工具来收集。

　　（二）若想更加了解自己的能力、兴趣或专长，可访问同学、师长，自我省思或到辅导室实施心理测验。

　　（三）档案呈现方式，不限于书面文字简介，还可用照片、录像、网页等方式。

　　（四）制作档案时应尽量节省资源，有效利用家里或学校现有资源，朝省钱且能突显特色的目标努力。

　　（五）档案呈现应有条不紊，若有封面、目录并加以美化，将更佳。

　　三、档案将配合班会时间展览，请事先妥善准备。

　　四、老师将针对下列项目进行评价

分享：		简介内容		收集策略		创意	用心制作
	评价	叙述正确	完整合理	素材运用	收集过程		
教师签名：	教师						

<h1 style="text-align:center">"龙凤传奇"学习档案使用与评价说明</h1>
设计者:李坤崇

一、达成能力指标

达成 2003 年版综合活动学习领域能力指标"2-4-3 规划并准备自己的升学或职业生涯,同时了解自己选择的理由"中的"2-4-3-1 省思自己的能力、兴趣、专长与学习状况,发现自己的优点"。

二、学习目标

(一)省思自己的能力、兴趣、专长与学习状况。

(二)发现自己的优点。

(三)能自行设计、整理学习档案。

(四)激发创意与自我表达能力。

三、使用与评价方法

(一)本学习档案用以配合自编教材的学习评价。

(二)教师先讲解学习档案制作重点、过程与注意事项,若学生无制作档案的经验,宜详细说明,并适时提供必要的协助,或提供范例供学生参考。

(三)本学习档案是于单元教学中实施的形成性评价,也可作为单元教学后的总结性评价或诊断学生错误的依据,教师宜视教学目标与需要衡量。

(四)教师直接在学习评价单的"评价"部分评定等级或打分数。本说明中的评价项目、标准、计分方式仅提供参考,教师可依教学需要作调整。

(五)教师评价后可在"分享"栏写下"老师的话",再由学生带回让家长签名,家长亦可在"分享"栏写下"家长的话",最后由学生送交教师。建议教师展示优秀作品供同学观摩,并给予制作者奖励。

四、评价规准

(一)教师从"能力"、"努力"两个向度在学习评价单的"评价"栏内进行评价,"能力"以符号"○、∨、△、?、╳"表示"很好、不错、加油、改进、补做(交)"。"努力"以符号"十、一"表示"进步、退步"。

(二)各项符号与评语的评价标准如下(评价前必须告知学生符号所代表的意义)。

表1 能力、努力两个向度的符号、评语与代表意义

符号	评语	代表意义
能力:答案的正确或内容的完整		
○	很好	答案完全正确或完全符合评价项目的要求,而且比一般同学有创意或做得更好。
∨	不错	答案完全正确或完全符合评价项目的要求。
△	加油	答案部分正确或部分符合评价项目的要求。

符号	评语	代表意义
?	改善	答案内容完全错误或完全不符合评价项目的要求。
╳	补做(交)	未作答或未交。
努力：用心或进步的程度		
＋	进步	代表你比以前用心或进步。 （"＋"号越多代表越用心、进步越多）
－	退步	代表你比以前不用心或退步。 （"－"号越多代表越不用心、退步越多）

（三）各项评价项目的评价标准是教师用以评定分数的依循标准，教师宜将此表告知学生，让学生了解获得等级的实际意义。

项目	目标层次	很好(○)	不错(✓)	加油(△)	改进(?)	补做(╳)
简介内容						
叙述正确	认知 4.1区辨	叙述完整且词句优美	叙述完全正确	叙述少部分错误	叙述大部分错误	未作答或未交
完整适切	认知 4.2组织	档案项目完整，且呈现逻辑清晰	档案项目相当完整	缺少部分重要项目	缺少多数重要项目	未作答或未交
收集策略						
素材运用	技能 4.0熟练	正确运用且呈现完整、条理分明	素材正确运用	运用的素材小部分错误	运用的素材大部分错误	未作答或未交
收集过程	技能 5.20自动表现	过程正确且呈现完整、条理分明	收集过程正确	收集过程小部分错误	收集过程大部分错误	未作答或未交
创意	技能 7.0独创	比一般同学富创意	创意和一般同学相同	比一般同学不富创意	抄袭或纯粹模仿	未作答或未交
用心制作	情意 2.2愿意反应	比一般同学认真	和一般同学相同	比一般同学不认真	相当草率	未作答或未交

（四）若要评等级，亦可运用其他符号或评语，但仍需事先与学生沟通，且力求符号的一致性。

五、评等或计分方式

（一）本学习领域以"不呈现分数"为原则，教师可依教学目标、工作负担、学生或家长需要，采取"分项评定等级"、"文字叙述"的方式。

（二）教师评定分项等级后，宜视需要在"分享"栏中辅以文字深入说明，并给予学生鼓励。

（三）教师若需评定整体等级，可先核算等级计分，求得总分，再参考相关准则和规定，若总分高于 90 分者评为"优等"，80 以上未满 90 分者评为"甲等"，70 以上未满 80 分者评为"乙等"，60 以上未满 70 分者评为"丙等"，未满 60 分者则评为"丁等"。

（四）若必须采取"核算等级计分"方式，可依下列计分表逐一计分。

（五）每个评价项目的能力向度计分，如下表：

评价项目	很好（○）	不错（✓）	加油（△）	改进（?）	补做（✗）	基本分
6 项	10	9.5	6	3	0	40

（六）努力向度："＋"出现一次加 1 分，"－"出现一次减 1 分。

（七）若档案未交则以"0"分计算，补交则给基本分，补交时间由教师规定。

六、补救教学

（一）对档案学习表现欠佳或未达其应有水平者，施予必要的补救教学。

（二）先呈现优秀作品供需补救教学者参考，再请小组长或义工家长协助指导，最后由教师教导。

七、补充说明

（一）本档案袋评价为半结构式档案袋评价，只提供给学生重点的引导，让学生有相当大的发挥空间。若学生初期无此经验，建议待学生具此经验后逐渐采用半结构式档案袋评价、非结构式档案袋评价，激发学生自我规划、自主学习能力。

（二）若学生无整理档案的经验，教师可能需采用高度引导或规范内容的结构式档案袋评价方式。建议待学生具汇总档案的能力或有此学习经验后逐渐采用半结构式档案袋评价、非结构式档案袋评价的方式，激发学生自我规划、自主学习的能力。

实例6-2　××小学"我的家庭、感谢老师"语文学习档案及使用与评价说明

"我的家庭、感谢老师"语文学习档案

　　班级：　　　　组别：　　　　姓名：　　　　　学号：

　　小朋友,教师节快到了,请设计一份有关家庭、学校的语文学习档案,作为祝贺老师教师节快乐的礼物。请你依据下列的"学习档案内容",制作一份精美的档案。开始前,先给自己一个爱的鼓励吧。

　　一、学习档案内容包括下列几项重点

　　(一)档案目录。

　　(二)我的家庭故事。

　　(三)给家人的一封信。

　　(四)我的老师(写出描写"教师上课或生活情形"的至少六个句子)。

　　(五)教师节贺卡。

　　(六)档案的反省与感想。

　　二、注意事项

　　(一)请自己制作具有创意、美观大方、符合主题的档案封面。

　　(二)事先决定档案的大小(如A4或B5格式)。

　　(三)可自己制作一本档案簿,也可购买文件夹、数据簿。

　　(四)档案的形状、样子可自己决定,但要尽量多点变化,和别人不同。

　　(五)档案内容的美化可自行发挥,但力求美观、有创意。

"我的家庭、感谢老师"档案目录

档案设计评价项目(小朋友不必填写等级)	评　　价
1. 档案封面符合主题、美观、富创意	
2. 档案呈现整齐、统一、完整	
3. 档案目录完整,清晰扼要	

"我的家庭、感谢老师档案:我的家庭故事"学习单

小朋友,请你运用最近三课所学到的"新词",发挥你的创意,编一个生动有趣的家庭故事,让我们一饱眼福。

评价项目(小朋友不必填写等级)	评价	评价项目(小朋友不必填写等级)	评价
1. 故事题目生动、富有吸引力		4. 每课至少正确使用一个新词	
2. 内容要切合主题、富有创意		5. 注意用字、标点符号正确	
3. 段落分明,善用佳句、佳词			

第		课新词

第		课新词

第		课新词

故事题目:

"我的家庭、感谢老师档案：给家人的一封信"学习单

小朋友，父母亲或家里的人每天辛苦地照顾你们，请你写一封信，表达对父母或家人的感谢，或是最想告诉他们的事情。如果一张不够，可影印后写第二张。

评价项目(小朋友不必填写等级)	评价	评价项目(小朋友不必填写等级)	评价
1. 信的称呼、署名、敬辞、日期正确		4. 用字、标点符号正确	
2. 信的内容要切合主题、生动		5. 善用祝福的话	
3. 段落分明,善用佳句、佳词			

"我的家庭、感谢老师档案:我的老师"学习单

小朋友,请你仔细观察老师平常上课或生活的情形,发挥你的创意和观察力,写出至少六句描写老师上课或生活的句子。

评价项目	
主题:描写的句子要符合主题。	字词:词汇优美,用字、标点符号正确。

8.	7.	6.	5.	4.	3.	2.	1.	描写老师上课或生活的情形的句子

主题	字词	主题	字词	主题	字词	主题	字词	主题	字词	主题	字词	主题	字词	主题	字词	项目
																等级

"我的家庭、感谢老师档案：教师节贺卡"学习单

　　小朋友，教师节快到了，请你制作一张卡片，并写一篇 50 到 100 字的短文，祝老师"教师节快乐"。请发挥你的想象力、创意，给老师一个惊喜吧。

评价项目(小朋友不必填写等级)	评价	评价项目(小朋友不必填写等级)	评价
1. 贺卡称呼、署名、敬辞、日期正确		4. 用字、标点符号正确	
2. 短文要切合主题、有创意		5. 设计符合主题、有创意	
3. 段落分明，善用佳句、佳词		6. 构图、用色美观大方	

※ 把设计好、写好的卡片贴在下面的方格上 ※

"我的家庭、感谢老师档案:档案的反省与感想"学习单

　　小朋友,这一次你很努力地完成了"我的家庭、感谢老师档案",最后请你写下制作档案的过程:(1)你学到了什么?(2)你做得最好的是什么?(3)哪些是你还要再加油的?

评价项目(小朋友不必填写等级)	评价	评价项目(小朋友不必填写等级)	评价
1. 内容要具体,提出感想		3. 用字、标点符号正确	
2. 段落分明,善用佳句、佳词			

老师的话:

签名:

家长的话:

签名:

"我的家庭、感谢老师"语文学习档案使用与评价说明

一、达成能力指标

达成语文学习领域能力指标"6-1-1 能经由观摩、分享与欣赏,培养良好的写作态度与兴趣"、"6-2-4 能概略地知道写作的步骤,逐步丰富内容,进行写作"。

达成艺术与人文学习领域能力指标"1-2-2 尝试以与视觉、听觉及动作有关的艺术创作形式,表达丰富的想象力与创作力"。

二、学习目标

(一)能自行设计、整理学习档案。

(二)能运用所学新词撰写"我的家庭故事"。

(三)能写一封信给家人。

(四)能运用适当句子来描写"教师上课或生活的情形"。

(五)能制作贺卡表达对老师的感谢。

(六)能善用美术于卡片设计中。

(七)能自省档案作品。

三、使用与评价方法

(一)本使用与评价说明用以达成上述语文学习领域能力指标与学习目标、教学内涵。

(二)教师先讲解学习档案制作的重点、过程与注意事项,若学生无制作档案的经验,宜详细说明,适时提供必要协助,或提供范例供学生参考。

(三)于本学习档案单元教学中实施的形成性评价是单元教学后的总结性评价或诊断学生错误的依据,教师宜视教学目标与需要衡量。

(四)教师直接在学习单的"评价"部分评定等级或打分数,本说明中的评价项目、标准、计分方式仅提供参考,教师可依教学需要作调整。

(五)教师评价后写下"老师的话",再由学生带回让家长写下"家长的话",最后由学生送交教师。建议教师展示优秀作品供同学观摩,并给制作者奖励。

四、评价标准

(一)教师从"能力"、"努力"两个向度在学习单的"评价"栏内进行评价,"能力"以符号表示:很好(○)、不错(✓)、加油(△)、改进(?)、补做(✗)。"努力"以符号"+、-"表示"进步、退步"。

(二)若要评等级,亦可运用其他符号或评语,但仍需事先与学生沟通,且力求符号一致性。

(三)很好(○)、不错(✓)、加油(△)、改进(?)、补做(✗)等各项符号的评价标准如下,评价前必须告知学生符号所代表的意义。

学习单名称与评价重点	目标层次	很好(○)	不错(✓)	加油(△)	改进(?)	补做(✗)
一、档案设计						
1. 报告封面符合主题、美观、富有创意	认知 4.1 区辨	切合主题、美观、富有创意。	切合主题、美观。	切合主题、美观欠佳。	未切合主题、不美观。	未做。
2. 报告内容呈现整齐、统一、完整	认知 4.2 组织	整齐、统一、完整。	整齐、完整。	尚完整。	不完整。	未做。
3. 报告目录完整、清晰扼要	认知 4.2 组织	完整、清晰扼要。	大部分完整。	尚完整。	不完整。	未做。
二、我的家庭故事						
1. 故事题目生动、富有吸引力	认知 6.1 产生	题目生动有趣，富有吸引力。	题目适切，但不够生动有趣。	题目生动，但不适切或有错字。	题目很不明确。	未做。
2. 内容要切合主题，富有创意	认知 6.1 产生	内容主题鲜明，主题发展顺畅、富有创意。	切合主题、内容顺畅，为一般水平。	主题发展虽顺畅，但流于平常，立论较弱。	内容不合主题或无重点。	未做。
3. 段落分明，善用佳句、佳词	认知 4.2 组织	结构、段落有条不紊，转折流畅；能善用成语、俗语或优美句子；词汇丰富优美，甚少重复。	结构、段落分明；适切运用成语、俗语或佳句；词汇丰富，出现较多重复。	整体结构较不完整或僵化，段落转折不太流畅；词汇不多、平淡。	结构凌乱无序、缺乏方向，只将观念、论点、事件凑在一起；词汇极少、重复甚多。	未做。
4. 每课至少正确使用一个新词	认知 4.2 组织	正确使用三课新词。	正确使用两课新词。	正确使用一课新词。	均未正确运用。	未做。
5. 注意用字、标点符号正确	认知 4.1 区辨	用字、标点符号完全正确，毫无错别字。	错别字、标点符号误用共在两个以下。	错别字、标点符号误用共在五个以下。	错别字、标点符号误用共在六个以上。	未做。
三、给家人的一封信						
1. 信的称呼、署名、敬辞、日期正确	认知 4.1 区辨	四项措辞与位置完全正确。	三项措辞与位置完全正确。	两项措辞与位置正确。	仅一项措辞与位置正确或全错。	未做。

学习单名称与评价重点	目标层次	很好(○)	不错(✓)	加油(△)	改进(?)	补做(✗)
2. 信的内容要切合主题、生动	认知 6.1 产生	内容、主题鲜明,主题发展顺畅、生动。	切合主题、内容顺畅,为一般水平。	主题发展虽顺畅,但流于平常俗气,立论较弱。	内容不合主题或无重点。	未做
3. 段落分明,善用佳句、佳词	认知 4.2 组织	结构、段落有条不紊,转折流畅;能善用成语、俗语或优美句子;词汇丰富优美,甚少重复。	结构、段落分明;适切运用成语、俗语或佳句;词汇丰富,出现较多重复。	整体结构较不完整或僵化,段落转折不太流畅;词汇不多、平淡。	结构凌乱无序、缺乏方向,只将观念、论点、事件凑在一起;词汇极少、重复甚多。	未做
4. 用字、标点符号正确	认知 4.1 区辨	用字、标点符号完全正确,毫无错别字。	错别字、标点符号误用共在两个以下。	错别字、标点符号误用共在五个以下。	错别字、标点符号误用共在六个以上。	未做
5. 善用祝福的话	认知 5.1 检查	善用祝福的话,位置正确且工整。	善用祝福的话,且位置正确。	善用祝福的话,但位置不正确。	未写出祝福的话。	未做
四、我的老师						
主题:描写的句子符合主题	认知 4.2 组织	句子描述符合主题且生动。	句子描述符合主题。	句子虽符合主题,但描述凌乱。	句子不合主题或无重点。	未做
字词:词汇优美,用字、标点符号正确	认知 4.1 区辨	词汇丰富优美,善用佳句,用字、标点符号完全正确。	词汇平淡,错别字、标点符号误用共在两个以下。	词汇平淡,错别字、标点符号误用共在五个以下。	词汇极少,错别字、标点符号误用共在六个以上。	未做
五、教师节贺卡						
1. 贺卡称呼、署名、敬辞、日期正确	认知 4.1 区辨	四项措辞与位置完全正确。	三项措辞与位置完全正确。	两项措辞与位置正确。	仅一项措辞与位置正确或全错。	未做
2. 短文切合主题、有创意	认知 6.1 产生	短文主题鲜明,富有创意。	短文主题适切无误。	主题流于平常。	不合主题或无重点。	未做

学习单名称与评价重点	目标层次	很好(○)	不错(✓)	加油(△)	改进(?)	补做(✗)
3. 段落分明,善用佳句、佳词	认知 4.2 组织	结构、段落有条不紊,转折流畅;能善用成语、俗语或优美的句子;词汇丰富优美,甚少重复。	结构、段落分明;适切运用成语、俗语或佳句;词汇丰富,出现较多重复。	整体结构较不完整或僵化,段落转折不太流畅;词汇不多,平淡。	结构凌乱无序,缺乏方向,只将观念、论点、事件凑在一起;词汇极少,重复甚多。	未做
4. 用字、标点符号正确	认知 4.1 区辨	用字、标点符号完全正确,毫无错别字。	错别字、标点符号误用共在两个以下。	错别字、标点符号误用在二至五个之间。	错别字、标点符号误用共在六个以上。	未做
5. 设计符合主题、有创意	认知 6.1 产生	完全符合主题,富有创意。	符合主题,但创意与一般学生相近。	符合主题,但有些缺失。	不符合主题。	未做
6. 构图、用色美观大方	认知 5.1 检查	构图相当统一、协调,用色层次、浓淡极为分明。	构图、用色合理,为一般水平。	构图有点杂乱,用色有层次、浓淡之别。	非常杂乱,用色毫无层次、浓淡之别。	未做
六、档案的反省与感想						
1. 要具体反省、提出感想	认知 5.2 批判	内容非常具体,能深入反省,并提出感想。	内容具体,能反省,却不够深入。	内容顺畅,但不能指出制作档案的优缺点。	内容不合反省或感想的主题或无重点。	未做
2. 段落分明,善用佳句、佳词	认知 4.2 组织	结构、段落有条不紊,转折流畅;能善用成语、俗语或优美句子;词汇丰富优美,甚少重复。	结构、段落分明;适切运用成语、俗语或佳句;词汇丰富,出现较多重复。	整体结构较不完整或僵化,段落转折不太流畅;词汇不多,平淡。	结构凌乱无序、缺乏方向,只将观念、论点、事件凑在一起;词汇极少,重复甚多。	未做
3. 用字、标点符号正确	认知 4.1 区辨	用字、标点符号完全正确,毫无错别字。	错别字、标点符号误用共在两个以下。	错别字、标点符号误用在五个以下。	错别字、标点符号误用共在六个以上。	未做

五、评等或计分方式

（一）教师可依教学目标、工作负担、学生或家长需要，采取"评定等级"或"核算等级计分"的方式。

（二）教师评定等级后，宜视需要辅以文字深入说明，并给予学生适切的激励。

（三）若采用"核算等级计分"的方式，可依下列计分表逐一计分，每项学习单均以100分计。

（四）每个评价项目之能力向度计分，如下表：

学习单名称	评价项目	很好（○）	不错（✓）	加油（△）	改进（?）	补做（✗）	基本分
档案设计	3	10	9.5	6	2	0	70
我的家庭故事	5	6	5.5	2	1	0	70
给家人的一封信	5	6	5.5	2	1	0	70
我的老师	20	4	3.5	2	1	0	20
教师节贺卡	6	6	5.5	2	1	0	64
档案的反省与感想	3	10	9.5	6	2	0	70

（五）努力向度："＋"出现一次加1分，"－"出现一次减1分。

（六）若学习单未交则以"0"分计算，补交则给基本分，补交时间由教师规定。

（七）教师评价上述六个项目后，总分相加除以六可以求得总平均分数。

六、参考答案视需要提供

七、补救教学

（一）对在某学习单的学习上表现欠佳或未达其应有水平者，施予必要的补救教学。

（二）先将优秀作品提供给需补救教学者参考，再请小组长或义工家长协助指导，最后由教师教导。

八、补充说明

（一）本档案为求简化，乃将"使用方法"、"评价单"纳入学习档案的学习单中。若求完整，可将三者区分。

（二）若拟将一系列相类似的说明置于一手册，可将"使用与评价方法（一般性）"、"评价标准（一般性）"、"评等或计分方式（一般性）"、"补充说明"置于手册前言中，如纳入"给家长的话"或"给小朋友的话"中。

（三）本说明可配合相关资料进行说明，说明时仅呈现五部分：(1)学习目标。(2)使用与评价方法（特殊性）。(3)评价标准（特殊性）。(4)评等或计分方式（特殊性）。(5)参考答案。

（四）为将评价单纳入学习单，评价项目特予精简。若要进行详细评价，可参考有关较详细的评价项目的文献数据或参考下列项目。

1. 将"段落分明，善用佳句、佳词"改为四项评价项目：

（1）段落分明，清晰易解；

（2）善用佳句，句型富有变化；

（3）词汇丰富、优美，衔接顺畅；

（4）善用语气、语调强化主题。

2. 将"用字、标点符号正确"改为三项评价项目：

（1）用字有趣、准确，自然地表达主题；

（2）用字正确，很少有错别字；

（3）标点符号运用合理。

3. 将"信的称呼、署名、敬辞、日期正确"改为三项评价项目：

（1）对教师的称呼适切；

（2）自称、署名和敬辞适切；

（3）日期适切。

4. 将"设计符合主题、有创意"改为两项评价项目：

（1）设计符合目的、用途；

（2）作品有创意。

5. 将"构图、用色美观大方"改为两项评价项目：

（1）构图统一、协调；

（2）用色层次、浓淡分明。

（五）本档案各学习单版面可力求活泼化、生活化，低年级则必须加注拼音。

（六）本学习档案采用结构式档案袋评价的方式，若学生初期无此经验，建议待学生具有此经验后逐渐采用半结构式档案袋评价、非结构式档案袋评价，以提高学生自我规划、自主学习的能力。

第七章　口语评价与轶事记录理念与实例

教师在教学过程中可时常运用口语评价,对表现特殊的学生可运用轶事记录来评价,但中小学教师对此两种评价方式并未熟练掌握,故在本章讨论口语评价、轶事记录的理念与实例。

第一节　口语评价理念

传统评价以纸笔测验为主,忽略口试或问问题,使得两岸四地学生善于文字表达,却疏于口语表达。为改善此现象,教学过程或评价宜纳入"口语评价",而常用的口语评价有两种:一为"口试"(oral examination),二为"问问题"(questions)。"口试"较常用于总结性评价,如语文可用演讲、辩论、口头报告、经验分享、故事接龙来评价,数学采用放声思考、解题经验分享、日常应用心得分享、口头报告和表演等方式来评价。"问问题"较常用于形成性评价,教师在教学过程中问学生问题是常见的师生互动模式,只是少有教师将问问题纳入学业评价,将其视为学业评价的一部分。在口语评价初期,学生可能不习惯或表现欠佳,若教师能够持续鼓励、容许学生犯错,相信学生的口语表达能力必能提升。教师运用口试时,可设计评定量表以评定学生表现,且事先告知学生口试评价标准,以引导学生准备发表活动,提升教学成果(李坤崇,1999;陈英豪、吴裕益,1991;Airasian,2000;Linn & Miller,2005;Miller,Linn & Gronlund,2009)。

一、口语表达的优缺点

口语评价是指经由口头问答来评估学生的学习结果,有其优点,也有其不足。下面分别进行论述(李坤崇,1999;陈英豪、吴裕益,1991;Airasian,2000;Linn & Miller,2005;Miller,Linn & Gronlund,2009)。

(一)优点

艾瑞逊(2000)认为,教师在班级教学中采用的"问问题"的方式,可发挥下列功能:(1)提高参与感。教师问问题不仅可维持学生的专心度,也可提高学生的参与程度。(2)加深思考过程。问问题可增加学生的思考方向,或引导学生更深入地思考问题的内涵。(3)增强同学间互动与学习。问问题可使学生听到同学对问题的解释,有助于同学互动,也可增进间接学习。(4)提供即时的鼓励。学生答对问题时,教师的微笑或口头赞赏,均为最直接、即时的鼓励。(5)利于掌握教学进度。问问题能让教师了解学生的学习现况,作为掌握教学进度的依据。(6)提供诊断数据。教师根据学生对问题的回答,可诊断学生学习中的问题,作为施予补救教学的参考。

教师采用面对面的"口试"实施总结性评价,若运用恰当,可发挥下列优点:(1)评估学生概念的完整性。教师可用"即问即答"的口试方式,提出一系列树状的问题,来了解学生某一学习概念的完整性。相比之下,传统纸笔测验则无法如此灵活地善用树状问题,以致测试学习概念完整性的功能较口试为弱。(2)较纸笔测验更能评价学生的认知与情意。传统纸笔测验仅能评价学生的表面或低层次的知识掌握、理解等认知能力，难以评估高层次的认知能力，且无法评价情意领域。通过面对面的口试方式，可觉察学生对学习内容的认知是否深入正确，也可经由观察学生的肢体语言来印证学生情意学习的成效与探讨学生的学习态度。(3)适于评价较高层次的学习结果。口试问题大多为申论题，这种题型适于评价分析、综合和评鉴等认知领域的教学目标，且口试更能评估学生的组织、创造与批判能力。(4)立即诊断学生的学习问题。在一问一答的过程中，教师若发现学生可能有某方面的学习问题，可立即提出问题，并立即根据学生回答的准确与否，再提出更深入的问题以进一步地诊断学生的问题核心，实施补救教学。(5)增进学生语言表达能力与组织能力。口试要求学生将已知的学习结果加以分析、综合与组织，再以生动活泼的口语、贴切传神的语汇井然有序地表达信息，如此训练可增进学生的语言表达能力与组织能力。(6)改善学生的学习方法与态度。口试不仅要求学生组织学习的内容，更要求学生以恰当的语言表达学习的内容，故学生必须放弃片断式的学习方法，扬弃被动式的死背技巧，转而采用分析与组织并用的学习方法积极地用语言传达学习心得，主动思考教师可能提出的问题并事先模拟口头回答的策略。(7)较不受作弊影响。传统纸笔测验会因学生作弊而无法鉴别学生学习结果，口试时教师会与学生面对面沟通，教师会注意学生的一举一动，因而学生没有作弊机会。

（二）不足

问问题或口试虽具有其优点，然亦具有下列不足（李坤崇，1999；陈英豪、吴裕益，1991；Airasian，2000；Linn & Miller，2005）：

1. 难以建立恰当的评分标准，影响测验的信度。口试或问问题的评分必须顾及回答内容的正确性、组织性、完整性、综合性与创造性，亦须评估学生的语言表达能力，因此难以建立公平、客观、一致的评分标准，使得评分结果易呈现不稳定与不一致的现象。

2. 难以区分语言表达能力与真正的学习效果，对语言表达能力较差的学生不利。口试旨在评价学生真正的学习成效，但学生口头回答问题时，则深受语言表达能力的影响。语言表达能力较差的学生，虽然可能学习成效甚佳、拥有满腹知识并具备通顺流畅的文字技巧，但由于无法准确用语言表达所知所学，往往导致评分者常常给予其较低的分数。

3. 评分者的主观意识易造成评分结果的偏差。教师与学生在面对面口试或问问题时，学生的肢体语言（如穿着打扮、身体姿势、表情动作）会影响教师评分，故评分难以公正客观。

4. 口试耗时且需较多人员，不利于经济效益。口试通常是一对一或多对一的方式，所需人力甚多、时间颇长、经费较多，故易造成学业评价的极大负担。

二、运用口语评价的原则

综合分析上述得失，若为评价教学过程中的问题、给予学生立即回馈及增进学生口语表达能力，宜采用问问题方式；若拟评价较复杂、较具综合性的学习结果，以及评估学生的语言表达能力，宜运用口试进行学业评价。但教师在实施口语评价时应遵循下列原则（李坤崇，1999；陈英豪、吴裕益，1991；Airasian，2000；Linn & Miller，2005）：

（一）口语表达需与教学目标相关

教师在教学过程中问问题或在教学后实施口试，均应与教学目标相结合、相呼应，教师在做教学前的准备时应将拟问的问题纳入教学过程或计划之中，方不至口语表达与教学目标脱节。

（二）避免广泛、模糊的题目

教师问问题或口试时,应避免问题过于笼统、广泛、普遍、模糊。有些教师问学生:"大家都懂了吗?"有学生因害羞或怕被责罚而不敢承认不懂,也有些学生实际不懂却自认为懂了。因此与其问此问题,不如直接询问需要掌握的具体观念或技能。比如,有些教师口试时问学生"怎么做种子发芽需要水的实验?"若改为"如果你要做种子发芽需要水的实验,你会准备哪些器材? 你怎么设计实验的步骤? 你会怎么来观察绿豆发芽的情形?"可能较为具体、明确。

（三）使用直接、简单的问题

教师所问的问题过长,将易使学生疲劳;问题过于复杂,将易使学生难以理解,使得评价结果只反映出学生不理解问题,而无法反映出对教学的掌握程度。

（四）让学生有充足时间回答

学生思考与组织问题的答案需要足够时间,尤其是难度较高的题目需要更多的时间,教师应允许学生短暂地沉默,让学生充分思考后才回答问题。若教师因不能忍受学生沉默而催促学生回答,将使得学生更为紧张、更难以回答问题。

（五）候答态度应和蔼,避免给学生压力

教师候答的表情与态度会影响学生的回答。若教师眉头深锁、眼神凶恶、表情不耐烦,将令学生感受到压力,衍生紧张反应;若教师面带微笑、表情和蔼、眼神支持、点头鼓励,将会增强学生信心,使学生勇于说出自己的答案。

（六）审慎衡量运用时机

在教学过程中,问问题这一方式可使教师立即了解学生问题,施予适当的补救,且可增进学生的语言表达;口试可用来评价高层次的认知、情意与态度,增进学生语言表达与组织沟通的能力。问问题较适用于使学生觉察学习现况、立即诊断学生问题或立即给学生回馈,而口试较适用于正式的评鉴。但因口试、问问题均耗时费力,且较不客观,若其他评价方式能达成口试的评价目标时,宜采用其他评价方式,若纸笔测验、评定量表或检核表可达成目标,则最好不采用口试。

（七）事前建立公正客观的口试评价标准

口试或问问题最令人诟病的一点是"评分者的主观意识易造成评分结果的偏差"。为克服此问题,不宜将教学过程中的问问题纳入学业评价。而实施口试前,若能建立评分项目(如内容与主题的符合、组织流畅程度、内容生动程度、姿势、音量、速度、发音或时间)以及计分方式,且逐一条列,当可建立较公正客观的评价标准,且精简评价时间。

（八）事先让学生了解口试程序与评价标准

学生对口试程序的未知与对评价标准的茫然会增加未知的压力,若能于事前告知口试程序与评价标准,可让学生减少压力,更可让学生知晓努力方向而全力冲刺。

（九）同时请两位以上受过训练的优秀人员担任口试主试

受过训练的优秀人员指受过口试评价训练,具有评价专业素养,且能公平、客观、认真实施评价的人员。口试评价训练应遵循下列步骤:(1)告知口试的标准与评价重点;(2)共同讨论评价标准;(3)参与训练者对口试模板(如口试学生之录像带)进行评价;(4)与参与训练者讨论评价结果的差异与原因;(5)分别就不同范本练习计分、比较评价结果并讨论改善策略;(6)重复练习直到参与训练者的表现与教师评价结果几乎一致。由两位以上经受过训练的优秀人员同

时评价,将会使评价结果更为客观。

第二节　口语评价实例

中小学各学习领域或学科经常引导学生将学习结果用于日常生活,而日常生活的人际沟通以口语表达最为直接便利,因此,各学习领域或学科评价宜纳入"口语评价"。口语评价常采取"口试"、"问问题"的形式。"口试"较常用于综合活动学习领域之总结性评价,如用演讲、辩论、口头报告、经验分享、故事接龙来评价,或采用放声思考、日常应用心得分享、口头报告、表演等方式来评价。"问问题"较常用于各学习领域或学科的形成性评价。教师在教学过程中问学生问题乃常见的师生互动模式,只是少有教师会将问问题纳入学业评价或将其视为学业评价的一部分。

实例7-1之"美梦成真"学习评价单是口语评价的实例,旨在达成2003年版能力指标"2-4-3-5规划自己的升学或职业生涯"。该评价请学生用5分钟来发表一下自己的抱负,以及如何让美梦成真。

本评价分成"演讲内涵与组织"、"演讲技巧"两项,均由教师评价。教师可依据"评价使用说明"直接在学习单上实施评价,评定学习成果。教师评价后写下"老师的话",再由学生带回让家长写下"家长的话",最后再由学生送交教师。评价时,教师从"能力"、"努力"两个向度在学习单的"评价"栏内进行评价,"能力"以符号"○、√、△、?、×"表示"很好、不错、加油、改进、补做(交)"。"努力"以符号"＋、－"表示"进步、退步"。

第三节　轶事记录理念

米勒等人强调轶事记录乃教师观察到有意义的插曲与事件后的事实性描述,即教师观察学生日常生活表现,详细写下重要而有意义的偶发个人事件和行为。轶事记录是通常评价的参考数据,而非评价的唯一依据,因为学生日常生活的点点滴滴难以在教师设计的评定量表、检核表、档案数据或纸笔测验中完全呈现,若能以教师在班级情境的直接观察作为参考数据,当能提高评价结果的效度。

一、记录的内涵

教师通过日常观察可得到学生学习与发展的丰富信息,但不一定每个日常生活行为均有意义,因而教师需选取重要、有意义的插曲或事件来做轶事记录。由于重要、有意义的插曲或事件通常是偶发性的,教师平常应准备一张张个别的卡片作为立即记录偶发事件之用。卡片可选取市面上出售的数据卡,不必重新设计,教师可在卡片的左上角写下学生姓名、观察地点,右上角写下观察日期与时间、观察者,再于卡片中详细记录事件的发生过程,并尽可能记下语言、非语言信息,最后写下教师对此事件的解释。

米勒等人提出轶事记录的撰写原则有五:(1)叙述简单、具体。依据插曲或事件扼要具体地描述,切勿流于冗长。(2)描述事件情境。简明地描述学生的所说或所做及事件发生的情境,如:今天在游戏场,甲生和乙生正在选择加入哪一支垒球队,此时丙说:"我想加入甲那一队,

实例7-1 "美梦成真"学习评价单、使用与评价说明

"美梦成真"学习评价单

美梦成真

姓名：　　　　班级：　　　　学号：　　　　日期：　　　　组别：

　　各位同学:经过一系列的自我探索活动后,相信你一定更深入地了解了如何规划自己的未来,请你用5分钟来发表一下自己的抱负,以及如何让美梦成真。

准备演讲该注意的事项与评价事项

一、演讲内容与组织

评价	此部分包含下列的重点
	1. 内容符合主题,且清晰简要
	2. 结构分明,善用佳句或成语
	3. 内容生动有趣、富有创意

二、演讲技巧

评价	此部分包含下列的重点
	1. 以姿势或肢体语言来强调重点
	2. 以声量或速度变化、停顿来强调重点
	3. 发音、咬字清晰
	4. 仪态端庄大方,态度相当诚恳
	5. 眼神注视听众,展露自信笑容
	6. 精确掌握时间(每多或少30秒降一等级)

分享:

注意事项:

(一)演讲时间为5分钟,4分30秒时按一声铃,5分钟时按两声铃,5分30秒时按三声铃,接下来每隔30秒按一声铃。

(二)演讲前如果先就重点逐一整理内容,再私下练习,效果可能会更好。一般人报告5分钟约需整理800个字,你可试试看。

(三)演讲前将此学习评价单交给老师评定等级或成绩。

注:此学习评价单旨在达成能力指标"2-4-3-5规划自己的升学或职业生涯"。

"美梦成真"演讲学习评价单的使用与评价说明
设计者:李坤崇

一、达成能力指标

达成综合活动学习领域2003年版能力指标"2-4-3-5规划自己的升学或职业生涯"。

二、学习目标

(一)说出自己的升学或职业生涯。

(二)学习演讲技巧。

(三)能增进师生互动。

三、使用与评价方法

(一)本学习评价单配合综合活动学习领域课程实施。

(二)教师讲解"演讲学习评价单"的重点,并请学生提出问题,予以解答。

(三)本评价分成"演讲内容与组织"、"演讲技巧"两项,均由教师评价。

(四)教师依据"评价使用说明"直接于学习评价单上实施评价,评定学习成果。

(五)教师评价后写下"老师的话",再由学生带回让家长写下"家长的话",最后再由学生送交教师。

四、评价标准

(一)教师从"能力"、"努力"两个向度在学习评价单的"评价"栏内进行评价,"能力"以符号"○、√、△、?、╳"表示"很好、不错、加油、改进、补做(交)"。"努力"以符号"＋、－"表示"进步、退步"。

(二)各项目之评价标准,除下列评价项目外,其余均参考"能力、努力两个向度之符号、评语与代表意义"的评价标准。

项目	目标层次	很好(○)	不错(√)	加油(△)	改进(?)	补做(╳)
一、演讲内涵与组织						
1. 内容符合主题,且清晰简要	认知 4.1区辨	内容、主题鲜明,主题发展顺畅、且清晰扼要	内容符合主题,清晰扼要	内容主题虽清晰扼要,但流于平常俗气,立论较弱	内容无重点或不合主题,题目信息有限或不清晰	未出席或未上台
2. 结构分明,善用佳句或成语	认知 4.2组织	结构分明,善用佳句或成语	结构相当分明	结构不够分明	结构相当紊乱	未出席或未上台
3. 内容生动有趣、富有创意	认知 6.1产生	内容生动有趣、富有创意	内容相当活泼生动	内容不够活泼生动	内容枯燥乏味	未出席或未上台

项目	目标层次	很好(○)	不错(√)	加油(△)	改进(?)	补做(×)
二、演讲技巧						
1. 以姿势或肢体语言来强调重点	技能 4.0 熟练	以姿势与肢体语言来适切地强调重点	以姿势或肢体语言来较适切地强调重点	运用姿势或肢体语言但未能强化重点	未运用姿势或肢体语言,相当呆板	未出席或未上台
2. 以声量或速度变化、停顿来强调重点	技能 4.0 熟练	善用声量、速度变化及停顿来强调重点	善用声量、速度变化或停顿的其中一项来强调重点	善用声量、速度变化或停顿,但未能强化重点	声量速度毫无变化	未出席或未上台
3. 发音、咬字清晰	技能 4.0 熟练	发音、咬字清晰且相当流畅	发音、咬字正确	发音、咬字不太清晰,稍可理解	咬字不清,难以理解	未出席或未上台
4. 仪态端庄大方,态度相当诚恳	技能 5.2 自动的表现	仪态非常端庄且态度非常诚恳	仪态端庄大方,态度相当诚恳	仪态平凡,态度平淡	仪态不整,态度傲慢或轻挑	未出席或未上台
5. 眼神注视听众,展露自信笑容	技能 5.2 自动的表现	眼神充分注视听众,展露高度自信的笑容	眼神或笑容均颇佳	眼神或笑容其中一项欠佳	眼神不看听众,无笑容	未出席或未上台
6. 精确掌握时间	技能 4.0 熟练	误差在 30 秒以内	误差在 30 秒至 1 分钟之间	误差在 1 至 2 分 30 秒之间	误差在 2 分 30 秒以上	未出席或未上台

五、评等或计分方式

（一）本学习领域以"不呈现分数"为原则,教师可依教学目标、工作负担、学生或家长需要,采取"评定等级"、"文字叙述"的方式来评价。

（二）教师评定等级后,宜视需要于"分享"栏内辅以文字深入说明,并给予学生适切的激励。

（三）若必须采取"核算等级计分"的方式,可依下列计分表逐一计分。

（四）每个评价项目的能力向度计分,如下表:

评价项目	很好(○)	不错(√)	加油(△)	改进(?)	补做(×)	基本分
9项	8	7	5	2	0	28

（五）努力向度:"＋"出现一次加 1 分,"－"出现一次减 1 分。

（六）若学生未上台,以 0 分计,若上台未开口则给基本分,教师宜视情况斟酌。

六、补救教学

对演讲表现欠佳或未达其应有水平者,针对其缺失,先请小组长或义工家长协助指导,最后由教师教导。

守一垒,否则我就不参加。"(3)勿撰写类推性的描述性轶事。教师应用一般话语来描述具体行为,避免月晕效应,如"今天在游戏场,丙生又表示要坚持用她自己的方式行动"。(4)勿撰写评价式的轶事。教师不应进行价值判断,直接判断该行为可接受或不可接受、好或坏,如"丙生今天在游戏场的表现是自私的和爱捣乱的"。(5)勿撰写解释型的轶事。教师应描述具体的事件情境,不应解释行为的原因,如"丙生无法和他人玩得很好,因为她是被过度保护的独生女"。可见,轶事记录应先客观描述事件,不宜直接对事件予以类推、价值判断或原因解释。

轶事记录应将客观描述的事件、行为意义的解释分开叙述。每一项轶事记录应分开记录在不同卡片上,便于今后教师依据学生行为发生的顺序或类别进行整理。

在表 7-1"大雄的创意造词记录"中,教师由此记录发现李大雄虽然语文成绩欠佳,但在造词方面颇具创意。

表7-1 大雄的创意造词记录

姓名:李大雄		时间:2010 年 5 月 1 日 10 时
地点:教室		观察者:王老师
事件:		
上课时,出了一题"__天__地"的填字游戏,同学们均兴高采烈地念出自己的答案,技安念出"谢天谢地"、宜静念着"惊天动地"、阿福大叫"欢天喜地",而大雄很小声地说"天天扫地"。大雄念完后,其他同学捧腹大笑,他露出相当尴尬的表情。此时,我引导学生思考"天天扫地"是否通顺、是否合理。在发现大雄的答案相当有创意后,全班同学给了他一个爱的鼓励,大雄露出自信的笑容。		
解释:		
大雄平时语文成绩不佳,使得他在造词方面显得没有信心,念出答案时相当小声,且面对同学的大笑更显退缩,但当教师澄清后方重拾信心。此事件显示大雄的造词颇具创意。		

二、轶事记录的优缺点

轶事记录具有下列优点:(1)能评价自然情境的实际行为表现,具有较高真实性;(2)可觉察学生未曾出现却相当重要的佐证资料,如学业成绩甚低的学生表露出学习兴趣;(3)可增加教师对独特行为的敏感性,增进教师的觉察能力;(4)颇适用于小学低年级学生或语文表达能力较差学生。但此法的不足为:(1)觉察能力较低的教师难以发挥此法优点;(2)记录费时费力,教师已承担颇多教学与行政负担,几乎无法准确运用此法;(3)观察记录难以完全保持客观态度,难以呈现"语文摄影"的效果;(4)难以取得充分、具代表性的行为样本:学生行为随时间、情境而异,教师甚难掌握重要、有意义的偶发事件;(5)教师对偶发事件的解释,仍易受个人价值观、事件情境的影响,较其他表现性评价更难避免"月晕效应"(Airasian,2000;Cartwright & Cartwright,1984;Gronlund & Linn,1990;Linn & Gronlund,1995;Linn & Miller,2005)。

轶事记录虽然能提供详细的评价佐证数据,但因其主观性以及随时准备立即记录学生行为的难度甚高,故仅适用于特别重要且无法用其他方法来评价的事件或行为(Airasian,2000;Cartwright & Cartwright,1984;Gronlund & Linn,1990;Linn & Gronlund,1995;Linn & Miller,2005)。

三、轶事记录的改善原则

轶事记录若能针对缺点予以改善，仍能提供有效的佐证数据以提高评价的效度。兹综合李坤崇(1999)，陈英豪与吴裕益(1991)，Linn 与 Gronlund(1995)，Linn 与 Miller(2005)提出的改善原则，阐述如下：

（一）事先决定拟观察行为，并对异常行为提高警觉

教师应依据教学目标、评价目的与评价行为，选择贴切的评价方法。若难以用其他评价方法而必须采取直接观察时，则可采取轶事记录。教师记录前，应事先决定可直接观察的具体行为；教师在实际观察时，必须保持弹性与警觉性，当学生出现偶发行为之后，立即在卡片上详细记录事件。

（二）分析与避免观察记录的可能偏见

教师实施轶事记录前应详细分析观察记录的可能偏见，如性别、对学生的先前认知的月晕效应、因人格特质衍生的个人偏见或将无关特质相连的逻辑谬误。教师可针对上述偏见，逐一提出改善策略，以避免造成观察的误差。

（三）详细记录有意义行为的情境数据

因学生行为随着情境而改变，若仅叙述行为而无具体的情境数据，将难以阐述行为的意义。如甲生推乙生，可能是因为好玩、吸引别人注意、愤怒或敌对，判断时必须依据发生地点、两生的平日互动、动作的时机、动作的后续反应等，正确解读动作的意义。

（四）尽可能在事件发生后立即记录

教师在教室或校园中看到学生有意义的行为，通常无法马上记下所有细节，然而时间拖得愈久，遗忘的重要细节内容就愈多。较合理的做法是在事件发生时做简短扼要的摘记，尤其是重要细节，如语言信息或肢体语言，待有空、下课或放学后再做详细、完整的记录。

（五）记录事件应力求简单明确

简单明确的扼要记录，不仅可减少教师的记录时间，亦可节省阅读时间。这里的简单明确的记录，必须包括事件发生的地点、学生说了什么、学生做了什么，但不必记录概括性的、没有显著特点的典型或习惯性行为，且解释事件时不宜过度解释推论或加入情绪字眼。

（六）事件的描述与解释需分开记录

描述事件时教师仅需忠实地记录事件时间、地点、学生语言、非语言信息或其他具体情境，无须做任何的解释、推论。记录必须精确、客观，不加任何判断字词，避免使用愉快、害羞、伤心、具企图心、敌意、固执等词汇来叙述。事件解释则可纳入教师个人判断，虽然教师不一定要对每一事件均加以解释，但若欲解释，必须将事件描述与解释分开，方不致混淆不清。

（七）正面、负面行为均应记录

教师通常较容易留意课堂违规的负向行为，而较容易忽略安静守秩序的正向行为，使得轶事记录较常出现消极负向的事件。教师观察学生行为时，应特别留意积极正向的行为，并给予学生即刻的鼓励，这样不仅可鼓励学生表现出正向行为，更可给表现出负向行为的学生指出努力方向。这是因为鼓励学生的正向行为可压抑负向行为，而压抑负向行为则同时会让表现正向行为的学生遭受压抑。

（八）推论学生典型行为前应收集足够的轶事记录

单一偶发行为难以解释学生的学习结果,学生常因情境改变而表现出极端不同的行为反应,如学生有时高兴、有时悲伤,有时满怀自信、有时自我怀疑,仅从单一事件无法正确评价。欲推论学生的典型行为或评定学习结果,应累积足够的轶事记录或其他佐证数据,方能对学生学习与发展状况进行正确评价。

（九）记录前应有充分练习的机会

大部分教师在选择、判断重要偶发事件、抉择事件意义、客观并简洁扼要地描述事件时均必须经过充分练习,甚少有教师不经练习即能运用自如。教师记录前应接受适当的训练,在有经验教师或专家的指导下练习,并就练习结果逐一检讨改善,这样就将随着练习次数的增加而日渐熟练。

第四节　轶事记录实例

轶事记录乃教师观察到的有意义的插曲与事件的事实性描述。轶事记录通常被作为评价佐证数据,而非评价的唯一依据。教师若能把班级情境的直接观察结果作为佐证数据,当能提高评价结果的效度。

实例 7 - 2 的小学三年级"小华报告"轶事记录,足以说明综合活动学习领域 2008 年版能力指标"3 - 2 - 1 - 1 在团体活动中能适切表达自己的想法与感受"的达成结果。此种轶事记录

实例 7 - 2　小学三年级"小华报告"轶事记录

姓名:李小华	时间:2002 年 9 月 27 日 10 时
地点:三甲教室	观察者:欧老师

事件:

　　上课时,老师请各组讨论班级公约的内容,并要求讨论后各组都派一名代表报告。小华代表该组报告,他迟疑地说:"要遵守校规,要遵守班级规定……"。其他组同学纷纷指出"报告内容应该是公约的内容,而不是校规、规定"。小华站在台上开始觉得不知所措,一片空白,接不下话。老师此时及时伸出援手,先赞美小华所说的遵守校规、班规也算是班级公约的一种,再请他继续说出小组内讨论的内容。小华继续慢慢地说:爱惜公物、友爱同学、尊敬师长、准时不迟到,遵守规定……"他逐渐露出得意与自信的笑容,报告完后面带笑容地坐下了。

解释:

　　小华平时上课发言的机会不多,很少主动发表意见,小组讨论的参与度也不高,今天难得被小组指派为代表上台报告,他显得迟疑与自信心不够。所以当其他组同学提出质疑时,他站在台上就有点退缩,不敢继续说下去。经老师鼓励,他开始慢慢说出组内讨论内容,重新在脸上露出笑容。此事件显示小华逐渐能明确表达团体或自己的想法和感受。

分享:

"小华报告"轶事记录的使用与评价说明

一、达成的能力指标

综合活动学习领域 2008 年版能力指标细项"3-2-1-1 在团体活动中能适切表达自己的想法与感受"。

二、学习目标

1. 制定班级公约。

2. 分享组内同学意见。

3. 主动说出自己的想法和感受。

三、使用与评价方法

1. 本轶事记录乃偶发行为的记录，用以辅助其他评价。

2. 本评价是在单元教学中实施的形成性评价，用以辅助其他评价，并可作为深入诊断学生学习结果的依据，教师宜视教学目标与需要及情境衡量。

3. 轶事记录乃辅助功能，不直接用于学习评价，故不评定等级，更不打分数。

4. 轶事记录不直接用于学习评价，故不拟定评价标准。

5. 教师解释轶事行为后，若家长、学生愿意分享，则可于"分享"栏写下"意见或想法"。

四、补救教学

1. 若轶事记录出现表现欠佳或未达其应有水平者，教师施予必要的补救教学。

2. 若数次轶事记录出现同样问题，教师宜了解其因，施以适切的辅导。

通常用于学生偶发行为的记录，以作为其他评价方式的佐证数据，故均不予计分。记录时，应写下学生姓名、观察地点、观察日期与时间、观察者，另外要详细记录事件的发生过程，并尽可能记下语言、非语言信息，以及写下教师对此事件的解释。

第八章　系列表现性评价理念与实例

随着课程改革的不断深化,多元评价渐受重视,中小学纷纷采取过关评价、分站评价、踩地雷、猜猜看、填空高手等评价形式,因其较传统测验更具游戏化,故有些教师称之为游戏化评价。然而分析其评价方式,不外乎评定量表、检核表、口语评价或档案袋评价,可见常见的游戏化评价其实均为系列表现性评价。本书以系列表现性评价泛称中小学常用的过关评价、分站评价、游戏化评价或其他的表现性评价。

第一节　系列表现性评价理念

一般学生听到评价就想到纸笔测验,想象自己在一张白纸上奋斗的情景,如果教师告诉学生"我们来玩游戏",学生一定眼睛一亮、表情欣喜若狂。因此,教师若能设计游戏化评价,不仅能激发学生的参与兴趣,更能让学生在游戏中评价、在游戏中成长(李坤崇,1999)。特别是,对语文程度较低、语言表达能力较弱的学生,难以靠纸笔测验、专题报告或档案袋评价来评价时,系列表现性评价(如游戏化评价)相当适用。如对小学低年级学生较难实施纸笔测验、专题报告或档案袋评价,可采用活动化、游戏化的系列表现性评价方式,设计过关游戏或分站活动,从实作活动、游戏中来评价学生达成预期学习目标的程度。总之,系列表现性评价让学生参与实作活动。身临其境通常对学生极具吸引力,无论是哪一教育层次的学生,均喜欢系列实作活动而非呆板的纸笔测验或其他评价方式。

一、系列表现性评价的优点

系列表现性评价突破了僵化呆板的传统评价模式。在追求人性化、生动化、适切化的教学趋势下,系列表现性评价因具有下列优点而渐受教师喜爱与运用(李坤崇,1999,2006)。

（一）提高参与兴趣

传统评价方式给人的印象是死气沉沉,让人敬而远之,而系列表现性评价提供生动活泼、多元有趣、实作参与的方式,让学生喜欢活动或游戏、忘却评价的可怕经验,这样必能提高学生的参与兴趣与意愿。有些教师改变月考考卷的应考模式,将考卷各大题转化成动态的过关游戏或分站活动,如踩地雷、猜猜看、填空高手、娃娃屋,让学生感受过关或分站的游戏,相当具有创意。

（二）提供真实情境评价

传统评价常出现与日常生活真实情境脱节的现象,学生死背很多知识、记忆甚多观念,却无法在实际生活中应用、难以在真实情境中活用。系列表现性评价的活动大多取自日常生活的真实情境,如到福利社购物的数学评价活动、观察风向或判断天气的自然学科评价活动。学生必须将记忆的知识转化为能力后,方可将其用于真实情境。

（三）兼顾认知、技能、情意的活泼生动的评价过程

传统评价在评价高层次认知、技能、情意上较为困难,而系列表现性评价能轻易地将认知、

技能、情意领域的教学目标纳入各项活动中。教师让学生在实作活动中评价认知、技能或情意，将注意力导引到生动活泼的活动，而非严肃考核的评价，让学生几乎忘了正在评价，仅感受到实作活动或游戏过程的喜悦。教师或协助评价者将会看到学生在评价过程中的欢笑与兴奋，可谓是"寓教于乐、寓评于乐"。

（四）提供合作学习的机会

两岸四地数十年来强调升学竞争，使得学生个别竞争能力增强，而合作学习的能力正逐渐减弱。为增强学生迈入社会、进入公司组织的竞争力，合作学习能力的培养亟待加强。系列表现性评价的过关评价或分站评价，通常采用分组竞赛的方式，让学生在小组竞赛的过程中潜移默化地强化小组团队精神，同时培养学生合作学习的能力。

（五）增进学生间的间接学习

传统评价中，学生埋首于书桌专心填写考卷，且教师极力防止学生作弊，而系列表现性评价则鼓励学生在实作过程中相互观摩。比如，有些教师以大墙报纸画 1 至 100 的格子来考九九乘法：将全班分成五组，每组约八人且均在地上置大墙报纸，由组长出题，组员跳到答案的数字格中，一名组员答对五题则过关，其他组员在旁观察。此种组员在学习，其他组员亦在间接学习的评价方式颇具意义。

二、系列表现性评价的缺点

虽然系列表现性评价渐受欢迎，但在运用前应深入了解其可能的不足，方能避免缺点、发挥这种评价方式的功能。

（一）难以建立恰当的评分标准

系列表现性评价采取比较动态、多元的活动方式，与纸笔测验相较，难以制订施测标准程序，难以要求统一的答案，而是希望学生能提出更富创意的答案、能将知识活用于真实生活的情境中。因此较传统纸笔测验而言，此评价难以建立恰当的评价标准。

（二）评价人员的公正客观度较受质疑

系列表现性评价无法由一名教师进行全部评价，必须由其他教师参与，每个教师的看法、人格特质或答案严谨性不同，故评价难以客观。尤其是此评价通常需要家长或小组长支持，未接受评价专业训练的家长或小组长往往无法掌握评价标准进行适切评价，且家长面对自己的子女，小组长面对自己的好友，能否绝对公正、公平、客观，亦颇受质疑。因此，培训评价者的讲习相当重要，教师必须在讲习过程中澄清评价的意义与目的，告知标准化的评价程序并激发公正客观的评价态度。

（三）严谨规划游戏费时费力

教师从拟定系列表现性评价实施计划、呈阅校长让其核定，到征求志愿协助人员、进行工作分工、准备器材、勘查场地，再到实作活动前说明、进行系列表现性评价、善后处理，这一过程通常至少必须花费两周时间，且动员的人力可能包括主任、其他教师、志愿家长或小组长，如何适切分工、发挥团队效率，均颇为费心费力。教师实施前应认识到"系列表现性评价是老师比较劳累、学生比较喜爱，而传统纸笔测验是老师比较轻松、学生比较讨厌"的事实。

（四）有赖家长高度配合

系列表现性评价最大的阻力乃来自家长的疑惑。家长可能质疑评价的公正客观，可能质疑系列表现性评价的有效性，可能不喜欢活动费时费力而不支持等等。若此评价无家长高度配合，将引发评价客观、公正的问题。因此,教师如何于评价前做好沟通工作,乃获取家长配合或支持的关键。

(五)活动危险性较高

教学过程的意外事件是教师挥之不去的阴影。传统纸笔测验是在教室内静态考试,学生发生危险意外事件的比例微乎其微,然而系列表现性评价通常在户外举办,且动态活动或游戏使学生可能因玩过头而忽略潜藏的危机,使得平日不会出现的意外均可能出现。因此,教师实施系列表现性评价时应特别注意活动的危险性,并于评价计划中纳入安全性评估与预防。

三、实施系列表现性评价的原则

为发挥系列表现性评价的功能,减少可能的不足,建议教师在实施系列表现性评价时,注意下列原则。

(一)实作活动(游戏)不可与教学目标脱节

系列表现性评价较其他评价方式容易出现与教学目标脱节的现象,教师在设计时可能会为提高实作活动(游戏)效果而使其未能与教学目标环环相扣。若实作活动(游戏)与教学目标脱节,将只是纯粹的游戏,无法发挥学业评价功能。总之,教师设计系列表现性评价时,应指出其与教学目标、评价的关系,以避免与教学目标分离。

(二)以安全为最重要原则

系列表现性评价较其他评价易出现因活动场地、器材设备、同学玩耍、活动本身而产生的危险状况,教师应以实作活动的安全为最重要的原则,必须在无安全顾虑的情境下进行实作活动。教师需针对可能出现的危险状况进行模拟与防治,若仍有安全顾虑,则必须更换活动内容或方式。设计实作活动(游戏)的教师应多征询其他教师、主任、校长对活动安全性的意见与评估,待确认安全方可实施。但为求预防万一,应有护理人员在活动场地待命,甚至成立紧急事故的危机处理小组来应对突发可能。若仍有顾忌,则可考虑购买保险。

(三)拟定严谨实施计划,执行切实并预留人力,用心检讨

凡事预则立,不预则废。教师实施系列表现性评价前应拟定完整的实施计划,内容至少包括实施目的、评价范围、评价日期与时间、评价方法、成绩计算方式、工作分配、活动位置图、危机处理以及经费等九项,待校长核定后方可实施。游戏进行时,宜尽量按照计划实施,并预留一至两名支持人员处理意外事件,让原先负责工作者不必分心处理其他意外事件,让活动得以顺利进行。系列表现性评价进行后,宜召开检讨会议,针对缺失提出改善之道,并做成记录,汇整成一份数据文件,作为往后实施的参考。

(四)根据不同年龄选用适合的活动

不同年龄学生的体能、身心发展各异,教师设计系列表现性评价时应顾及年级差异,如小学低年级学生可能较适合大肌肉活动,高年级学生可用小肌肉活动。年龄较低的学生,可开展动态、活泼生动的活动;年龄较高的学生,可开展静态、逻辑思考的活动。设计时教师宜用同理心,设身处地地站在系列表现性评价对象的角度来设计属于该年龄层的活动,而非设计教师喜欢的活动。

(五)学校、家庭、学生的沟通与分工合作

系列表现性评价因活动内容、形态不同,可能涉及的学校、家庭或学生互异,教师设计时,应考虑活动牵涉的人员,并事前做好沟通或分工的工作。尤其是系列表现性评价结果若视为月考成绩,家长可能会相当重视,教师在沟通时应详细告知评价目的、范围、时间、日期、评价方法与成

绩计算方式,并以调查问卷汇整家长意见,或利用适当时机对家长说明,以减少其疑惑并获得其支持。更具体的做法是事前发给家长"系列表现性评价通知单",让家长了解评价方式的改变,协助学生调整应对评价策略;开展活动时应公开征求愿意协助的家长,通过"通知单"来征询家长意见,同时通告协助时间、地点及报名方式与报名对象。教师运用此评价时可能会利用学校场地或设备,且可能需要安全协助或维护,上述这些必须知会学校主任、校长,并尽可能寻求必要的协助或支持。若全学年所有班级均参与系列表现性评价,学校应列出教师分工表,如活动设计组、器材组、场地组、总务组、联络组或安全组,让全年级教师共同参与、分工合作。

(六)说明以在室内说明书面资料为主,辅以户外口头说明

系列表现性评价的关键乃学生是否了解实作活动规则、程序与注意事项。但学生参与系列表现性评价时通常会兴高采烈,以至于无心听教师讲解游戏规则、程序与注意事项,使得系列表现性评价易出现乱成一团、甚至危机四伏的窘境。教师若能在教室以书面资料说明讲解,学生较易于了解;若无法在室内讲解,于户外讲解时仍宜辅以书面数据。有些教师较希望用口头说明,且不愿意将口头说明付诸文字,使得说明效果大打折扣。若将口头说明付诸文字,撰写"系列表现性评价说明单",内容包括活动项目与名称、活动顺序、活动起迄时间、活动评价方式或其他注意事项,不仅可避免学生因嘈杂漏听而不知如何进行游戏,也可留下说明数据作为往后办理系列表现性评价的参考。

(七)、活动单设计力求美观大方

教师通常因限于经费而将系列表现性评价的活动单尽量浓缩页数,但此举将造成学生阅读吃力、评价者评阅不易的现象。活动单应以美观大方、易于阅读与评价为原则,且活动说明、评价的位置应尽量统一在学习单的固定位置。活动单宜每页介绍一项活动,若为节省篇幅,应以线条或符号明显区隔,这样做学生较不会遗漏活动。活动单若涉及选择题、是非题、填充题、配合题、解释性练习题,应遵守各式题型的编制原则。活动单不宜太呆板、僵化,应适度利用插图美化,尤其对象是小学低年级学生时,更需活泼生动的插图,但插图不可喧宾夺主、占太大版面,让学生误以为是考插图。

(八)协助活动或评价者的事前讲习

系列表现性评价必须请其他教师、家长或小组长协助活动的进行或评价学生表现,因此事前的讲习相当重要。教师应发给协助活动者"活动说明单",内容包括活动名称、地点、时间、活动安全性或其他注意事项。教师亦应发给协助评价者"活动评价说明单",包括活动名称、地点、活动标准答案或操作程序、评分标准、评分位置或其他注意事项。若协助活动者即为评价者,此两项说明单可以合并为一,但仍须对协助活动或评价者进行口头说明并针对协助者的疑惑一一解答。

(九)教师或协助者宜事前模拟游戏

为求周详,教师或协助者宜事前模拟实作活动过程,了解可能发生的问题或危险性,作为修改活动或活动说明单的依据。通常事前模拟实作活动时所发现的问题,在正式开展实作活动时均会出现,故设计系列表现性评价的教师应克服困难,做好事前模拟、切实检讨改善的工作,将可能问题的发生机率降到最低。

(十)循序渐进、累积经验、自我增强

系列表现性评价经验乃两岸四地教师较缺乏的评价经验。教师必须循序渐进,由开展小规模实作活动到开展大规模实作活动,由一班扩及全学年,切勿好高骛远。在刚开始实施系列

表现性评价时，设计欠周详、活动出状况、其他教师或家长有质疑都是正常现象，教师应将遭遇挫折视为累积经验、将出现的问题视为完美的动力，从挫折中不断成长，从问题中追求完美，这样便终将破茧而出。在累积系列表现性评价经验的过程中，教师应随时自我增强，鼓励自己勇于创新，提供给学生活泼快乐的评价环境，使自己突破限制、跨出尝试步伐；亦应将心得与经验与其他教师分享，寻求宝贵意见，在检讨、分享中共同成长、相互激励学习。

第二节　系列表现性评价实例

实例8-1"龙的传人"是具有趣味性、活泼性的系列表现性评价，此评价包含个人、小组的表现性评价，兼顾同学互评、家长评价与教师评价，以达成综合活动学习领域2008年版能力指标"1-4-2展现自己的兴趣与专长，并探索自己可能的发展方向"。在这一实例中，教师要求学生以海报设计、表演活动来凸显自己的"能力、兴趣、专长或优点"，学习过程相当活泼生动，饶富趣味。

实例8-2乃台南市胜利小学1998年度第一学期三年级自然科第三次阶段考实施的"过关评价"，由吴思颖老师设计。过关评价应研拟具体的实施办法、明确的计分表，以及相关的详细说明与计分方式，方能规避学生仅关注游戏却忘了学习的本质的现象。

实例8-1

龙的传人（约270分钟）

一、达成能力指标

达成综合活动学习领域2008年版能力指标"1-4-2展现自己的兴趣与专长，并探索自己可能的发展方向"。

二、单元活动目标

1. 以海报来表现自己的能力、兴趣、专长或优点。
2. 以演讲或表演来表现自己的能力、兴趣、专长或优点。
3. 增强自行设计规划能力，以发挥创意来宣传自己的优点。
4. 参与分组合作学习，增进人际沟通能力。
5. 积极参与活动，勇于在他人面前秀出自己的优点。
6. 表现出积极学习的兴趣与态度。

三、准备事项

1. 教师为每人提供一张墙报纸，其余制作海报工具由学生自备。
2. 每人各发一张"自我海报评价单""秀出自我评价单""班级宣传海报票选单"。
3. 秒表、铃等计时工具。
4. 设计班级宣传海报的墙报纸与各组需要的各种素材。
5. 布置展览场地、表演场地，准备学生表演所需的各种素材或器具。
6. 确认学生是否于上课前已分组并就座。

四、活动过程

（一）引起动机（约3分钟）

1. 引导学生思考"每个人都有优点,但并不是每个人都能适切展现自己的优点"这一主题。

2. 学生必须学习适切地将自己的优点告诉别人。

3. 告诉学生凸显自己的优点可用各种合法、不伤人、富有创意的方式,请学生发挥创造力,尽情展现自己的优点。

(二)省思"自己的优点"(约12分钟)

1. 请学生想想自己的能力、兴趣、专长与优点。

2. 将自己的优点记下来,作为制作"自我海报"、"秀出自我"的依据。

(三)制作"自我海报"(约30分钟)

1. 发给学生一张墙报纸,请学生运用各种素材制作"自我海报"。

2. 请学生就前面省思的"自己的优点",介绍自己的能力、兴趣、专长与优点。

3. 教师在各小组穿梭倾听,引导学生完成此工作。

～～第一节结束～～

(四)设计、制作宣传海报(约45分钟)

1. 以组为单位设计班级"自我海报"与"秀出自我"表演的宣传海报,欢迎全校师生、家长参观。

2. "自我海报"展览场地可设在教室内或走廊,然最好运用学校大型展览场地,让学生有正式展览的喜悦。

3. "秀出自我"表演可在教室内进行,但若是运用学校表演场地,会让学生有正式演出的成就感。

4. 从各组海报中选取一组作为班级宣传海报。

5. 发给每人一张"班级宣传海报"票选单,票选班级宣传海报,班上学生每人投两票,但不可将两票投于同一组。

6. 计票、决定班级宣传海报。

7. 教师在各小组穿梭倾听,引导学生完成此工作。若时间不够,可让学生利用课余时间完成。

～～第二节结束～～

(五)布置"自我海报"、"秀出自我"展览场地(约45分钟)

1. 鼓励各组发挥创意,整合创意,经济实惠地布置展览、表演场地。

2. 以组为单位布置班级"自我海报"展览场地。教师可分配各组展览区域,让学生分工布置。

3. "秀出自我"表演场地由全班推派一组来规划并由该组主导全班学生共同完成,或由各组派代表共同规划完成。4. 教师在各小组穿梭倾听,引导学生完成此工作。若时间不够,可让学生利用课余时间完成。

～～第三节结束～～

(六)实施"秀出自我"表演(约90分钟,时间不够可将10分钟休息时间纳入)

1. 每人上台表演时以3分钟为原则,需较长表演时间者可延长。

2. 表演可以动态或静态方式展现。若为静态展现,用 1 分钟上台说明设计理念即可,可辅以书面说明。

3. 就表演项目宜事先制作表演顺序表,且宜安排计时人员,利于掌控时间。

4. 参观人员的接待工作可请义工支持。

5. 教师在各小组穿梭倾听,引导学生完成此工作。

～～第四、五节结束～～

(七) 完成"自我海报"、"秀出自我"评价单(约 10 分钟)

1. 请学生写下或画下"自我海报"、"秀出自我"评价单的感想部分,仔细思考自己的优点。

2. 教师提醒学生用具体事实详细叙述自己的优点或长处。

3. 教师在各小组穿梭倾听,引导学生完成此工作。

(八) 分组轮流说出两项活动的感想(约 32 分钟)

1. 组内每位学生轮流说出两项活动的感想。

2. 教师提醒学生说出感想后,其他学生可以补充说明具体事实。

3. 教师在各小组穿梭倾听,引导学生完成此工作。

(九) 教师结语(约 3 分钟)

1. 给予全班鼓励,对大家努力"秀出自我"时的辛劳予以肯定。

2. 对表现较为杰出者,予以具体说明并鼓励。

～～第六节结束～～

五、评价(评价使用说明,详见附件一)

1. 先由家长代表初评,再由教师实施复评。

2. 评价内涵,详见"自我海报"、"秀出自我"评价单的评价项目。

3. 教师对表现优异的小组或学生在"分享"栏内予以鼓励。

4. 可请学生将学习心得书写于"分享"栏,教师将予以回馈。

六、注意事项

1. 整个活动约需六节课时间,建议将活动安排成两个半天各三节来进行。

2. 为让学生"体验"办活动的辛劳,了解审慎计划的重要性,建议可由学生组成"筹备委员会",在教师指导下自行筹备、规划与执行。

3. 租借展览场地、表演场地的洽谈事宜,可由学生负责,但需教师指导。地点可选择正式展览或表演场地,这样较能激发学生参与感与成就感。若学校无适切空间,可借用社区空间。

4. 展览、表演的器材,宜事先调查、规划、准备。若需行政支持,可求助于学校人员、社区人士或家长。

5. 表演时,若有些学生容易怯场,教师应让其充分练习或予以积极鼓励。若表演初期仍有困难,可找学生陪伴演出,以避免衍生挫折感或过度焦虑。

6. 展览、表演宜正式告知学校行政人员,寻求必要之协助或支持。

"自我海报"学习评价单

姓名：　　　班级：　　　学号：　　　日期：　年　月　日　组别：　　组

各位同学：请发挥创意以一张墙报纸制作海报，凸显自己的能力、兴趣、专长或长处。

一、制作"自我海报"应把握的重点

1. 凸显自己的能力、兴趣、专长或长处。

2. 运用各种素材来制作，不限材料，力求经济实惠，可以废物利用。

3. 充分利用一张墙报纸，发挥创意，展现优点。

4. 注意维持环境整洁并注意事后清洁。

5. 若有问题可来问老师。

二、"自我海报"展示

1. 在教室或学校的适当场所公开展示。

2. 将邀请本校师长、其他班上学生、家长一起来参观。

三、评价

展示时，将由家长代表、教师来评价，"评价的项目"为下列四项：

1. 海报内容能凸显自己的能力、兴趣、专长或优点。

2. 海报构图、配色相当优秀。

3. 整个海报相当具创意。

4. 海报制作相当用心。

最后，请写下或画下制作海报宣传自己时的心得或感想：

分享：		评价	一	二	三	四
		家长代表				
家长代表签名：　　　　教师签名：		教师				

"班级宣传海报"票选单

姓名：　　　班级：　　　学号：　　　日期：　年　月　日　组别：　　组

各位同学：为了展现本班每位学生的"能力、兴趣、专长或长处"，我们将举办"自我海报"展览、"秀出自我"表演，请各组为本班的活动设计凸显主题、活泼生动、富吸引力的宣传海报。

一、制作"班级宣传海报"应把握的重点

1. 宣传海报内容至少应包括活动项目、时间、地点、主办单位。
2. 设计重点为"凸显主题、富吸引力、富创意"。
3. 运用各种素材来制作，不限材料，力求经济实惠，可以废物利用。
4. 各组均只能用一张墙报纸，发挥创意，展现优点。
5. 注意维持环境整洁并事后清洁。
6. 制作后，将票选出本班最佳宣传海报。
7. 若有问题，可派代表来问老师。

二、票选优劣

投票时，每位学生都有两票，但不可将两票都投给同一组。投票时，请衡量下列五项内容：

1. 海报项目完整（至少包括活动项目，时间，地点，主办单位）。
2. 海报内容能凸显主题（欣赏本班学生的能力、兴趣、专长或长处）。
3. 海报设计富有吸引力。
4. 海报设计相当具创意。
5. 海报制作相当用心。

"班级宣传海报"票选单

各位同学，请依据五项评价标准，给各组打1分至5分的分数，5分最佳，1分最差。请在下面表格中直接打分数。

组　　别	1	2	3	4	5	6
一、海报项目完整						
二、海报内容能凸显主题						
三、海报设计富有吸引力						
四、海报设计相当具创意						
五、海报制作相当用心						
各组总分						
请在最佳的两组处打"○"						

"秀出自我"评价单

姓名：　　　班级：　　　学号：　　　日期：　年　月　日　组别：　　组

　　各位同学：完成"自我海报"来宣传自己的"能力、兴趣、专长或长处"之后，请再尽情秀出自我。

一、准备"秀出自我"应把握的重点

1. 秀出方式选择自己最擅长的方式，可以动态呈现，也可以静态呈现。

2. 动态呈现以演讲、表演、演奏、戏剧或其他动态表现方式来进行。

3. 静态呈现以绘画、书法、文章或其他静态表现方式来进行。

4. 秀出自我所用道具或素材，不予限制，但力求利用现有资源，经济实惠。

5. 若有问题可来问老师。

二、"秀出自我"展示

1. 在教室或学校的适当场所公开秀出。

2. 将邀请本校师长、其他班上学生、家长一起来给大家鼓励。

3. 家里若有可用录像器材，可善加利用。

三、评价

表演时，将由家长代表、教师来评价，"评价的项目"为下列四项：

1. 表演内容能凸显自己的能力、兴趣、专长或优点。

2. 表演生动活泼、能吸引观众。

3. 表演方式相当具有创意。

4. 整个表演过程相当用心。

最后，请你写下或画下"秀出自我"的心得或感想：

分享：			评价	一	二	三	四
			家长代表				
家长代表签名：		教师签名：	教师				

实例8-1之附件一

"龙的传人"系列表现性评价使用与评价说明
设计者:李坤崇

一、达成能力指标

达成综合活动学习领域2008年版能力指标"1-4-2展现自己的兴趣与专长,并探索自己可能的发展方向"。

二、学习目标

1. 省思自己的能力、兴趣、专长与学习状况。

2. 整合条件与发展优势。

3. 以动态或静态方式,秀出自己的优点。

4. 激发创意与自我表达能力。

三、使用与评价方法

1. 本系列表现性评价用以配合自编教材之学习评价。

2. 单元教学中实施的形成性评价可作为单元教学后的总结性评价或诊断学生错误的依据,教师宜视教学目标与需要衡量之。

3. 教师直接于学习评价单的"评价"部分评定等级或打分数,本说明的评价项目、标准、计分方式仅提供参考,教师可依教学需要调整之。

4. 教师评价后可于"分享"栏写下"老师的话",再由学生带回让家长签名,家长亦可于"分享"栏下"家长的话",最后由学生送交教师。建议教师将优秀作品进行展示,供同学观摩,并予以制作者奖励。

四、评价标准

1. 教师从"能力"、"努力"两个向度在学习评价单的"评价"栏内进行评价,"能力"以符号"○、✓、△、?、✗"表示"很好、不错、加油、改进、补做(交)"。"努力"以符号"+、一"表示"进步、退步"。

2. 各项评价项目的评价标准是教师用以评定分数的依据,教师宜将此表告知学生,让学生了解获得等级的实际意义。

项目	目标层次	很好(○)	不错(✓)	加油(△)	改进(?)	补做(✗)
一、自我海报(个别评价)						
1. 海报内容能凸显自己的能力、兴趣、专长或优点	认知 4.1区辨	内容比一般同学佳	内容充分凸显自己的能力、兴趣、专长或优点	内容无法充分凸显自己的能力、兴趣、专长或优点	内容与自己的能力、兴趣、专长或优点无关	未做或未交
2. 海报构图、配色相当优秀	认知 4.2组织	构图、配色比一般同学佳	构图、配色均佳	构图、配色其中一项欠佳	构图、配色均欠佳	未做或未交

项目	目标层次	很好(○)	不错(✓)	加油(△)	改进(?)	补做(✗)
3.整个海报相当具创意	技能7.0独创	比一般同学富创意	创意和一般同学相同	比一般同学不富创意	抄袭或纯粹模仿	未做或未交
4.海报制作相当用心	情意2.2愿意反应	比一般同学认真	和一般同学相同	比一般同学不认真	相当草率	未做或未交
二、票选优秀海报(小组评价)						
1.海报项目完整	认知4.2组织	内容除活动项目,时间,地点,主办单位外,增加了更适切的项目或能凸显特色	内容包括活动项目,时间,地点,主办单位	内容缺乏活动项目,时间,地点或主办单位的其中一项	内容缺乏活动项目,时间,地点或主办单位的其中两项以上	小组未做或未交
2.海报内容能凸显主题	认知4.1区辨	内容比一般小组更能凸显主题	内容充分凸显主题	内容无法凸显主题	内容与主题无关	小组未做或未交
3.海报设计富吸引力	5.2批判	比一般小组富吸引力	相当具吸引力	吸引力较弱	无吸引力	小组未做或未交
4.海报设计相当具创意	技能7.0独创	比一般小组富创意	创意和一般小组相同	比一般小组不富创意	抄袭或纯粹模仿	小组未做或未交
5.海报制作相当用心	情意2.2愿意反应	比一般小组认真	和一般小组相同	比一般小组不认真	相当草率	小组未做或未交
三、秀出自我(个别评价)						
1.表演内容能凸显自己的能力、兴趣、专长或优点	认知4.1区辨	内容比一般同学佳	内容充分凸显自己的能力、兴趣、专长或优点	内容无法充分凸显自己的能力、兴趣、专长或优点	内容与自己的能力、兴趣、专长或优点无关	未做或未交
2.表演生动活泼、能吸引观众	5.2批判	比一般小组活泼、富吸引力	相当活泼且具吸引力	较为呆板,吸引力较弱	枯燥乏味,无吸引力	未做或未交
3.表演方式相当具创意	技能7.0独创	比一般同学富创意	创意和一般同学相同	比一般同学不富创意	抄袭或纯粹模仿	未做或未交
4.整个表演过程相当用心	情意2.2愿意反应	比一般同学认真	和一般同学相同	比一般同学不认真	相当草率	未做或未交

3. 若评价等级，亦可运用其他符号或评语，但仍须事先与学生沟通，且力求符号的一致性。

五、评等或计分方式

（一）本学习领域以"不呈现分数"为原则，教师可依教学目标、工作负担、学生或家长需要，采取"评定等级"、"文字叙述"的方式。

（二）"自我海报"、"秀出自我"之评价，鼓励家长代表参与评价，若无家长代表可由小组长或有关教师参与。

（三）教师评定等级后，宜视需要于"分享"栏内用文字进行深入说明，并予以学生适当的鼓励。

（四）若必须采取"核算等级计分"的方式，可依下列计分表逐一计分。

（五）每个评价项目之能力向度计分，如下表：

评价项目	很好（○）	不错（√）	加油（△）	改进（?）	补做（×）	基本分
一、自我海报（占 40 分）						
4 项	7	6.5	4	2	0	12
二、票选优秀海报（占 20 分）						
小组评分：依得票高低给整组的分数依序为 20 分、18 分、15 分、12 分、10 分。教师可自行决定小组分数，但建议给各组基本分 10 分。						
三、秀出自我（占 40 分）						
4 项	7	6.5	4	2	0	12

（六）努力向度："＋"出现一次加 1 分，"－"出现一次减 1 分。

（七）若学习档案未交则以"0"分计算，补交则给基本分，补交时间由教师规定。

（八）整个系列表现性评价结果若要由分数转换为 A、B、C、D、E 五个等第，则依各地的转换标准转换之。

六、补救教学

（一）对学习档案表现欠佳或未达其应有水平者，施予必要的补救教学。

（二）先呈现优秀作品供需补救教学者参考，再请小组长或义工家长协助指导，最后由教师教导。

实例8-2 台南市胜利小学过关评价实施办法、计分卡

台南市胜利小学1998学年度第一学期
三年级自然科第三次阶段考过关评价实施办法
设计者:吴思颖　修改者:李坤崇

一、实施目的:突破传统纸笔测验,采取活泼化、生动化、生活化的过关评价。

二、评价范围:三年级上学期自然科第五、六单元(含课本、习作、探讨)。

三、评价日期、时间:1999年1月21日(星期四)上午9:35—11:10。

四、评价方法:采用"过关评价"的方法,即设站过关考(每班请三位爸爸或妈妈当站主)。

五、成绩计算方式:详见"台南市胜利小学过关评价计分卡"。

六、评分标准:立即答对者给满分,靠暗示或协助答对者给一半,基本分数为22分。

七、工作分配

(一)课务组

吴思颖老师:出题设计,训练站主爸爸妈妈(1月21日上午8:45—9:25)。

　　　　　协助第六至七关器材准备及布置,当天疑难问题咨询。

郑美春老师:协助第一至三关器材准备及布置,当天疑难问题咨询。

王明雄老师:协助第四至五关器材准备及布置,当天疑难问题咨询。

(二)器材与场地布置组

王清顺老师:准备第一至三关站主爸爸妈妈桌椅。(9:25以前)

曾荣辉老师:准备第一至三关站主爸爸妈妈桌椅。(9:25以前)

陈瑞娥老师:准备卫生冰块300块。(保冰桶放自然科教室)(9:25以前)

杨碧燕老师:准备卫生冰块300块。(保冰桶放自然科教室)(9:25以前)

宋澎华老师:准备碎冰20元*6包*3班。(9:25以前给301、302、303教室)

郑　理老师:准备碎冰20元*6包*3班。(9:25以前给304、305、306教室)

余华珑老师:准备碎冰20元*6包*3班。(9:25以前给307、308、309教室)

林婉清老师:准备碎冰20元*6包*4班。(9:25以前给310、311、312、313教室)

陈贵琴老师:规划设站地点及布置。(一至三关)

黄胜发老师:规划设站地点及布置。(四至五关)

张锦花老师:准备盐。(每班六包)

(三)总务组

张梅芬老师:准备茶水。　　　　　张丽凤老师:经费收支。

八、经费:各班班费(平均分担)。

九、本计划经主任、校长同意后实施,修正亦同。

校长:

主任:

计划人:黄胜发　宋澎华　张锦花　郑　理　曾荣辉　张梅芬

　　　　陈瑞娥　王清顺　余华珑　张丽凤　陈贵琴　杨碧燕

　　　　林婉清　郑美春　王明雄　吴思颖

台南市胜利小学过关评价计分卡

三年级　班　号　姓名：

关别	第一关		第二关		第三关	
主题	天气有哪些变化		晴、阴、雨的观测		气温的观测	
站别	第一站 （8）	第二站 （4）	第一站 （8）	第二站 （6）	第一站 （4）	第二站 （6）
得分						
小计						

* *

关别	第四关				第五关	
主题	风向和风力的观测				衣服晒干了	
站别	第一站 （2）	第二站 （2）	第三站 （4）	第四站 （4）	第一站 （5）	第二站 （5）
得分						
小计						

* *

关别	第六关		第七关		
主题	水蒸气还能再变回水吗？		水和冰		基本分数　22 ＋实得分数
站别	第一站 （5）	第二站 （5）	第一站 （5）	第二站 （5）	总分：
得分					
小计					

第一关
地点:前庭的樟树下

天气有哪些变化

第一站

　　小朋友,请你先从站主妈妈的袋子里抽出一张"天气预报",贴在下面的空白处后,仔细看看:这份"天气预报"包含了哪些项目?请在(　　)内打"√",打完"√"后交给站主妈妈评分。

(　　)晴、阴、雨等天气概况
(　　)气温
(　　)紫外线指数
(　　)风向
(　　)风力
(　　)湿度
(　　)降雨概率
(　　)舒适度

＊＊＊＊＊＊＊＊＊＊＊＊＊＊＊＊＊＊＊＊＊＊＊＊＊＊＊

第二站

　　依据上面的"天气预报",
　　本市当天的"最高气温"是几度?(　　)℃
　　本市当天的"最低气温"是几度?(　　)℃

＊＊＊＊＊＊＊＊＊＊＊＊＊＊＊＊＊＊＊＊＊＊＊＊＊＊＊

第一关评分表(立即答对者给满分,经由暗示或协助答对者给一半分数)				
		所占分数	实得分数	站主妈妈签名
站别	第一站	1分＊8题		
	第二站	2分＊2题		

第二关

地点:前庭的斑叶橡胶树下

晴、阴、雨的观测

第一站

你认为今天是晴天、阴天还是雨天?(　　)天。

因为:

云量		请填多或少
阳光		请填强或弱
影子		请填清楚或不清楚

* *

第二站

请以简单的记录符号来表示晴、阴、雨等天气状况:

天气	晴	阴	雨
符号			

* *

第二关评分表(立即答对者给满分,经由暗示或协助答对者给一半分数)				
		所占分数	实得分数	站主妈妈签名
站别	第一站	2分＊4题		
	第二站	2分＊3题		

第三关

地点：百叶箱前

气温的观测

	草地上	水泥地
地面(℃)	25℃	27℃
一人高(℃)	25℃	25℃

小朋友：左表是三年级某班所做的实验记录，请依照实验记录回答下列问题。

本关的作答方法：请将正确答案写在( )内。

第一站

1. 哪一种地面测得的气温差异较小？（水泥地或草地）( )
2. 哪一种高度测得的气温差异较小？（地面或一人高）( )

* *

第二站

仔细观察百叶箱的构造及放置地点：

3. 何种颜色？( )色
4. 何种材料？（铁片、木头或塑料）( )
5. 门朝向哪个方位？朝( )方
6. 在什么地面上？（草皮或水泥地）( )
7. 离地面的高度约为几厘米？( )厘米
8. 现在气温是几度？( )℃

* *

第三关评分表（立即答对者给满分，经由暗示或协助答对者给一半分数）				
		所占分数	实得分数	站主妈妈签名
站别	第一站	2分＊2题		
	第二站	1分＊6题		

第四关
地点：升旗台前

风向和风力的观测

第一站
请将你所做的风向风力观测器交给站主妈妈评分。

* *

第二站
请将风向风力观测器平放在跑道上，并拿出你的指南(北)针对准方位。

* *

第三站
请抬头看旗杆上的布条和地上的指南(北)针，看看布条的飘向，仔细思考后将观测的结果画在下列表格内：

	举例	绘图
风向	北 西　东 南	
风力	(旗帜图)	

第四站
请你左手指着太阳升起的东方，右手指着太阳落下的西方，那么：

1. 你的脸面对着的是哪个方位？（　　）方。

2. 你的背面对着的是哪个方位？（　　）方。

* *

第四关评分表（立即答对者给满分，经由暗示或协助答对者给一半分数）				
		所占分数	实得分数	站主妈妈签名
站别	第一站	2分 * 1题		
	第二站	2分 * 1题		
	第三站	2分 * 2题		
	第四站	2分 * 2题		

第五关
地点:榕树下

衣服晒干了

第一站

小朋友:请问甲、乙两条抹布,哪一条干得快? 为什么?

(请将答案告诉站主妈妈)

＊＊＊＊＊＊＊＊＊＊＊＊＊＊＊＊＊＊＊＊＊＊＊＊＊＊＊＊＊＊＊＊＊＊＊＊＊

第二站

给你半瓶的水,请你设计证明水会蒸发变成水蒸气。

(请将设计构想告诉站主妈妈)

＊＊＊＊＊＊＊＊＊＊＊＊＊＊＊＊＊＊＊＊＊＊＊＊＊＊＊＊＊＊＊＊＊＊＊＊＊

第五关评分表(立即答对者给满分,经由暗示或协助答对者给一半分数)				
		所占分数	实得分数	站主妈妈签名
站别	第一站	5分＊1题		
	第二站	5分＊1题		

第六关

地点：自然教室八

水蒸气还能再变回水吗？

第一站

哪一杯水是冰水？哪一杯水是温水？哪一杯水是热水？你是怎么知道？
（请将答案告诉站主妈妈）

* *

第二站

我会使用酒精灯。（正确地操作酒精灯给站主妈妈看）

* *

第六关评分表（立即答对者给满分，经由暗示或协助答对者给一半分数）				
站别		所占分数	实得分数	站主妈妈签名
	第一站	5分＊1题		
	第二站	5分＊1题		

第七关

地点:自然教室九

水和冰

第一站

小朋友:给你一块卫生冰块,请设计实验证明"冰遇热会化为水"。

＊＊＊＊＊＊＊＊＊＊＊＊＊＊＊＊＊＊＊＊＊＊＊＊＊＊＊＊＊＊＊＊＊＊＊

第二站

我会做摇摇冰

这个实验请全组小朋友共同设计:在没有冰箱的情况下,如何使常温下的饮料变得透心凉?

建议:由各班班委会准备罐装饮料,每组八瓶,过关后每位小朋友饮用一瓶,其余请老师和站主妈妈饮用。

＊＊＊＊＊＊＊＊＊＊＊＊＊＊＊＊＊＊＊＊＊＊＊＊＊＊＊＊＊＊＊＊＊＊＊

第七关评分表 (立即答对者给满分,经由暗示或协助答对者给一半分数)				
		所占分数	实得分数	站主妈妈签名
站别	第一站	5分＊1题		
	第二站	5分＊1题		

恭喜你完成闯关游戏。再仔细检查一下,若有遗漏赶快补做。

第九章　学期学业评价理念与实例

中小学教师于职前教育阶段几乎均接受过"教学单元活动设计"的基本训练,而修习学业评价、接受纸笔测验编写训练者很少,至于接受整学期学业评价的训练者则更少。

第一节　学期学业评价理念

教师规划整个学期某学习领域的学业评价时,可对应某学习领域课程计划的学期目标与各单元目标,研拟适切的评价方式并于适切时机实施,以提高教学目标的达成程度。

规划整个学期的学业评价,其优点在于使评价具目标性、整体性、计划性、阶段性、多元性、鼓励性。对学校而言,可更有效地检核学生学习结果,提出更有效的课程、教材、教学与补救教学策略,更可提升教师评价专业素养,营造学校专业形象。对教师而言,可让教师更有计划地实施教学目标,提升学业评价成效,并依据更有效的学业评价结果适切实施补救教学。对学生而言,可让学生充分了解整个学期学习领域的评价状况,便于准备与计划,并获得更精确的学习评价结果,检核自己的学习绩效。对家长而言,可让家长更信服教师和评价结果,更易于与教师沟通学生各阶段、各项教学目标的学习绩效。

规划整学期学业评价的缺点是增加了教师学业评价负担、学校行政同仁的工作负担,亦可能因评价未依计划执行而衍生学生、家长的疑惑。另外,若教师评价专业素养不足,可能暴露评价缺失。因此,教师应在考虑自己的教学负担、行政支持、专业素养后,适切规划整学期的学业评价。

一、规划目标

规划学期学业评价的主要目标如下:(1)呼应领域教学目标:呼应领域课程计划研究和拟订整学期的学业评价计划;(2)整体思维:将整学期各次阶段考、平时考综合考虑,整体思维,避免偏离教学目标或过于偏重或忽略某一教学目标;(3)周密计划:详细完整地计划各项评价的方式、内涵、时机与注意事项,让计划贴近实际实施状况;(4)阶段设计:通常中小学教师会分两次或三次进行定期评价,在第二或第三次定期评价的期间,教师可分阶段设计多元评价的实施方式、内涵与时机,进行更精致化的设计;(5)多元运用:教师于整个学期充分运用各种评价方式,在整体规划下呼应教学目标,避免过于集中或疏忽某些评价方式;(6)积极鼓励:教师规划整学期学业评价时应本着鼓励学生、激励学生的立场,引导学生积极向学,切勿使评价沦为打击学生的工具。

二、规划原则

笔者依据 2001 年至今带领中小学教师研讨综合活动学习领域学期学业评价的经验,提出规划整学期学业评价的原则如下:

(一)规划整体化

某学习领域整学期学业评价计划,宜包括下列九项:(1)计划目标;(2)评价目标(含达成能力指标、教学目标类别与层次);(3)评价范围(以学期为范围);(4)评价方式、计分(包括各单元学习单评价、主题总结性评价);(5)各类评价方式、内容所占比例;(6)评价运用方法;(7)补救教学;(8)补充说明;(9)学业评价通知单(尤其是,整学期某学习领域阶段考考几次、平时考几次,采用何种评价方式与评价范围,均应整体规划实施)。

(二)目标明确化

评价目标应呼应学期的学习领域课程计划与整学期学习领域各单元的能力指标。某学习领域各单元能力指标的导引,将促使整个学期的评价目标更为明确,避免失焦或茫然。

(三)目标多元化

教师设定评价目标时应兼顾认知、技能、情意的教学目标,评析整学期认知学业评价目标中"1.0记忆、2.0了解、3.0应用、4.0分析、5.0评鉴、6.0创作"的配置状况、技能学业评价目标中"1.0感知、2.0准备状态、3.0引导反应、4.0机械化、5.0复杂性的外在反应、6.0适应、7.0独创"的配置状况,以及情意学业评价目标中"1.0接受、2.0反应、3.0评价、4.0重组、5.0形成品格"的配置状况。若能剖析认知、技能、情意教学目标的各层次配置,除能让目标多元化外,亦可让教学目标更明确化。

(四)方式多元化

运用多元化评价方式于整学期的学业评价,可引导学生正确学习。教师可利用纸笔测验、行为或态度评价、行为或态度检核、观察评价、观察检核、口语评价、系列表现性评价、档案袋评价、轶事记录、动态评价等评价方式,适切评价学生整学期的学习成果。

(五)知识生活化

教师在整学期学业评价中应引导学生将知识活化为能力,并在生活中实践。评价的方式、内涵应能充分达成知识生活化的理念,避免学生只是死记硬背教材的知识,避免学生陷于知识象牙塔而无法应用。

(六)能力与努力兼顾化

整学期学业评价应兼顾能力、努力的评价结果。若仅着重呈现能力,将使一些能力欠佳但努力学习的学生产生挫折感。评价若能纳入"努力"因素,将更能鼓励能力较差的学生积极学习,激励能力较佳的学生更努力地学习。

(七)质与量兼顾化

整学期学业评价应兼顾质化、量化的结果呈现。量化结果呈现简化分数或等级,强调客观比较,但难以适切阐述学习情况或进步状况。质化结果呈现文字描述,可适切阐述学习情况或进步状况,但可能较为主观。质化、量化的结果均有其优劣,若能兼顾呈现,可取两家之长。

(八)评分透明化

教师提出某学习领域学期学业评价计划,将整个学期各单元评价、主题评价、学习行为或其他学习内涵的评价方式、内涵与计分加以呈现,可让整个评价过程透明化,让学生知道如何表现可获得好成绩,让家长知道其子女如何获得好成绩并知道成绩优劣的原因。

(九)评价专业化

实施整学期学业评价的教师应有充分的评价专业素养,这样方能掌握学业评价理念,运用各种评价方式适切实施学业评价并评估学生学习成效。可见,实施整学期学业评价可凸显自己的专业素养,也可暴露自己在此方面的不足,教师应审慎为之。

（十）沟通效率化

整学期学业评价从研讨计划、实际执行到呈现评价结果，均应经完整、审慎的规划，呈现上述信息并完整呈现学生获得学期成绩的过程、结果，以便教师与家长、学生沟通，提升沟通效率。

三、实施策略

学期学业评价若遵循上述原则，可充分发挥学业评价功能，检核学生学习绩效。但为减轻负担，教师可遵循下列实施策略。

（一）先模仿再创作

由于中小学教师中具备学期学业评价规划理念与经验者不多，若教育行政机关未施以在职进修，则教师宜自我进修成长。在进修过程中切莫好大喜功，建议先研习学业评价专业书籍，再模仿一些实例，最后创作属于自己的学期学业评价。

（二）循序渐进地实施

前面讲过某学习领域整学期学业评价计划宜包括九项内容，但教师若依据这九项全面实施，可能开始时负担会很沉重，建议教师先分析自己的学业评价实施现况，选取立即可做的部分，先往前走，不要期盼立即达到完美。教师若能坚持理想、循序渐进地迈向目标，虽然无法速成，却会逐渐接近理想。

（三）采取联盟策略

中小学教师习惯于"单打独斗"，但面对知识衰退期越来越短、家长与社会各界期盼越来越殷切的现状，教师必须以高度专业性来展现实力。若能采取联盟策略，与志同道合的教师协同成长、分工合作，则可众志成城地提升专业素养。学期学业评价可与同领域教师一起计划、实施与评估，这样不仅让学业评价的信效度更佳，更可分工合作减轻负担。

（四）运用信息科技

累积经验与信息可减少重新摸索、重新整理的时间与精力。教师若能提升信息科技运用能力，将每学期的领域学业评价计划、实施与评估的数据均予以信息化，可逐学期累积评价数据，逐学期去芜存菁，不断提升学业评价质量。另外，学期学业评价信息化后，教师可将电子文件与他人交流，这样更利于进行教师间的经验分享。

（五）着重沟通协调

假如实施学期学业评价的教师理念颇佳但沟通不良，仍可能造成反效果。教师拟定学期学业评价计划后，若呈送学校行政人员确认行政上的支持或其他可能遭遇的问题，可减少缺失；若以书面或口头形式向学生、家长说明，可让其了解教师的目的与用心，更可倾听其意见或执行中可能发生的问题，事先防范。因此，沟通协调能力是规划学期学业评价的基本功。

第二节 学期学业评价实例

实例9-1"台南市后甲中学_____学年度第一学期一年级综合活动学习领域多元评价实施计划"由台南市辅导团经笔者指导后设计初稿并实施。此后，因评价理念的逐渐成熟，笔者对其进行了修正。此综合活动学习领域多元评价实施计划包括九项：(1)计划目标；(2)评价目标；(3)评价范围；(4)评价方式、计分；(5)各类评价方式、内容所占比例；(6)评价的运用方法;(7)补救教学;(8)补充说明;(9)学业评价通知单。

　　此综合活动学习领域多元评价实施计划,充分遵循规划整体化、目标明确化、目标多元化、方式多元化、知识生活化、能力与努力兼顾化、质与量兼顾化、评分透明化、评价专业化、沟通效率化等原则,便于教师循序渐进地实施。除评价计划外,附上各单元评价所需的学业评价单及使用说明。

实例 9-1

台南市后甲中学_____学年度第一学期
一年级综合活动学习领域多元评价实施计划

初稿设计与实施者:台南市辅导团　修改与指导者:李坤崇教授

一、计划目标

1. 运用多元化评价方式于整学期的学业评价,引导学生正确学习。

2. 兼顾认知、技能、情意的评价内涵,激励学生多元化成长。

3. 兼顾能力、努力的评价结果,鼓励学生努力学习。

4. 兼顾质化、量化的结果呈现,多元展现学生学习成果。

5. 力求使学生将知识活化为能力,并能在生活中实践。

6. 促进教师专业对话,增进教师评价专业成长。

二、评价目标

(一)达成的能力指标

	单元	达成的能力指标
第一主题:新人话题	1. 新兵报到	3-4-1体会参与各类团体活动的意义,并练习改善或组织团体活动的技能。 2-1-2分享自己安排时间、金钱及个人生活的经验。(复习) 3-2-1参与各类团体自治活动,并养成负责与尊重纪律的态度。(复习)
	2. 有你真好	3-4-1体会参与各类团体活动的意义,并练习改善或组织团体活动的技能。 1-3-1欣赏并接纳他人。(复习)
	3. 校内校外任我行	4-4-1分析各种环境中可能发生的危险与危机,拟定并执行保护与改善环境的策略与行动。 3-3-3熟悉各种社会资源及支持系统,并帮助自己和他人。(复习)
第二主题:学习新主张	1. 竞技擂台	1-4-2通过各式各类的活动或方式,展现自己的兴趣与专长。 3-4-1体会参与各类团体活动的意义,并练习改善或组织团体活动的技能。
	2. 有效学习	1-4-2通过各式各类的活动或方式,展现自己的兴趣与专长。 1-3-5了解学习与研究的方法,并实际应用于生活中。(复习) 2-3-3规划改善自己的生活所需要的策略与行动。(复习)
	3. 创意工作坊	1-4-2通过各式各类的活动或方式,展现自己的兴趣与专长。 4-2-4举例说明保护与改善环境的活动的内容。(复习)
第三主题:活力行动派	1. 校园安全总动员	4-4-2分析各种环境中可能发生的危险与危机,拟定并执行保护与改善环境的策略与行动。(复习) 3-4-2学习关怀他人与照顾弱势群体。
	2. 小鬼当家	2-4-1分享自己与家人的沟通方式,并体验经营家庭生活的重要性。 2-3-1参与家事,分享维持家庭生活的经验。(复习)
	3. 少年事件	3-4-1体会参与各类团体活动的意义,并练习改善或组织团体活动的技能。 3-3-1认识参与团体自治活动应具备的知能,并评估自己的能力。(复习)

（二）教学目标类别与层次

	单元	认知						技能							情意				
		1.0记忆	2.0了解	3.0应用	4.0分析	5.0评鉴	6.0创作	1.0感知	2.0准备状态	3.0引导反应	4.0熟练	5.0复杂性的外在反应	6.0适应	7.0独创	1.0接受	2.0反应	3.0评价	4.0重组	5.0内化
第一主题：新人话题	1. 新兵报到										◎	◎				◎			
	2. 有你真好					◎					◎					◎			
	3. 校内校外任我行				◎												◎		
	主题评价					◎								◎		◎			
第二主题：学习新主张	1. 竞技擂台										◎					◎	◎		
	2. 有效学习				◎						◎					◎			
	3. 创意工作坊				◎							◎				◎			
	主题评价				◎									◎		◎			
第三主题：活力行动派	1. 校园安全总动员				◎											◎			
	2. 小鬼当家				◎						◎					◎			
	3. 少年事件				◎							◎		◎		◎			
	主题评价				◎	◎										◎			
上课行为态度												◎				◎			

三、评价范围

1. 使用教科书版本："＿＿出版社"（＿＿＿＿＿学年度）。

2. 参考教科书版本：各出版社的版本。

3. 康轩出版社"综合活动"学习领域第一册所有单元。

四、评价方式、计分

（一）各单元学习单评价一览表				
单元名称	活动次序	评价方式	学习或评价单	备注或附件
新兵报到	1. 新兵时钟 2. 新兵任务 3. 新兵晚课	行为评价 观察评价	时间规划	附件2-1

（一）各单元学习单评价一览表

单元名称	活动次序	评价方式	学习或评价单	备注或附件
有你真好	1. 朋友相见欢 2. 鲜师放大镜 3. 焦点人物	口语评价 观察评价 档案袋评价(档案呈现)	教师专访	附件2-2
校内校外任我行	1. 你要去哪里 2. 发现之旅 3. 请跟我来	低层次认知纸笔测验 观察评价	我知道要去哪里	附件2-3
竞技擂台	1. 班级凹凸相 2. 大家动动脑 3. 好戏开锣 4. 回响与掌声	行为评价 观察评价	我们的小队歌	附件2-4
有效学习	1. 天赋的礼物 2. 折纸的体验 3. 谁是资源高手 4. 资源共享站	行为、态度评价 观察评价 口语评价 档案袋评价	资源共享站	附件2-5
创意工作坊	1. 变身大行动 2. DIY俱乐部 3. 分享时刻	行为评价 观察评价 口语评价	DIY评价单	附件2-6
校园安全总动员	1. 小心点儿 2. 安全百分百	高层次认知纸笔测验 行为评价 口语评价	校园安全总动员	附件2-7
小鬼当家	1. 大人不在家 2. 爱的任务	行为评价 观察评价 高层次认知纸笔测验	小鬼当家	附件2-8
少年事件	1. 班级头条 2. 我们这一班	高层次认知纸笔测验 行为评价 观察评价	少年事件簿	附件2-9

注：1. 若教师认为在单元评价中可直接运用课本，则可直接运用，然仍须附上该习作之评价使用说明。
　　2. 直接引用课本习作的请标注"◎"。
　　3. 课堂观察于各单元进行。

（二）主题总结性评价一览表

主题名称	活动次序	评价方式	备　　注
第一主题 新人话题	1. 新兵报到 2. 有你真好 3. 校内校外任我行	高层次认知纸笔测验	学习单： YOUNG YOUNG的记忆(附件3-1)

	(二) 主题总结性评价一览表		
主题名称	活动次序	评价方式	备 注
第二主题 学习新主张	1. 竞技擂台 2. 有效学习 3. 创意工作坊	表现性评价或档案袋评价	学习单: YOUNG YOUNG 的记忆(附件3-2)
第三主题 活力行动派	1. 校园安全总动员 2. 小鬼当家 3. 少年事件	高层次认知纸笔测验	学习单: YOUNG YOUNG 的记忆(附件3-3)

※平时、阶段考成绩比例由学校自定

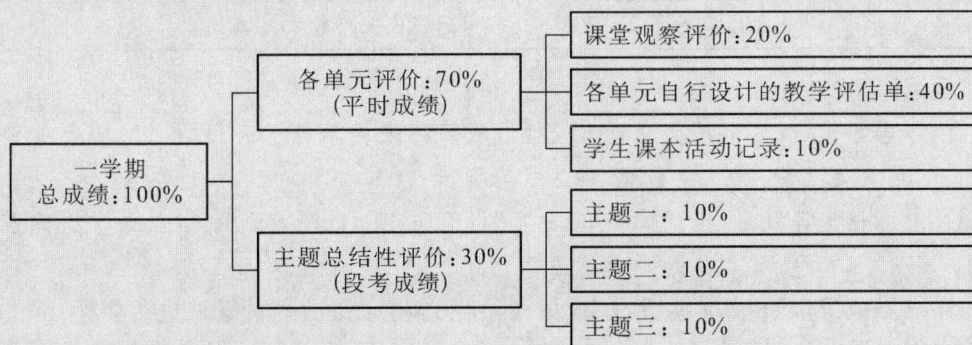

```
                              ┌─ 课堂观察评价:20%
              各单元评价:70%  ┤
              (平时成绩)      ├─ 各单元自行设计的教学评估单:40%
              │               └─ 学生课本活动记录:10%
一学期       ┤
总成绩:100%  │
              │               ┌─ 主题一:10%
              主题总结性评价:30% ┤
              (段考成绩)      ├─ 主题二:10%
                              └─ 主题三:10%
```

五、各类评价方式、内容所占比例如下

兹将评价方式、内容、配分阐述于下。

(一) 课堂观察评价(情意)

1. 评价内容:上课学习行为与态度(评价表详见附件1)。

2. 评价配分:占学期成绩的10%。

3. 评价标准:上课学习行为与态度评价表(详见附件1)。

(二) 各单元学习单评价

1. 评价内容:进行各单元学习单评价。(详见附件2-1—2-9。)

2. 评价配分:占学期成绩的40%,除"学业评价单之我们的小队歌(附件2-4)"、"学业评价单之资源共享站(附件2-5)"、"学业评价单之校园安全总动员(附件2-7)"、"学业评价单之少年事件(附件2-9)"等四项学业评价单的配分为5分外,其余四项学业评价单配分为4分。

3. 评价标准:依各学业评价单的评价标准评定,详见各评价说明。

(1) 以符号"A、B、C、D、E"表示"很好、不错、加油、改进、补做(交)"。

(2) 各项符号与评语之评价标准如下:评价前必须告知学生符号所代表的意义,且学期中符号意义不宜随意更改。

符号	评语	代 表 意 思
A	很好	答案完全正确或完全符合评价项目之要求,而且比一般同学有创意或做得更好。
B	不错	答案完全正确或完全符合评价项目的要求。
C	加油	答案部分正确或部分符合评价项目的要求。
D	改进	答案内容完全错误或完全不符合评价项目的要求。
E	补做(交)	未作答或未交。
努力的程度		
＋	进步	代表比以前用心或进步。"＋"号越多代表越用心、越进步。
－	退步	代表比以前不用心或退步。"－"号越多代表越不用心、越退步。

（3）评等或计分方式：

① 本学习领域以"不呈现分数"为原则,教师可依教学目标、工作负担、学生或家长需要,采取"评定等级"、"文字叙述"的方式来评价。

② 教师评定等级后,宜视需要于"分享"栏用文字加以深入说明,并给予学生适当的鼓励。

③ 若必须采取"核算等级计分"的方式,可依各学业评价单的说明进行转换。

（三）学生课本记录情形

1. 评价内容："综合活动"第一册所有单元的课本活动内容记录。

2. 评价配分：占学期成绩的10％。

3. 评价标准：详见各单元课本内容记录,由教师决定。

（四）主题总结性评价

1. 评价内容：三次定期考查依次于第一主题、第二主题、第三主题结束后实施,日期由任课教师自定。

2. 评价配分：每次成绩占学期成绩的10％。

3. 评价标准：根据评价单的评价标准评定。

六、评价的运用方法

1. 本计划中的各项评价结合课本教材的学业评价内容来进行。

2. 教师直接于学业评价单的"评价"部分评定等级,本说明的评价项目、标准、计分方式仅供参考,教师可依教学需要进行调整。

3. 教师可依据自己的教学需要,调整检核单上的程序或内容。

七、补救教学

1. 对在学习档案评价中表现欠佳或未达到其应有水平者,施予必要的补救教学。

2. 先呈现优秀作品供需补救教学者参考,再请小组长或义工家长协助指导,最后由教师教导。

八、补充说明

1. 本档案袋评价采用半结构式档案袋评价的形式,只提供给学生重点引导,让学生有相当大的发挥空间。因学生初期无此经验,教师可在学生具此经验后逐渐采半结构式档案袋评价、非结构式档案袋评价的方式,激发学生自我规划、自主学习能力。

2. 若学生无整理档案的经验,教师可能需采用引导性或内容规范的结构式档案袋评价的方式,待学生具汇整档案经验或此学习经验后可逐渐采用半结构式档案袋评价、非结构式档案袋评价的方式,激发学生自我规划、自主学习能力。

九、学业评价通知单

教师依据三次主题学习的结果,研拟呼应能力指标的内容,分三次通知学生家长,详见附件4。

十、本计划经组长、主任、校长同意后实施,修正亦同

校长:　　　　教务主任:　　　　教学组长:　　　　教学者:

台南市后甲中学一年级综合活动上课学习行为与态度评价表

设计者：李坤崇

一年级　　班　　号,第　　组,姓名：

	单 元	上课日期	学生自评等级	小组长复评等级	教师总评等级(或评语)
第 一 主题:新人话题	1. 新兵报到	年　月　日			
		年　月　日			
	2. 有你真好	年　月　日			
		年　月　日			
	3. 校内校外任我行	年　月　日			
		年　月　日			
第 二 主题:学习新主张	1. 竞技擂台	年　月　日			
		年　月　日			
	2. 有效学习	年　月　日			
		年　月　日			
	3. 创意工作坊	年　月　日			
		年　月　日			
第 三 主题:活力行动派	1. 校园安全总动员	年　月　日			
		年　月　日			
	2. 小鬼当家	年　月　日			
		年　月　日			
	3. 少年事件	年　月　日			
		年　月　日			

注:1. 自评与复评等级标准与符号

符号	A	B	C	D	E
配分	5	4	3	2	0
上课行为态度	专心听讲、积极参与、遵守班规、带齐学习用品	专心听讲、遵守班规、未带齐学习用品	专心听讲	不遵守班规或请假缺席	无故缺席

2. 各单元上课分数说明

(1) 基本分数＝100－上课次数×5。

(2) 学生上课分数＝每次教师总评得分的总和＋基本分数。

台南市后甲中学一年级综合活动上课学习行为与态度评价表
使用与评价说明
设计者:李坤崇

一、评价标准
自评与复评等级标准与符号

符号	目标层次	A	B	C	D	E
配分		5	4	3	2	0
上课行为态度	技能 5.2自动表现情意 2.2愿意反应	专心听讲、积极参与、遵守班规、带齐学习用品	专心听讲、遵守班规、未带齐学习用品	专心听讲	不遵守班规或请假缺席	无故缺席

二、评等或计分方式
各单元上课分数说明:

1. 基本分数＝100－上课次数×5。

2. 学生上课分数＝每次教师总评得分的总和＋基本分数。

三、注意事项

1. 评等或计分以教师总评为准。

2. 教师总评宜参酌学生初评、小组长复评,若差异甚大,宜询问学生或小组长观点。

第一主题单元1 "时间规划"学业评价单

姓名：　　　　　　班级：　　　　　　学号：

　　请同学利用课余时间,做妥善规划(也可以跟家长一起规划),然后诚实地做自我检核,做到的地方在"检核栏"下打"√",没做到的打"?",晚上请家长签名,一星期后交给老师。

时间	安排项目	检核	时间	安排项目	检核	时间	安排项目	检核	时间	安排项目	检核
家长签名:			家长签名:			家长签名:			家长签名:		

分享:

评价项目	准备功课时间运用恰当	整理家务时间运用恰当	休闲时间运用恰当	认真规划
教师评价				

第一主题单元1 "时间规划"学业评价单使用与评价说明
设计者:吴美慧　修改与指导者:李坤崇

一、评价标准

1. 教师从"能力"、"努力"两个向度在学业评价单的"评价"栏内进行评价。"能力"以符号"A、B、C、D、E"表示"很好、不错、加油、改进、补做(交)"。"努力"以符号"＋、－"表示"进步、退步"。

2. 评价项目的评价标准如下表。

项目	目标层次	很好(A)	不错(B)	加油(C)	改进(D)	补做(E)
(1) 准备功课时间	技能4.0熟练	所有准备功课时间运用恰当且比一般同学妥善	大部分准备功课时间运用恰当	许多准备功课时间运用不恰当	大部分准备功课时间运用不恰当	没安排或未交
(2) 整理家务时间	技能5.20自动表现	所有整理家务时间运用恰当且比一般同学妥善	大部分整理家务时间运用恰当	许多整理家务时间运用不恰当	大部分整理家务时间运用不恰当	没安排或未交
(3) 休闲时间	技能5.20自动表现	所有休闲时间运用恰当且比一般同学妥善	大部分休闲时间运用恰当	许多休闲时间运用不恰当	大部分休闲时间运用不恰当	没安排或未交
(4) 认真规划	情意2.2愿意反应	时间规划详细且比一般同学妥善	时间规划详细	时间规划不详细且比一般同学不认真	时间规划很不详细	没安排或未交

3. 学生若做到该天检核项目的行为,则在检核单该天该项目的方格内打"√"。

4. 若评价等级,亦可运用其他符号或评语,但仍须事先与学生沟通,且力求符号一致性。

二、评等或计分方式

1. 本学习领域以"不呈现分数"为原则,教师可依教学目标、学生或家长需要,采取"评定等级"、"文字叙述"的方式来评价。

2. 教师评定等级后,可视需要于"分享"栏,用文字加以深入说明,并给予学生适切的鼓励。

3. 若必须采取"核算等级计分"的方式,可依下列计分表逐一计分。

4. 每个评价项目之能力向度计分,如下表。

评价项目	很好(A)	不错(B)	加油(C)	改进(D)	补做(E)	基本分
4项	15	10	8	5	0	40

5. 努力向度:"＋"出现一次加1分,"－"出现一次减1分。

6. 若未交则以"0"分计算,补交则给基本分,补交时间由教师规定。

7. 因检核重点在改善行为,此检核部分以不计算分数为原则。

第一主题单元 2 "教师专访"学业评价单

姓名：　　　班级：　　　学号：　　　日期：　　　年　　　月　　　日

各位同学，开学已经有一段时间了。面对这些新老师，你们想不想更进一步去认识他们呢？现在让我们准备出发去专访这些老师。除了熟悉彼此之外，请就专访完毕后的内容与心得在课堂上进行分组报告及成果展现。

一、专访内容应包括的重点

1. 决定专访的一位老师。
2. 小组工作分配。
3. 专访时应准备的东西。
4. 共同决定专访的内容及方法。

二、注意事项

1. 小组讨论决定后，一定要跟老师先预约时间。
2. 请注意专访时的礼节，注意服装仪容、态度及团队纪律。
3. 准备的东西要齐全，家中若有录音机或照相机可善加利用。

三、经过这次的参与过程，你是否有话要说

1. 在参与小组分工合作的过程中，我的经验是：
2. 在访问教师的过程中，我的感受是：
3. 在这一次的访谈与各组的报告中，我的收获有：
4. 你觉得师生之间应该缩短距离还是保持距离呢？又要如何做呢？

评价	事前的规划	积极的参与	具体行动	省思具体行动
自评				
小组长				
教师				

第一主题单元2 "教师专访"学业评价单使用与评价说明

设计者:简明美　修改与指导者:李坤崇

一、评价标准

1. 教师从"能力"、"努力"两个向度在学业评价单的"评价"栏内进行评价,"能力"以符号"A、B、C、D、E"表示"很好、不错、加油、改进、补做(交)"。"努力"以符号"十、一"表示"进步、退步"。

2. 各项目之评价标准如下。评价前必须告知学生符号(A、B、C、D、D、E)所代表意义。

项目	目标层次	很好(A)	不错(B)	加油(C)	改进(D)	补做(E)
事前规划	技能 4.0熟练	规划具体,非常适切	规划具体适切	规划具体但不适切	规划不具体、不适切	未做规划
积极参与	情意 2.2愿意反应	比一般同学认真	和一般同学相同	比一般同学不认真	相当草率	未交
具体行动	情意 2.2愿意反应	参与态度比一般同学积极	参与态度和一般同学一样积极	参与态度比一般同学消极	参与态度非常消极	未做
省思	认知 5.1检查	省思相当多元、完整,且相当具体	省思相当具体,但不够完整	省思相当粗略	几乎没有省思	未作答或未交

二、评等或计分方式

1. 若必须采取"核算等级计分"的方式,可依下列计分表逐一计分。

2. 分数以教师复评后的结果为主,教师复评宜参考学生自评与小组长初评。每个评价项目的能力向度计分,如下表:

评价项目	很好(A)	不错(B)	加油(C)	改进(D)	补做(E)	基本分
4项	15	12	8	5	0	40

3. 努力向度:"十"出现一次加1分,"一"出现一次减1分。

4. 若未交则以"0"分计算,补交则给基本分,补交时间由教师规定。

第一主题单元3 "我知道要去哪里"学业评价单
设计者:陈艳芬

一年_____班_____号　　姓名

各位同学,在走访校园之后,相信你们对学校有了更深入的认识,现在,我们就来进行小小的测试!

一、请在甲项的(　　)中填入适当的乙项中的处室代码。(50％)

例:(4)生病了要请假

甲(　　)A. 想详细了解智力测验的结果　　乙1. 教务处教学组

　(　　)B. 作业抽查　　　　　　　　　　2. 教务处注册组

　(　　)C. 投稿　　　　　　　　　　　　3. 教务处设备组

　(　　)D. 资源回收　　　　　　　　　　4. 学务处生教组

　(　　)E. 报名校运动会田径比赛　　　　5. 学务处训育组

　(　　)F. 补发学生证　　　　　　　　　6. 学务处卫生组

　(　　)G. 在校时,不小心受伤了　　　　7. 学务处体育组

　(　　)H. 教室电视机坏了　　　　　　　8. 辅导室资料组

　(　　)I. 头发复检　　　　　　　　　　9. 辅导室辅导组

　(　　)J. 报名"亲职讲座"　　　　　　　10. 健康中心

二、请将下列地点代码填入所附学校平面图中正确的位置。(30％)

1. 智育楼　　　　　　　　　　　　2. 德育楼

3. 图书馆　　　　　　　　　　　　4. 健康中心

5. 进德堂　　　　　　　　　　　　6. 教务处

7. 训导处　　　　　　　　　　　　8. 总务处

9. 辅导室　　　　　　　　　　　　10. 校长室

11. 美育楼　　　　　　　　　　　　12. 乐育楼

13. 游泳池　　　　　　　　　　　　14. 学务处

15. 家政馆

评　价	正　确　度	彩　绘　能　力
一		
二		
分享:请学生于测验后写下自己的心得或改进的做法。		

第一主题单元3 "我知道要去哪里"学业评价单使用与评价说明

设计者:陈艳芬 修改与指导者:李坤崇

一、评价标准

1. 教师从"能力"、"努力"两个向度在学业评价单的"评价"栏内进行评价,"能力"以符号"A、B、C、D、E"表示"很好、不错、加油、改进、补做(交)"。"努力"以符号"+、-"表示"进步、退步"。

2. 各项评价项目的评价标准是教师用以评定分数的依据,教师宜将此表告知学生,让学生了解获得等级的实际意义。

评语、符号	目标层次	很好(A)	不错(B)	加油(C)	改进(D)	补做(E)
正确度	认知 4.1 区辨	80 分	70—79 分	50—69 分	20—49 分	20 分以下
彩绘能力	情意 3.2 价值的喜好	比一般同学用心	和一般同学相同	比一般同学不用心	相当草率	未作答或未交

二、评等或计分方式

若必须采取"核算等级计分"的方式,可依下列计分表逐一给分。

评价项目	很好(A)	不错(B)	加油(C)	改进(D)	补做(E)
彩绘能力	20	18	12	10	0

第二主题单元1 "我们的小队歌"学业评价单

班级：_____ 第_____队 日期：_____年_____月_____日

我们在绞尽脑汁、七嘴八舌的讨论之后，总算把小队歌给"生"出来了，虽然称不上完美，但请相信它是<u>独一无二</u>的。以下就是它的出生数据：

一、队名

二、队员

三、队歌旋律与歌词

四、小队口号

五、评价：评价方式为教师评价或小队互评。

符号说明：A＝很好，B＝不错，C＝加油，D＝改进，E＝没做。

队别					
创意					
队员参与度					
流畅度					
礼貌、台风					

文字描述：_____

_____。评价人签名：_____

第二主题单元1 "我们的小队歌"学业评价单使用与评价说明

设计者:吕佳容　修改与指导者:李坤崇

一、评价标准

1. 教师以符号"A、B、C、D、E"表示"很好、不错、加油、改进、补做(交)"。

2. 各符号与评语之评价标准如下。教师在评价前必须告知学生符号所代表的意义。

符号	评语	代 表 意 思
要求:答案的正确和内容的完整		
A	很好	完全符合评价项目的要求。
B	不错	大部分符合评价项目的要求。
C	加油	小部分符合评价项目的要求。
D	改善	完全不符合评价项目的要求。
E	补做(交)	未作答或未交。

3. 各项评价项目的评价规准是教师用以评定分数的依据,教师宜将此表告知学生,让学生了解获得等级的实际意义。

项目	目标层次	很好(A)	不错(B)	加油(C)	改进(D)	补做(E)
创意	技能 7.0独创	比一般同学富创意	创意和一般同学相同	比一般同学不富创意	抄袭或纯粹模仿	小组未做或未表演
队员参与度	情意 2.2愿意反应	全队热烈参与	大部分人热烈参与	少数人热烈参与	全队草率应付了事	小组未做或未表演
流畅度	技能 5.2自动表现	表演一气呵成,无中断	表演完成,有一、二处中断、不顺	表演有多处中断,勉强完成	表演进行了一半,无法完成	小组未做或未表演
礼貌台风	情意 3.1价值的接受	全队一致具备	大部分人具备	少数人具备	全队草率应付了事	小组未做或未表演

4. 评价等级亦可运用其他符号或评语来表示,但仍须事先与学生沟通,且力求符号一致性。

二、评等或计分方式

1. 本学习领域以"不呈现分数"为原则,教师可依教学目标、工作负担、学生或家长需要,采取"评定等级"、"文字叙述"的方式来评价。

2. 本项评价,亦可由学生或小组长参与。

3. 教师评定等级后，宜视需要于"分享"栏内用文字加以深入说明，并给予学生适当的鼓励。

4. 若必须采取"核算等级计分"的方式，可依下列计分表逐一计分。

5. 每个评价项目的能力向度计分，如下表。

评价项目	很好（A）	不错（B）	加油（C）	改进（D）	补做（E）	基本分
创意	10	8	5	3	0	10
队员参与度	20	15	10	5	0	10
流畅度	20	15	10	5	0	10
礼貌台风	10	8	5	3	0	10

6. 若未表演则暂以基本分40分计算，补交则再加分，由教师自行规定。

7. 整个系列表现性评价的结果若要由分数转换为优、良、中、合格、不合格五个等第，则依下列标准转换之：优：90分以上；良：80分以上未满90分；中：70分以上未满80分；合格：60分以上未满70分；不合格：未满60分。

第二主题单元2 "资源共享站"学业评价单

姓名：　　　　　班级：　　　　　学号：

请拿出你的作品,和同学互相观摩后分享彼此的心得。

我的作品

1. 你运用的学习资源有哪些?

2. 作品的特色是什么? 你在制作过程中有哪些困难、收获、改进?

我的喝彩

1. 你最欣赏的作品是哪一件? 为什么?

2. 你在观摩分享后觉得别人最值得学习的地方是什么?

评价项目	学习资源内容丰富	作品有创意	制作用心	懂得观察和欣赏
教师评价				
分享：				

第二主题单元 2 "资源共享站"学业评价单使用与评价说明
设计者：吴美慧　修改与指导者：李坤崇

一、评价标准

1. 教师从"能力"、"努力"两个向度在学业评价单的"评价"栏内进行评价，"能力"以符号"A、B、C、D、E"表示"很好、不错、加油、改进、补做（交）"，"努力"以符号"＋、－"表示"进步、退步"。

2. 评价项目的评价标准如下表。

项目	目标层次	很好(A)	不错(B)	加油(C)	改进(D)	补做(E)
(1) 学习资源内容丰富	认知4.2组织	学习资源内容丰富且优于一般同学	学习资源内容丰富	学习资源内容欠佳	内容与主题无关	未作答或未交
(2) 作品有创意	技能7.0独创	比一般同学富创意	创意和一般同学相同	比一般同学不富创意	抄袭或纯粹模仿	未作答或未交
(3) 制作用心	情意2.2愿意反应	比一般同学认真	和一般同学相同	比一般同学不认真	相当草率	未作答或未交
(4) 懂得观察和欣赏	技能5.10见解	观察与欣赏能力强于一般同学	能正确观察与欣赏	其中一项能力欠佳	两项均不佳	未作答或未交

3. 评量等级亦可运用其他符号或评语来表示，但仍须事先与学生沟通，且力求符号一致性。

二、评等或计分方式

1. 本学习领域以"不呈现分数"为原则，教师可依教学目标、工作负担、学生需要，采取"评定等级"、"文字叙述"的方式来评价。

2. 教师评定等级后，宜视需要于"分享"栏内用文字加以深入说明，并予学生适切的鼓励。

3. 若必须采取"核算等级计分"的方式，可依下列计分表逐一计分。

4. 每个评价项目的能力向度计分，如下表。

评量项目	很好(A)	不错(B)	加油(C)	改进(D)	补做(E)	基本分
4 项	15	14	10	5	0	40

5. 努力向度："＋"出现一次加 1 分，"－"出现一次减 1 分。

6. 若档案未交则以"0"分计算，补交则给基本分，补交时间由教师规定。

附件 2 - 6

第二主题单元 3 "DIY"学业评价单

姓名：　　　　　班级：　　　　　学号：　　　　　日期：　年　月　日

　　各位同学,在你的成长过程中,我想你一定鲜少自己动手缝制各种不同的饰物,那现在就让我们一齐动手做一做。完成之后,让同学分享、欣赏你的杰作吧。

　　※自己动手做,感觉如何? 作品完成时,心情如何?

评价	缝法正确	整洁美观	作品完成
自评			
小组			
教师			

第二主题单元3 "DIY"学业评价单使用与评价说明
设计者:简明美 修改与指导者:李坤崇

一、评价标准

1. 教师从"能力"、"努力"两个向度在学业评价单的"评价"栏内进行评价,"能力"以符号"A、B、C、D、E"表示"很好、不错、加油、改进、补做(交)"。"努力"以符号"＋、－"表示"进步、退步"。

2. 各项目的评价标准如下(评价前必须告知学生符号 A、B、C、D、E 所代表意义)。

项目	目标层次	很好(A)	不错(B)	加油(C)	改进(D)	补做(E)
缝法正确	认知 4.1区辨	缝法正确、整齐	缝法正确	缝法较不正确	缝法草率	未做
整洁美观	技能 4.0熟练	比一般同学整洁美观	和一般同学相同	比一般同学差	相当草率	未做
作品完成	情意 2.2愿意反应	做法正确100%完成	100%完成做法有一点差异	70%完成做法正确	50%完成做法正确	未交

二、评等或计分方式

1. 若必须采取"核算等级计分"的方式,可依下列计分表逐一计分。

2. 分数以教师复评结果为主,教师复评宜参考学生自评与小组长初评。每个评价项目的能力向度计分,如下表:

评价项目	很好(A)	不错(B)	加油(C)	改进(D)	补做(E)	基本分
3项	20	16	12	6	0	40

3. 努力向度:"＋"出现一次加1分,"－"出现一次减1分。

4. 若未交则以"0"分计算,补交则给基本分,补交时间由教师规定。

附件 2－7

第三主题单元1 "校园安全总动员"学业评价单

班级:一年级_____班_____号 组别:第_____组 姓名:_____ 日期:_____月_____日

请同学在所附学校平面图内,以红色◎标示较易发生危险或意外伤害的地点。每个小队观察及讨论后,至少标示出两处以上易发生危险或意外伤害的地点。亦可以图例标示不同伤害种类与易发生的地点,并将讨论记录于下表。在讨论完后,由小队派代表上台报告小队讨论结果。

1. 讨论:在校园中最容易发生的意外事故与伤害有哪些?

2. 如何避免发生意外事故或伤害?

3. 若发生意外事故或伤害,该如何处理?请在小组讨论后写下不同事故、伤害的处理方法。

4. 针对各小队的报告内容与小队制作的成品打打分数吧。

队别	第一队	第二队	第三队	第四队	第五队	第六队
分数						

分享:				
	评 价	积极讨论,记录详实	方法正确、具体	评分认真
小组长签名:	小组长			
教师签名:	教师			

第三主题单元1 "校园安全总动员"学业评价单使用与评价说明

设计者:李耀斌　修改与指导者:李坤崇

一、评价说明

教师从"能力"、"努力"两个向度在学业评价单的"评价"栏内进行评价,"能力"以符号"A、B、C、D、E"表示"很好、不错、加油、改进、补做(交)"。"努力"以符号"＋、－"表示"进步、退步"。

二、评价标准

评价项目的评价标准如下表。

项目	目标层次	很好(A)	不错(B)	加油(C)	改进(D)	补做(E)
讨论积极记录详实	情意 2.2愿意反应	记录内容丰富且优于一般同学	记录内容丰富	记录内容欠佳	内容与主题无关	未作答或未交
方法正确	认知 4.1区辨	方法比一般同学具体正确	方法正确	有些方法不正确	绝大多数方法不正确	未作答或未交
评分认真	情意 2.2愿意反应	比一般同学认真	和一般同学相同	比一般同学不认真	相当草率	未作答或未交

附件 2-8

第三主题单元 2 "小鬼当家"学业评价单

班级：＿＿＿＿年级＿＿＿＿班＿＿＿＿号　　姓名：＿＿＿＿＿＿　　组别：第＿＿＿组

作为一个主人，要能亲切地招呼客人。你有过这种经验吗？我们将以此次活动让各位来做一次主人，烧茶请客。但为让各项工作顺利进行，必须事先完成计划，这样才能让客人有宾至如归的感觉。

1. 首先请各位先做好工作分配。每一位队员皆须在事前及活动中担任不同工作，请在讨论后将职务登记在下表。

事前工作分配(负责同学)	活动进行中(负责同学)	善后工作(负责同学)

2. 准备物品材料及器具。

负责同学	准备的物品或携带的物品	备注
本次活动经费预估	元　每人分担　　元	

3. 你喜欢这次活动吗？这次活动让你学到了什么？

分享：	评价	事前准备	活动时的分工合作	善后清理	呈现成果
小组长签名：	小组长				
老师签名：	老师				

第三主题单元2 "小鬼当家"学业评价单使用与评价说明

设计者：李耀斌　修改与指导者：李坤崇

一、评价标准

1. 教师从"能力"、"努力"两个向度在学业评价单的"评价"栏内进行评价。"能力"以符号"A、B、C、D、E"表示"很好、不错、加油、改进、补做（交）"。"努力"以符号"＋、一"表示"进步、退步"。

2. 评价项目的评价标准如下表。

项目	目标层次	很好(A)	不错(B)	加油(C)	改进(D)	补做(E)
事前准备	情意 2.2愿意反应	准备充分且参与度高于一般同学	准备充分且进行参与	有准备但有遗漏	准备不足或大部分未做	未准备或未做
活动时的分工合作	认知 4.1区辨	分工仔细且积极参与	分工仔细且进行参与	有分工但未充分合作	分工不明	未分工，小队不合作
善后清理	技能 4.0熟练	切实清理	和一般同学相同	比一般同学不认真	清理得相当草率	未清理
成果呈现	认知 4.2组织	成果丰富，省思切合主题且富创意	成果丰富，省思切合主题	有成品，省思部分切合主题	应付了事，省思不切合主题	未做

3. 评等级时，亦可运用其他符号或评语来评，但仍须事先与学生沟通，且力求符号一致性。

二、评等或计分方式

1. 本学习领域以"不呈现分数"为原则，教师可依教学目标、工作负担、学生需要，采取"评定等级"、"文字叙述"的方式来评价。

2. 教师评定等级后，宜视需要于"分享"栏内用文字加以深入说明，并给予学生适当的鼓励。

3. 若必须采取"核算等级计分"的方式，可依下列计分表逐一计分。

4. 每个评价项目的能力向度计分，如下表。

评价项目	很好(A)	不错(B)	加油(C)	改进(D)	补做(E)	基本分
4	15	14	10	5	0	40

5. 努力向度："＋"出现一次加1分，"一"出现一次减1分。

6. 若档案未交则以"0"分计算，补交则给基本分，补交时间由教师规定。

附件 2-9

第三主题单元 3 "少年事件"学业评价单

班级：　　　　学号：　　　　日期：　　年　　月　　日　　组别：

　　各位同学,在一学期的小组活动中,是不是发生了一些让你们难忘的事? 请你们把它写下来,并在组中分享,最后制作出属于你们这一小组的海报,并上台报告。

1. 请写下令你难忘的事。

　　2. 请设计出属于你们这一组的海报,简单画出之后,和组员共同讨论,选出最能代表本小组的海报。

　　3. 在看了各组的海报介绍及报告之后,请你为其他小组进行评价。

组别 / 项目	第一组	第二组	第三组	第四组	第五组	第六组
海报内容丰富						
富创意						
用心制作						
口头报告						

分享：

教师签名：

第三主题单元3 "少年事件"学业评价单使用与评价说明

设计者:徐锦治　修改与指导者:李坤崇

一、评价标准

1. 各项评价项目的评价标准是教师用以评定分数的依据,教师宜将此表告知学生,让学生了解所获等级的实际意义。

项目	目标层次	很好(A)	不错(B)	加油(C)	改进(D)	补做(E)
海报内容丰富	认知 4.2组织	海报内容丰富且优于其他组	海报内容丰富	海报内容欠佳	海报内容与主题无关	未作答或未交
富创意	技能 7.0独创	比其他组富创意	创意和其他组相同	比其他组不富创意	抄袭或模仿	未作答或未交
用心制作	情意 2.2愿意反应	比其他组认真	和其他组相同	比其他组不认真	相当草率	未作答或未交
口头报告	技能 5.2自动表现	口头报告相当流畅	口头报告和其他组相同	口头报告比其他组不流畅	口头报告相当草率	未作答或未交

2. 评等级时,亦可运用其他符号或评语来评,但仍须事先与学生沟通,且力求符号一致性。

二、评等或计分方式

1. 本学习领域以"不呈现分数"为原则,教师可依教学目标、工作负担、学生需要,采取"评定等级"、"文字叙述"的方式来评价。

2. 教师评定等级后,宜视需要于"分享"栏用文字加以深入说明,并给予学生适当的鼓励。

3. 若必须采取"核算等级计分"方式,可依下列评价表对四项评价项目逐一计分。

4. 每个评价项目的能力向度计分,如下表。

评价项目	很好(A)	不错(B)	加油(C)	改进(D)	补做(E)	基本分
4	15	12	8	5	0	40

5. 努力向度:"+"出现一次加1分,"−"出现一次减1分。

6. 若档案未交则以"0"分计算,补交则给基本分,补交时间由教师规定。

附件 3-1

"YOUNG YOUNG 的记忆"第一主题学业评价单

班级：　　　　　学号：　　　　　姓名：

※开学至今,同学们应该已逐渐习惯中学的生活了吧？无论如何,在上过 3 个单元的综合活动课之后,请你静下心来,想一想自己真实的感受……

1. 校园中我最喜欢的地方是：

2. 我给它命名为：

3. 我将用(文字、照片、素描或其他方式)来介绍它的特色：

符号说明:A＝很好,B＝不错,C＝加油,D＝改进,E＝补做

评价项目	用心省思并记录	创意
评价结果		

评价老师签名：　　　　　家长签名：

"YOUNG YOUNG 的记忆"第一主题学业评价单的使用与说明

设计者:吕佳容　修改与指导者:李坤崇

一、评价标准

1. 教师以符号"A、B、C、D、E"表示"很好、不错、加油、改进、补做(交)"。

2. 各项符号与评语之评价标准如下(评价前必须告知学生符号所代表的意义)。

符号	评语	代表的意思
A	很好	完全符合评价项目的要求。
B	不错	大部分符合评价项目的要求。
C	加油	小部分符合评价项目的要求。
D	改进	完全不符合评价项目的要求。
E	补做(交)	未作答或未交。

3. 各项评价项目的评价标准是教师用以评定分数的依据,教师宜将此表告知学生,让学生了解所获等级的实际意义。

项目	目标层次	很好(A)	不错(B)	加油(C)	改进(D)	补做(E)
用心省思并记录	认知 5.1检查	省思比一般同学用心	和一般同学相同	省思比一般同学不用心	相当草率	未做或未交
创意	技能 7.0独创	比一般同学有创意	和一般同学相同	比一般同学不具创意	抄袭	未做或未交

二、评等或计分方式

1. 本学习领域以"不呈现分数"为原则,教师可依教学目标、工作负担、学生或家长需要,采取"评定等级"、"文字叙述"的方式来评价。

2. 教师评定等级后,宜视需要于"分享"栏内用文字加以深入说明,并给予学生适当的鼓励。

3. 若必须采取"核算等级计分"的方式,可依下表计分。

评价项目	很好(A)	不错(B)	加油(C)	改进(D)	补做(E)	基本分
2项	20	15	10	5	0	60

4. 若学习单未交则以基本分"60"分计算,补交则再加分,加分由教师自行规定。

5. 评价结果若要由分数转换为优、良、中、合格、不合格五个等第,则依下列标准转换:优:90分以上;良:80分以上未满90分;中:70分以上未满80分;合格:60分以上未满70分;不合格:未满60分。

"YOUNG YOUNG 的记忆"第二主题学业评价单

> 上了这一个多月的综合活动课程,现在你心中有什么想法? 请用剪刀、胶水及彩笔,拼贴出自己心中第二主题的内容或制作一个档案吧! 拼贴时可利用生活中再回收的物品,例如包装纸、糖果纸等,也可直接剪下第二主题的课本页面。

我把这份作品命名为:_____   一年级_____班_____号 姓名_____

分享:		评价项目	切合主题	用心制作	创意
		自评			
		教师			

"Young Young 的记忆"第二主题学业评价单使用与评价说明
设计者:陈艳芬　修改与指导者:李坤崇

一、评价标准

1. 教师从"能力"、"努力"两个向度在学业评价单的"评价"栏内进行评价,"能力"以符号"A、B、C、D、E"表示"很好、不错、加油、改进、补做(交)","努力"以符号"十、一"表示"进步、退步"。

2. 各项评价项目的评价标准是教师用以评定分数的依据,教师宜将此表告知学生,让学生了解所获等级的实际意义。

项目	目标层次	很好(A)	不错(B)	加油(C)	改进(D)	补做(E)
切合主题	认知 4.1区辨	比一般同学更切合主题	能切合主题	缺乏重点	与主题无关	未作答或未交
富创意	技能 7.0独创	比一般同学富创意	创意和一般同学相同	比一般同学不富创意	抄袭或纯粹模仿	未作答或未交
用心制作	情意 2.2愿意反应	比一般同学认真	和一般同学相同	比一般同学不认真	相当草率	未作答或未交

二、评等或计分方式

若必须采取"核算等级计分"的方式,可依下列计分表对三项评价项目逐一计分。

评价项目	很好(A)	不错(B)	加油(C)	改进(D)	补做(E)	基本分
3	20	16	12	6	0	40

台南市后甲中学综合活动学习领域学习通知单

一年级　　第一学期　　第一次(一学期三次)

姓名：　　　班级：　　　年级　　班　组别：　　组

各位同学：请在几周的学习后，完成下列题目，再请小组长、老师、家长评价或签名。

一、请针对下列项目逐一检讨、评价	自评	小组长评价	老师复评
1. 体会参与各类团体活动的意义，并练习改善或组织团体活动的技能。			
2. 分享自己安排时间、金钱及个人生活的经验。			
3. 参与各类团体的自治活动，并养成负责与尊重纪律的态度。			
4. 欣赏并接纳他人。			
5. 分析各种环境中可能发生的危险与危机，拟定并执行保护与改善环境之策略与行动。			
6. 熟悉各种社会资源及支持系统，并帮助自己和他人。			
7. 能参与分组合作学习，增进人际沟通能力。			
8. 增进独立思考与自我省思的能力。			
9. 在整个活动中有良好的学习兴趣、学习态度。			
二、经过整个学习过程后，你最大的收获是什么？ (例如：人际沟通的能力、表达能力、自省能力或其他)			
三、经过整个学习过程后，你觉得还有哪些地方可以做得更好，可以再努力的？			
四、对整个活动的感想 　　　　　　　　　　　　　　　　　　　　　　　签名：			
家长的话：			
老师结语：			

年　　月　　日

台南市后甲中学综合活动学习领域学习通知单

一年级　　第一学期　　第二次(一学期三次)

姓名：　　　班级：　　　年级　　班　组别：　　　组

各位同学:请在几周的学习后,完成下列题目,再请小组长、老师、家长评价或签名。

一、请针对下列项目逐一检讨、评价	自评	小组长评价	老师复评
1. 通过各式各类的活动或方式,展现自己的兴趣与专长。			
2. 体会参与各类团体活动的意义,并练习改善或组织团体活动的技能。			
3. 了解学习与研究的方法,并实际应用于生活中。			
4. 规划改善自己的生活所需要的策略与行动。			
5. 举例说明保护与改善环境的活动内容。			
6. 能参与分组合作学习,增进人际沟通能力。			
7. 增进独立思考与自我省思的能力。			
8. 在整个活动中有良好的的学习兴趣、学习态度。			

二、经过整个学习过程后,你最大的收获是什么?

(例如:人际沟通的能力、表达能力、自省能力或其他)

三、经过整个学习过程后,你觉得还有哪些地方可以做得更好,可以再努力的?

四、对整个活动的感想

签名：

家长的话:

老师结语:

年　　月　　日

附件4-3

台南市后甲中学综合活动学习领域学习通知单
一年级　　第一学期　　第三次(一学期三次)

姓名：　　　　班级：　　　年级　　　班　组别：　　　组

各位同学：请在几周的学习后，完成下列题目，再请小组长、老师、家长评价或签名。

一、请针对下列项目逐一检讨、评价	自评	小组长评价	老师复评
1. 分析各种环境中可能发生的危险与危机，拟定并执行保护与改善环境之策略与行动。			
2. 学习关怀世人与照顾弱势团体。			
3. 分享自己与家人的沟通方式，并体验经营家庭生活的重要性。			
4. 参与家事，分享维持家庭生活的经验。			
5. 体会参与各类团体活动的意义，并练习改善或组织团体活动的技能。			
6. 了解参与团体自治活动应具备的技能，并评价自己的能力。			
7. 能参与分组合作学习，增进人际沟通能力。			
8. 增进独立思考与自我省思的能力。			
9. 在整个活动中有良好的的学习兴趣、学习态度。			

二、经过整个学习过程后，你最大的收获是什么？

(例如：人际沟通的能力、表达能力、自省能力或其他)

三、经过整个学习过程后，你觉得还有哪些地方可以做得更好，可以再努力的？

四、对整个活动的感想

签名：

家长的话：

老师总评等第：□优　□良　□中　□合格　□不合格

老师结语：

年　　月　　日

第十章　学业评价通知单

学生学习告一段落,教师应评定其学习结果,并呈现结果、提出报告。教师往往在评定学习结果的过程中有时顾及能力、有时兼顾能力与努力,在呈现结果时有时采用等级制、有时采用百分制。究竟该如何做才最有利于学生,有待教师深思。教师在教学时必须运用各种方法收集有关学生学习的过程与表现的信息,依据过程与表现评断学生学习成果,再将评断成果转化成分数、等级或文字告知家长。此转化评断结果的书面资料,称之为学业评价通知单或成绩通知单。

第一节　呈现学习结果

评定学生学习结果乃教师定期予以学生回馈的必要任务,如何评定结果已于前述章节讨论,本节主要讨论如何呈现学习结果。

一、评定学习结果的范围

依据台湾地区教育主管部门 2012 年 5 月 7 日修订公布的《台湾中小学学生成绩评量准则》第三条的规定,台湾地区中小学学生成绩评价应依学习领域及日常生活表现分别评价。其评价范围如下:(1)学习领域评价。即依能力指标、学生努力程度、进步情形,兼顾认知、技能、情意及参与实践等层面,且重视各领域学习结果之分析来进行评价。(2)日常生活表现评价。即出缺席情形、奖惩纪录、团体活动表现、品德言行表现、公共服务及校内外特殊表现等。

台湾地区教育主管部门 2013 年 9 月 13 日公布的《高级中学学生成绩考查办法》第二条指出:高级中学学生成绩考查,分学业成绩及德行成绩。其中"德行评量"依行为事实综合评量,不评定分数及等第,其项目如下:(1)日常生活综合表现与校内外特殊表现。即学生之待人诚信度、卫生习惯、礼节、班级服务、社团活动、参与校内外竞赛的情形及对学校声誉之影响等。(2)服务学习。即学生是否做到尊重生命价值、规划生涯发展、提升生活素养、体验小区实际需求,具备公民意识及责任感等。(3)奖惩纪录。(4)出缺席纪录。(5)具体建议。另,第三条指出:学业成绩考查之科目,依台湾教育部所定课程规定而定。

可见,中小学评定学习结果的范围包括学习领域(学科学业)、日常生活表现(德行)两类,前者乃学生学习领域或学科学业的表现,后者乃学生日常生活与德行的表现。而后者着重于学生努力程度、奖惩记录、进步情形,兼顾认知、技能、情意及参与实践或服务等层面,并重视对学生进行学习结果分析或提出具体建议。

二、呈现学习结果的方式

呈现学习结果的方式不限于等第或百分制,米勒等人提出更多元化的呈现方式。

(一)百分制

《台湾中小学学生成绩评量准则》第八条规定:台湾地区中小学学生学习领域的平时及定

期成绩评量结果,应依评量方法之性质以等级、数量或文字来描述记录。各学习领域的成绩,应综合全学期各种评量结果来进行记录。教师应参考学生人格特质、特殊才能、学习情形与态度等,评定及描述学生学习表现和对未来学习之具体建议,且应以优、甲、乙、丙、丁之等级,呈现学生在各学习领域之全学期学习表现。呈现采用五等级的方式,教师平时以百分制记录,期末再转换为五等级。

《高级中学学生成绩考查办法》第二条规定:高级中学学生成绩考查,分学业成绩及德行成绩两部分。学业成绩以百分制评定;德行评量依行为事实综合评量,不评定分数及等级。可见,台湾地区中小学成绩评价采用的是百分制、等级制及行为事实综合评量的方式。

百分制虽较等级制可更精确地指出学生学习结果,具备精确简洁、可直接加总计算、可预测学生成就等三项优点,但仍具有下列不足:(1)精准度仍有不足。就学生学业表现而言,以现今教师的专业、评价方式,实难精准地解释分数间些微的差距。(2)客观性仍受质疑。中小学教师中研拟整学期学业评价计划者不多,使得评定分数的客观性、准确性受到家长质疑。(3)明确性不足。百分制无法明确指出学习领域(学科学业)具体的优点或不足。

（二）等第制

《台湾中小学学生成绩评量准则》第八条指出:台湾地区中小学学生学习领域之平时及定期成绩评量结果,应依评量方法之性质以等级、数量或文字描述记录之……应以优、甲、乙、丙、丁之等级,呈现学生在各学习领域之全学期学习表现,其等级与分数之转换如下:(1)优等:90分以上;(2)甲等:80分以上未满90分;(3)乙等:70分以上未满80分;(4)丙等:60分以上未满70分;(5)丁等:未满60分。台湾地区小学学习领域评价、日常生活表现期末成绩一般以"优、甲、乙、丙、丁"五等级方式呈现。

台湾地区《高级中学学生成绩考查办法》第二条规定"学业成绩以百分制评定;德行评价依行为事实综合评量,不评定分数及等第",可知台湾高中学业成绩以百分制评价,但德行成绩不评定分数及等级。

中小学教师在平时或定期评价中评等第时,可未必均采用五等第,可采用两等第、三等第、四等第或其他等第,依教师的教学目标与需求而定。两等第可定为满意、不满意,熟练、不熟练;三等第可定为满意、普通、不满意,熟练、尚可、不熟练;四等第可定为非常满意、大部分满意、小部分满意、非常不满意。

等第制虽不比百分制精确,仍具备简洁扼要、可直接加总计算、可预测学生成就等三项优点。但仍具有下列不足:(1)分派比例因人而异。学生分派到各等第的比例会随教师而异,若无明确规范,会出现高等级者偏多或偏少的现象。(2)客观性仍受质疑。因中小学教师多未拟学期学业评价计划,较难以说明评定的客观性。(3)明确性不足。等第制仍无法明确指出学习领域(学科学业)具体的优点或不足。

（三）通过或失败

通过或失败较等第制更不精确,客观性、明确性均较不足。米勒等人强调通过或失败较适用于需要熟练掌握教导的课程,教师针对学生必须熟练学习的课程,评定是否通过。运用通过或失败的评定方式时,除非证明熟练掌握某课程,否则学生在学校的记录不会留下任何记录,即学校给予学生熟练掌握课程的足够时间,学校记录保留空白,直到学生已通过该课程为止。

（四）目标评定量表或检核表

为提供更多的学习结果讯息,有些学校已逐渐采用目标检核表或评定量表来取代或补充百分制、等第制、通过或失败等方式。如学科表现方面,小学语文包括写字、发表、阅读、创作等四项,数学包括理解、计算能力、解决问题能力;生活行为表现方面,小学学习态度包括专心学习、分组合作、创意思考、主动学习,日常行为包括带齐学习用品、会举手发言、整理抽屉、打扫环境、用餐、作业缴交。教师可针对上述目标项目予以检核或评价,通常以二分法的方式采取检核,如通过或不通过;目标项目为两项以上的技能情意评价,采取如"优、良、中、合格、不合格"五等第或"非常满意、大部分满意、小部分满意、非常不满意"四等级。

米勒等人认为目标检核表或评定量表可详细分析学生学习结果的优缺点,教师可采取建设性行动以协助学生改善学习,更可以提醒学生、家长或他人。但设计目标检核表或评定量表主要的困境在于如何选取重要、少数的目标项目,如何以简洁扼要的方式来叙述目标。

（五）文字描述

《台湾中小学学生成绩评量准则》第八条规定:台湾中小学学生学习领域之平时及定期成绩评价结果,应依评价方法之性质以等第、数量或文字描述记录之……学生日常生活表现纪录,应就第三条第二款所列项目,分别依行为事实记录之,并酌情提供具体建议,不作综合性评价及等第转换。《高级中学学生成绩考查办法》第二条规定:德行评价依行为事实综合评价,不评定分数及等第。可见,中小学学期成绩应含"文字描述"。

文字描述应力求具体呈现事实,尤其是负面的文字描述更应谨慎呈现,不宜以简单成语或叙述进行负面评述。作者担任校务评鉴委员时,发现中学三年级学生的导师评语为"性情乖僻,难望造就",更记录下列信息:"3月24日无故迟到,口头训诫;3月25日仪容不整,口头训诫;3月27日乱丢垃圾,口头训诫;4月12日无故迟到多次,记警告一次"。作者认为此种方式或可供教师参考,因为家长或学生通常更想要知道具体事实、事迹的描述,而不是简单语句的评语。但是,负面的描述有待斟酌。

（六）给家长的信

有些学校或教师以信件直接向家长说明学习结果,信件内容可能包括学生的优点、缺点、学习需求或明确的改善建议,亦可呈现有关学习领域(学科学业)、日常生活表现(德行)中较详细的内涵。

给家长的信可作为百分制、等级制、通过或失败等评价方式的补充信息,但必须审慎处理,因丰富且深思熟虑的内涵需要相当多的时间与技巧,若是随意描述学生优缺点,甚易被家长误解,且信件无法作为有效的累积记录。米勒等人强调信件应局限于补充角色,且仅在需要澄清时使用。

米勒等人提出"向家长报告的巧妙批注",如下:"一位教师巧妙地向家长报告其子女在校的四项不良行为:(1)说谎:呈现出有趣的口头报告但难以分辨是事实还是想象。(2)作弊:使用所有可能的资源获得答案,但需要正确的指导才能决定何时取得其他学生的协助才是适当的。(3)欺凌弱小:有领导潜质,但应将此能力导向较具建设性的活动。(4)懒惰:当给予充分监督时会做学校作业,但仍需要发展出独立学习的习惯。"

（七）学生作品档案

教师可借由档案内涵的学习成就进展与目前水平来说明学习结果,并给予家长具体的报告。米勒等人主张有效的档案并非放置一堆学生作品的文件夹，而是有目的作品集，以凸显学习结果。尤其是，学生作品档案通常包含教师、学生对档案项目的评论，更包括以某学习目的为主的成长过程之作品内涵展现。

（八）亲师座谈会

为克服书面数据的限制，建立与家长的更佳的伙伴关系，有些学校采取定期安排亲师座谈会的方式来呈现学习结果。此种方式常用于小学阶段，尤其是低年级学生。

亲师座谈会可使学校与家庭双向沟通，除学校向家长说明学生在校学习成果外，家长亦可提供学生在校外生活的信息。座谈会中教师与家长共同讨论问题，共同关心与协助学生发展，不仅有助于提出更好的协助计划，更可避免双方对学生学习结果的误解。

米勒等人强调档案可作为学生、家长、教师对学习结果进行沟通的基础，亲生座谈会若能结合学生作品档案展示，将更能明确呈现学生成就与进展情况，更能增进教师与家长的沟通。不过，亲师座谈会可作为呈现学生学习结果的补充信息，却具有需要大量时间与技巧、不能提供学生学习进展的系统记录等不足。

三、多元化地呈现学习结果

呈现学生学习结果时若能采多元化呈现的方式，提供更丰富的信息，将更能说明学生学习结果。

（一）学习结果呈现应多元化

呈现学生学期学习结果的方式，至少有百分制、等第、通过或失败、目标评定量表或检核表、文字描述、给家长的信、学生作品档案、亲师座谈会等八种方式。前四种可单独作为呈现学习结果的方式，后四种宜作为前四种的补充说明。

百分制、等级、通过或失败可提供保存学生成就记录的简化方法；目标评定量表或检核表、文字描述可提供学生学习与发展优缺点的详细报告；学生作品档案可提供学生学习进展与成就水平的具体范例；给家长的信、亲师座谈会有助于学校与家庭间的沟通与合作。八种方式各有其优劣与适用时间，教师宜权衡善用。

（二）呈现学习结果的注意事项

米勒等人认为没有一种呈现学习结果的方式或报告可令所有学校满意，因此学校应发展出切合其特殊需求与环境的方法。他们提出呈现学习结果应注意如下事项。

1. 以服务对象为中心。教师在呈现学习结果前宜了解学生、家长、其他教师、辅导人员、行政人员对学习结果的需求，虽然不可能满足所有服务对象，但应寻求较佳的折衷方案。将课程目标的学习成就、努力、进步或成长状况、个人或社会特征及习惯或态度分开呈现，并依其属性采取适切的呈现方式，乃较佳的作为。

2. 共同研发、充分征询。呈现学习结果的方式与报告应由学生、家长、教师、辅导人员、行政人员共同研发，若能组织委员会（成员包括学生组织、家长团体、教师、辅导人员、学校行政部门的代表），于研讨初稿后进行修正，然后再研讨，将更为有效。

3. 清晰叙述教育目标。呈现学习结果与报告时应具体明确地呼应教育目标，方不至于造成教学与评价脱节，因此，清晰叙述学校和课程的教育目标乃呈现学习结果的核心内涵。

4. 标准一致。呈现学习结果与报告的标准应与学校标准一致，方不至于造成多种标准的混淆。呈现学习结果与报告的标准应是支持、呼应学校标准,而非破坏学校已实施的标准。若认为学校已实施标准欠佳,宜提出修正,并与呈现学习结果与报告的标准同时修正。

5. 适切的信效度。学习结果与报告的呈现应有适切的信度与效度,从拟定评价计划、实施评价到呈现学习结果与报告,应有严谨的过程与适切的信效度,方能确保学习结果呈现的可信有效。

6. 兼顾丰富性与实用性。呈现的学习结果与报告希望应是详细丰富但却精简扼要的,两者宜寻求平衡。因此,学习结果与报告呈现应兼顾"准备和使用报告所需的时间","学生、家长、学校人员希望了解的报告内容"及"报告易于摘要成学校记录"三个向度,寻求丰富性与实用性的折衷方案。

7. 适时召开亲师座谈会。中小学应时常办理定期性的亲师座谈会,高中因家长关心教育的程度逐渐增加,宜视需要办理。学校可善用学生作品档案或各项活动,结合亲师座谈会来适切呈现学生学习结果,强化学校与家庭的合作关系。但是座谈会只是"补充"呈现学习结果,而非"取代"呈现学习结果。

第二节　学业评价通知单的功能与困境

欲设计、运用学业评价通知单,必须先剖析其功能、困境,方能协助教师善用此通知单。

一、功能

台湾地区教育主管部门 2012 年 5 月 7 日公布的《台湾中小学学生成绩评量准则》第二条指出:台湾小学及中学学生成绩评量,以协助学生德智体群美五育均衡发展为目的,并具有下列功能:(1)学生据此了解自我表现,并调整学习方法与态度;(2)教师据此调整教学与评量方式,并辅导学生适切学习;(3)学校据此调整课程计划,并针对学生需求安排激励方案或补救教学;(4)家长据此了解学生学习表现,并与教师、学校共同督导学生有效学习;(5)直辖市、县(市)政府及相关教育主管部门据此进行学习质量管控,并调整课程与教学政策。

此外,综合艾瑞逊(2000),希尔(Hills,1981),胡贝本克(Hubelbank,1994),米勒等人(2005),西蒙等人(Simon & Bellanca,1976)等的观点,学业评价通知单常具有下列功能:

1. 教学。通知单可澄清教学目标、指出学生学习优缺点、提供学生个人与社会发展信息及提高学习动机,更可改善学生的学习状况。

2. 行政。学校在行政上有责任整理学生的学习结果,作为改善教学与提升学习绩效的依据,亦有义务运用学业评价通知单,告知家长其子女的学习成果。

3. 家长。家长有权利了解子女在学校学习的状况,可经由学业评价通知单了解学校想要什么,便于与学校充分配合,协助子女发展,更可经由学业评价通知单了解子女的成功、失败或特殊问题等信息,来协助子女做更适切的生涯规划。

4. 信息。学业评价通知单代表教师对学生整学期或数个阶段学习表现的总评,呈现的信息内容包括学生在知识、技能、情意上的学习成果,与团体的比较,个人前后学习成果的比较,以及教师对学生的满意程度。

5. 激励。学业评价通知单如双刃剑,运用不当学生易受伤害,若能掌握激励原则,适度给予学生鼓励与增强,将可提高学生学习动机,减弱其学习挫折。教师宜具体阐述学生的正向行为、进步情形,明确告知其在团体中的相对位置及努力的方向。若学生成绩退步,应予适切引导,指出其努力方向,避免一味苛责或全盘否定其能力或努力。

6. 引导。学业评价通知单对教师、学生、家长均具有引导功能,教师必须针对学生学习成果,协助其选择适合的课程、程度,实施后续教学、辅导或补救教学。学生根据学习成果拟定未来努力目标,同时家长依据子女学习表现拟定协助策略,因此教师填写通知单时应注意引导学生、家长之努力目标与方向,不宜仅消极告知学习成果,应发挥更积极的引导成长的功能。

二、困境

学业评价通知单是重要而专业的沟通媒介,基于专业伦理,教师必须客观、公正地激励、引导学生,不应将其作为惩罚学生或侮辱学生的工具。然而,有时可能会因下列困境使得学业评价通知单难以充分发挥功能(Airasian,2000;Brookhart,1991;Gullickson,1986;Hubelbank,1994;Lortie,1975;Schafer & Lissitz,1987;Slavin,1994):

1. 学校统一模板难以激发教师创意。教师所使用的学业评价通知单通常沿用学校统一模板,虽然对模板不满意或不接受,但为避免更改后引起不必要的困扰,加之学校不积极引导改善,使得教师趋向消极守成,难以激发创意。

2. 教育行政机关、学校未积极改善通知单。倘若教育行政机关虽力行教育改革,但对改善学业评价的态度似较消极,对改进学期成绩通知单也不重视,则教师也会采取消极、漠视多一事不如少一事之态度。

3. 少数教师学业评价的专业知识不足。少数教师于职前教育阶段所受的学业评价教育常偏于理论而忽略实务,侧重概念而轻实作;教育行政机关举办的研习亦甚少以学业评价为主,使得教师在在职教育阶段难以增强专业知能。在专业不足的情况下,教师采取墨守成规的方式乃人之常情。

4. 教师常因家长过于在意评价结果而衍生压力。众多学生家长深受升学主义影响,对子女的学业成绩或学习表现十分计较,对成绩通知单之内容较为重视。曾有一名教师对学生评价为"资质平庸",遭致家长要求改善评语,因家长认为孩子说谎、偷窃,老师都被骗得团团转,怎可说是"资质平庸"。教师若无学业评价专业知识与信心,无学校行政的强烈支持,无同事的共同改善,将会保守地沿用统一模板。

5. 教师球员兼裁判的角色模糊:教师在学业评价中的角色是,既是评分者,也是教导和帮助者。其一方面要教导学生所需的知识、技能与态度,另一方面要评价学生的学习表现,因而难免遭遇球员兼裁判的角色模糊,难免因对学生的刻板印象而流于主观,也难免因学生某方面强势的表现而忽视评价结果的公平性和客观性。

6. 评价结果的两难困境:我国社会向来重视"人情",若评价结果影响学生权益,通常会陷入"公平客观"或"帮助学生"的两难困境。曾听闻有些教师代替学生参加推荐考试。这种做法违背了教师的职业操守,也违背了学业评价本身的意义。

第三节　世界主要发达国家学业评价通知单的实例与解析

　　兹就本人参观访问日本几所中小学时索取的学业评价通知单,以及前往台南市胜利小学调阅的国外(如澳大利亚、美国、英国等)转学回台学生资料中的学业评价通知单,并结合收集到的有关文献资料,分别进行详细的实例解析。

一、日本打濑中学的学业评价通知单

　　日本打濑中学的学业评价通知单(见实例 10 - 1)在第一页呈现学校教育目标"培养富人性、有创造力、健康、有朝气的学生",目标内涵包括:(1)有丰富的同情心;(2)会欣赏自然和美的物品;(3)主动,积极进取,努力学习;(4)有丰富创造力及明确表达力;(5)注意自身的健康、安全,锻炼身心;(6)尊重劳动、服务,喜爱学校社区。

　　第二页至第三页呈现各科的学习记录与各项行为的行为记录。各科学习记录均包含各科的学习重点项目,如语文的重点项目为对语文的关心、兴趣、态度,表达能力,理解能力,与言语有关的知识、理解力、技能等四项。又如,社会学科为对社会现象的关心、兴趣、态度,社会思考、判断,活用资料的技能、成就,有关社会现象的知识、理解力等四项。各项行为记录包括基本的生活习惯,开朗、快乐,自主、自律,上进心,责任感,创意,体贴,宽容、合作,爱护自然,勤劳、工作,公正、公平,公共意识等十二项,且每项行为记录均有具体的说明,如:基本的生活习惯指"具有健康、安全、正确的行为习惯及规律的生活习惯";自主、自律指"能自主自制,自己思考、判断及自律";上进心指"关心未来生活,拟定目标、计划,并有毅力去完成"。

　　学习记录分成评定学习优劣、学习状况两大项,评定学习优劣分成五个等级:"5 为特优,4 为优,3 为普通,2 为要努力,1 为要特别努力",评价学习状况分成三个等级:"完全达到打'○',部分达到打'△',几乎没做到则空着"。行为记录依据学生行动记录分成三个等级:"优打'○',要努力打'△',几乎没做则空着"。

　　第四页为特别活动记录、出席记录、综合意见,特别活动记录为年级会、学生会、社团活动、其他活动的记录,出席记录包括上课天数、请假天数、必须出席日、缺席天数、出席天数、迟到、早退等项目。综合意见乃让教师针对学生学期整体表现给予综合评语与建议。

　　第五页为修习证书,内容包括学生姓名、生日、第几学年、评定日期,以及校长、级任教师、监护人之盖章。

　　日本打濑中学的学业评价通知单的学习记录、行为记录的内涵与评价方式,颇为具体、周详,可供两岸四地中小学参考。

　　　　　　　　年

通　知　单

学校教育目标

培养富人性、有创造力、健康、有朝气的学生
○有丰富的同情心
○会欣赏自然和美的物品
○主动,积极进取,努力学习
○有丰富的创造力及明确的表达力
○注意自身的健康、安全,锻炼身心
○尊重劳动、服务,喜爱学校及社区

打濑中学

学科	学习记录		1		2		3		行为记录			
	观点 （评定乃评定等级， 状况指学习状况）		评定	状况	评定	状况	评定	状况	项目及评定	1	2	3
语文	对语文的关心、兴趣、态度								基本的生活习惯 具有健康、安全、正确的 行为习惯及规律的生活 习惯			
	表达能力											
	理解能力											
	与言语有关的知识、理解力、技能								开朗、快乐 具有有朝气、健康的生活 态度			
社会	对社会现象的关心、兴趣、态度											
	社会思考、判断								自主、自律 能自主自制，自己思考、 判断，自律			
	活用资料的技能、成就											
	有关社会现象的知识、理解力											
数学	对数学的关心、兴趣、态度								上进心 关心未来生活，拟定目 标、计划，并有毅力去 完成			
	数学评价的技巧											
	数学表达能力、问题处理能力											
	有关数量、图形的知识及理解力								责任感 自觉到本身的责任，且不 推诿，肯负责			
理科	对自然现象的关心、兴趣、态度											
	科学思考											
	观察、实验的技能、表现								创意 具有探索知识的态度，寻 找新思考模式，培养自己 的性格			
	有关自然现象的知识及理解力											
音乐	对音乐的关心、兴趣、态度											
	对音乐的感受								体贴 具有体贴、感恩的心，且 使自己生活得更好			
	表现技能											
	鉴赏能力											

学习记录		1		2		3		行为记录			
学科	观点 （评定乃评定等级， 状况指学习状况）	评定	状况	评定	状况	评定	状况	项目及评定	1	2	3
美术	对美术的关心、兴趣、态度							宽容、合作 尊重和自己不同的意见， 关心团体生活			
	想象、构想能力										
	创造技能										
	鉴赏能力							爱护自然 爱护自然，关怀生命			
健康体育	对运动、健康、安全的关心、兴趣、态度										
	对运动、健康、安全的思考、判断							勤劳、工作 体认工作的重要性，具有职业观，努力为未来的工作作准备			
	运动技能										
	关于运动和健康、安全的知识、理解力										
生活技能	对生活和生活技能的关心、兴趣、态度										
	生活能力							公正、公平 判断是非，拒绝引诱，以公正的态度处事，对他人不存偏见或歧视			
	生活技能运用										
	有关生活生活技能的知识、理解力										
英语	对英语的关心、兴趣、态度							公共意识 能具有国际意识，重视传统文化，建立国际视野，为公共利益而努力			
	表达能力										
	理解能力										
	有关语言和文化的知识、理解力										

选修科目名称	评等	评等说明
		1. 二、三年级实施选修科目 2. 评等标准依据学习意愿、研究精神、 　表现成果来综合评定。等级分成 A，B，C 三个 　等级。

特别活动等的记录			出席的记录							
年级会、学生会	前期	后期	学期	上课日数	请假日数	必出席日	缺席日数	出席日数	迟到	早退
			1							
			2							
社团活动			3							
其他			计							

综 合 意 见		
第1学期	第2学期	第3学期

各科任课教师

语文	
社会	
数学	
理科	

音乐	
体育	
美术	
生活	
英语	

学习记录	行为记录
◎"评定优劣"分成五个等级 5 特优　　4 优　　3 普通 2 要努力　　1 要特别努力 ◎"学习状况"分成三个等级 完全达到打"○"，部分达到打"△"，几乎没做到则空着。	依据学生行动记录分成三个等级：优打"○"，要努力打"△"，几乎没做则空着。

```
┌─────────────────────────────────────────────────┐
│              修 习 证 书                           │
│                                                   │
│          学生姓名：_____                        │
│          出生年月日：_____年_____月_____日       │
│                                                   │
│          本校第_____学年的课程修习结束             │
│                                                   │
│          _____年____月____日                      │
│                      打濑中学                      │
│                      校长  ＊＊＊                  │
└─────────────────────────────────────────────────┘
```

		姓　名	1	2	3
认印	校长				
	级任教师				
	家长、监护人				

二、日本打瀬小学的学业评价通知单

作者在参观日本打瀬小学时，校长特别强调该校的学期学业评价通知单分为高年级（见实例 10 - 2）、低年级（见实例 10 - 3）两种版本。就同样一个主题的高、低年级的评价表，分别说明如下。

（一）高年级通知单

日本打瀬小学的高年级学生的学期学业评价通知单（见实例 10 - 2）在第一页呈现学校教育目标"闪耀：宽宏的心、理想、闪闪发光的孩子"，即表明要培养学生成为具有宽宏的心、理想的闪闪发光的人。此页请学生贴上照片，引导学生注意周遭生活美好的一面，颇具创意。

第二页呈现各科学习状况，每科均详列重点项目，如语文的重点项目为下列六项：(1)自己喜爱语文，并自动看书。(2)会视状况使用正确词语，并说出正确词语。(3)会依题材加入自己的看法，并写出符合题目的文章。(4)明白语言及文章的内容。(5)书写时，会留意到字形、大小、排列。(6)了解声音、文字、语句、文章等基本事项。评定学习状况分为三个等级：很好、尚可、要努力，教师采取打钩的方式。

第三页以活泼的迈向太空的图案呈现，内容为家长、学生、教师的话（见图 1），请学生先定"自己的目标"，再写出"努力过的事"。此部分引导学生自定义目标，并激励学生注重努力过程而非结果。家长的话指请家长写些子女的优良的具体表现，给予子女鼓励。教师的话虽为综合评语，但仍要求教师多给予学生鼓励。

第四页请学生逐项自评，自评分三个等级：做得好打"○"，尚可或努力做打"△"，几乎都没完成则空着。自评的内容如下：(1)"宽宏的心"：会和任何人有礼貌地打招呼；会和同学一同活动、谈话；爱护自然、尊重生命；爱惜、整理公物；工作时不偷懒、自主自发；会分辨场合、善恶。(2)"有理想、梦想"包括开朗、健康地生活，有目标、不轻易放弃等两项。(3)"闪闪发光的学生"包括自定计划并执行计划，能和同学、低年级学生合作，在生活和学习中作各种努力等三项。第四页还包括特别活动的情况，出缺席状况，校长、级任教师、监护人之盖章及学校寄语。最后，第四页的末尾为修习证书。

（二）低年级通知单

日本打瀬小学的"低年级"学生的学期学业评价通知单（见实例 10 - 3）的第一页与高年级的通知单相同，均呈现学校教育目标并请学生贴上照片。

第二页呈现各科学习状况，每科亦均详列重点项目，但各科重点项目依据高低年级学习状况差异而有所不同。如低年级学生语文的重点项目为下列六项：(1)自动对语文有兴趣，且去读课文；(2)能清楚明白地表达；(3)对自身经验及身旁的事，能有条不紊地说、写；(4)能大致明白语言及文章的内容；(5)会注意到字形，并工整地书写；(6)明白文字的读、写及简单短文的大意。评定学习状况与高年级相同，亦分为三个等级："很好、尚可、要努力"等三项，教师采用打钩的方式。

第三页以温馨的田园图案呈现，内容为家长、学生、教师的话（见图 2），请学生先写出"自己的学期目标"，再写出"自己需努力的地方"。此部分颇能引导目标制定与激励学生努力，并要求家长、教师多给予学生鼓励。

第四页亦与高年级相同,请学生逐项自评,但各项目标的细目不尽相同。"宽宏的心"包括:不任性、和任何人都感情好;对有困难者能恳切相助;做好自己的事;会与别人打招呼。"有理想、梦想"包括开朗、健康的生活,不放弃、努力到最后等两项。"闪闪发光的学生"包括向自己挑战更好的事,仔细想、好好下功夫等两项。其余均与高年级相同。

此外,第四页与高年级的一样,包括特别活动的情况,出缺席情况,校长、级任教师、监护人之盖章,学校的寄语以及修习证书。

综上,作者认为日本打濑小学的学期学业评价通知单可供两岸四地借鉴之处为:(1)针对年龄与发展差异分成高年级、低年级两种方式;(2)请学生贴上照片,使学生自我肯定,强化自信心;(3)表明学校教育目标,请学生自定义目标、自评、自省;(4)请学生专注于"努力过的事",而非学习成果,鼓励学生重视努力学习的过程;(5)请家长、教师对学生进行反馈,多给学生鼓励;(6)学科学习状况与学校教育目标均详细列举重要项目,不致过于笼统;(7)评价参与人员多元化,教师、家长、学生均参与评价;(8)依据年级差异设计两种不同类型的图案,使通知单不致于呆板;(9)在学校寄语中,请孩子、家长将通知单视为"宝物",颇具意义与创意。

三、日本绪川小学的学业评价通知单

作者在参访日本绪川小学时,校长提供了 1997 年一至六年级的通知单及 1998 年五年级的通知单,为节省篇幅,仅呈现 1997 年一年级通知单(见实例 10-4),1998 年五年级通知单(见实例 10-5),体现年级差异与两个学年之差异。

(一)一年级通知单

日本绪川小学一年级通知单(见实例 10-4),在第一页指出通知单为"可喜的成长及发展的联络簿",强调学校着重"学生的快乐学习"。第二页呈现语文、算数、音乐、美术、体育等各科的学习状况与综合的"意见看法",并有"创造活动的状况",记录参与家乡工作活动的状况。"各科学习状况"详细列解重点项目,如语文为能主动说、写、读,能说出或描述事情,能把握概略大意,注意字形且正确书写等四项,算数为主动寻找或编拟问题,在学习中找问题、解问题,会计算、测量、画形状,能知道数的组成、计算方法、形状特征等四项。

第三页为综合学习的学习状况、生活状况、出缺席记录以及有关人员签章。绪川小学1997 年全校的综合学习为"朝气",其中一年级主题为"兴奋、难以想象的一年:学习和四季变化、自身生活相关的事物,并通过集体活动培养同心协力的态度。"教师记录学生在三个学期的综合学习结果。生活状况包括整理自身的物品,会打招呼,和大家和睦相处,热心参与轮值工作,不会忘记东西,用正确的态度来听取意见等六项。

第四页呈现学校教育目标与目的及修习证明。目标为培养"自主自发的孩子",目的包括会玩会学,好好和同伴合作,有耐力进行锻炼等三项。

(二)五年级通知单

日本绪川小学五年级通知单(见实例 10-5),第一页与同学年的一年级通知单相同,都指出通知单为"可喜的成长及发展的联络簿"。第二页呈现各科学习状况,虽然评价方式与一年级相同,但学科与重点项目则不同。各科学习状况包括语文、社会、算数、理科、音乐、美术、家庭、体育等八项。如语文的重点四项为:(1)会主动说、写、读;(2)会依不同的场合或目的说、

写;(3)能正确掌握说话者或作者的大意;(4)能正确理解字、语言、文学、文章、措词。社会的重点四项为:(1)对我国的产业及历史有兴趣,并去调查;(2)能思考并正确判断;(3)归纳各种资料,并发表;(4)对于国际社会能进行了解。算数的重点四项为:(1)对量、形有兴趣,且有条理性的思考;(2)活用学过的量、形知识,应用在各场合;(3)会计算分数、小数,并用它解决问题;(4)了解数量及图形的含义及性质。

第三页记录学生"活动状况",说明是"以孩子较有兴趣及和生活密切相关的内容为题材,再以和这些题材有关的活动为中心,来组织学习"。第四页记录综合学习的状况、创造活动状况、生活状况。绪川小学1998年全校的综合学习仍延续1997年的"朝气",但五年级主题为"大家一起守护地球的生命",具体内容为"能知道动植物和人类生命的构造及感觉到其神秘性,并学习去尊重所有生命"。第五页为学生自己的评价,请学生针对一学期内自己学过的事情和生活状况做评价,对各项目,完全达到的打"○",没有完全达到的打"△"。第六页亦呈现学校目标与目的、修习证明、出缺席记录及有关人员签章。

日本绪川小学1997年一年级通知单、1998年五年级通知单主要差异在于1997年一年级通知单第三页为综合学习"朝气"的学习状况以及生活状况,但五年级通知单上多了"活动状况记录"。此外,对五年级学生的学习、生活上的要求也较一年级高。

综上,对日本绪川小学两个学年不同年级的通知单进行比较后,可发现下列几项可供参考:(1)各年级需达到的目标和要求依年级状况而定;(2)昭示学校教育目标、目的,强调学生快乐学习;(3)各年级各科学习状况的记录依学生发展与具体学习的科目而异,且均详细列举重要项目,不致过于笼统;(4)记录学生的学习历程,重视学生的努力过程;(5)同时呈现学习状况与生活状况;(6)逐年检讨改善,如实例中1998年的通知单比1997年多出"活动状况"的内容,不仅能使教师更深入地了解学习结果,更增加了学生自省和参与评价的机会。

1997 年

闪　　耀

宽宏的心

理想

闪闪发光的孩子

第　　学年　　班　　号

儿童姓名：（高年级）

打濑小学

校长：＊＊＊

年级教师：

学习状况（高年级）		第1学期			第2学期			第3学期		
学科	目　标	很好	尚可	要努力	很好	尚可	要努力	很好	尚可	要努力
语文	自己喜爱语文，并自动看书									
	会视状况使用正确词语，并说出正确词语									
	会依题材加入自己的看法，并写出符合题目文章									
	明白语言及文章的内容									
	书写时，会留意到字形、大小、排列									
	了解声音、文字、语句、文章等基本事项									
社会	自知是社会中的成员，并关心社会上的事情									
	会深思小区特色及发生的事，并做适当的判断									
	会活用观察、搜集的资料，表现出个体多样化									
	能了解社会的构造、状况、社会中各种现象的相互关系等									
算数	对数量、图形有兴趣，知道用数理知识处理问题的好处									
	会预测并有条理地思考									
	具有处理数量问题的能力									
	理解有关数量及图形的概念及性质									
理科	对自然现象产生兴趣，并爱护自然									
	能抓住自然的真相，并解决问题									
	观察、实验，正确地呈现过程及结果									
	能了解自然的特性、关联性及规则性									
音乐	对音乐有兴趣，主动进行音乐活动									
	能知道乐曲表现的方式及乐曲的形成									
	随着音乐的响起而发声并献唱									
	知道音色的特性并演奏乐器									
	会听辨曲调、乐器，且欣赏音乐的美妙									
美术	依自己的想法，愉快地完成作品									
	考虑形状、颜色，画出具自己风格的作品									
	会选择适当的材料、用具来做									
	会注意到作品的好、美									
家庭	自觉为家中一员，能对家中的食、衣、住表示关心									
	能规划未来家居生活，以创造更好的生活									
	具备和衣、食、住有关的基本技能									
	能明白和衣、食、住相关的基本事项及家庭生活的意义									
体育	主动运动，且知道要有健康、安全的生活									
	能依据安全、健康状况来判断做何种运动									
	能具备喜爱运动，享受运动所需的技能									
	能知道自己的生活中，什么是健康、安全的运动									

第 1 学期

第 2 学期

由 家 人 写

第 3 学期

自己的目标

第 1 学期 | 第 2 学期 | 第 3 学期

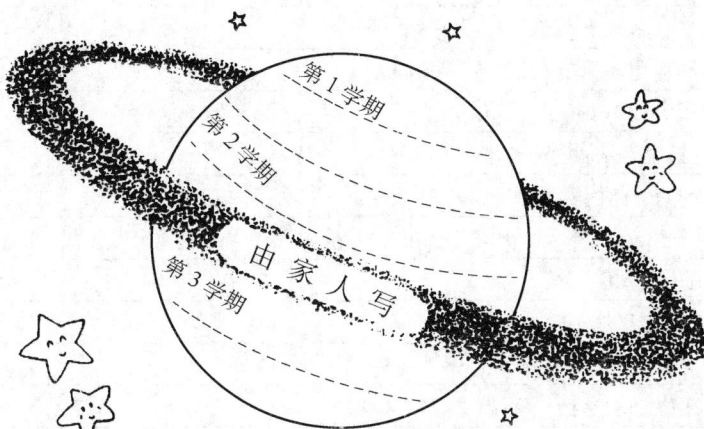

学生：努力过的事

第 1 学期　　　　第 2 学期　　　　第 3 学期

由老师写

第 3 学期

第 2 学期

第 1 学期

学生、家人、教师的话

学生自评

（做得好打"○"，尚可打"△"，几乎都没做好空着。）

学生自己回顾、自评	学期	1	2	3
◎宽宏的心				
1. 会和任何人有礼貌地打招呼				
2. 会和同学一同活动、谈话				
3. 爱护自然，尊重生命				
4. 爱惜、整理公物				
5. 工作时，不偷懒，自主自发				
6. 会分辨场合、善恶				
◎有理想、梦想				
1. 开朗、健康地生活				
2. 有目标、不轻易放弃				
◎闪闪发光的学生				
1. 自定计划，并执行计划				
2. 能和同学、低年级学生合作				
3. 在生活和学习中作各种努力				

【特别活动的情况】

第1学期		第2学期		第3学期	
前期	委员会	后期			委员会
前期	社团	后期			社团

【缺席请假的日数（若有临时停课等，上课日数会更改）】

	第1学期	第2学期	第3学期
授业日数	81 日	86 日	57 日（六年级55日）
缺席日数	（　　　）	（　　　）	（　　　）

	校长	级任教师	监护人
第1学期			
第2学期			
第3学期			

我们希望孩子成为未来精英，活跃在国家、世界的舞台上，我们希望培养出有创造力、想象力、梦想的孩子，即有宽宏的心、有梦想、闪耀的孩子。我们不仅希望孩子在学校学习、生活中，能表现出自己闪耀的一面，更鼓励孩子朝着梦想快乐前进。通知单纳入孩子努力状况，家人鼓励的话，希望孩子、家长将此视为重要的"宝物"。

修习证书

第　学年的课程修习证书

_____年____月____日

打濑小学校长

＊＊＊

实例 10-3 日本打濑小学学业评价通知单（低年级）

1997 年

闪　　耀

宽宏的心

理想

闪闪发光的孩子

照片

第　　学年　班　　号

儿童姓名：(低年级)

打濑小学

校长：＊＊＊

年级教师：

学习的状况

学习状况(低年级)		第1学期			第2学期			第3学期		
学科	目　标	很好	尚可	要努力	很好	尚可	要努力	很好	尚可	要努力
语文	对语文有兴趣,且去读课文									
	能清楚明白地表达									
	对自身经验及身旁的事,能有条不紊地说、写									
	能大致明白语言及文章的内容									
	会注意到字形,并工整地书写									
	明白文字的读、写及简单短文的大意									
数学	对数量、图形有兴趣,会运用其知识、技能									
	能活用知识、技能,会考虑计算顺序									
	会做简单的计算测量及观察基本图形									
	能了解有关数及量、图形的基本知识									
生活	能关心自然及社会,做有意义的活动									
	对活动与体验,能有自己的想法及坦率的表现									
	通过活动与体验,关心附近环境及自己的生活									
音乐	不排斥音乐,自动欣赏、享受音乐									
	能感受到乐曲的意境及旋律,身体可随之律动									
	注意到歌声、音乐,且跟着唱									
	可感受到曲的意境及节奏,能欣赏音乐的美妙									
美术	依自己想象享受美术活动									
	由身旁的材料、颜色、形状来扩展想象力,完成作品									
	会选择材料、用具,依自己的想法完成作品;									
	享受画画、制作作品的乐趣									
体育	健康、安全、主动地享受活动									
	运用基本的运动及游戏的方法去运动									
	能具备各种运动的技能									

第 3 学期的目标

第 1 学期的目标

第 2 学期的目标

由家人写

1

2

3

自己需努力的地方

1

2

由老师写

1

2

3

3

学生、家人、教师的话

学生自评

（做得好打"○"，尚可打"△"，几乎都没完成则空着。）

自己反省		1	2	3
◎宽宏的心				
1. 不任性,和任何人都感情好;				
2. 对有困难者能恳切相助;				
3. 做好自己的事;				
4. 会与别人打招呼、回应。				
◎有理想、梦想				
1. 过开朗、健康的生活;				
2. 不放弃,努力到最后。				
◎闪闪发光的学生				
1. 挑战更好的事;				
2. 仔细想,好好下功夫。				

【特别活动的情况】

第1学期	第2学期	第3学期

【缺席请假的日数(若有临时停课等,上课日数会更改)】

	第1学期	第2学期	第3学期
授业日数	81日(一年级79日)	86日	57日
缺席日数	( )	( )	( )

	校长	级任教师	监护人	我们希望孩子成为未来精英,活跃在自己国家、世界舞台上,培养出有创造力、想象力、梦想的孩子,即宽宏的心、梦想、闪耀的孩子。不仅希望孩子在学校学习、生活中,能表现出自己闪耀的一面,更鼓励孩子朝着梦想快乐前进。通知单纳入孩子努力状况,家人鼓励的话,希望孩子、家长将此视为重要"宝物"。
第1学期				
第2学期				
第3学期				

```
修习证书
第   学年的课程修习证书
_____年____月____日
打濑小学校长
＊＊＊
```

1997 年度

通　知　单

可喜的成长及发展的联络簿

第 1 学年	班

校　长	＊＊＊＊
年级教师	

绪川小学

一、学科学习的状况　　　　　　　　◎做得很好　◉好　○须努力

学科	学习的状况	第1学期	第2学期	第3学期
语文	能主动说、写、读；			
	能说出或描述事情；			
	能把握概略大意；			
	注意字形，且正确书写。			
算数	主动寻找、编拟问题；			
	在学习中找问题、解问题；			
	会计算、测量、画形状；			
	能知道数的组成、计算方法、形状特征。			
音乐	享受唱、演奏；			
	会随韵律、曲调游玩、律动；			
	会愉快地歌唱、演奏乐器；			
	会欣赏音乐、品味音乐的美好。			
美术	快乐地画、做；			
	会利用各种表现方法及制作方法；			
	会用各种物品画图、制作东西；			
	欣赏自己及朋友的作品。			
体育	注意安全，和同伴同乐运动；			
	能知道运动及游戏的方法；			
	正确地运动及做游戏。			
综合观察				

二、创造活动的状况

参与家乡的工作活动 第1学期 　 第2学期 　 第3学期 	

三、综合学习"朝气"的状况

主题名：兴奋、难以想象的一年

学习和四季变化、自身生活相关的事物，并通过集体活动培养同心协力的态度。

四、生活的状况

观　点	所　见		
	第1学期	第2学期	第3学期
整理自身的物品			
会打招呼			
和大家和睦相处			
热心参与轮值工作			
不会忘记东西			
用正确的态度来听取意见			

日数＼月	4	5	6	7	8	9	10	11	12	1	2	3	计
授业日数													
缺席日数													
出席日数													

印章	第1学期			第2学期			第3学期		
	校长	年级教师	监护人	校长	年级教师	监护人	校长	年级教师	监护人

本校的目标、目的

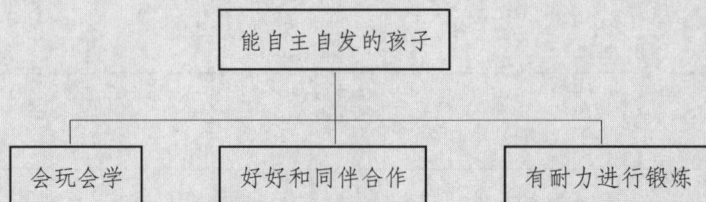

```
        ┌─────────────────┐
        │  能自主自发的孩子  │
        └────────┬────────┘
       ┌─────────┼─────────────┐
┌──────────┐ ┌──────────┐ ┌──────────────┐
│ 会玩会学  │ │好好和同伴合作│ │有耐力进行锻炼  │
└──────────┘ └──────────┘ └──────────────┘
```

修 习 证

证明已修完小学第一年的课程

                                    年　月　日

绪川小学校长

                    ＊＊＊＊

1998 年度

通 知 单

可喜的成长及发展的联络簿

第五学年	组

校　长	＊＊＊＊
年级教师	

绪川小学

一、学科学习的状况　　　　　　　　　　　◎做得很好　◉好　○须努力

学科	学习的目标	第1学期	第2学期	第3学期
语文	会主动说、写、读；			
	依不同的场合或目的说、写；			
	能正确掌握说话者或作者的大意；			
	能正确理解字、语言、文学、文章、措辞。			
社会	对我国的产业及历史有兴趣，并去调查；			
	能思考并正确判断；			
	归纳各种资料，并发表；			
	对于国际社会能进行了解。			
算数	对量、形有兴趣，且做有条理的思考；			
	活用学过的量、形知识，应用在各场合；			
	会计算分数、小数，并用它们解决问题；			
	了解数量及图形的涵义及性质。			
理科	想调查自然的事物、现象；			
	从自然中找问题，调查、比较，并解决；			
	会透过实验、观察作比较，以便较易了解事情；			
	了解自然的特性、规则。			
音乐	能主动唱、演奏，且喜爱音乐；			
	对乐曲有反应、敏感，且可表现出来；			
	看乐谱后会唱得出来，且听音色后会演奏；			
	欣赏、品味音乐的妙处。			
美术	主动做手工，品味它的乐趣；			
	在思考、感动的同时，也加以构想、想象；			
	运用材料特性及各表现技法来做；			
	能发现作品的美好并赏析。			
家庭	关心衣食住及家人生活，使家居生活更好；			
	设法让家居生活得到改善；			
	具烹调、缝衣等基本技能；			
	能知道和衣食住有关的基本事项及协助的方法。			
体育	注意安全、遵守规则、快乐运动；			
	制定运动方面的目标后做活动；			
	具运动技能；			
	能知道身心发展，以及产生疾病的原因及预防。			

二、活动状况

以孩子较有兴趣及和生活密切相关的内容为题材,再以和这些题材有关的活动为中心,来组织学习。

三、综合学习"朝气"的状况

主题名:大家一起守护地球的生命。

能知道动植物和人类生命的构造及感觉到其神秘性,并学习去尊重所有生命。

四、创造活动的状况

自治 ___	
社团 ___	

五、生活的状况

观　点	所　见		
	第1学期	第2学期	第3学期
会主动问候及行礼。			
会热心听别人的话。			
会主动举手发言。			
会依对象及场合措辞。			
会整洁地整理好学习用品、材料等身旁的事物。			
会协助打扫、用餐等事情。			

六、自己评价的状况

经过一学期,针对自己学过的事情和生活上的事情自做评价,对各个项目,完全达到的打"○",没有完全达到的打"△"。(由于是学生对自己的学习所做的评价,会有不正确的地方。)

本校的目标、目的

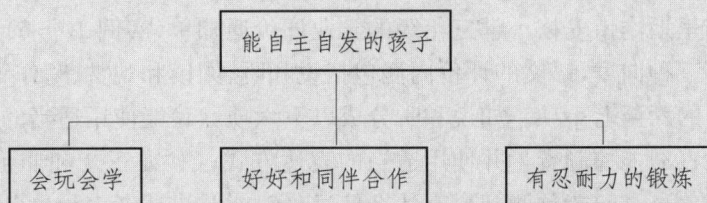

```
            ┌─────────────────┐
            │  能自主自发的孩子  │
            └─────────────────┘
        ┌──────────┼──────────────┐
┌──────────┐ ┌──────────────┐ ┌──────────────┐
│  会玩会学  │ │ 好好和同伴合作 │ │ 有忍耐力的锻炼 │
└──────────┘ └──────────────┘ └──────────────┘
```

修 习 证

证明已修完小学第五年的课程

年　月　日

绪川小学校长

＊　＊　＊　＊

日数 ＼ 月	4	5	6	7	8	9	10	11	12	1	2	3	计
授业日数													
缺席日数													
出席日数													

印章	第 1 学期			第 2 学期			第 3 学期		
	校长	年级教师	监护人	校长	年级教师	监护人	校长	年级教师	监护人

四、澳大利亚小学的学业评价通知单

澳大利亚小学学业评价通知单的特色乃将"能力、努力分开评定",兹以布里斯本市两所小学(实例10-6、实例10-7)为例说明。

(一)麦格小学学业评价通知单

澳大利亚布里斯本市麦格小学三年级的学业评价通知单(实例10-6)评定"成就"、"胜任能力"、"努力"等三种向度,语文的评价内涵包括说和听、阅读和观赏、写作等三大项,且此三大项均细分成具体的六至七小项。如说和听分成以下六项:(1)能使用适当的文体;(2)能显示信心和清楚地说话;(3)能控制音量并使用适当的表达方式;(4)在正式和非正式情境,能计划说什么或组织什么信息;(5)能预测到会有什么信息;(6)能对讲述者表示自己的理解和兴趣。

(二)新利班小学学业评价通知单

澳大利亚布里斯本市新利班小学的学业评价通知单(实例10-7)适用于四至七年级学生,其中学业等第分成五个等级,社会等第分成三个等级。评价内容为语文、数学、社会学习、科学、艺术与美劳、健康与体育、外国语言、工作与学习习惯、社会发展、总评等十大项。语文分成倾听和遵守指令、说话、阅读和理解、写作、功能性语文、写字等六项,数学包括数(实数、运算)、问题解决(测量、空间)两项。语文与数学虽分项,但不逐一评定,教师在打整体等第外,只需运用文字补充说明。社会学习、艺术与美劳、健康与体育、外国语言等四大项均不细分项目。工作和学习习惯细分为独立工作、努力改善、干净利落、完成一组工作、家庭作业等五小项,社会发展细分为与他人一起操作、认真且负责任、自我操控、与他人分享工作和游戏等四小项,工作和学习习惯、社会发展的小项均逐一评定。最后两栏分别为"教师要求与家长面谈"和"家长要求与教师面谈"的选择项。

由上述澳大利亚两份学业评价通知单实例,可发现两所小学强调"能力、努力分开评定","大项细分数个小项时,可只评大项等第,不一定评定各小项等级","通知单后面呈现:教师是否要求与家长面谈?家长是否要求与教师面谈?"等。这些都可供两岸四地的教师们参考。

实例 10-6

澳大利亚麦格小学三年级的学业评价通知单(以语文为例)

成就代码:
A=很高;B=高;C=还不错;D=接近不错;E=有困难。
胜任能力代码:
ED=有困难;DV=正在发展中;CP=能胜任;HC=高度胜任。
努力代码:
C=令人赞赏;S=令人满意;I=不够

姓名:＿＿＿＿＿＿＿＿ 班级:＿＿＿＿＿＿＿＿

语文				HC	CP	DV	ED
说和听	努力			HC	CP	DV	ED
1. 能使用适当的文体; 2. 能显示信心和清楚地说话; 3. 能控制音量并使用适当的表达方式; 4. 在正式和非正式情境,能计划说什么或组织什么信息; 5. 能预测到会有什么信息; 6. 能对讲述者表示自己的理解和兴趣。							
阅读和观赏	努力						
1. 能知道和了解不同的文章; 2. 能辨识文章结构; 3. 能运用多种策略去处理不熟悉的文章; 4. 能使用适合自己年龄层的语汇; 5. 能选出事件和角色; 6. 能了解视觉语言:图画、录像带; 7. 能自己激发动机去阅读,并从中得到乐趣。							
写作	努力						
1. 能运用不同的文章形式,以适合写作的目的和对象; 2. 能运用适当语言; 3. 能正确地造句; 4. 能适当地为简单句加标点; 5. 能做到适合年零层次的拼字; 6. 能自己校正并具有编辑能力; 7. 能写得令人看懂并整齐。							

(资料来源:钟圣校.小学教师学习评价信念与实践之跨国比较研究——澳洲小学教师评价信念与实践之研究(一).专题研究报告,1998:121.)

实例 10-7

澳大利亚新利班小学的学业评价通知单

公立小学 学生评价的年级 4，5，6，7	学业等第： A 表现卓越 B 非常好 C 普通 D 有困难 E 无法掌握	行为表现等第： 1 值得赞赏 2 令人满意 3 令人不满	姓名雪莉 班级 <u>6</u> 学期 <u>2</u> 年份1994

语文	等第	B-	社会学习等第	B+	工作和学习习惯	等级
1. 倾听和遵守指令 2. 说话 3. 阅读和理解 4. 写作 5. 功能性语文（拼字、文法、标点） 6. 写字	1. 雪莉继续保持良好的倾听并能用心遵循命令。 2. 她能有效沟通自己的想法。 3. 对文字理解得相当好。 4. 在各种形式上的书写都很认真。 5. 在句子结构理解方面进展得很好。 6. 清晰并可辨认。		有卓越的成绩。在报告的呈现和研究方面都良好，了解本学期教的观念。做得好！雪莉！		• 独立工作； • 努力改善； • 干净利落； • 完成一组工作； • 家庭作业。	1 1 1 1 1
			科学等第	**C+**	**社会发展**	**等级**
			雪莉的词汇量逐渐增多，因此用英文预测、推论、观察的能力也在增加。		• 与他人一起操作； • 认真且负责； • 自我操控； • 与他人分享工作和游戏。	1 1 1 1
			音乐			
			在班上很用功、持续，以信心完成所有作业。			

数学	等第	B	艺术与美劳	总评
1. 数 • 实数 • 运算（+、—、×、÷） 2. 问题解决 • 测量 • 空间	雪莉继续保持高成就： 1. 她了解 　• 数 　• 整数 　• 分数 2. 她做小数四则运算运用问题时，很有信心并有效率。		在参与艺术活动时，很专注、用心。 **健康与体育** 在游泳方面进步很多，喜欢打网球。 **外国语言** 雪莉在中文说和写方面，成绩卓越。	雪莉是非常负责任和独立的学生，她花很大的精力在所有功课上并愿意与他人分享知识。她的英文进步很多。 教师签名： 家长签名： 教师要求与家长面谈 　是　　否 家长要求与教师面谈 　是　　否

注：灰色底纹区域为教师填写的评估内容。

（资料来源：钟圣校.小学教师学习评价信念与实践之跨国比较研究——澳洲小学教师评价信念与实践之研究（一）.专题研究报告,1998:122.）

五、美英小学的学业评价通知单

美英小学学业评价通知单亦有其特色,兹从我国台湾地区的胜利小学的转入学生的资料中,选取美国、英国几所小学的实例来说明。

(一)美国帕多尼亚小学通知单

美国巴蒂摩尔市帕多尼亚小学通知单(实例10-8)分成"自我发展、学科课程"两大类的成绩,分四个学期评价。"自我发展"运用评分符号的标准:"+"乃杰出,"V"乃达到标准,"一"乃需要加强;"学科课程"运用评分数字的标准:"1"乃能独力达到标准,"2"乃需借着别人的援助而达到标准,"3"乃只能完成部分标准,"4"乃不通过。

"自我发展"分为以下八项:(1)对别人的尊敬;(2)责任感;(3)在小组的合作能力;(4)良好的工作习惯;(5)遵循班规及校规;(6)正确地遵行、明白书面指示;(7)会听及响应口语指示;(8)有正面的学习态度。"学科课程"又分为语言、数学、社会科学、科学、图书馆及媒体、美术与艺术、音乐、体育等八个子项,且每个子项均细分为数项重点能力。

(二)美国奥尔巴尼小学通知单

美国加州奥尔巴尼小学通知单(实例10-9)分成学科科目、品行两大类的成绩,分四次评价,教师评语亦分成四个阶段。"学科科目"包括语言学、社会学、数学、科学、体育、美术等项;评价标准中,"A"乃非常杰出、"B"乃表现优良、"C"乃表现尚可、"D"乃再加油、"E"乃尚未通过。"品行"包括合作、有礼貌、为他人着想,自我管理的表现,态度认真,功课做得好,愿意参与课内活动,事先准备功课,能遵守指示,以及准时做完功课等八项;评价标准中,"S"乃很满意、"N"乃需要加强、"U"乃不满意。

(三)美国伊利诺大学附属高中社会科进度报告

美国伊利诺大学附属高中社会科进度报告(实例10-10)乃兼顾能力成就、努力的学业评价通知单,采取"+杰出的、S令人满意的、U不满意的、0不适用的"四等第评定方式,是合并等级、目标评定量表的综合评估单(Linn & Miller,2005)。左列乃一般学校目标,右列乃针对社会科的目标。本报告分十一月、二月、四月、六月四次告知学生、家长学校目标、社会科目标达成的进度。本报告乃由学生、家长、教师和学校行政人员代表组成的委员会共同研讨制作而成。

(四)英国奇纳姆小学通知单

英国奇纳姆小学通知单(实例10-11)分成英文、数学、科学、历史学、技术、地理学、现代外国语等七个学科。每个学科均细分为数项重点项目,评价内容颇为具体。

综上,美英小学学业评价通知单强调自我发展,重视图书馆及媒体的学习,评价不限于学科领域,且将学科能力具体化的作法可供参酌。

实例 10-8

美国帕多尼亚小学学业评价通知单

学生姓名：　　　　年级：　　　　教师：　　　　　.

学　　　期	1	2	3	4	学　　　期	1	2	3	4
▲自我发展					▲社会科学				
1. 对别人的尊敬；					1. 展现社会科学的知识及观念；				
2. 责任感；					2. 会用地图、图表及地球仪；				
3. 在小组的合作能力；					3. 会应用地理观念；				
4. 良好的工作习惯；					4. 用不同方法分享传达信息。				
5. 遵循班规及校规；					▲科学				
6. 正确地遵行、明白书面指示；					1. 展现对科学原理概念的批判性思考；				
7. 会听及响应口语指示；					2. 用不同方式分享传达科学原理。				
8. 有正面的学习态度。					▲图书馆及媒体				
▲语言方面：阅读和写作能力					1. 参与其中心的活动；				
1. 会运用适当的辨字技能；					2. 用其达成目标。				
2. 阅读顺畅、流利；					▲美术与艺术				
3. 了解不同类型的文章；					1. 会应用艺术技能及观念；				
4. 会回应所读过的、听过的事物；					2. 用美术当作表达的媒介。				
5. 会以口语表达思想并让人明白；					▲音乐				
6. 会运用适当的书写技能；					1. 会用音乐技能及观念；				
7. 会打草稿、编辑，完成自己的文章；					2. 会辨识不同类型的音乐。				
8. 会将拼字原理运用在写作里。					▲体育				
▲数学					1. 有好的运动精神；				
1. 正确计算；					2. 遵循运动及安全规则；				
2. 应用几何原理；					3. 展现适当的基本技能。				
3. 应用测量原理；									
4. 应用几率原理；					◎缺席日数				
5. 会解释说明图表和统计图；					◎迟到日数				
6. 会了解分数和小数；									
7. 会辨识数学公式和关系；									
8. 会用数学工具及科学知识。									

"自我发展"运用评分符号的标准	8门"学科课程"运用评分数字的标准
＋：杰出	1：能独力达到标准
Ⅴ：达到标准	2：需借助别人援助而达到标准
一：需要加强	3：只能完成部分标准
	4：不通过

实例 10-9

美国奥尔巴尼小学学业评价通知单

学生姓名：　　　　　　年级：　　　　　教师：　　　　　.

成绩标准代号：

A＝非常杰出　　　　B＝表现优良　　　　C＝表现尚可

D＝再加油　　　　　E＝尚未通过

学科科目	第一次	第二次	第三次	第四次	老师评语： 第一阶段
英语(语言学)					
社会学					
数学					
科学					
体育					老师评语： 第二阶段
美术					

成绩标准代号：
S＝很满意　　　N＝需要加强　　　U＝不满意

品行	第一次	第二次	第三次	第四次	老师评语： 第三阶段
合作、有礼貌、为他人着想。					
自我管理的表现。					
态度认真。					老师评语： 第四阶段
功课做得好。					
愿意参与课内活动。					
事先准备功课。					
能遵守指示。					
准时做完功课。					

实例 10-10

美国伊利诺大学附属高中社会科进度报告

进度报告

伊利诺大学附属高中　　　社会科

香槟校区,伊利诺伊州

_____十一月　　_____二月　　_____四月　　_____六月

评分等第:十杰出的　　　S令人满意的　　　U不满意的　　　O不适用的

SUO　尊重他人的权利、意见和能力	＋SUO　独立思考和原创性
SUO　接受小组安排	＋SUO　不是寻求表面知识
SUO　爱护公物	＋SUO　遵守规则并参与小组讨论
SUO　善于利用时间	＋SUO　对事物的理解力
SUO　倾听	＋SUO　区分社会学习材料的选择和使用
SUO　听从指示	＋SUO　批判思考技能的成长
	＋SUO　依年代顺序和文化场景安置人物和事件
	＋SUO　社会责任

成　　就	努　　力
等第是关于一位学生在该班级的成就的测量,与此学科更高阶的课程预期相关。	以下的等第是依据教师可取得的证据对学生努力情形的一个估计。
____5优异的　____2待改进的 ____4非常好　____1失败的 ____3可靠的　____0不适用的	____5优异的　____2待改进的 ____4非常好　____1失败的 ____3可靠的　____0不适用的

建议或意见

教师:_____

（引自 M. D. Miller, R. L. Linn & N. E. Gronlund. *Measurement and Assessment in Teaching* (10th ed.). NJ: Prentice Hall, 2009, p. 374.）

实例 10-11

英国奇纳姆小学学业评价通知单

学生姓名：　　　　年级：　　　　教师：　　　　评价者：　　　　.

科　　目	等级	科　　目	等级
▲语言		▲技术	
听说能力		其一	
阅读		确认需求与机会	
写作		设计与创造	
拼音		计划与实施	
手写能力		评鉴	
		其二	
▲数学		信息技术	
数学的应用			
数字		▲地理学	
代数		地理性技能	
形状与空间		知识与理解	
数据处理		物理地理学	
		人类地理学	
▲科学		环境地理学	
科学探究			
生涯成长		▲现代外国语	
科学材料		听	
体能		拼	
		读	
▲历史学		写	
知识与理解			
历史的解释			
历史性资源的运用			

第四节　我国台湾地区学业评价通知单的实例与省思

一、力求突破的学业评价通知单实例

我国台湾地区近年实施开放教育与小班教学之学校日趋增多,兹以台北市龙安小学(实例10-12)、台北市吴兴小学(实例10-13)、台北县莒光小学(实例10-14)为例说明之。

(一)台北市龙安小学学习状况通知单

台北市龙安小学学习状况通知单(实例10-12)乃实施学业评价改进班的成果,包括在校状况、学习情形、学科表现、自我评价、老师与家长的话共项,而评价等级分为做得很好、已经做到、已有进步、继续努力等四个等级。该状况通知单较传统通知单改善甚多,具有下列优点:(1)兼顾学科表现、在校生活状况与学习情形;(2)各科呈现重点关键能力,如语文呈现写字、发表、阅读、创作等关键能力;(3)等级的叙述改为"做得很好、已经做到、已有进步、继续努力",较能鼓励学生;(4)兼顾教师、家长、学生的评价,尤其是纳入学生的自评;(5)注明评价起迄时间,让评价时间具有弹性,不一定局限于学期末。

为求精益求精,此通知单或可再纳入下列几项:(1)呈现学生"努力"指标,评价学生在评价期间的努力情形;(2)自我评价若纳入文字说明,并引导学生说明正向具体事实当更佳;(3)为强化亲师互动,可纳入"教师是否要求家长面谈"或"家长是否要求与教师面谈";(4)昭示学校教育目标,设计具体的目标分项,并引导学生自评,达到学校教育目标的程度,之后教师、家长再实施复评;(5)纳入注明出勤记录,了解学生学习状况;(6)纳入辅导奖励的事实,增强学生正向行为;(7)若学校规划主题探索活动或学习档案,亦可将此学习成果纳入评价;(8)能同时评价学科重点项目、整体学科状况,兼顾分项与整体学科的学习状况;(9)若评价的四个等级以代码表示,可将原先四个等级打钩的四格位置的内容,转化为四次评价,发挥持续评价与相互比较的效果;(10)学校与家长温馨的沟通,或许能让家长珍惜此通知单,如本书中呈现的日本打濑小学请家长将通知单视为"宝物"。

(二)台北市吴兴小学学习概况通知单

台北市吴兴小学的学习概况通知单(实例10-13)包括学科学习状况、生活态度、老师与家长的话。各学科均分几项重点项目。如语文分为六项:(1)能用正确的语句叙述;(2)能用通顺的句子写出短文;(3)能将字写得正确及端正;(4)能倾听且了解他人说话内容;(5)能阅读课内外的文章并理解;(6)能具有听写能力。评价除针对各学科重点项目的结果逐一评价外,还针对各学科的学习状况实施整体的状况记录。评价学科重点项目的标准分为做得很好、已经做到、已有进步、要继续努力、需加强辅导等五个等级;评价学科状况的标准分为能做得非常好、大部分做到、再努力会更好等三个等级。

该学习概况通知单能兼顾生活态度、学科表现,能同时评价学科重点项目、整体学科状况,能纳入家长意见,这些均为不错的构想。但此通知单,作者认为若能纳入学生自评将更佳,其余改善部分可参考台北市龙安小学学习状况通知单的部分内容。

(三)台北县莒光小学学习手册

台北县莒光小学学习手册(实例10-14)系以一学期为单位,对整学期各科的主要单元均设计一张学习放大镜,语文分成六大单元,数学分成九大单元,自然分成八大单元,社会分成三大单元,生活与伦理、健康教育分成两大单元,共 28 张学习放大镜。28 张学习放大镜前,先以一页感性的"给家长的话",告知家长如何使用学习手册,并积极引导家长多予孩子鼓励。每张学习评价单内容包括单元学习记录(学习放大镜)与反省记录(学习加油站)两大部分。学习放大镜记录内容因学科性质、单元内容而异,通常留下空白的几格让教师家长针对学生或班级需要纳入,此种大同小异的做法颇具弹性。评价分为优、良、可、待加强四个等级。学习加油站包括满意、困难、还想加油等项,协助学生诚实地自我省思。实例 10 - 14 中,仅以语文科目第一单元"春天的景色"为例具体呈现。

台北县莒光小学学习手册具有下列优点:(1)以学期为单位汇整成册,利于整理收藏;(2)兼顾学生学习记录与学生自省,养成学生自我负责的态度;(3)"给家长的话"不仅能引导家长如何做,更能引起家长的热忱参与;(4)强调家长多予孩子鼓励、打气,增进自我肯定;(5)兼顾教师、家长、学生之参与评价。但是,运用此学习手册具有下列不足:教师必须花费相当多的时间;内容仅限于学习部分,未包括生活状况,若纳入生活状况,将更完整。至于其余可改善部分,可参考台北市龙安小学学习状况通知单之部分内容。

二、改善学业评价通知单的省思

学业评价通知单乃一项困难、耗时且专业的评价,不仅需要老师劳心劳力,更要有改革的魄力与决心,这样方能成功。兹综合本章中介绍的世界主要国家学业评价单实行状况、台湾地区实际实行情形、教师工作负担及家长配合度,提出实例 10 - 15 与下列改善学业评价通知单的浅见。

(一)兼重学科表现、生活行为表现

学业评价不应局限于学科学习,应包含生活行为评价,方能落实全人教育,导引全社会注意智育与升学主义的偏差。实例 10 - 15 中,学科表现包括语文、数学、社会、自然、音乐、美劳、体育、英语等学科,教师可视需要斟酌加减科目,亦可参考九年一贯课程之七大领域作为学科表现的分类。生活行为表现分为学习态度、日常行为、团体行为、师长互动、肯定自己等向度。教师也可视需要调整表现的分类。

(二)将学科或生活行为表现具体化、细分化

学科表现或生活行为表现若未具体化、细分化,学生、家长将难以了解真正的意义与如何改善,如笼统呈现语文不好,而未告知是写字、发表、阅读还是创作不好,将无法提出具体的改善策略。实例 10 - 15 中,学科表现或生活行为表现均力求具体化、细分化,但教师必须依据学生的学习内容、学习与生活状况适度修改,方能适用于所任教的班级学生。

(三)兼含等级评定、文字补充说明

学业评价之结果宜兼顾量化、质化结果,通知单应兼含等级评定的量化结果,以及补充说明的质化结果。实例 10 - 15 中,将评定等级分为五个等级,且均以符号表示,评等意义与符号为"很好"打"○","不错"打"√","加油"打"△","改进"打"?","需辅导"打"×"。上述评等意义与符号是为了配合本书之其他章节,在实际操作中教师均可与学生或家长研讨并进行改善,如教师可将五个等级的符号以"A、B、C、D、E"表示。

(四)呈现阶段性结果

有些家长抱怨一学期发一次学业评价通知单,无法及时觉察子女问题,通常希望教师随时

告知子女的学校表现,旨在实施及时辅导与提出改善策略。不过教师限于班级学生数过多、教学与行政负担过重等原因,不愿意发太多次通知单,一般一学期发一次。家长、教师的角度造成两难,若各退一步或许较佳。如实例10-15中教师发通知单由一学期一次增加为期中、期末各一次,也可待班级学生数再降低、教学与行政负担再减轻后,再增加通知次数。

（五）兼顾能力、努力

本章中提及的澳大利亚小学学业评价通知单纳入努力向度,值得借鉴。因为有些学生再怎么努力,能力难以提升,有些学生虽不努力,能力却甚强,能力、努力兼顾乃较适切之作法。实例10-15中,除评定五个等级的"能力指标"外,亦纳入"努力指标"。当学生"努力或进步"时,在评等符号右上角打"＋","不努力或退步"时,则打"－"。

（六）兼含教师、家长、学生

学业评价人员应多元化,教师不应将实施评价视为自己的专利,应参考学生意见,尊重家长的回馈。同时,教师让学生自评后再复评,亦可培养学生自我省思、负责的态度。家长回馈意见可谓是最能作为教师辅导学生之参考的,必要时教师可与家长实施面谈。实例10-15中兼含教师、家长、学生的做法可供参考,另外,教师亦可纳入"教师是否请家长面谈? 家长是否想跟教师面谈?"以增进亲师互动。

（七）发展学校教育目标与评价项目

日本打濑小学制定自己的学校教育目标,研拟评价项目,并请学生自评的做法,应可供两岸四地参考。

（八）纳入出缺席记录

青少年犯罪的主体为辍学学生,若能掌握学生出缺席状况,不仅有益于及时研拟防治措施,且可确实了解学习行为。实例10-15中,限于篇幅仅扼要呈现期中、期末应出席日数、缺席日数,未纳入事假、病假、丧假或旷课日数,教师可视需要斟酌增加。

（九）引导主题探索与自省

学业评价通知单纳入主题探索或学习档案乃未来趋势。实例10-15中,主题探索名称或重点可由教师规范或由学生自行制定,教师可视学生年龄、学习经验、学习能力权衡。主题探索亦要求学生自评等级,教师再复评等级,此种量化方式可视需要改为质化之补充说明。

（十）着重激发成就、给予鼓励

日本近年的教育改革强调激发学生成就感、荣誉感,且具体落实到学业评价通知单内,此种做法应可参考。实例10-15中,生活行为表现的肯定自我项中"喜欢自己、发现自己优点"乃引导学生自我肯定,另外,明确指出"省思或鼓励"栏,提醒教师、家长多予学生鼓励。但教师运用时必须告知自己与家长,此栏之鼓励必须以具体事实为依据,切不可天马行空、流于表面而导致其失去意义。

（十一）共同研发、充分征询

呈现学习结果的方式与报告应由学生、家长、教师、辅导人员、行政人员共同研发,若能组织委员会成员(包括学生组织、家长团体、教师、辅导人员、学校行政的代表),研讨、修正后再研讨,将更为有效。

上述就学业评价通知单改善之管见与实例,仅供教师参考。改善必须视学校行政支持,教师自己的工作负担与身体状况,家长参与重视程度,学生能力与需求,以及教育改革趋势等因素权衡,稳健成长、循序渐进或为较佳之改善策略。

实例 10－12

台北市龙安小学_____学年度第二学期
学习状况通知单

班级：　　　年级　　班　　　姓名：

评价起迄时间：

在校状况	做得很好	已经做到	已有进步	继续努力	学科表现	做得很好	已经做到	已有进步	继续努力
1. 带齐学习用品	☐	☐	☐	☐	4. 自然：				
2. 会举手发言	☐	☐	☐	☐	观察	☐	☐	☐	☐
3. 整理抽屉	☐	☐	☐	☐	发问	☐	☐	☐	☐
4. 注意礼貌	☐	☐	☐	☐	记录	☐	☐	☐	☐
5. 同学互动情形	☐	☐	☐	☐	实验态度	☐	☐	☐	☐
6. 打扫环境	☐	☐	☐	☐	好奇心	☐	☐	☐	☐
7. 用餐情形	☐	☐	☐	☐	5. 唱游：				
8. 其他_____	☐	☐	☐	☐	韵律	☐	☐	☐	☐

学习情形	做得很好	已经做到	已有进步	继续努力	学科表现	做得很好	已经做到	已有进步	继续努力
					节奏感	☐	☐	☐	☐
1. 专心情形	☐	☐	☐	☐	体能活动	☐	☐	☐	☐
2. 分组合作	☐	☐	☐	☐	欣赏	☐	☐	☐	☐
3. 创意思考	☐	☐	☐	☐	6. 美劳：				
4. 主动态度	☐	☐	☐	☐	绘图	☐	☐	☐	☐
5. 其他_____					剪贴	☐	☐	☐	☐
					鉴赏				
					欣赏	☐	☐	☐	☐

学科表现	做得很好	已经做到	已有进步	继续努力	自我评价	做得很好	已经做到	已有进步	继续努力
1. 语文：					1. 听爸爸妈妈的话	☐	☐	☐	☐
写字	☐	☐	☐	☐	2. 尊敬师长	☐	☐	☐	☐
发表	☐	☐	☐	☐	3. 和同学和睦相处	☐	☐	☐	☐
阅读	☐	☐	☐	☐	4. 喜欢自己	☐	☐	☐	☐
创作	☐	☐	☐	☐	5. 不怕困难的事	☐	☐	☐	☐
2. 数学：					6. 自动做好该做的事	☐			☐
理解	☐	☐	☐	☐					
计算	☐	☐	☐	☐					
解决问题能力	☐		☐	☐	老师的话：				
3. 社会：									
资料搜集	☐	☐	☐	☐					
生活报告	☐	☐	☐	☐	家长的话：				
发表	☐	☐	☐	☐					
日常实践	☐	☐	☐	☐					

校长：　　　　教务主任：　　　　年级导师：　　　　家长签名：

实例 10-13

台北市吴兴小学_____学年度一年级第二学期
学习概况通知单

班级:　　　年级　　　班　　　姓名:　　　　.

科目		评价结果	状况记录
语文	1. 能用正确的语句叙述;		
	2. 能用通顺的句子写出短文;		
	3. 能将字写得正确及端正;		
	4. 能倾听且了解他人说话内容;		
	5. 能阅读课内外的文章并理解;		
	6. 具有听写能力。		
数学	1. 熟练进行 10 以内加减法的计算;		
	2. 对 1—20 各数有正确的认知;		
	3. 能认识钟表上的时刻。		
社会	1. 能乐意参与活动并遵守规则;		
	2. 能说出班上同学姓名;		
	3. 能主动完成自己该做的事;		
	4. 认识学校的设备和场所;		
	5. 能遵守学校作息时间;		
	6. 能收集资料并剪辑。		
自然	1. 能运用感官辨识物体的特征;		
	2. 有细心观察合作的态度;		
	3. 会爱护自然物;		
	4. 能收集资料并剪辑。		
道德与健康	1. 能注意保持仪表整洁;		
	2. 会注意自己的安全;		
	3. 对人有礼貌、能和睦相处。		
美劳	1. 会善用材料、工具创作;		
	2. 色彩能多样化呈现;		
	3. 能用心欣赏他人作品并发表想法。		
音乐	1. 能辨别四分、八分音符、休止符的形状和长短关系;		
	2. 能认识音符在五线谱上的位置;		
	3. 能演奏三种节奏乐器;		
	4. 能欣赏音乐并做律动。		

科目		评价结果	状况记录
体育	1. 运动技能；		
	2. 学习态度；		
	3. 安全常识。		
英语	1. 能跟着老师说出正确的语音；		
	2. 上课能配合进行活动；		
	3. 会勇敢主动地发言。		
生活态度	1. 会把自己的物品整理整齐；		
	2. 会用合理的态度处理问题；		
	3. 上课能专心听别人说话，不玩弄物品；		
	4. 对该完成的事情能按时做好；		
	5. 对同学能和颜悦色、轻声说话；		
	6. 能用正确的语言主动地打招呼；		
	7. 会举手发言、不抢着说话；		
	8. 对学习具有积极、主动思考的态度。		
评价标准	5：做得很好　　　　2：要继续努力 4：已经做到　　　　1：需加强辅导 3：已有进步	◎：能做得非常好 ○：大部分做到 △：再努力会更好	
老师的话			导师签章
爸妈的话			家长签章
校长：		主任：	

实例 10-14

台北县莒光小学学习手册(三下)

给家长的话
(学习手册怎样使用呢?)

亲爱的家长:

　　您好!

　　时间过得真快,转眼间新的学期又开始了。这学期,为了培养孩子自主自发的学习态度,三年级全体教师设计了这本学习手册,期盼在你我的配合努力下,协助孩子更加了解自我的学习状况,学会自我评价,解决学习困难,并且从中获得学习的成就感。

　　我们按照课程单元进度,在"学习放大镜"中列出孩子们应学习的记录,请您与孩子共同反省、评价,以图示在"学生"一栏指导孩子自行划记。然后,您可以利用"备注栏"写上一句给孩子鼓励的话。

　　在"学习加油站"中,我们希望孩子能养成对自己负责的态度,诚实记录自己的优、缺点,愿家长也能随时鼓励、支持您的宝贝,写下祝福、打气的话。相信在亲师共同的关怀灌溉下长大的孩子,会成长得更健康,更肯定自己!

　　最后,祝福您:

　　　　　　　　永保"心"鲜,陪伴孩子
　　　　　　　　快快乐乐地长大!

　　　　　　　　　　　　　　　　　　　全体教师　敬上

台北县莒光小学学习手册(三下)
目 录

学习放大镜

科目:语文　　　　　　　　单元名称:春天的景色

学生、老师以下列符号标示评价结果:

优"☆";良"○";可"✓";待加强"△"

本单元学习记录	学生自评	老师评价	备注
1. 会欣赏、观赏周遭景物。			
2. 会描写景物。			
3. 会简要概括大意。			
4. 会辨别游记、新诗等体裁的文章。			
5. 会发表(报告)自己旅游所观赏到的景物。			
6. 能了解休闲旅游的重要。			
7.			
8.			
9.			
10.			

学习加油站(自我反省,自我超越)

针对上面的记录结果:

1. 我感到"满意"的是第几项?(　　　　)

2. 我感到"困难"的是第几项?(　　　　)

3. 我还想加油的是(或我想说的是):

(1)

(2)

(3)

老师的话:

家长的话:

家长签名:　　　　　老师签名:

实例 10-15

××县(市)××小学××学年度第×学期学业评价通知单

班级: 年级 班 姓名: .

◆ 评等意义与符号:"很好"打"○","不错"打"✓","加油"打"△",
"改进"打"?","需辅导"打"×"。

◆ 若"努力或进步"则在评等符号右上角打"+","不努力或退步"则打"—"

学科表现		学期中		学期末		生活行为表现		学期中		学期末	
		评等	补充说明	评等	补充说明			评等	补充说明	评等	补充说明
语文	写字					学习态度	专心学习				
	发表						分组合作				
	阅读						创意思考				
	创作						主动学习				
数学	理解					日常行为	带齐学习用品				
	计算能力						会举手发言				
	解决问题能力						整理抽屉				
社会	知识理解						打扫环境				
	生活实践						用餐				
	积极收集资料						作业缴交				
自然	知识理解					团体行为	注意礼貌				
	实验操作观察						同学相处和睦				
	科学态度						遵守团体约定				
音乐	韵律						热心参与团体活动				
	节奏感					师长互动	听父母的话				
	欣赏						帮忙做家事				
美劳	创作构思						尊敬师长				
	善用工具或色彩						帮教师处理班务				
	欣赏					肯定自己	喜欢自己				
	创意						发现自己的优点				
体育	运动技能						不怕困难的事				
	运动态度						主动做好该做的事				
	安全知识					省思或鼓励:学期中		学期末			
英语	正确发音					学生					
	简单会话										
	学习兴趣					教师	整体表现(努力情形)				
主题探索名称、重点		自评等级	复评等级	自评等级	复评等级	家长					
应出席日数	学期中		学期末			缺席日数	学期中		学期末		

校长: 教务主任: 年级导师: 家长签名:

参考书目

一、中文部分

1. 陈李绸. 教育测验与评量[M]. 台北：五南图书公司，1997.
2. 陈丽华. 反省性教学的概念与实施方法——以小学社会科为例[R]. 台湾师范大学教育研究中心"师资培育的理论与实务学术研讨会"，1996.
3. 陈英豪、吴裕益. 测验与评量(修订一版)[M]. 高雄：复文书局，1991.
4. 崔允漷、王少非、夏雪梅. 基于标准的学生学业成就评价[M]. 上海：华东师范大学出版社，2008.
5. 单文经. 美国加州小学推动"真实情境的学业评价"[J]. 台湾教育，1995(534).
6. 郭生玉. 心理与教育测验(三版)[M]. 台北：精华书局，1987.
7. 洪碧霞、吴裕益. 小学数学诊断测验之编制结案报告[R]. 台南：台南师范学院，1996.
8. 黄安邦. 心理测验[M]. 台北：五南图书公司，1991.
9. 简茂发、李琪明、陈碧祥. 心理与教育测验发展的回顾与展望[J]. 测验年刊，1995(42).
10. 简茂发. 多元化评量之理念与方法[J]. 教师天地，1999(99).
11. 简茂发. 学习评量的新趋势[J]. 教育研究双月刊，1995(45).
12. 李坤崇、刘文夫、黄顺忠. 中学学校本位课程发展与课程计划之历程、实例分析[A]//中学学校本位课程发展与课程计划之历程、实例分析[M]. 台南：南一书局，2001.
13. 李坤崇、欧慧敏. 统整课程理念与实务[M]. 台北：心理出版社，2001.
14. 李坤崇. 多元化教学评量[M]. 台北：心理出版社，1999.
15. 李坤崇. 多元化教学评量理念与推动策略[J]. 教育研究月刊，2002(91).
16. 李坤崇. 高雄市公立高级中等学校 1998 学年度联合招生委员会研究报告[R]. 1998.
17. 李坤崇. 中小学成绩评量准则之多元评量理念[A]//中小学校长与督学培训手册[M]. 2002.
18. 李坤崇. 教学评价[M]. 台北：心理出版社，2006.
19. 李坤崇. 教学评鉴与学习评量实例导读[A]//台湾中学学校经营研发辅导手册[M]. 2001.
20. 李坤崇. 九年一贯中学课程综合活动学习领域多元评量方式与策略之发展与实施研究（Ⅰ）[R]. 专题研究报告，2001.
21. 李坤崇. 人性化、多元化教学评量——从开放教育谈起[A]//多元教学评量[C]. 高雄市人力资源发展中心，1998.
22. 李坤崇. 综合活动学习领域概论[M]. 台北：心理出版社，2004.
23. 李坤崇. 综合活动学习领域教材教法[M]. 台北：心理出版社，2001.
24. 刘淑雯. 溶解刻板印象：两性角色课程对小学学生性别角色刻板印象的影响[D]. 台北师范学院教育研究所硕士论文，1996.
25. 施红朱. 综合学习领域"能力指标"的再概念化——以第四学习阶段为例[C]. 高雄市教育论坛，2003.
26. 田耐青. 由多元智慧理论的观点谈教学评量：一些台湾的实例[J]. 教师天地，1999(99).
27. 吴铁雄、洪碧霞. 实作评量问与答[J]. 测验与辅导双月刊，1998(149).
28. 吴裕益. 传统题目分析方法[A]//陈英豪. 教学评量[C]. 台南师范学院，1992.
29. 吴毓莹. 开放教室中开放的评量：从学习单与检核表的省思谈卷宗评量[A]//开放社会中的教学[C]. 台北师范学院，1995.
30. 杨荣祥. 技能领域教育目标分类[A]//陈英豪. 教学评量[C]. 台南：台南师范学院，1992.
31. 杨荣祥. 克拉斯霍尔的情意领域教育目标分类[A]//陈英豪. 教学评量[C]. 台南：台南师范学院，1992.
32. 叶重新. 心理测验[M]. 台北：三民书局，1992.
33. 余民宁. 教育测验与评量[M]. 台北：心理出版社，1997.

34. 詹宝菁.小学教师在社会科实施案卷评量之诠释性研究：评量革新与教师改变[D].台北师范学院教育研究所硕士论文,1998.

35. 张春兴.现代心理学：现代人研究自身问题的科学[M].上海：上海人民出版社,1994.

36. 张兰畹.建构主义的评量[R].台中师范学院建构主义教学研讨会,1996.

37. 张美玉.历程档案评量在建构教学之应用：一个科学的实证研究[J].教学科技与媒体,1995(27).

38. 钟圣校.小学教师学习评价信念与实践之跨国比较研究——澳洲小学教师评价信念与实践之研究（一）[J].专题研究报告,1998.

39. 庄明贞.小学课程的改进与发展——真实性评价[J].教师天地,1995(79).

40. 邹慧英.实作型评量的品管议题——兼谈档案评量之应用[R].台南师范学院教育测验新进发展趋势学术研讨会,1997.

41. 邹慧英.小学写作档案评量应用之探讨[J].台南师范学院初等教育学报,2000(13).

二、日文部分

1. 日本千叶市打濑小学(1999).教学评估通知单.

2. 日本千叶市打濑中学(1999).教学评估通知单.

3. 日本爱知县绪川小学(1999).教学评估通知单.

4. 儿岛邦宏(1999).中学学习指导要领解说.日本：时事通讯社.

5. 儿岛邦宏(1999).小学学习指导要领解说.日本：时事通讯社.

三、英文部分

1. Airasian, P. W. Classroom Assessment and Educational Improvement. In L. W. Anderson（Eds.）. *The Effective Teacher*. New York: Random House, 1989.

2. Airasian, P. & Madaus, G. F. Functional Type of Student Evaluation. *Measurement and Evaluation in Guidance*, 1972(4).

3. Airasian, P. W. *Assessment in the Classroom* (2nd ed.). New York: McGraw-Hall, 2000.

4. Anastasi, A. & Urbina, S. *Psychological Testing* (9th ed.). New Jersey: Prentice-Hall, 1997.

5. Anastasi, A.. *Psychological Testing* (5th ed.). New York: Macmillan, 1988.

6. Anderson, L. *Revised Bloom's taxonomy*. Paper presented at North Carolina Career and Technical Education Curriculum Development Training, Raleigh, NC, 2006.

7. Anderson, L. W. & Krathwohl, P. W. The Revised Taxonomy Structure: The Taxonomy Table. In L. W. Anderson, D. R. Krathwohl, P. W. Airasian, K. A. Cruikshank, R. E. Mayer, P. R. Pintrich, J. Raths & M. C. Wittrock (Eds.). *A Taxonomy for Learning, Teaching and Assessing: A Revision of Bloom's Taxonomy of Educational Objectives*. New York: Addison Wesley Longman, Inc., 2001.

8. Anderson, L. W. The Taxonomy in Use: Using the Taxonomy Table In. L. W. Anderson, D. R. Krathwohl, P. W. Airasian, K. A. Cruikshank, R. E. Mayer, P. R. Pintrich, J. Raths & M. C. Wittrock (Eds.). *A Taxonomy for Learning, Teaching and Assessing: A Revision of Bloom's Taxonomy of Educational Objectives*. New York: Addison Wesley Longman, Inc., 2001.

9. Anderson, L. W., Krathwohl, D. R., Airasian, P. W., Cruikshank, K. A., Mayer, R. E., Pintrich, P. R., Raths, J. & Wittrock, M. C. *Summary of The Changes from the Original Framework*. In. L. W. Anderson, D. R. Krathwohl, P. W. Airasian, K. A. Cruikshank, R. E. Mayer, P. R. Pintrich, J. Raths & M. C. Wittrock (Eds.). *A Taxonomy for Learning, Teaching and Assessing: A Revision of Bloom's Taxonomy of Educational Objectives*. New York: Addison Wesley Longman, Inc., 2001.

10. Applebee, A. N., Langer, J. & Mullis, I. V. S. NAEP 1992 Writing Report card. *National Center for Education Statistics*. Washington, DC, 1994.

11. Arter, J. A. & Paulson, P. *Composite Portfolio Work Group Summaries*. Lake Oswego, OR: Northwest Evaluation Association, 1991.

12. Aschbacher, P. R. Performance Assessment: State Activity, Interest and Concerns. *Applied Measurement in Education*, 1991 (4).

13. Bloom, B. S., Englhart, M. D., Furst, E. J., Hill, W. H. & Krathwohl, D. R. *Taxonomy of Educational Objectives. Handbook 1. Cognitive Domain.* New York: McKay, 1956.

14. Borich G. D. *Observation Skills for Effective Teaching.* Columbus, OH: Charles E. Merrill, 1993.

15. Brookhart, S. M. Grading Practices and Validity. *Educational Measurement: Issues and Practice*, 1991, 10(1).

16. Brown, A. L., Campione, J. C., Webber, B. & McGilly, L. Interactive Learning Environments: A New Look at Assessment and Instruction. In Gifford & O'Conner(Eds.). *Changing Assessments Alternative Views of Aptitude, Achievement and Instruction.* Norwell: Kluwer Press, 1993.

17. Carey, L. M. *Measuring and Evaluating School Learning.* Boston: Allyn & Bacon, 1998.

18. Cartwright, C. A. & Cartwright, G. P. *Developing Observational Skills* (2nd ed.). New York: McGraw-Hill, 1984.

19. Cizek, G. J. Standard Setting Guidelines. *Educational Measurement: Issues and Practice*, 1996, 15(1).

20. Cole, D. J., Ryan, C., & Kick, F. *Portfolio Across the Curriculum and Beyond.* California: Corwin Press, 1995.

21. Cronbach, L. J. Five Perspectives on Validation Argument. In H. Wainer & H. Braun (Eds.), *Test validity.* Hillsdale, NJ: Lawence Erlbaum, 1988.

22. Ebel, R. L. & Frisbil, D. A. *Essentials Of Educational Measurement* (5th ed.). Englewood Cliffs, NJ: Prentice-Hall, 1991.

23. Eble, R. L. *Essentials of Educational Measurement.* Englewood Cliffs, NJ: Prentice-Hall, 1991.

24. Fitzpatrick, R. & Morrison, E. J. Performance and Product Evaluation. In R. L. Thorndike (Eds.), *Educational Measurement.* Washington, DC: American Council on Education, 1971.

25. Flavell, J. H. *Congitive development* (2nd ed). Englewood Cliffs, NJ: Prentice-Hall, 1985.

26. Gardner, H. *Multiple intelligence: The Theory in Practice.* New York: Basic Books, 1993.

27. Gardner, H. *Intelligence Reframed: Multiple Intelligence for the 21st Century.* New York: Basic Books, 1999.

28. Gearhart, M., Herman, J. L., Baker, E. L. & Whittaker, A. K. *Writing Portfolios At the Elementary Level: A Study of Methods for Writing Assessment* (CSE Technical Report 337). Los Angeles: University of California, Center for Research on Evaluation, Standards, and Student Testing. http://www.cse.ncla.edu, 1994.

29. Greeno, J. G., Collins, A. M. & Resnick, L. B. Cognition and Learning. In D. C. Berliner & R. C. Calfee (Eds.). *Handbook of Educational Psychology.* New York: Simon & Schuster Macmillan, 1996.

30. Gronlund, N. E. & Linn, R. L. *Measurement and Evaluation in Teaching* (6th ed.). New York: MacMillan, 1999.

31. Gronlund, N. E. *Constructing Achievement Tests* (3rd ed.). Englewood Cliffs, NJ: Prentice-Hall, 1982.

32. Gronlund, N. E. *How to Make Achievement Tests and Assessments* (5th ed.). Boston: Allyn & Bacon, 1994.

33. Guba, E. G. & Lincoln, Y. S. *Fourth Generation Evaluation.* California: Sage Publication, 1989.

34. Guerin, G. R. & Maier, S. *Informal Assessment in Education.* Palo Alto, CA: Mayfield, 1983.

35. Gullickson, A. R. Teacher Education and Teacher-Perceived Needs in Educational Measurement and Evaluation. *Journal of Educational Measurement*, 1986,23(8).

36. Harrow, A. J. *A Taxonomy of Psychomotor Domain.* New York: D. Mckay, 1972.

37. Henderson, J. *An Inside Look at Portfolio Assessment.* Paper presented at Interface 95, Lake Ozark, MO, 1995.

38. Herman, J. L., Aschbacher, P. R. & Winters, L. *A Practical Guide to Alternative Assessment.*

Alexandria, Virginia: Association for Supervision and Curriculum Development, 1992.

39. Hills, J. R. *Measurement and Evaluation in the Classroom*. Columbus, OH: Charles E. Merrill, 1981.

40. Horner, R., Zavodska, A. & Rushing, J. *How Challenging? Using Bloom's Taxonomy to Assess Learning Objectives in a Degree Completion Program*, 2005.

41. Hubelbank, J. H. *Meaning of Elementary School Teachers'Grades*. Unpublished doctoral dissertation, Boston College, Chestnut Hill, MA, 1994.

42. Kimeldorf, M. *Creating portfolios*. Minnesota: Free Siprit Publishing, 1994.

43. Krathwohl, D. R., Bloom, B. S. & Masia, B. B. *Taxonomy of Educational Objectives*. Handbook II: Affective Domain. New York: McKay, 1964.

44. Kubiszyn, T. & Borich, G. *Educational Testing and Measurement: Classroom Application and Practice*. (2nd ed.). Illinois: Scott, Foresman and Company, 1987.

45. Lazear. D. *Multiple Intelligence Approaches to Assessment*. Tucson Arizona: Zephyr Press, 1999.

46. Linn, R. L. & Gronlund, N. E. *Measurement and Assessment in Teaching* (7th ed.). Englewood Cliffs, NJ: Prentice-Hall, 1995.

47. Linn, R. L. & Miller, M. D. *Measurement and Assessment in Teaching* (9th. ed.). Englewood Cliffs, NJ: Prentice-Hall, 2005.

48. Lortie, D. C. *School Teacher*. Chicago: University of Chicago Press, 1975.

49. Maeroff, G. I. *Assessing Alternative Assessment*. Phi Delta Kappan, 1991(73).

50. Mayer, R. E. & Wittrock, M. C. The Revised Taxonomy Structure: The Cognitive Process Dimension. In. L. W. Anderson, D. R. Krathwohl, P. W. Airasian, K. A. Cruikshank, R. E. Mayer, P. R. Pintrich, J. Raths & M. C. Wittrock (Eds.). *A Taxonomy for Learning, Teaching, and Assessing: A Revision of Bloom's Taxonomy of Educational Objectives*. New York: Addison Wesley Longman, Inc., 2001.

51. McLoughlin, J. A. & Lewis, R. B. *Assessing Special Students*. Columbus, OH: Merrill, 1990.

52. Mehrens, W. A. & Lehmann, I. J. *Measurement and Evaluation in Education and Prsychology* (4th ed.). New York: Holt, Rinehart & Winston, 1991.

53. Messick, S. Test Validity and the Ethics of Assessment. *American Psycholoist*, 1980,35.

54. Messick, S. Validity. In R. L. Linn (Eds.). *Educational Measurement* (3rd ed.). New York: Macmillan, 1989.

55. Miller, M. D., Linn, R. L. & Gronlund, N. E. *Measurement and Assessment in Teaching* (10th ed.). Upper Saddle River, NJ: Merrill, 2009.

56. Mitchell, R. *Testing for Learning*. New York: Free Press, 1992.

57. O'Neil, J. The Promise of Portfolios. *ASCD Update*, 1993,35(7).

58. Office of Technology Assessment. *Testing in American Schools-Asking the Right Questions*. Washington, DC: Government Printing Office, 1992.

59. Paulson, F. L., Paulson, P. R. & Meyer, C. A. What Makes a Portfolio a Portfolio? *Educational Leadersnip*, 1991(48).

60. Pintrich, P. R. & Wittrock, M. C. The Revised Taxonomy Structure: The Knowledge Dimension. In L. W. Anderson, D. R. Krathwohl, P. W. Airasian, K. A. Cruikshank, R. E. Mayer, P. R. Pintrich, J. Raths & M. C. Wittrock (Eds.). *A Taxonomy for Learning, Teaching, and Assessing: A Revision of Bloom's Taxonomy of Educational Objectives*. New York: Addison Wesley Longman, Inc., 2001.

61. Popham, W. J. *Classroom Assessment: What Teachers Need to Know*. Boston: Allyn & Bacon, 2008.

62. Quellmaz, E. S. Developing Criteria for Performance Assessment: The Missing Link. *Applied Measurement in Education*, 1991,4(4).

63. Ryan, C. D. *Authentic assessment*. California: Teacher Created Materials, 1994.

64. Sax, G. *Principles of Educational and Psychological Measurement and Evaluation* (3rd ed.). Belmont CA: Wadsworth, 1989.

65. Schafer, W. D. & Lissitz, R. W. Measurement Training for School Personnel: Recommendations and Reality. *Journal of Teacher Education*, 1987,38(3).

66. Seely, A. E. *Portfolio Assessment*. California: Teacher Created Materials Inc. , 1994.

67. Simon, S. B. & Bellanca, J A. *Degrading the Grading Myths: Primer of Alternatives to Grades and Marks*. Washington, DC: Association for Supervision and Curriculum Development, 1976.

68. Simpson, E. J. The Classification of Educational Objectives,. *Psychomotor Domain*. Urbana, Illinois: University of Illinois, 1966.

69. Slavin, R. E. *Educational Psychology. Theory and Practice*. Boston: Allyn and Bacon, 1994.

70. Stecher, B. M. & Herman, J. L. Using Portfolios for Large-scale Assessment. In G. D. Phye (Eds.). Handbook of Classroom Assessment: Learning, Achievement, and Adjustment. New York: Academic Press, 1997.

71. Stiggins, R. J. Design and Development of Performance Assessments. *Educational Measurement: Issues and Practice*, 1987,6(3).

72. Stiggins, R. J. *Student-centered Classroom Assessment*. New York: Macmillan College Publishing Company, 1994.

73. Tiernery, R. J. , Carter, M. A. & Desai, L. E. Portfolio Assessment in the Reading-writing Classroom. Norwood, MA: Chistopher-Gordon, 1991.

74. Valencia, S. & Calfee, R. The Development and Analysis of Literacy Portfolios for Student, Classes and teachers. *Applied Measurement in Education*, 1991(4).

75. Wiggins, G. *Toward More Authentic and Equitable Assessment*. Phi Delta Kappan, 1989(70).

76. Wiggins, G. Creating Tests Worth Taking. *Educational Leadership*, 1992,49(8).

77. Wiggins, G. *Education Assessment: Designing Assessment to Inform and Improve Student Performance*. San Francisco: Jossey-Bass, 1998.

78. Winograd, P. & Schuster, K. S. Impact on Curriculum and Instruction Reform. In Guskey, T. R. (Eds.). *High Stakes Performance Assessment*. California: Corwin Press, Inc. , 1994.

79. Wolf, D. P. Portfolio assessment: Sampling Student Work. *Educational Leadership*, 1989,46(7).

80. Wolf, D. P. , Bixby, J. , Glen, J. & Gardner, H. To Use Their Minds Well: Investigating New Forms of Student Assessment. In G. Grant (Ed.). *Review of Research in Education*. Washington, DC: American Educational Research Association, 1991(17).